DECIDE SER FELIZ

Decide Ser Feliz

Cómo la Biblia y la ciencia revelan el secreto de la felicidad

Geifry Cordero

Derechos Reservados © 2024 Geifry Cordero.
Todos los derechos reservados.

Para más información o consultas, puede contactarnos en: geifry22@gmail.com

Ninguna parte de este libro, "Decide Ser Feliz", puede ser reproducida, almacenada en un sistema de recuperación, o transmitida en cualquier forma o por cualquier medio, ya sea electrónico, mecánico, fotocopia, grabación u otros, sin el permiso previo y por escrito del autor.

Las citas bíblicas, salvo indicación en contrario, han sido tomadas de la versión Reina-Valera © 1960 Sociedades Bíblicas en América Latina; © renovado 1988 Sociedades Bíblicas Unidas. Utilizado con permiso.

Las citas marcadas con "NVI" corresponden a la Nueva Versión Internacional © 1999. Publicado por las Sociedades Bíblicas Unidas. Usado con permiso. Todos los derechos reservados.

Cualquier uso no autorizado de este material, incluyendo el propósito comercial o de distribución sin el consentimiento explícito del titular de los derechos, está estrictamente prohibido por la ley y será objeto de las acciones legales correspondientes.

Primera edición: Diciembre 2024
Publicado por: Amazon KDP

ISBN: 979-834-57-7795-4
LCCN: (Nnúmero de control de la Biblioteca del Congreso) 2024924514

Maquetación Interior: Nicolas Beron

PROLOGO

Cada día, sin darnos cuenta, tomamos cientos de decisiones: desde las más triviales, como qué ropa vestir o qué comer en el desayuno, hasta aquellas que tienen un impacto duradero en nuestra vida, como la elección de una carrera, una relación o la ciudad en la que queremos vivir. Aunque algunas decisiones pueden parecer insignificantes, todas tienen algo en común: nos moldean y nos definen.

¿Te has detenido a pensar en la importancia que tienen tus decisiones? Cada elección que hacemos contribuye a formar la persona que somos hoy y determinará quién seremos mañana. Esta es la premisa central de este libro: tú tienes el poder de decidir si quieres ser feliz. El acto de decidir es más que un simple proceso mental; es una habilidad que puede transformarse en una poderosa herramienta para crear una vida con propósito, felicidad y éxito.

Este libro surge de los momentos difíciles que he vivido y en los que me he preguntado profundamente qué es la felicidad. Al igual que muchas personas, pensaba que la felicidad dependía del tener, del lograr, es decir, de lo material. Pero después de muchos años reflexionando al respecto, me encontré con la realidad de que la felicidad va más allá de lo material; es un asunto espiritual, depende del ser. Una de las experiencias que me ayudó a darme cuenta de esto fue un momento muy duro en mi vida, cuando caí en una profunda depresión. En medio de ese proceso, reflexioné y descubrí que nada de lo que poseía me importaba realmente. No me importaba qué tenía o qué no tenía; lo único que anhelaba era ser feliz. Y fue allí donde comprendí que, aun si hubiese tenido todas las posesiones del mundo, mi felicidad no habría dependido de eso, porque no iba a resolver mi problema.

Es por eso que vemos a muchas personas famosas y millonarias que no encuentran la felicidad en las cosas materiales, y algunos incluso llegan a quitarse la vida. Buscan la felicidad en lo material, pero no la encuentran, porque la verdadera felicidad no está en las cosas de la creación, sino en el Creador. Fue en esas reflexiones que me di cuenta de que, de manera innata, todos tenemos una necesidad de Dios desde nuestra creación. Es decir, si colocas toda la creación y sacas a Dios, el ser humano sería infeliz en un mundo aparentemente perfecto. Pero si colocas a Dios y quitas toda la creación, el ser humano tendría todo lo necesario para vivir en plena felicidad, ya que la verdadera felicidad depende de Dios.

Dios ha puesto elementos de la creación para que contribuyan al bienestar del ser humano, pero no debemos confundir bienestar y comodidad con la felicidad. La felicidad trasciende más allá de simplemente vivir en un lugar mejor. Hay quienes no tienen nada y son felices, mientras otros lo tienen todo y son profundamente infelices.

Este libro es una invitación a reflexionar sobre la naturaleza de nuestras decisiones y su impacto en nuestra felicidad. No se trata de una fórmula mágica o de promesas vacías; se trata de comprender que, al elegir conscientemente, podemos cambiar el rumbo de nuestra vida. A través de la sabiduría bíblica y los últimos hallazgos científicos, te guiaré en un recorrido que te ayudará a entender cómo pequeñas decisiones diarias pueden acercarte a una vida plena y significativa.

En estas páginas encontrarás herramientas prácticas, ejemplos reales y ejercicios diseñados para ayudarte a transformar tu vida. La ciencia nos muestra que la felicidad no es algo que simplemente ocurre; es una elección activa, un hábito que se cultiva. Y la Biblia, con su profunda sabiduría, nos recuerda que estamos llamados a vivir con gozo, propósito y gratitud. Juntas, estas dos perspectivas se unen para ofrecerte una guía clara hacia una vida llena de significado.

Así que, mientras lees este libro, te invito a hacer una pausa y a considerar cada una de tus decisiones. Están en consonancia con la vida que deseas construir? ¿Te acercan al propósito que Dios tiene para ti? Decidir ser feliz es un acto de fe, de valor y de compromiso contigo mismo. Es una elección que puede cambiar no solo tu vida, sino también la de quienes te rodean.

La felicidad no es un destino lejano, ni es una ilusión reservada para unos pocos afortunados. Es una elección diaria, una disposición del corazón y una respuesta intencional a la vida. Estás a punto de embarcarte en un viaje transformador.

DEDICATORIA

A Dios, por su amor infinito y su misericordia incansable hacia mí, por ser la fuente de mi fortaleza y mi guía en cada paso que doy. Gracias por el propósito que has puesto en mi vida y por acompañarme en cada momento de este viaje.

A mi madre, Geanny, cuyo profundo amor me ha sostenido y cuya lucha incansable siempre ha garantizado que no me falte nada. Eres un ejemplo de sacrificio y entrega, y cada uno de tus esfuerzos ha dejado huellas de amor en mi corazón.

A mi amada esposa, Ary, mi compañera de viaje, mi confidente y mi mayor apoyo. Gracias por estar siempre a mi lado, por tus palabras de aliento en los momentos difíciles, y por enseñarme el verdadero valor del amor. Contigo, he aprendido que la vida es más hermosa cuando se comparte con alguien dispuesto a caminar a nuestro lado, en las buenas y en las malas.

A mi hermana Elizabeth, quien ocupa un lugar muy especial en mi corazón. Gracias por tu amor, tu apoyo incondicional y por ser siempre esa presencia cálida que me recuerda el valor de la familia y la conexión que nos une.

A Jose Marte, quien ha sido para mí un verdadero ejemplo. Gracias por tu apoyo constante, por estar presente en cada momento importante de mi vida, y por enseñarme a ser fuerte y resiliente. Tu ejemplo y cariño han sido fundamentales en mi camino.

ÍNDICE

Introducción 15
    El Contexto Histórico y Cultural de la Felicidad 16
    ¿Por Qué "Decidir" Ser Feliz? 21
    Ciencia y Fe: Dos Caminos hacia una Felicidad Integral 23

Capítulo 1: ¿Qué es la Felicidad? 25
    Resumen del capítulo 40
    Ejercicios Prácticos 42
    Recursos Adicionales 43

Capítulo 2: El Propósito de Dios y la Creación del Ser Humano 45
    Resumen del Capitulo 54
    Ejercicios Prácticos 55
    Recursos Adicionales 56

Capítulo 3: El Sistema de Recompensa y la Felicidad 59
    Dopamina: El Motor de la Motivación 61
    Serotonina: La Reguladora
    del Estado de Ánimo 76
    Endorfinas: La Respuesta
    al Dolor y el Placer 79
    Oxitocina: El Vínculo de las Relaciones 82
    El Placer Inmediato vs.
    la Satisfacción Duradera 86
    Las Tentaciones y el Placer Inmediato 90
    Resumen del Capítulo 92
    Ejercicios Prácticos 93
    Recursos adicionales 93

Capítulo 4: Mitos Comunes sobre la Felicidad 95
    Resumen del Capítulo 128
    Ejercicios Prácticos 129
    Recursos Adicionales 131

Capítulo 5: La Falsa Promesa de la Felicidad Fuera de Dios............. 133
    Resumen del Capitulo 156
    Ejercicios Prácticos 158
    Recursos Adicionales 159

Capítulo 6: El Sufrimiento: Consecuencia y Oportunidad para la Redención 161
    Resumen del Capitulo 184
    Ejercicios Prácticos 185
    Recursos Adicionales 186

Capítulo 7: La Felicidad como Parte del Propósito de Dios 189
    Resumen del Capitulo 203
    Ejercicios Prácticos 204
    Recursos Adicionales 205

Capítulo 8: La Felicidad como una Elección Espiritual.................... 207
    Resumen del Capitulo 217
    Ejercicios Prácticos 219
    Recursos Adicionales 219

Capítulo 9: Cambia tu Enfoque 221
    Resumen del Capitulo 233
    Ejercicios Prácticos 234
    Recursos Adicionales 234

Capítulo 10: Elige el Optimismo 237
    Resumen del Capitulo 252
    Ejercicios Prácticos 253
    Recursos Adicionales 253

Capítulo 11: Las Relaciones Humanas y la Felicidad........................255
    Resumen del Capítulo 273
    Ejercicios Prácticos 274
    Recursos Adicionales 275

Capítulo 12: La Responsabilidad Personal..277
    Resumen del Capitulo 291
    Ejercicios Prácticos 292
    Recursos Adicionales 293

Capítulo 13: Crear Hábitos de Felicidad 295
- Resumen del Capítulo 310
- Ejercicios Prácticos 311
- Recursos Adicionales 312

Capítulo 14: Ejercicio y Actividad Física 315
- Resumen del Capítulo 330
- Ejercicios Prácticos 331
- Recursos Adicionales 331

Capítulo 15: Vive con Propósito 333
- Resumen del Capítulo 343
- Ejercicios Prácticos 344
- Recursos Adicionales 345

Capítulo 16: Supera los Obstáculos a la Felicidad 347
- Autoconocimiento 348
- Resentimiento: Un Obstáculo Emocional y Espiritual 353
- La Culpa: Una Carga Espiritual y Emocional 354
- El Temor: Un Enemigo de la Paz y la Felicidad 356
- El Poder de los Pensamientos Negativos 357
- Controla tu Diálogo Interno 359
- La Importancia del Límite Emocional 361
- ¿Qué es un Trauma? 367
- Reestructuración Cognitiva 368
- El Impacto de Cambiar el Enfoque Mental 370
- Resumen del Capítulo 378
- Ejercicios Prácticos 379
- Recursos Adicionales 380

Capítulo 17: La Comparación es el Ladrón de la Felicidad 381
- Resumen del Capítulo 391
- Ejercicios Prácticos 392
- Recursos Adicionales 393

Capítulo 18: El Valor de la Vulnerabilidad 395
- Resumen del capítulo 409
- Ejercicios Prácticos 410
- Recursos Adicionales 411

Capítulo 19: Conclusiones y Reflexiones 413

Bibliografía 419

INTRODUCCIÓN

La búsqueda de la felicidad ha sido una constante en la historia de la humanidad. En cada rincón del mundo, y en cada época, los seres humanos han anhelado esa sensación de plenitud, paz y alegría que parece tan elusiva en muchas ocasiones. Desde filósofos antiguos hasta psicólogos modernos, todos han intentado descifrar el enigma de la felicidad, y en medio de este debate, tanto la ciencia como la espiritualidad han ofrecido diferentes perspectivas sobre lo que realmente significa ser feliz.

Este libro, "Decide Ser Feliz", explora la felicidad desde una óptica que combina dos poderosas fuentes de sabiduría: la ciencia moderna y la fe cristiana. La intención no es ofrecer una solución rápida ni una fórmula mágica para alcanzar la felicidad. En lugar de eso, este libro propone una reflexión sincera sobre lo que verdaderamente significa ser feliz, entendiendo que la felicidad no es simplemente una emoción pasajera, sino un estado del ser que puede y debe ser cultivado a través de elecciones conscientes y una vida de fe.

El Contexto Histórico y Cultural de la Felicidad

A lo largo de la historia, el concepto de la felicidad ha sido interpretado y valorado de maneras muy diversas, dependiendo de la época, la cultura y la filosofía dominante en cada momento.[1] Esta sección ofrece un recorrido histórico y cultural para comprender cómo ha evolucionado el concepto de felicidad, desde las antiguas civilizaciones hasta la era moderna, proporcionando una base sólida para explorar la felicidad en el contexto bíblico y científico en las secciones posteriores.[2]

La Felicidad en el Pensamiento Antiguo

En las civilizaciones antiguas, la felicidad era generalmente entendida como algo inseparable del destino y la virtud.[3] Para los griegos, la eudaimonía (que puede traducirse como "florecimiento" o "bienestar" era el estado ideal que todo ser humano debía aspirar a alcanzar.[4] Filósofos como Aristóteles consideraban que la felicidad se alcanzaba a través de la vida virtuosa.[5] Según él, la verdadera felicidad no dependía de placeres efímeros o riquezas, sino del cultivo de virtudes como la justicia, la templanza, la sabiduría y el coraje.[6] Aristóteles argumentaba que la felicidad era un

---

1 McMahon, Darrin M. *Happiness: A History*. Grove Press, 2006, 18.
2 McMahon, *Happiness*, 22.
3 Aristotle. *Nicomachean Ethics*. Translated by W.D. Ross, Oxford University Press, 2009, 5.
4 McMahon, *Happiness*, 32.
5 Aristotle, *Nicomachean Ethics*, 9.
6 Aristotle, *Nicomachean Ethics*, 15.

fin en sí mismo, algo que se lograba a través de la autorrealización y la vida de acuerdo con la virtud.[7] En contraste, los epicúreos defendían que la felicidad consistía en la búsqueda del placer y la evitación del dolor, aunque no en un sentido hedonista.[8] Para ellos, el placer más elevado era la ausencia de sufrimiento y una vida tranquila y equilibrada.[9]

En las religiones orientales, como el budismo, la felicidad se consideraba un estado de liberación del sufrimiento.[10] Siddhartha Gautama, el Buda, enseñaba que la vida estaba marcada por el sufrimiento, pero que el Nirvana, un estado de paz interior y liberación de los deseos, era alcanzable a través de la meditación y el desapego.[11] En este contexto, la felicidad no era un sentimiento efímero, sino una trascendencia del ciclo de deseos y frustraciones que mantienen al ser humano en una rueda de insatisfacción.[12]

La Felicidad en la Edad Media

Con la llegada del cristianismo en Occidente, el enfoque de la felicidad cambió radicalmente.[13] La felicidad fue vista como algo profundamente espiritual y no necesariamente vinculado al bienestar material.[14] Santo Tomás de Aquino, uno de los más influyentes teólogos medievales, sostenía que la verdadera felicidad no podía encontrarse en los placeres terrenales ni en las riquezas, sino en la unión con Dios.[15] En su obra "Suma Teológica", Aquino

---

7 Aristotle, *Nicomachean Ethics*, 17.
8 Epicurus. *Letter to Menoeceus*. In *The Epicurus Reader*, Translated by Brad Inwood and L.P. Gerson, Hackett Publishing, 1994, 29.
9 Epicurus, *Letter to Menoeceus*, 34.
10 Armstrong, Karen. *Buddha*. Viking Penguin, 2001, 67.
11 Armstrong, *Buddha*, 72.
12 Armstrong, *Buddha*, 76.
13 Aquinas, Thomas. *Summa Theologica*. Translated by Fathers of the English Dominican Province, Christian Classics, 1981, 1a2ae, Q2.
14 McMahon, *Happiness*, 54.
15 Aquinas, *Summa Theologica*, 1a2ae, Q3.

defiende que aunque las riquezas, los placeres sensoriales o los honores pueden proporcionar satisfacción, solo Dios es capaz de dar una felicidad plena y eterna.[16] En el cristianismo medieval, la felicidad estaba asociada con la salvación y la vida en comunión con Dios, y se alcanzaba a través de la fe, la obediencia y la vida virtuosa.[17]

En contraste, en muchas culturas indígenas, tanto de África como de América, la felicidad estaba íntimamente relacionada con la comunidad y el entorno.[18] Para ellos, la conexión con la tierra, los ancestros y la espiritualidad jugaba un papel fundamental en el concepto de felicidad.[19] En estas sociedades, la felicidad no era un objetivo individual, sino un estado de armonía con la naturaleza y el colectivo.[20] La prosperidad de la comunidad en su conjunto era vista como el mayor logro.[21]

La Ilustración y la Revolución de la Felicidad

Durante el Siglo de las Luces, el concepto de felicidad comenzó a cambiar nuevamente, y esta vez fue enfocado desde una perspectiva más racionalista e individualista.[22] Filósofos como John Locke y Jean-Jacques Rousseau colocaron la felicidad como un derecho inalienable.[23] En esta época, la idea de que cada individuo tenía el derecho de buscar su propia felicidad y bienestar material

---

16   Aquinas, *Summa Theologica*, 1a2ae, Q4.
17   McMahon, *Happiness*, 60.
18   Smith, Linda Tuhiwai. *Decolonizing Methodologies: Research and Indigenous Peoples*. Zed Books, 1999, 23.
19   Smith, *Decolonizing Methodologies*, 25.
20   McMahon, *Happiness*, 64.
21   Smith, *Decolonizing Methodologies*, 26.
22   Rousseau, Jean-Jacques. *Discourse on the Origin and Basis of Inequality among Men*. Translated by Franklin Philip, Oxford University Press, 2009, 91.
23   Locke, John. *An Essay Concerning Human Understanding*. Edited by Peter H. Nidditch, Oxford University Press, 1975, 103.

se popularizó.²⁴ La Declaración de Independencia de los Estados Unidos en 1776, escrita por Thomas Jefferson, fue influenciada por este pensamiento y afirmó que todos los seres humanos tienen el derecho inalienable a la "vida, libertad y la búsqueda de la felicidad".²⁵ La felicidad, en este contexto, estaba vinculada a la libertad individual y a la prosperidad material.²⁶

Sin embargo, Rousseau argumentaba que la felicidad también debía buscarse en la simplicidad de la vida, alejada de las complicaciones del progreso y la sociedad industrial.²⁷ Rousseau veía la civilización como una fuente de corrupción moral, y defendía la idea de que la vida sencilla y natural era el camino más seguro hacia la felicidad.²⁸

La Felicidad en la Modernidad y la Psicología

Con la llegada del siglo XX, el enfoque sobre la felicidad dio un giro hacia la psicología y la ciencia. Sigmund Freud sostenía que el deseo humano era impulsado por la búsqueda del placer y la evitación del dolor, pero también subrayaba que la felicidad era evasiva debido a la constante tensión entre los deseos reprimidos y las exigencias de la civilización.²⁹ Para Freud, las sociedades modernas requerían una represión constante de los impulsos, lo que llevaba inevitablemente a la frustración.³⁰

---

24 Locke, *Essay Concerning Human Understanding*, 107.
25 The Declaration of Independence. In *Founding America: Documents from the Revolution to the Bill of Rights*, edited by Jack N. Rakove, Barnes & Noble Classics, 2006, 45.
26 McMahon, *Happiness*, 88.
27 Jean-Jacques Rousseau, *Discourse on the Origin and Basis of Inequality among Men*. Translated by Franklin Philip, Oxford University Press, 2009, 23.
28 Rousseau, *Discourse on the Origin and Basis of Inequality among Men*, 22.
29 Sigmund Freud, *Civilization and Its Discontents*. W.W. Norton & Company, 1961, 43-45.
30 Freud, *Civilization and Its Discontents*, 47.

En contraste, la psicología positiva, desarrollada a finales del siglo XX por Martin Seligman y otros psicólogos, se centra en el estudio científico del bienestar y la felicidad.[31] Seligman argumentaba que la felicidad no se encontraba simplemente en la evitación del sufrimiento o en los placeres materiales, sino en el cultivo de relaciones significativas, el compromiso en actividades que promueven el *"flow"* (estado de absorción total), y en el sentido y propósito de la vida.[32] En esta línea, la neurociencia también ha contribuido, mostrando cómo los comportamientos y pensamientos positivos pueden influir en la neuroplasticidad del cerebro, ayudando a las personas a generar hábitos que promueven el bienestar emocional.[33]

La Felicidad en la Cultura Contemporánea

Hoy en día, la búsqueda de la felicidad es una de las fuerzas motrices en muchas culturas, pero sigue siendo una tarea esquiva. En las sociedades modernas, la felicidad a menudo está vinculada al consumismo y a la idea de que el éxito material y profesional nos llevará a una mayor satisfacción.[34] Sin embargo, estudios han demostrado que, a partir de cierto punto, un mayor nivel de riqueza no incrementa los niveles de bienestar. Daniel Kahneman y Angus Deaton, en su investigación sobre la relación entre ingresos y bienestar, encontraron que el dinero puede mejorar la vida en términos de evaluación general, pero no necesariamente aumenta la felicidad emocional diaria.[35]

---

31 Martin Seligman, *Authentic Happiness: Using the New Positive Psychology to Realize Your Potential for Lasting Fulfillment*. Free Press, 2004, 25.

32 Csikszentmihalyi, Mihaly. *Flow: The Psychology of Optimal Experience*. Harper & Row, 1990, 67-68.

33 Davidson and Begley, *The Emotional Life of Your Brain*, 123.

34 Seligman, *Authentic Happiness*, 54.

35 Daniel Kahneman and Angus Deaton, "High Income Improves Evaluation of Life but Not Emotional Well-Being," *Proceedings of the National Academy of Sciences* 107, no. 38 (2010): 16489–16493.

Además, en la cultura actual, la comparación social, impulsada por las redes sociales, ha intensificado la insatisfacción. Las personas tienden a comparar sus vidas con las versiones idealizadas que ven de los demás, lo que genera una espiral de frustración y envidia que contradice la búsqueda de la felicidad.[36] La presión por lograr una vida perfecta, tal como se presenta en las redes sociales, ha contribuido a un aumento en los niveles de ansiedad y depresión en las sociedades modernas.[37]

¿Por Qué "Decidir" Ser Feliz?

La idea de que la felicidad es una decisión puede parecer controvertida en un mundo donde muchas veces nos sentimos víctimas de las circunstancias externas. Sin embargo, tanto la Biblia como la ciencia nos enseñan que, aunque no podemos controlar lo que sucede a nuestro alrededor, sí tenemos la capacidad de elegir cómo responder a esas situaciones.[38] La neurociencia ha demostrado que el cerebro es plástico y puede ser moldeado a través de hábitos y decisiones conscientes, lo que significa que la felicidad no es un destino inalcanzable, sino un camino que podemos recorrer de manera intencional.[39]

Desde la perspectiva cristiana, esta elección va aún más allá. La Biblia enseña que la verdadera felicidad no proviene de posesiones materiales, éxito personal o placer momentáneo, sino de

---

36   Sonja Lyubomirsky, and Lee Ross,"Hedonic Consequences of Social Comparison: A Contrast of Happy and Unhappy People." *Journal of Personality and Social Psychology*, vol. 73, no. 6, 1997, pp. 1141-1157.

37   Twenge, Jean. *iGen: Why Today's Super-Connected Kids Are Growing Up Less Rebellious, More Tolerant, Less Happy—and Completely Unprepared for Adulthood*. Atria Books, 2017, 82-83.

38   Seligman, *Authentic Happiness*, 103.

39   Davidson and Begley, *The Emotional Life of Your Brain*, 155.

una relación íntima con Dios.[40] El apóstol Pablo, en Filipenses 4:11-13, escribió que había aprendido a estar contento en cualquier situación, ya sea en abundancia o en escasez. Este contentamiento no era una respuesta automática, sino el fruto de su decisión de confiar en Dios en medio de todas las circunstancias.

La Felicidad como un Propósito Divino

El ser humano fue creado con el propósito de glorificar a Dios y vivir en comunión con Él. En este propósito, encontramos la clave para una vida plena.[41] Jesús mismo dijo: "He venido para que tengan vida, y para que la tengan en abundancia" (Juan 10:10). Esta vida abundante no se refiere solo a las bendiciones materiales, sino a una paz y gozo interno que sobrepasan todo entendimiento. Este libro explora cómo la felicidad, lejos de ser un fin en sí mismo, es una manifestación de vivir en el centro del propósito divino.[42]

La ciencia también refuerza esta idea de propósito. Estudios han demostrado que las personas que viven con un sentido claro de propósito experimentan niveles más altos de bienestar y son más resistentes a las adversidades.[43] El psicólogo Viktor Frankl, quien sobrevivió a los horrores de los campos de concentración nazis, escribió en su libro *El hombre en busca de sentido* que aquellos que tienen un "por qué" para vivir pueden soportar casi cualquier "cómo".[44] Esta verdad resuena profundamente con la

---

40 Peterson, Eugene. *The Message: The Bible in Contemporary Language*. Colorado Springs, CO: NavPress, 2002, Filipenses 4:11-13.
41 Piper, John. *Desiring God: Meditations of a Christian Hedonist*. Multnomah Books, 2003, 92.
42 Piper, *Desiring God*, 98.
43 Viktor E. Frankl, *Man's Search for Meaning*. Beacon Press, 1959, 121.
44 Peterson, *The Message*, Filipenses 4:11-13.

enseñanza bíblica de que aquellos que confían en Dios pueden enfrentar cualquier desafío con esperanza.[45]

Ciencia y Fe: Dos Caminos hacia una Felicidad Integral

A lo largo de este libro, verás cómo la ciencia y la fe no son dos caminos separados, sino que la ciencia da algunas explicaciones que las Escrituras desde hace tiempo afirma.[46] La psicología positiva, una rama de la ciencia que estudia el bienestar humano, ha identificado prácticas como la gratitud, el perdón y la resiliencia como fundamentales para una vida feliz.[47] Al mismo tiempo, la Biblia ya nos enseñaba estos principios hace miles de años.

Por ejemplo, la gratitud, que ha sido ampliamente estudiada por psicólogos como Robert Emmons, ha demostrado ser una de las emociones más poderosas para aumentar el bienestar.[48] La Biblia nos exhorta repetidamente a ser agradecidos en todo (1 Tesalonicenses 5:18), y aquellos que practican la gratitud regularmente reportan mayores niveles de felicidad, relaciones más saludables y una mayor capacidad para afrontar los problemas de la vida.[49]

Este libro está diseñado para ayudarte a descubrir y aplicar estos principios en tu vida diaria, combinando la riqueza de la fe cristiana con los avances de la ciencia moderna. A medida que

---

45   Frankl, *Man's Search for Meaning*, 130.
46   Robert A. Emmons, *Thanks! How Practicing Gratitude Can Make You Happier*. Houghton Mifflin Harcourt, 2007, 43.
47   Emmons, *Thanks!*, 56.
48   Peterson, Christopher, and Martin E. P. Seligman. *Character Strengths and Virtues: A Handbook and Classification*. American Psychological Association and Oxford University Press, 2004, 132.
49   Peterson, *Character Strengths and Virtues*, 137.

explores cada capítulo, encontrarás un enfoque práctico, con ejercicios y estudios científicos que te permitirán llevar lo aprendido a la práctica.

Un Viaje Personal

Es importante destacar que la felicidad no es una meta estática, sino un viaje continuo. En este viaje, experimentarás momentos de gozo, pero también enfrentarás desafíos y dificultades. La clave está en aprender a mantener la paz y el contentamiento a lo largo del camino, independientemente de las circunstancias. Jesús dijo en Juan 16:33: "En el mundo tendréis aflicción, pero confiad; yo he vencido al mundo". Este libro te ayudará a comprender que, aunque el sufrimiento es parte de la vida, también puede ser una oportunidad para el crecimiento y la redención.

A lo largo de los capítulos, se te invitará a tomar decisiones concretas que te ayudarán a acercarte más a la felicidad que Dios quiere para ti. Decidir ser feliz no es una elección que haces una vez, sino una decisión diaria, momento a momento. Es un proceso continuo de crecimiento en la fe, el autocuidado y la gratitud.

Finalmente, este libro es una invitación a que tomes una decisión. La felicidad no llegará por sí sola. Debes elegir buscarla, cultivarla y, sobre todo, vivirla. La Biblia y la ciencia coinciden en que el bienestar es, en gran medida, el resultado de nuestras decisiones. Así que, a medida que avanzas por cada capítulo, mi oración es que no solo aprendas sobre la felicidad, sino que decidas ser feliz. Que este libro sea una herramienta que te inspire a vivir una vida plena, enraizada en la verdad de Dios y enriquecida por el conocimiento que la ciencia moderna ofrece. Tú tienes el poder de decidir. ¡Hoy, puedes elegir ser feliz!

Capítulo 1
¿QUÉ ES LA FELICIDAD?

La verdadera felicidad nace de una relación estrecha con Dios, donde cada paso de fe se convierte en una fuente de paz y gozo profundo.

Geifry Cordero

La felicidad ha sido buscada por la humanidad desde tiempos inmemoriales. Tanto la Biblia como la ciencia moderna coinciden en que la felicidad va más allá de un mero sentimiento de alegría momentánea. La felicidad, desde un punto de vista cristiano, es un estado de plenitud y paz que nace de una relación profunda con Dios. Al mismo tiempo, la ciencia moderna define la felicidad como una combinación de satisfacción con la vida y emociones positivas experimentadas con regularidad.

En este capítulo, exploraremos la naturaleza de la felicidad desde ambas perspectivas: cómo se mide científicamente y cómo se entiende desde la fe cristiana. A través de estudios científicos y referencias bíblicas, veremos cómo estos dos mundos se complementan para ofrecernos una visión integral de lo que significa ser feliz.

Definición de la Felicidad

La ciencia moderna define la felicidad principalmente a través del concepto de bienestar subjetivo, un término que abarca la satisfacción con la vida y el predominio de emociones positivas.[1] El psicólogo Martin Seligman, pionero de la psicología positiva, propuso que la felicidad se puede estructurar en lo que él llamó el modelo PERMA: emociones positivas, compromiso, relaciones, significado y logros. Estos cinco elementos son esenciales para una vida plena y satisfactoria.[2]

Desde un punto de vista neurológico, la felicidad tiene una base biológica clara. Cuando nos sentimos felices, nuestro cerebro libera neurotransmisores como la dopamina y la serotonina, que son responsables de crear sensaciones de placer y bienestar.[3] Áreas del cerebro como el núcleo accumbens y el córtex prefrontal se activan cuando experimentamos estas emociones, lo que refuerza la idea de que la felicidad no es solo un estado emocional, sino también un fenómeno físico que puede ser medido.[4]

---

[1] Diener, Ed., "Subjective Well-Being: The Science of Happiness and a Proposal for a National Index," *American Psychologist* 55, no. 1 (2000): 34-43.

[2] Martin Seligman, *Flourish: A Visionary New Understanding of Happiness and Wellbeing* (New York: Atria Books, 2011), 16-17.

[3] Davidson and Begley, *The Emotional Life of Your Brain*, 67.

[4] Morten L. Kringelbach and Kent C. Berridge, "The Neuroscience of Happiness and Pleasure," *Neuron* 86, no. 3 (2015): 646–664. https://doi.org/10.1016/j.neuron.2015.02.018. Ver tambien a Berridge, Kent C., and Morten L. Kringelbach, "Neuroscience of Affect: Brain Mechanisms of Pleasure and Displeasure," *Neuron* 86, no. 3 (2015): 646-664.

Sin embargo, aunque la ciencia puede medir y estudiar los mecanismos de la felicidad, desde la fe cristiana, la felicidad tiene una dimensión espiritual más profunda. Según la Biblia, la felicidad verdadera no se deriva de las circunstancias materiales o temporales, sino de una vida acorde con la voluntad de Dios.[5] En Juan 15:11, Jesús promete a sus discípulos: "Estas cosas os he hablado, para que mi gozo esté en vosotros, y vuestro gozo sea completo". Este tipo de felicidad no es pasajera, sino eterna, enraizada en una relación profunda con el Creador. La felicidad no es simplemente un resultado de experiencias placenteras, ni es un destino que alcanzamos una vez en la vida. La felicidad es un estado emocional continuo que proviene de un sentido de satisfacción, significado y propósito.[6]

La felicidad, desde el punto de vista cristiano, no se basa en las circunstancias externas, sino en una paz y gozo internos que vienen de conocer a Dios y confiar en Su plan. El verdadero gozo es un fruto del Espíritu Santo (Gálatas 5:22, y es una elección diaria que hacemos al confiar en la soberanía de Dios y Su amor por nosotros.[7] Mientras que el mundo asocia la felicidad con el éxito, las posesiones o los placeres temporales, la Biblia nos enseña que el gozo verdadero se encuentra en nuestra relación con Dios.

Perspectiva Neurobiológica de la Felicidad

La felicidad no es solo una experiencia emocional o espiritual, sino que también tiene profundas raíces en la biología del

---

5 Wright, N.T., *Simply Christian: Why Christianity Makes Sense* (New York: HarperOne, 2010), 75-78.

6 Smith, Emily Esfahani, *The Power of Meaning: Crafting a Life That Matters* (New York: Crown, 2017), 32.

7 Peterson, Eugene, *The Message: The Bible in Contemporary Language* (Colorado Springs, CO: NavPress, 2002), Gálatas 5:22.

cerebro, es decir, algo sucede en nuestro cerebro cuando somos felices o cuando no lo somos. A lo largo de los años, la ciencia ha avanzado considerablemente en la comprensión de cómo el cerebro experimenta y regula la felicidad. En este sentido, cuatro neurotransmisores principales juegan un papel fundamental: la dopamina, la serotonina, las endorfinas y la oxitocina.[8] En un capítulo posterior profundizaremos más sobre este tema, en esta parte solo mencionaremos que estos componentes tienen una amplia conexión con la felicidad, y que ignorar su funcionamiento, equivaldría a no entender como fuimos creados.[9]

La felicidad, por lo tanto, no es solo un estado emocional o una decisión espiritual, sino también un proceso biológico intrínseco. Dios ha creado el cuerpo humano de manera que nuestra experiencia de felicidad y bienestar esté ligada tanto a lo espiritual como a lo físico.[10] Por eso, a través de la gratitud, el servicio, la oración y la adoración, no solo nos acercamos a Dios, sino que también experimentamos cambios neurobiológicos que fortalecen nuestra salud mental y emocional.

En este sentido, podemos ver cómo la ciencia moderna y la fe convergen para ofrecer una visión más completa de la felicidad. La neurociencia refuerza las enseñanzas bíblicas al mostrar que los principios espirituales que promueven el bienestar —como la gratitud, el amor y la confianza en Dios— están alineados con las

---

8   Ed Diener and Martin E. P. Seligman, "Very Happy People," *Psychological Science* 13, no. 1 (2002): 81–84. https://doi.org/10.1111/1467-9280.00415.

9   Fredrickson, Barbara L., *Positivity: Top-Notch Research Reveals the 3-to-1 Ratio That Will Change Your Life* (New York: Crown Archetype, 2009), 24-26.

10   McCullough, Michael E., Kilpatrick, Steven D., Emmons, Robert A., & Larson, David B., "Is Gratitude a Moral Affect?" *Psychological Bulletin* 127, no. 2 (2001): 249-266.

funciones naturales del cerebro que nos ayudan a experimentar gozo, paz y satisfacción.[11]

La vida de Job

La vida de Job, narrada en la Biblia, es uno de los relatos más conmovedores y profundos sobre el sufrimiento humano, pero también sobre la verdadera felicidad y el gozo que provienen de una relación íntima con Dios. La historia de Job comienza con una descripción de un hombre próspero, bendecido con riqueza, una gran familia y una vida sin sobresaltos.[12] Sin embargo, en una serie de eventos devastadores, Job lo pierde todo. Su ganado, su riqueza, sus hijos e incluso su salud le son arrebatados en un corto periodo de tiempo.[13] A pesar de la magnitud de su sufrimiento, su respuesta refleja una fe y un entendimiento profundo de la soberanía de Dios. En Job 1:21, pronuncia una de las declaraciones más poderosas de la Biblia: "El Señor dio, y el Señor quitó; bendito sea el nombre del Señor".

Lo que hace que esta declaración sea tan impactante no es solo la capacidad de Job de adorar a Dios en medio de su dolor, sino el hecho de que su felicidad y gozo no dependían de las circunstancias externas. Job entendía que su relación con Dios era la fuente de su bienestar, y aunque todo lo material y terrenal le fue arrebatado, su confianza en el plan y propósito de Dios le otorgó una paz que trascendía el sufrimiento físico y emocional.[14]

---

11 Emmons, Robert A., *Thanks!: How the New Science of Gratitude Can Make You Happier* (Boston: Houghton Mifflin Harcourt, 2007), 43-45.
12 Timothy Keller, *Walking with God through Pain and Suffering* (New York: Dutton, 2013), 25-28.
13 Wright, N.T., *Simply Christian: Why Christianity Makes Sense* (New York: HarperOne, 2010), 82-84.
14 Peterson, Eugene, *The Message: The Bible in Contemporary Language* (Colorado Springs, CO: NavPress, 2002), Job 1:22.

La historia de Job no es solo un relato de pérdida, sino también un ejemplo claro de la resiliencia espiritual. En el capítulo 2, Job es atacado en su salud, cubierto de llagas desde la cabeza hasta los pies. Aun en su dolor extremo, Job se niega a maldecir a Dios, a pesar de que su propia esposa lo insta a hacerlo: "¿Todavía mantienes tu integridad? Maldice a Dios y muérete" (Job 2:9). Su respuesta es contundente: "¿Aceptaremos de Dios el bien, y no aceptaremos el mal?" (Job 2:10). Este nivel de integridad y fe no es el resultado de una simple aceptación pasiva del sufrimiento, sino de una profunda comprensión de que la felicidad y el gozo verdadero provienen de estar acorde con el propósito y la voluntad de Dios, sin importar las circunstancias externas.[15]

El gozo de Job no era una felicidad superficial basada en su bienestar físico o en la estabilidad de su vida. Era un gozo enraizado en una confianza absoluta en la soberanía de Dios. Job no entendía por qué estaba sufriendo, pero confiaba en que Dios estaba al control. Este tipo de gozo se distingue de la felicidad convencional, que a menudo depende de factores externos y temporales. Filipenses 4:4 nos llama a "regocijarnos en el Señor siempre", un mandato que no excluye los momentos de dolor, sino que nos invita a encontrar gozo en Dios aun en medio de las pruebas.[16]

Desde una perspectiva científica, la resiliencia de Job frente a su sufrimiento puede ser comprendida a través de investigaciones recientes en psicología. La psicología positiva, una rama de la psicología que estudia el bienestar humano, ha investigado profundamente la relación entre el propósito y la resiliencia.[17] Sonja Lyubomirsky, una de las investigadoras más reconocidas en este

---

15 Keller, *Walking with God through Pain and Suffering*, 45-47.
16 Peterson, *The Message*, Filipenses 4:4.
17 Seligman, *Authentic Happiness*, 112-115.

campo, ha estudiado cómo las personas que encuentran un propósito más profundo en la vida no solo experimentan mayores niveles de bienestar, sino que también son más resistentes ante el sufrimiento y las adversidades.[18] Según sus estudios, aquellos que viven con un sentido de significado, ya sea a través de la religión, el servicio a los demás o un compromiso con una causa mayor, tienen más probabilidades de experimentar lo que ella denomina "felicidad sostenible".[19]

Uno de los hallazgos clave en la investigación de Lyubomirsky es que las personas con un propósito claro pueden soportar mejor el sufrimiento porque ven el dolor y las dificultades no como eventos arbitrarios o sin sentido, sino como oportunidades para el crecimiento personal y espiritual.[20] Este hallazgo encaja perfectamente con la historia de Job, quien, aunque no comprendía por qué estaba sufriendo, nunca perdió de vista que su vida tenía un propósito mayor que sus circunstancias inmediatas.[21] En Job 19:25, Job declara: "Yo sé que mi Redentor vive, y al fin se levantará sobre el polvo", mostrando que su esperanza y gozo no estaban atados a su presente, sino a una confianza profunda en la justicia y el propósito final de Dios.

La Biblia enseña que la felicidad verdadera proviene de vivir de acuerdo con el propósito que Dios ha diseñado para nosotros. En Romanos 8:28, el apóstol Pablo afirma: "Sabemos que a los que aman a Dios, todas las cosas les ayudan a bien, esto es, a los que conforme a su propósito son llamados". Esta promesa

---

18 Sonja Lyubomirsky, *The How of Happiness: A Scientific Approach to Getting the Life You Want* (New York: Penguin Books, 2007), 135-140.
19 Lyubomirsky, *The How of Happiness*, 135-140.
20 Lyubomirsky, *The How of Happiness*, 135-140.
21 Smith, Emily Esfahani, *The Power of Meaning: Crafting a Life That Matters* (New York: Crown, 2017), 65.

bíblica asegura que, independientemente de las circunstancias que enfrentemos, existe un propósito divino que está obrando para nuestro bien, incluso en los momentos más oscuros.

La ciencia también refuerza esta idea. En un estudio sobre el bienestar psicológico, se descubrió que las personas que tienen una fe sólida o un sistema de creencias que les proporciona un sentido de significado son más capaces de lidiar con el estrés y las crisis.[22] Recordemos esta cita: "aquellos que tienen un por qué para vivir pueden soportar casi cualquier cómo".[23] Este principio está claramente presente en la historia de Job. Aunque no podía entender el "por qué" de su sufrimiento, sabía que había un "quién" detrás de todo: Dios, en quien podía confiar plenamente.[24]

El gozo de Job y su resiliencia no eran simplemente el resultado de una fortaleza interna, sino el fruto de una vida vivida en relación con Dios y su propósito. A través de su sufrimiento, Job descubrió una verdad que es clave para comprender la felicidad duradera: que la verdadera paz y felicidad no provienen de lo que poseemos o de las circunstancias favorables, sino de nuestra relación con el Creador y nuestra disposición a confiar en Su plan, incluso cuando no lo comprendemos.[25]

Lo que encontramos en la vida de Job y en la ciencia es una poderosa convergencia entre la resiliencia espiritual y la resiliencia psicológica. Tanto la fe cristiana como la psicología moderna sostienen que una vida con propósito es esencial

---

[22] Diener, Ed., *Happiness: Unlocking the Mysteries of Psychological Wealth* (Oxford: Blackwell Publishing, 2008), 104-107.
[23] Frankl, *Man's Search for Meaning*, 86.
[24] Keller, *Walking with God through Pain and Suffering*, 37.
[25] Peterson, Eugene, *The Message: The Bible in Contemporary Language* (Colorado Springs, CO: NavPress, 2002), Job 1:21.

para la felicidad.[26] Mientras que la psicología positiva estudia los factores que permiten a las personas florecer en medio de las dificultades, la Biblia ya había presentado este principio a través de historias como la de Job, mostrando que el gozo en Dios y el propósito divino pueden sostenernos en los momentos más oscuros.

La historia de Job también nos recuerda que la felicidad y el sufrimiento no son opuestos irreconciliables. La ciencia ha encontrado que las personas que atraviesan el sufrimiento con una actitud de propósito emergen de esas experiencias con una mayor sensación de significado y bienestar.[27] Esto está relacionado con el concepto de crecimiento postraumático, que describe cómo algunos individuos no solo superan las dificultades, sino que experimentan un crecimiento personal y espiritual como resultado de ellas.

En la vida de Job, vemos que el sufrimiento no fue un obstáculo para su felicidad, sino una oportunidad para descubrir una paz más profunda. Al final de su historia, después de haber pasado por la pérdida y el dolor, Dios restaura a Job, dándole aún más de lo que había perdido.[28] Sin embargo, lo más importante no es la restauración material, sino el hecho de que Job había encontrado una comprensión más profunda de Dios y de sí mismo. Job 42:5 refleja este cambio cuando dice: "De oídas te había oído; más ahora mis ojos te ven". Job había pasado de conocer a Dios de manera teórica a experimentarlo de manera personal y profunda, y este encuentro transformador le dio un gozo y una paz inquebrantables.[29]

---

26 Seligman, *Authentic Happiness*, 98.
27 Tedeschi, Richard G., and Calhoun, Lawrence G., *Posttraumatic Growth: Positive Changes in the Aftermath of Crisis* (Mahwah, NJ: Lawrence Erlbaum Associates, 2004), 65-67.
28 Keller, *Walking with God through Pain and Suffering*, 94-97.
29 Keller, *Walking with God through Pain and Suffering*, 94-97.

La historia de Job nos ofrece una lección vital: la verdadera felicidad no se define por la ausencia de sufrimiento, sino por la presencia de Dios en nuestras vidas y por nuestra capacidad de encontrar significado en medio de las dificultades. Job fue capaz de declarar su gozo y confianza en Dios no porque sus circunstancias fueran fáciles, sino porque entendía que su felicidad no dependía de ellas.[30] Su relación con Dios era su ancla, y en esa relación encontró un gozo que trascendía el dolor.

La ciencia moderna, a través de la psicología positiva, confirma lo que la Biblia ya había enseñado durante siglos: que las personas que encuentran propósito y sentido en sus vidas son más resistentes al sufrimiento y experimentan una felicidad más duradera.[31] Esta combinación de fe y ciencia nos muestra que, aunque no podemos evitar el dolor, sí podemos elegir cómo enfrentarlo. Al igual que Job, podemos encontrar gozo en medio del sufrimiento si nuestra felicidad está basada en algo más grande que nosotros mismos: en un propósito divino que nos da dirección, significado y paz.[32]

En última instancia, la vida de Job es un testimonio de que, cuando entendemos que nuestra felicidad está profundamente ligada a nuestra relación con Dios y al propósito que Él tiene para nosotros, descubrimos una satisfacción que ninguna circunstancia terrenal puede arrebatarnos. Esta felicidad, que no depende de lo que tenemos o de lo que sucede, es la que nos permite declarar, como Job, que "el Señor dio y el Señor quitó; bendito sea el nombre del Señor".

---

30 Peterson, *The Message*, Filipenses 4:4.
31 Lyubomirsky, *The How of Happiness*, 202.
32 Seligman, *Authentic Happiness*, 110.

La Felicidad y el Gozo

Uno de los aspectos más cruciales a entender en la búsqueda de una vida plena es la diferencia entre felicidad y gozo. En la vida cotidiana, la felicidad a menudo está ligada a las circunstancias externas: cuando las cosas van bien, nos sentimos felices. Sin embargo, cuando enfrentamos desafíos o sufrimientos, esa felicidad basada en lo temporal puede desaparecer rápidamente.[33] En contraste, el gozo bíblico es mucho más profundo y duradero, porque no depende de las situaciones externas, sino de nuestra relación con Dios y la paz que Él ofrece. El apóstol Pablo, en su carta a los filipenses, expresa una verdad profunda sobre el gozo que proviene de Dios. Filipenses 4:4 dice: "Regocijaos en el Señor siempre. Otra vez lo digo: ¡Regocijaos!". Estas palabras adquieren un significado aún mayor cuando consideramos que Pablo las escribió desde la prisión, un lugar de sufrimiento físico y emocional. En lugar de dejar que sus circunstancias definieran su estado emocional, Pablo nos muestra que el gozo en el Señor puede trascender cualquier situación adversa. Su gozo no dependía de su libertad o de su bienestar físico, sino de su relación íntima y confiada con Dios.[34]

El gozo, desde la perspectiva cristiana, no es simplemente una emoción que aparece cuando todo va bien; es un estado espiritual que se mantiene firme incluso en las dificultades. Santiago 1:2-3 refuerza esta idea cuando dice: "Hermanos míos, consideren como un gran gozo cuando enfrenten diversas pruebas, sabiendo que la prueba de su fe produce paciencia". El gozo cristiano es una respuesta a la confianza en Dios, una actitud que nos permite

---

33   Lyubomirsky, *The How of Happiness,* 156.
34   Peterson, Eugene, *The Message: The Bible in Contemporary Language* (Colorado Springs, CO: NavPress, 2002), Filipenses 4:4.

ver más allá de las circunstancias presentes y reconocer que Dios está obrando en medio de nuestras pruebas para nuestro bien.

Este tipo de gozo tiene sus raíces en la soberanía de Dios. Saber que Dios está en control, incluso en las circunstancias más difíciles, nos da una paz que no puede ser fácilmente sacudida.[35] El gozo bíblico es, en última instancia, una manifestación de nuestra fe en la bondad y el propósito de Dios. No se basa en lo que sentimos o en lo que sucede a nuestro alrededor, sino en nuestra confianza en el carácter inmutable de Dios.[36]

Curiosamente, la ciencia moderna ha comenzado a confirmar lo que la Biblia ha enseñado durante siglos. La neurociencia ha demostrado que emociones como la gratitud, el amor y el gozo tienen un impacto directo en el cerebro.[37] La gratitud, por ejemplo, ha sido objeto de numerosos estudios que muestran cómo puede alterar la estructura de nuestro cerebro. Cuando practicamos la gratitud, activamos áreas del cerebro asociadas con el bienestar, como el córtex prefrontal y el núcleo accumbens.[38] Estas áreas están involucradas en la regulación de las emociones y la recompensa, lo que significa que, cuanto más practicamos la gratitud, más fácil nos resulta experimentar emociones positivas.

De hecho, practicar la gratitud de manera constante no solo refuerza las conexiones neuronales relacionadas con el bienestar, sino que también puede cambiar la manera en que percibimos nuestras experiencias diarias. En otras palabras, cuanto más agradecidos somos, más propensos estamos a sentirnos felices

---

35 Keller, *Walking with God through Pain and Suffering*, 112.
36 Seligman, *Authentic Happiness*, 178.
37 Davidson and Begley, *The Emotional Life of Your Brain*, 55.
38 Emmons, Robert A., *Thanks!: How Practicing Gratitude Can Make You Happier* (New York: Houghton Mifflin Harcourt, 2007), 92-94.

y satisfechos, independientemente de nuestras circunstancias.[39] Este principio resuena con el mandato bíblico de dar gracias en todo momento, como se expresa en 1 Tesalonicenses 5:18: "Dad gracias en todo, porque esta es la voluntad de Dios para vosotros en Cristo Jesús".

Además, las investigaciones han demostrado que el amor y otras emociones positivas también pueden modificar la neuroquímica de nuestro cerebro. Cuando experimentamos amor o alegría, nuestro cerebro libera neurotransmisores como la oxitocina, que promueve sentimientos de conexión y confianza.[40] Al igual que el gozo bíblico, estas emociones no solo nos hacen sentir bien en el momento, sino que tienen efectos duraderos en nuestro bienestar emocional y físico. Por otro lado, el concepto de gratitud está estrechamente relacionado con el gozo. La Biblia nos enseña a ser agradecidos en todo momento, y la ciencia respalda la poderosa conexión entre la gratitud y una vida más feliz y plena.[41] Cuando damos gracias a Dios por lo que tenemos, incluso en medio de las pruebas, activamos una respuesta positiva en nuestro cerebro que nos ayuda a mantener una actitud de gozo. Esta gratitud no es simplemente una respuesta emocional superficial; es una disciplina espiritual y mental que cultiva una perspectiva que puede transformar nuestra experiencia de vida.[42]

Este círculo virtuoso entre gratitud y gozo tiene raíces profundas tanto en la ciencia como en la fe. Al ser agradecidos, nuestros cerebros comienzan a ver más razones para estar agradecidos, lo

---

39 Lyubomirsky, *The How of Happiness*, 169.
40 Fredrickson, Barbara L., *Positivity: Top-Notch Research Reveals the 3-to-1 Ratio That Will Change Your Life* (New York: Crown Archetype, 2009), 85.
41 Emmons, Robert A., *Thanks!: How Practicing Gratitude Can Make You Happier* (New York: Houghton Mifflin Harcourt, 2007), 67-69.
42   4 Emmons, *Thanks!*, 74.

que a su vez alimenta más gozo.⁴³ Como resultado, las personas que practican la gratitud regularmente reportan mayores niveles de bienestar, mejores relaciones y una mayor capacidad para afrontar las dificultades. Es lo que podríamos llamar un gozo sostenible, porque no se basa en las circunstancias, sino en una perspectiva renovada y enraizada en la confianza en Dios.⁴⁴

Pablo entendió esta relación cuando escribió a los filipenses, exhortándolos a regocijarse en el Señor, independientemente de sus circunstancias. Esta es una lección poderosa para nosotros hoy: no debemos esperar a que las circunstancias cambien para encontrar el gozo. Podemos elegir regocijarnos en Dios y en su bondad en medio de cualquier situación, sabiendo que Él está trabajando en nuestras vidas, incluso en los momentos de mayor sufrimiento.⁴⁵ Otra diferencia clave entre la felicidad y el gozo es que, mientras que la felicidad muchas veces surge de manera natural en respuesta a eventos positivos, el gozo es algo que podemos elegir. La Biblia nos enseña que el gozo es una decisión espiritual que tomamos al confiar en Dios.⁴⁶ Pablo no estaba diciendo que debíamos ignorar el dolor o pretender que no sufrimos; más bien, nos estaba invitando a elegir el gozo a pesar de las circunstancias. Esta elección se basa en la certeza de que Dios tiene un plan para nuestras vidas y que, incluso en medio del sufrimiento, podemos experimentar la paz y el gozo que provienen de nuestra relación con Él.⁴⁷

---

43 Lyubomirsky, *The How of Happiness*, 139-142.
44 Emmons, *Thanks!*, 80.
45 Keller, *Walking with God through Pain and Suffering*, 115.
46 Eugene Peterson, *The Message: The Bible in Contemporary Language* (Colorado Springs, CO: NavPress, 2002), Filipenses 4:4.
47 Seligman, *Authentic Happiness*, 180.

La elección del gozo no es una negación de la realidad, sino un acto de fe. En lugar de dejarnos dominar por el miedo, la ansiedad o la tristeza, el gozo nos invita a poner nuestra mirada en Dios y en Su fidelidad.[48] Esto no significa que no sintamos dolor o tristeza en momentos difíciles, sino que, en medio de esas emociones, podemos encontrar un refugio en Dios que nos da fuerza y esperanza.

Estudios en el campo de la psicología positiva han mostrado que las personas que practican la resiliencia emocional, es decir, la capacidad de recuperarse de las dificultades y mantener una actitud positiva, experimentan mayores niveles de bienestar general.[49] Al igual que el gozo bíblico, la resiliencia emocional es una elección consciente de ver más allá de las circunstancias inmediatas y centrarse en lo que es permanente y significativo.[50]

La distinción entre felicidad y gozo es crucial para comprender cómo podemos experimentar una vida plena, independientemente de lo que suceda a nuestro alrededor. Mientras que la felicidad es a menudo una respuesta emocional pasajera a eventos positivos, el gozo es un estado espiritual sostenido por nuestra fe en Dios y nuestra capacidad para confiar en Su propósito, incluso en medio de las pruebas.[51] Este gozo, que la Biblia nos llama a buscar y practicar, está respaldado por la ciencia, que muestra cómo nuestras elecciones emocionales y espirituales pueden influir directamente en nuestro bienestar físico y mental.[52]

---

48 Peterson, *The Message*, Filipenses 4:4.
49 Fredrickson, Barbara L., *Positivity*, 102-104.
50 Seligman, *Authentic Happiness*, 183.
51 Lyubomirsky, *The How of Happiness*, 155.
52 Fredrickson, *Positivity*, 107.

El gozo, por tanto, no es una emoción que simplemente "nos sucede"; es una respuesta activa a nuestra confianza en Dios, una elección que hacemos cada día.[53] Y al igual que la neurociencia ha demostrado que la gratitud y el amor pueden modificar nuestro cerebro para experimentar más emociones positivas, la Biblia nos enseña que el gozo en el Señor puede transformar nuestra vida, sin importar las circunstancias.[54]

En resumen, mientras que la felicidad puede ser fugaz y dependiente de las circunstancias, el gozo que proviene de Dios es duradero y profundo. Está disponible para todos los que eligen confiar en Dios, practicar la gratitud y vivir con una fe inquebrantable en su soberanía.[55] Este gozo, más que cualquier emoción pasajera, es lo que verdaderamente sostiene nuestra vida y nos permite experimentar una felicidad plena y eterna.

Resumen del capítulo

En este capítulo, exploramos la naturaleza de la felicidad desde lo que afirma la ciencia moderna y la fe cristiana. La ciencia define la felicidad como una combinación de satisfacción con la vida y emociones positivas regulares, un estado conocido como bienestar subjetivo, en el que las emociones como la gratitud y el amor juegan un papel crucial. Estudios científicos demuestran que prácticas como la gratitud no solo mejoran nuestro bienestar emocional, sino que también alteran positivamente la estructura del cerebro, haciéndonos más propensos a experimentar emociones positivas en el futuro.

---

53 Peterson, *The Message*, Filipenses 4:4.
54 Emmons, *Thanks!*, 83.
55 Keller, *Walking with God*, 120.

Hemos visto como la conexión entre la neurociencia y la felicidad, destacando cómo neurotransmisores como la dopamina, la serotonina y las endorfinas juegan un papel clave en nuestra experiencia de bienestar. La dopamina nos impulsa hacia el logro y la recompensa, mientras que la serotonina estabiliza nuestras emociones, y las endorfinas actúan como analgésicos naturales. Estas respuestas biológicas, junto con las prácticas espirituales como la gratitud, la oración y el servicio, refuerzan el vínculo entre lo físico y lo espiritual, demostrando cómo Dios ha diseñado nuestros cuerpos para experimentar una felicidad plena y equilibrada. Desde la fe cristiana, la felicidad verdadera se entiende como un estado de plenitud y paz que nace de una relación profunda con Dios. A través de la historia de Job, aprendimos que la felicidad bíblica, también conocida como gozo, no depende de las circunstancias externas. A pesar de las pérdidas devastadoras que experimentó, Job pudo mantener su gozo porque sabía que su relación con Dios era más importante que cualquier posesión o bienestar temporal. Este gozo, a diferencia de la felicidad pasajera, está enraizado en la confianza en la soberanía y el propósito de Dios.

El gozo bíblico es mucho más profundo que la felicidad basada en circunstancias. Como muestra el apóstol Pablo en Filipenses 4:4, podemos regocijarnos en el Señor siempre, independientemente de lo que ocurra a nuestro alrededor. La elección del gozo es una decisión espiritual que depende de nuestra fe en Dios y de nuestra capacidad para confiar en Su plan, incluso en medio del sufrimiento. Esta lección está respaldada tanto por la ciencia como por la Escritura, que nos muestran que vivir con propósito, gratitud y resiliencia nos ayuda a experimentar una felicidad más plena y duradera.

En conclusión, la felicidad convencional es efímera y dependiente de factores externos, mientras que el gozo que proviene de Dios es un estado duradero que podemos elegir y cultivar a través de una relación con Él. Al practicar la gratitud y al confiar en el propósito divino, descubrimos un gozo que trasciende cualquier circunstancia y que nos sostiene en los momentos más difíciles de la vida.

Ejercicios Prácticos

1. Diario de Gratitud: Al final de cada día, escribe tres cosas por las que te sientas agradecido. No tienen que ser grandes eventos, puede ser algo tan simple como disfrutar de una taza de té o una conversación significativa. Estudios han demostrado que practicar la gratitud mejora el bienestar emocional a largo plazo, y es una forma de entrenar nuestra mente para centrarse en lo positivo. Como dice 1 Tesalonicenses 5:18, "Dad gracias en todo, porque esta es la voluntad de Dios para vosotros en Cristo Jesús".

2. Tiempo con Dios: Dedica 15 minutos al día a la lectura bíblica y a la oración, enfocándote en las promesas de Dios sobre el gozo y la felicidad. Reflexiona sobre cómo estas verdades pueden aplicarse a tu vida. Al hacer esto, no solo encontrarás paz y dirección, sino que también estarás nutriendo la relación más importante que puedes tener: la que tienes con tu Creador.

3. Visualización Positiva: Cierra los ojos e imagina un futuro en el que experimentes una felicidad plena. En lugar de enfocarte solo en las circunstancias externas, visualiza cómo te sentirías conectado espiritualmente con Dios en ese futuro.

La psicología cognitiva ha demostrado que la visualización positiva puede ayudar a entrenar nuestra mente para crear hábitos de pensamiento más optimistas y constructivos, lo cual es esencial para cultivar una felicidad duradera.

Recursos Adicionales

Apps

- Headspace (para la meditación y el *mindfulness* basado en evidencia científica, útil para quienes buscan mejorar su bienestar mental).

- Glorify (una app cristiana de devocionales que ayuda a meditar en la Palabra de Dios y cultivar el gozo espiritual).

- Happify (una app que ofrece actividades basadas en la ciencia de la psicología positiva para mejorar el bienestar).

Libros

1. "La Felicidad: Lecciones de una Nueva Ciencia" por Richard Layard: Una investigación sobre lo que realmente contribuye a la felicidad desde la perspectiva científica.

2. "El Gozo Imperturbable" por John Piper: Un libro que explora el gozo cristiano y cómo es posible experimentar paz y felicidad, incluso en medio de dificultades.

3. "La Ciencia de la Felicidad" por Sonja Lyubomirsky: Un escrito de enfoque científico sobre cómo las elecciones y hábitos personales impactan en el bienestar.

Capítulo 2
EL PROPÓSITO DE DIOS Y LA CREACIÓN DEL SER HUMANO

"El corazón del hombre no haya reposo hasta que descansa en ti, oh Dios."

San Agustín.

Dios creó al ser humano con un propósito claro: vivir en armonía con Él, con los demás y con la creación. Según Génesis 1:26-27, el ser humano fue hecho a imagen y semejanza de Dios, lo que refleja su dignidad y capacidad única para relacionarse con su Creador. Esta imagen de Dios no solo otorga valor al ser humano, sino que también subraya que fuimos creados para vivir una vida de comunión y reflejo divino, donde la felicidad y el propósito fluían directamente de esa relación íntima con Dios. El ser humano estaba destinado a experimentar el amor divino y reflejarlo en su vida, siendo una manifestación viviente de la bondad y la perfección divina. La expresión "a imagen y semejanza de Dios" no solo afirma el valor inherente de cada ser humano, sino que también refleja el propósito fundamental de su existencia: ser un reflejo de las cualidades de Dios en la tierra.[1] La imago Dei (imagen de Dios), como se refiere en términos teológicos, otorga al ser humano una responsabilidad única: participar activamente en la creación de Dios como su representante. Este concepto subraya que el ser humano fue creado no solo para existir, sino para ser una extensión del carácter divino—un ser capaz de amar, de crear, de cuidar, y de vivir en comunión con Dios y los demás.[2]

Dios colocó a Adán y Eva en el Jardín del Edén, un lugar de provisión total. Génesis 2:8-9 describe el jardín como un lugar donde "el Señor Dios hizo brotar de la tierra todo árbol agradable a la vista y bueno para comer". Este entorno, además de su belleza material, simbolizaba el bienestar y la plenitud que Dios deseaba para la humanidad. En el Edén, todas sus necesidades estaban cubiertas: físicas, emocionales y espirituales. Pero lo más importante no eran las provisiones físicas, sino la relación íntima y sin barreras con Dios, quien caminaba con ellos en el jardín (Génesis 3:8). Este contacto directo con su Creador era el centro de la felicidad humana.

---

[1] N. T. Wright, *The Day the Revolution Began: Reconsidering the Meaning of Jesus's Crucifixion* (New York: HarperOne, 2016), 75-78.

[2] Ver John Calvin, *Institutes of the Christian Religion*, ed. John T. McNeill, trans. Ford Lewis Battles (Philadelphia: Westminster Press, 1960), 1.15.4.

La Comunión con Dios: Fuente de Felicidad y Plenitud

El plan original de Dios implicaba que la felicidad y la plenitud del ser humano provenían directamente de su comunión con El. A diferencia de las concepciones modernas de felicidad, que a menudo se basan en logros externos o placeres temporales, la felicidad en el Edén estaba intrínsecamente ligada a una relación espiritual profunda. El hecho de que Dios caminara con el ser humano en el jardín sugiere que la presencia divina era la fuente principal de bienestar. En este estado de comunión, no había separación entre lo físico y lo espiritual; todo estaba en armonía bajo la voluntad de Dios. La felicidad que experimentaban Adán y Eva no dependía solo de su entorno perfecto, sino de la relación perfecta con su Creador.

Este estado de comunión con Dios no era una experiencia pasiva. Dios le otorgó a Adán y Eva el dominio sobre la creación como parte de su plan original (Génesis 1:28). Este mandato de "sojuzgar" y "dominar" la tierra no debe entenderse en un sentido destructivo, sino como una responsabilidad de cuidado y mayordomía. El ser humano fue diseñado para ser un colaborador activo con Dios, para trabajar en armonía con la creación, cuidándola y haciéndola prosperar. El trabajo, en su forma original, no era una carga o una fuente de sufrimiento, sino una extensión de la relación con Dios y un medio para participar en su propósito creador. En este sentido, el trabajo también formaba parte de la felicidad original del ser humano.

El Orden y la Armonía en la Creación

El plan original de Dios también implicaba un orden y una armonía perfectos entre el ser humano y el resto de la creación. La relación de Adán y Eva con la naturaleza no era de explotación, sino de coexistencia y equilibrio. La creación fue diseñada para proveer y sostener al ser humano, mientras que el ser humano tenía la responsabilidad de cuidar y proteger la creación. Este equilibrio reflejaba el orden perfecto establecido por Dios. En Génesis 2:15, Dios puso a Adán en el jardín "para que lo labrara y lo guardase". Aquí vemos el plan de Dios para que el trabajo del ser humano estuviera en sintonía con su propósito de mantener la creación en un estado de equilibrio y prosperidad.

La creación no estaba destinada a ser simplemente un recurso para el consumo humano, sino un entorno donde el ser humano viviera en armonía con todas las criaturas y con la naturaleza misma. Esta relación armoniosa refleja el diseño intencional de Dios de que la felicidad humana no estuviera limitada a su propia satisfacción, sino que se extendiera a toda la creación. En este sentido, el bienestar del ser humano y el bienestar de la creación estaban intrínsecamente conectados.

La Felicidad Original y el Libre Albedrío

Aunque el propósito de Dios incluía una vida plena para el ser humano, también les dio el libre albedrío.[3] El libre albedrío es un componente esencial en el diseño divino porque sin la capacidad de elegir, la relación con Dios no podría ser genuina ni amorosa. En Génesis 2:16-17, Dios colocó el árbol del conocimiento del bien y del mal como una prueba de obediencia y confianza. La

---
3 C.S. Lewis, *Mere Christianity* (New York: HarperOne, 2001), 49-50.

prohibición de comer de este árbol no era un castigo, sino una oportunidad para que Adán y Eva ejercieran su libre albedrío, demostrando su confianza en el plan de Dios.[4] La verdadera felicidad no puede forzarse; debe provenir de una relación voluntaria con Dios. Adán y Eva tenían la oportunidad de vivir en dependencia plena de Dios, experimentando el bienestar y la felicidad que emanaban de esa confianza. El libre albedrío otorgaba al ser humano la responsabilidad de elegir la dependencia continua en Dios o buscar la felicidad por su cuenta.[5] El libre albedrío es un regalo que refleja el amor y respeto de Dios hacia la humanidad. Al darle al ser humano la capacidad de elegir, Dios estaba invitando a Adán y Eva a participar en una relación dinámica, no en una sumisión forzada. Este poder de elección es lo que hace que la relación con Dios sea auténtica. La obediencia a Dios no sería significativa si no hubiera otra opción; la verdadera devoción surge cuando el ser humano, en plena libertad, decide depender de Dios en lugar de seguir sus propios impulsos o deseos.

Este acto de confianza y obediencia, simbolizado en la elección de no comer del árbol del conocimiento del bien y del mal, es lo que mantenía la armonía y la plenitud en la vida de Adán y Eva.[6] Al obedecer, elegían alinearse con el propósito divino, que no solo garantizaba su bienestar físico y espiritual, sino que también les permitía participar en el plan de Dios para la creación. La desobediencia, por otro lado, era una ruptura con ese propósito, una decisión de separarse del diseño de Dios y tratar de definir su propia versión de la felicidad.

---

4 Wayne Grudem, *Systematic Theology: An Introduction to Biblical Doctrine* (Grand Rapids, MI: Zondervan, 1994), 440-442.

5 Dallas Willard, *Renovation of the Heart: Putting on the Character of Christ* (Colorado Springs, CO: NavPress, 2002), 52-54.

6 D.A. Carson, *The Gagging of God: Christianity Confronts Pluralism* (Grand Rapids, MI: Zondervan, 1996), 163-164.

El libre albedrío, por tanto, no era solo una prueba de obediencia, sino una invitación constante a la comunión voluntaria con Dios. Cada decisión de Adán y Eva de confiar en Dios reafirmaba esa relación, mientras que la desobediencia, como más tarde se vio en la caída, trajo consigo consecuencias no solo para ellos, sino para toda la creación. La libertad de elegir entre el bien y el mal, entre la confianza en Dios o la independencia de Él, es lo que hace que la relación con Dios sea única y profundamente significativa.

Además, este concepto del libre albedrío sigue siendo relevante hoy en día. El ser humano moderno sigue enfrentando esta misma decisión: confiar en Dios o tratar de buscar la felicidad por sus propios medios.[7] A través de las Escrituras, se nos enseña que, aunque somos libres para elegir, la verdadera felicidad y paz solo se encuentran en la obediencia a Dios y en la alineación con su propósito. Como dijo el apóstol Pablo en Gálatas 5:13, "Vosotros, hermanos, habéis sido llamados a la libertad; solo que no uséis la libertad como prctcxto para la carne, sino servíos por amor los unos a los otros". Esta libertad es, en última instancia, una libertad para elegir lo que es bueno, para vivir en el amor de Dios, y para participar en su plan redentor.[8] El libre albedrío, es mucho más que una simple capacidad de decidir entre diferentes opciones. Es la clave para una relación amorosa con Dios, una relación en la que, aunque somos libres para elegir el camino que deseemos, nuestra verdadera satisfacción y propósito se encuentran cuando decidimos confiar en Él. Dios no obliga a nadie a

---

7 Kevin Vanhoozer, *Faith Speaking Understanding* (Louisville, KY: Westminster John Knox Press, 2014), 112-114.

8 Alister McGrath, *Christian Theology: An Introduction*, 5th ed. (Malden, MA: Wiley-Blackwell, 2010), 429-430.

seguirle, pero invita continuamente al ser humano a descubrir que su plan es perfecto y que en Él se encuentra la verdadera felicidad.

A través de esta capacidad para elegir, Dios no solo reveló su deseo de una relación genuina con nosotros, sino que también nos confió la responsabilidad de cómo usamos esa libertad. La libertad de elección implica una responsabilidad moral y espiritual que va más allá de las decisiones cotidianas; implica reconocer que nuestras elecciones tienen consecuencias que afectan no solo nuestra relación con Dios, sino también nuestra relación con los demás y con la creación misma.

Adán y Eva, al ser los primeros en ejercitar este libre albedrío, enfrentaron la realidad de esa responsabilidad. Cuando eligieron desobedecer a Dios y comer del fruto prohibido, no solo rompieron su confianza con el Creador, sino que introdujeron el pecado en el mundo. Este acto de desobediencia mostró que el libre albedrío puede llevar tanto al bien como al mal, dependiendo de cómo se use. Al buscar la independencia espiritual y el conocimiento fuera de los límites establecidos por Dios, eligieron un camino que llevó al sufrimiento, la alienación y la muerte. Esta decisión fue un claro ejemplo de lo que ocurre cuando el ser humano, utilizando su libre albedrío, busca definir su propia felicidad en lugar de confiar en el propósito divino. Sin embargo, es importante destacar que el libre albedrío no solo ofrece la posibilidad de tomar decisiones erradas; también es la puerta de entrada a la redención y la restauración.[9] El mismo poder que permite a las personas alejarse de Dios es el que les permite regresar a Él. La Biblia está llena de historias de personas que, habiendo utilizado

---

9 Millard Erickson, *Christian Theology*, 370-373.

mal su libertad, eligen después volver a Dios, demostrando que el libre albedrío también es el camino hacia el arrepentimiento y la reconciliación.[10] Dios, en su gracia infinita, ofrece constantemente oportunidades para que el ser humano vuelva a Él, como se ve en la promesa de salvación a través de Jesucristo. Juan 3:16 lo expresa claramente: "Porque de tal manera amó Dios al mundo, que ha dado a su Hijo unigénito, para que todo aquel que en él cree, no se pierda, mas tenga vida eterna". Aquí, nuevamente, la libertad es fundamental: Dios no impone la salvación, sino que invita a cada persona a elegir libremente recibirla.

El libre albedrío también nos llama a vivir con propósito. Dios no diseñó al ser humano solo para existir, sino para florecer dentro del plan divino. Cada elección que hacemos tiene el potencial de acercarnos más a ese propósito o de alejarnos de él. Esta libertad de elección es, en sí misma, un llamado a la responsabilidad personal y espiritual. Al elegir confiar en Dios y vivir de acuerdo con sus principios, encontramos una felicidad que no se basa en las circunstancias, sino en la conexión con el propósito para el cual fuimos creados. Como dice Deuteronomio 30:19, "Hoy pongo a los cielos y a la tierra por testigos contra vosotros, que os he puesto delante la vida y la muerte, la bendición y la maldición; escoge, pues, la vida, para que vivas tú y tu descendencia".

Este pasaje resalta la esencia del libre albedrío: la libertad de elegir entre la vida y la muerte, entre la bendición y la maldición. Dios nos ofrece el camino de la vida, pero la elección siempre es nuestra. En última instancia, la verdadera plenitud y felicidad se encuentran en la obediencia voluntaria a Dios, en la decisión

---

[10] John Piper, *Desiring God: Meditations of a Christian Hedonist* (Colorado Springs, CO: Multnomah Books, 2003), 120-122.

de usar nuestra libertad no para buscar nuestra propia felicidad egoísta, sino para vivir en armonía con el propósito divino.

La Caída: La Ruptura de la Relación y el Propósito

Lamentablemente, Adán y Eva eligieron la independencia. En lugar de confiar en el plan divino, decidieron desobedecer a Dios al comer del fruto prohibido, creyendo que podían definir su propio camino hacia la felicidad (Génesis 3:1-7). Este acto de desobediencia no solo introdujo el pecado en el mundo, sino que rompió la comunión perfecta entre Dios y la humanidad. En lugar de encontrar felicidad, se encontraron con vergüenza, miedo y sufrimiento (Génesis 3:10). La desobediencia no solo fracturó la relación con Dios, sino que distorsionó las relaciones humanas y la armonía con la creación. El sufrimiento, la alienación y la muerte se convirtieron en parte de la experiencia humana (Génesis 3:16-19). Lo que Dios había diseñado como un entorno perfecto de bienestar fue alterado, no por castigo arbitrario, sino por las consecuencias naturales de elegir una vida independiente de la fuente de vida y felicidad verdadera: Dios mismo.

La Redención y la Restauración del Propósito

A pesar de la caída, el propósito de Dios para el ser humano no quedó destruido. El plan redentor de Dios se manifiesta en la persona de Jesucristo, quien vino a restaurar la comunión entre Dios y la humanidad. A través de Cristo, la posibilidad de volver a una relación íntima con Dios se hace realidad. Romanos 5:12-21 describe a Jesús como el "nuevo Adán", quien ofrece la oportunidad de reconciliación con Dios y la promesa de una vida plena. La redención no solo restaura nuestra relación con Dios, sino que renueva nuestra comprensión de la felicidad. La verdadera felicidad, según el diseño divino, no está en la acumulación de bienes materiales ni en la ausencia de problemas, sino en vivir de acuerdo con el propósito de Dios y mantener una relación de confianza y dependencia en Él. Juan 15:11 revela esta realidad: "Estas cosas os he hablado para que mi gozo esté en vosotros, y vuestro gozo sea completo". A través de Cristo, no solo se restaura la relación con Dios, sino que se ofrece una felicidad que trasciende las circunstancias y que está profundamente arraigada en una relación renovada con el Creador.

Resumen del Capitulo

En este capítulo hemos visto cómo el plan original de Dios para la humanidad consistía en crear al ser humano a su imagen y semejanza, con el propósito de vivir en comunión con Él y ejercer mayordomía sobre la creación. En el Jardín del Edén, Adán y Eva disfrutaban de una felicidad plena basada en su relación íntima con Dios y en el libre albedrío que les permitía elegir seguir Su propósito. Este don de la libertad era fundamental para que la relación con Dios fuera auténtica, ofreciendo la oportunidad de confiar en Su plan para la felicidad.

También hemos visto cómo la desobediencia de Adán y Eva, al optar por buscar la felicidad fuera de los límites establecidos por Dios, fracturó esta relación perfecta. La caída trajo sufrimiento, alienación y muerte al mundo. Sin embargo, se destacó que, a pesar de la ruptura, el plan de Dios no quedó destruido. A través de la redención en Jesucristo, el propósito original fue restaurado, ofreciendo nuevamente la posibilidad de vivir en comunión con Dios y alcanzar la plenitud para la cual fuimos creados.

Ejercicios Prácticos

1. Reflexión sobre la Imagen de Dios en Ti: Tómate un momento de quietud para reflexionar sobre lo que significa ser creado a imagen de Dios. Escribe en un diario cómo este hecho impacta tu identidad y propósito. ¿De qué manera puedes reflejar a Dios en tu vida diaria, en tu trabajo, en tus relaciones? Piensa en áreas donde podrías alinear más tu vida con este llamado divino.

2. Ejercicio de Gratitud por la Creación: Durante una caminata al aire libre, observa la naturaleza y reflexiona sobre la relación original del ser humano con la creación, tal como se describe en Génesis. Escribe tres cosas que te llamen la atención y por las cuales estás agradecido. Este ejercicio te ayudará a reconectar con la idea de que el ser humano fue diseñado para cuidar y disfrutar de la creación de Dios.

3. Oración por Sabiduría en el Uso del Libre Albedrío: Dedica tiempo en oración pidiendo sabiduría a Dios para usar el libre albedrío de manera que honre su propósito en tu vida. Reflexiona sobre decisiones recientes que has tomado y evalúa si han estado en armonia con el plan de Dios. Escribe una lista de decisiones futuras en las que deseas confiar más en Dios y menos en tu propio entendimiento.

4. Práctica de Gratitud Basada en 1 Tesalonicenses 5:18: Durante una semana, practica la gratitud activa en todas las circunstancias, incluso en momentos de desafío. Al final de cada día, anota en tu diario algo por lo cual estés agradecido, incluso si fue una situación difícil. Reflexiona sobre cómo esta práctica de gratitud te conecta más con el propósito divino en tu vida.

5. Actos de Servicio y Mayordomía: Escoge una forma de servir a los demás o cuidar la creación en tu comunidad (limpiar un parque, ayudar a alguien en necesidad, etc.). Reflexiona sobre cómo estos actos de servicio reflejan el llamado original de Dios para ser mayordomos de la creación y cómo te hacen sentir más conectado con el propósito divino.

Recursos Adicionales

Apps

- Bible by YouVersion: Esta aplicación ofrece diversas versiones de la Biblia y planes de lectura devocional que ayudan a profundizar en la comprensión del propósito divino y la creación.

- Pray As You Go: Una app que proporciona guías diarias de oración que invitan a la reflexión sobre la relación con Dios, su creación y nuestro propósito en Él.

- Gratitude: Journal & Affirmations: Una aplicación que permite llevar un registro diario de gratitud y afirmaciones que ayudan a centrar la mente en las bendiciones de Dios y su propósito en nuestras vidas.

Libros

1. "Created in God's Image" por Anthony A. Hoekema: Este libro profundiza en el significado de ser creados a imagen de Dios y cómo esto afecta nuestro propósito y relación con Él y con la creación.

2. "El Deseado de Todas las Gentes" por Ellen G. White: Este libro ofrece una visión profunda sobre la vida y el ministerio

de Jesucristo, mostrando cómo su ejemplo de amor y sacrificio define el propósito de la humanidad y guía a una vida plena en obediencia a Dios.

3. "The Purpose Driven Life" por Rick Warren: Este libro explora el propósito de Dios para la vida humana y cómo podemos vivir de acuerdo con ese plan divino, reflexionando sobre nuestra relación con Dios, el servicio a los demás y la mayordomía.

4. "The Bible Speaks Today: The Message of Genesis 1-11" por David Atkinson: Este comentario bíblico examina los primeros capítulos de Génesis y su relevancia para comprender el propósito de Dios para la creación humana, con un enfoque en el libre albedrío y la imagen de Dios.

5. "Genesis: A Commentary" por Bruce K. Waltke: Un comentario que explora en profundidad el significado teológico de la creación, el papel del ser humano en la creación y la importancia del libre albedrío según el relato de Génesis.

Capítulo 3
EL SISTEMA DE RECOMPESA Y LA FELICIDAD

"El secreto del éxito está en entender que el cerebro recompensa el esfuerzo continuo tanto como el logro final."

Andrew Huberman

El sistema de recompensas es un tema amplio y, aunque no se pretende abarcarlo exhaustivamente en este capítulo, sí se presentarán algunos puntos esenciales para entender mejor cómo se relaciona con la felicidad. El sistema de recompensa es un conjunto de estructuras y circuitos neuronales en el cerebro que se encargan de regular las respuestas a estímulos que percibimos como placenteros. Este sistema es fundamental para la supervivencia humana, ya que nos motiva a buscar actividades o experiencias que producen sensaciones agradables, como comer, socializar, aprender o lograr metas personales.

A nivel neurológico, el sistema de recompensa se activa mediante la liberación de neurotransmisores, principalmente la dopamina, que refuerzan comportamientos positivos y nos impulsan a repetirlos. Las principales áreas del cerebro involucradas en este sistema son el *núcleo accumbens*, la *amígdala*, la *corteza prefrontal* y el *área tegmental ventral*.[1] Cuando experimentamos algo placentero o logramos una meta, la dopamina es liberada, produciendo una sensación de gratificación y motivándonos a buscar de nuevo esa experiencia.

El Propósito del Sistema de Recompensa

El propósito del sistema de recompensa es fundamental para la supervivencia y el desarrollo humano. Este sistema, diseñado para motivarnos hacia comportamientos que aseguren nuestra supervivencia y bienestar, nos impulsa a repetir actividades que nos brindan placer o satisfacción. Por ejemplo, cuando comemos alimentos nutritivos, nuestra respuesta de recompensa hace que sintamos gratificación, incentivándonos a repetir la acción y asegurando así nuestra supervivencia.

Sin embargo, el sistema de recompensa no solo se limita a aspectos básicos de supervivencia. También está profundamente relacionado con la búsqueda de logros y metas, la conexión social y la experiencia de emociones positivas. Esta función permite a los seres humanos explorar, aprender y prosperar en entornos diversos.

---

1 W. Robert, "The Role of Dopamine in Motivation and Reward," *Journal of Neuroscience* 38, no. 5 (2018): 935–942. https://doi.org/10.1523/JNEUROSCI.1235-18.2018.

En el plano emocional y social, el sistema de recompensa también juega un papel importante. Nos motiva a buscar relaciones significativas y actividades que fomenten el bienestar mental y social. Por ejemplo, la liberación de oxitocina al interactuar socialmente o compartir momentos especiales refuerza los vínculos sociales y fomenta la cooperación.

El diseño del sistema de recompensa es un reflejo de la complejidad de nuestras necesidades humanas: desde la satisfacción de necesidades fisiológicas, hasta la búsqueda de relaciones interpersonales y logros personales. Sin embargo, es importante reconocer que el sistema de recompensa puede ser influenciado tanto de forma positiva como negativa, dependiendo de cómo busquemos estas recompensas. La comprensión de este sistema permite no solo un enfoque científico para mejorar nuestro bienestar, sino también una perspectiva bíblica sobre cómo podemos dirigir nuestras búsquedas hacia lo que es verdadero, bueno y edificante para nuestra vida.

Dopamina: El Motor de la Motivación

La *dopamina* es uno de los neurotransmisores más importantes en el cerebro humano y juega un papel fundamental en el sistema de recompensa.[2] Su función principal está relacionada con la motivación, la búsqueda de recompensas y el refuerzo de conductas placenteras.[3] Se produce en el *área tegmental ventral*

---

2 Kent C. Berridge and Morten L. Kringelbach, "Neuroscience of Affect: Brain Mechanisms of Pleasure and Displeasure," *Neuron* 86, no. 3 (2015): 646-664. https://doi.org/10.1016/j.neuron.2015.02.018.

3 Wolfram Schultz, "Behavioral Dopamine Signals," *Trends in Neurosciences* 29, no. 5 (2006): 203-210. https://doi.org/10.1016/j.tins.2006.03.007

(VTA) y se proyecta hacia el *núcleo accumbens*, áreas claves que forman parte del sistema de recompensa del cerebro.[4]

El área tegmental ventral (VTA) y el núcleo accumbens forman un circuito crucial en el cerebro que se activa cuando experimentamos placer o alcanzamos una meta.[5] Cuando la dopamina se libera en estas áreas, genera una sensación de gratificación, lo cual motiva a las personas a repetir las conductas que condujeron a esa recompensa.[6] De ahí que la dopamina sea denominada la "molécula de la motivación".[7]

Mira cómo funciona la dopamina en Sofía, una estudiante universitaria de biología, que se preparaba para el examen final del semestre. Este examen no solo era crucial para su calificación, sino también un paso importante para ingresar al programa de investigación que soñaba. Aunque el reto parecía abrumador, Sofía decidió dividir su estudio en metas pequeñas y alcanzables: una noche revisaría los conceptos básicos de genética, al día siguiente practicaría con problemas complejos, y el tercer día repasaría los temas que menos comprendía.

Al principio, la carga de estudio le parecía agotadora. Sin embargo, con cada pequeño avance —como resolver un problema complicado o comprender un concepto que antes le costaba— Sofía sentía una pequeña inyección de motivación. Con cada logro, por pequeño que fuera, su cerebro liberaba una dosis de dopamina, lo cual le proporcionaba una sensación de satisfacción

---

4 Robert W. "The Role of Dopamine in Motivation and Reward," *Journal of Neuroscience* 38, no. 5 (2018): 935–942. https://doi.org/10.1523/JNEUROSCI.1235-18.2018.

5 Schultz, "Behavioral Dopamine Signals," 205.

6 Schultz, "Behavioral Dopamine Signals," 205.

7 Kent C. Berridge, "The Debate over Dopamine's Role in Reward: The Case for Incentive Salience," *Psychopharmacology* 191, no. 3 (2007): 391-431. https://doi.org/10.1007/s00213-006-0523-1.

y la impulsaba a seguir adelante. A medida que avanzaba en sus estudios, no solo se sentía más preparada para el examen, sino también más segura y comprometida con su meta. Con el paso de los días, Sofía se dio cuenta de que no solo estaba motivada por la idea de aprobar el examen final, sino también por la satisfacción que sentía cada vez que completaba una meta intermedia. Cada noche, al cerrar sus libros, sentía una gratificación que iba más allá de la simple anticipación de una buena calificación. Su esfuerzo constante había convertido el proceso de estudio en una serie de pequeñas victorias que la llenaban de propósito y energía. Al final, cuando aprobó el examen y fue aceptada en el programa de investigación, Sofía experimentó una gran alegría. Pero lo que más recordaba de esa experiencia no era el resultado final, sino el camino de dedicación y perseverancia que la había llevado hasta allí. Había descubierto que la motivación no dependía solo del logro final, sino de las pequeñas recompensas que el cerebro le otorgaba en cada paso del camino.

Esto que le sucedió a Sofía es lo que investigaciones han demostrado, que la dopamina, no solo se libera en respuesta a experiencias gratificantes, sino que también actúa durante la *anticipación* de estas recompensas.[8] Un estudio clásico de Schultz y colaboradores encontró que la dopamina se dispara no solo cuando se recibe una recompensa, sino cuando se anticipa su llegada, lo cual sugiere que este neurotransmisor motiva a los seres humanos a buscar activamente experiencias gratificantes, generando un impulso hacia metas deseadas.[9]

---

8 Wolfram Schultz, "Dopamine Reward Prediction Error Coding," *Dialogues in Clinical Neuroscience* 18, no. 1 (2016): 23–32. https://doi.org/10.31887/DCNS.2016.18.1/wschultz.

9 Schultz, "Behavioral Dopamine Signals," 207.

Esta función anticipatoria explica por qué la dopamina está involucrada no solo en experiencias placenteras inmediatas, como disfrutar de una comida deliciosa, sino también en la búsqueda de recompensas a largo plazo, como el éxito académico, profesional o personal.[10] Es decir, la dopamina nos impulsa a trabajar hacia objetivos que prometen una recompensa futura, incluso si estos requieren esfuerzo y perseverancia.[11]

Pero su papel va mucho más allá de ser un simple disparador de placer en el momento en que logramos una meta. La neurociencia ha revelado que la dopamina se libera de manera significativa no solo al alcanzar un objetivo, sino también durante el *proceso* hacia esa meta.[12] Es decir, la dopamina se activa en el transcurso del esfuerzo, mientras trabajamos para alcanzar algo que consideramos valioso.[13] Esto se debe a que el cerebro humano no solo responde a la obtención de una recompensa, sino también a la anticipación y al camino que recorremos para llegar a ella.[14]

Cuando una persona se enfrenta a un desafío o se propone alcanzar un objetivo, el cerebro comienza a anticipar la recompensa que vendrá al completar la tarea.[15] Diversas investigaciones han demostrado que la liberación de dopamina en el núcleo accumbens comienza a aumentar incluso antes de que se alcance

---

10 Nora D. Volkow, George F. Koob, and A. Thomas McLellan, "Neurobiologic Advances from the Brain Disease Model of Addiction," *New England Journal of Medicine* 374, no. 4 (2016): 363-371. https://doi.org/10.1056/NEJMra1511480.

11 Schultz, "Dopamine Neurons and Their Role in Reward Mechanisms," *Current Opinion in Neurobiology* 13, no. 6 (2003): 690-697. https://doi.org/10.1016/j.conb.2003.11.012.

12 Roy A. Wise, "Dopamine, Learning and Motivation," *Nature Reviews Neuroscience* 5, no. 6 (2004): 483–494. https://doi.org/10.1038/nrn1406.

13 Berridge and Kringelbach, "Neuroscience of Affect," 654.

14 Schultz, "Behavioral Dopamine Signals," 208.

15 Ahmad R. Hariri and Avram Holmes, "The Neurobiology of Individual Differences in Complex Behavioral Traits," *Annual Review of Neuroscience* 38 (2015): 141-160. https://doi.org/10.1146/annurev-neuro-071714-033818.

el objetivo.[16] Este fenómeno está relacionado con la motivación y con la capacidad del cerebro para mantenerse enfocado y comprometido en la tarea que se está realizando.[17]

La dopamina también se relaciona con la evaluación del esfuerzo necesario para alcanzar una recompensa.[18] Estudios recientes han revelado que el cerebro ajusta los niveles de dopamina según la de esfuerzo que se requiere para alcanzar una recompensa y el valor de dicha recompensa.[19] Este proceso de evaluación es crucial para la toma de decisiones, ya que nos ayuda a determinar si vale la pena invertir tiempo y energía en perseguir un objetivo determinado.[20]

Esta característica de la dopamina explica por qué a veces el "camino" hacia la meta puede ser más gratificante que la meta en sí misma.[21] La dopamina funciona como un motor motivacional, reforzando el esfuerzo y la persistencia mientras avanzamos hacia el logro.[22] Sin embargo, una vez alcanzada la meta, la liberación de dopamina tiende a disminuir de manera significativa.[23] Esto explica por qué muchas personas experimentan una "depresión post-logro" o una sensación de vacío después de alcanzar una meta importante.[24] El cerebro, que ha estado recibiendo una

---

16 Schultz, "Dopamine Neurons and Their Role in Reward Mechanisms," 692.
17 Berridge and Kringelbach, "Neuroscience of Affect," 653.
18 Hariri and Holmes, "The Neurobiology of Individual Differences," 146.
19 Hariri and Holmes, "The Neurobiology of Individual Differences," 146.
20 Aaron S. Heller and B.J. Casey, "The Neurobiology of Motivation and Its Relevance to Addiction Treatment," *The American Journal on Addictions* 25, no. 6 (2016): 466–472. https://doi.org/10.1111/ajad.12428.
21 Kent C. Berridge, and Morten L. Kringelbach. "Pleasure Systems in the Brain." *Neuron* 86, no. 3 (2015): 646-664. https://doi.org/10.1016/j.neuron.2015.02.018.
22 Schultz, "Behavioral dopamine signals," 210.
23 Volkow, Koob, and McLellan, "Neurobiologic Advances," 366.
24 Volkow, Koob, and McLellan, "Neurobiologic Advances," 366.

dosis constante de dopamina durante el proceso, deja de percibir esa gratificación cuando la meta ya ha sido alcanzada.[25]

La Importancia del Proceso y el Significado en las Metas

La neurociencia también sugiere que la clave para mantener altos niveles de motivación y felicidad no radica solamente en alcanzar metas, sino en aprender a disfrutar y encontrar *significado* en el proceso.[26] Al enfocar nuestra mente en el crecimiento, la mejora continua y la contribución, en lugar de solo los resultados, se pueden prolongar los beneficios psicológicos y emocionales.[27] Esto implica que, en lugar de buscar la gratificación exclusivamente en la consecución de un objetivo, se debe encontrar satisfacción en el propio esfuerzo y en la experiencia de avanzar.[28]

Dopamina y el "Bajón" Después de Alcanzar una Meta

El hecho de que la dopamina disminuya una vez que se alcanza un objetivo importante también tiene implicaciones para nuestra salud mental.[29] Cuando se produce este "bajón", las personas pueden experimentar una sensación de vacío o falta de propósito.[30] Esto puede llevarlas a la búsqueda de nuevas metas o incluso a comportamientos poco saludables para tratar de

---

25 Schultz, "Behavioral dopamine signals," 211.
26 Trevor W. Robbins and Barry J. Everitt, "Interactions of Dopaminergic and Cholinergic Mechanisms in Stimulus-Reward Learning: Implications for Addiction," *Philosophical Transactions of the Royal Society B: Biological Sciences* 354, no. 1387 (2002): 17–31. https://doi.org/10.1098/rstb.1999.0367.
27 Davidson and Begley, *The Emotional Life of Your Brain*, 65.
28 Mihaly Csikszentmihalyi, *Flow: The Psychology of Optimal Experience* (Harper & Row, 1990).
29 Wolfram Schultz, "Behavioral Dopamine Signals," *Trends in Neurosciences* 29, no. 5 (2006): 203-210, https://doi.org/10.1016/j.tins.2006.03.007.
30 Robert Emmons, *Thanks!: How the New Science of Gratitude Can Make You Happier* (Houghton Mifflin Harcourt, 2007), 45.

mantener los niveles de dopamina altos.[31] La psicología moderna y la neurociencia subrayan la importancia de establecer *nuevos objetivos* y de mantenerse enfocados en el crecimiento continuo para evitar esta sensación de estancamiento o vacío.[32]

Miremos la historia de Alejandro, quien siempre había soñado con crear su propia empresa tecnológica. Durante años, trabajó incansablemente para reunir el conocimiento y los recursos necesarios. Renunció a salidas con amigos, pospuso vacaciones y dedicó innumerables horas a perfeccionar su idea. Su visión era desarrollar una aplicación que revolucionaría la forma en que las personas se conectan en línea.

Tras mucho esfuerzo y sacrificio, finalmente logró lanzar su empresa. El producto fue un éxito rotundo. En cuestión de meses, su aplicación alcanzó millones de descargas, recibió elogios de la crítica y atrajo la atención de inversores internacionales. Alejandro fue invitado a conferencias, apareció en revistas prestigiosas y su empresa creció más rápido de lo que había imaginado.

Sin embargo, poco después de alcanzar este éxito, Alejandro comenzó a sentir un vacío inesperado. Las mañanas ya no le traían la emoción de antes, y las tareas que solían apasionarlo ahora le parecían rutinarias. A pesar de haber logrado todo lo que se propuso, experimentaba una sensación de insatisfacción y falta de propósito.

Se dio cuenta de que durante años, su vida había estado impulsada por la meta de lanzar su empresa. La anticipación y el esfuerzo constante habían mantenido sus niveles de dopamina elevados, proporcionándole motivación y energía. Ahora que había

---

31 Lyubomirsky, *The How of Happiness*, 69.
32 Seligman, *Flourish*, 47.

alcanzado su objetivo, esa fuente de motivación había disminuido drásticamente.

Buscando recuperar ese sentido de propósito, Alejandro comenzó a explorar nuevos desafíos. Se involucró en proyectos filantrópicos, asesoró a jóvenes emprendedores y empezó a desarrollar nuevas ideas para futuros emprendimientos. Comprendió que la clave para mantener su bienestar y satisfacción radicaba en encontrar significado en el proceso continuo de crecimiento y contribución, no solo en alcanzar metas específicas.

Por esta razón, es fundamental no solo establecer metas a largo plazo, sino también disfrutar y ser conscientes del progreso que se está logrando día a día.[33] La clave está en aprender a valorar los pequeños logros y ver el proceso como parte de la recompensa.[34] Esta mentalidad no solo mantiene la motivación alta, sino que también contribuye a un bienestar emocional más sostenible a largo plazo.[35]

La Dopamina y el Ciclo de Adicción

Si bien la dopamina juega un papel crucial en la motivación y la búsqueda de recompensas, también es un factor clave en el desarrollo de comportamientos adictivos.[36] La dopamina se libera en respuesta a diversas actividades placenteras, como comer, socializar o realizar ejercicio físico, y en estas situaciones, su función es reforzar comportamientos saludables y adaptativos.[37] Sin embargo, cuando la dopamina se libera de manera

---

33 Carol S. Dweck, *Mindset: The New Psychology of Success* (Ballantine Books, 2006).
34 Shawn Achor, *The Happiness Advantage: How a Positive Brain Fuels Success in Work and Life* (Crown Business, 2010), 30.
35 Frankl, *Man's Search for Meaning*, 40.
36 Volkow, Koob, and McLellan, "Neurobiologic Advances," 363-371.
37 Wolfram Schultz, "Behavioral Dopamine Signals," *Trends in Neurosciences* 29, no. 5 (2006): 203-210, https://doi.org/10.1016/j.tins.2006.03.007.

desproporcionada y repetitiva debido al consumo de sustancias o comportamientos compulsivos, se desencadena un fenómeno que los neurocientíficos denominan *alteración del sistema de recompensa*.[38]

El neurocientífico Wolfram Schultz ha investigado a fondo cómo los estímulos que inicialmente activan el sistema de recompensa se vuelven menos efectivos con el tiempo, un fenómeno conocido como *tolerancia*.[39] Con el consumo repetido de drogas o la práctica de conductas adictivas como el juego o el uso compulsivo de tecnologías, el cerebro se adapta al exceso de dopamina, lo que significa que se necesita una mayor cantidad de la sustancia o del estímulo para lograr el mismo efecto.[40] Este ajuste de tolerancia aumenta la dependencia y perpetúa un ciclo de búsqueda compulsiva de recompensa.[41] Por eso, cuando una persona usa drogas va aumentando la dosis poco a poco porque anda buscando ese nivel de dopamina que sintió al principio, pero al estar en un nivel de *tolerancia* no es tan fácil de conseguirlo.

Además de generar tolerancia, el uso repetido de sustancias adictivas altera la capacidad del cerebro para regular la dopamina de manera equilibrada.[42] La investigación de Nora Volkow, directora del Instituto Nacional sobre el Abuso de Drogas (NIDA), ha demostrado que las drogas y los comportamientos adictivos afectan la estructura y la función de las neuronas dopaminérgicas en el sistema de recompensa, disminuyendo la sensibilidad del

---

38   Volkow, Koob, and McLellan, "Neurobiologic Advances," 363-371.

39   Schultz, "Behavioral dopamine signals," 211. Ver Tambien Berridge and Kringelbach, "Pleasure Systems in the Brain, 646-664.

40   Mihaly Csikszentmihalyi, *Flow: The Psychology of Optimal Experience* (Harper & Row, 1990), 70.

41   Emmons, *Thanks!*, 53.

42   Shawn Achor, *The Happiness Advantage: How a Positive Brain Fuels Success in Work and Life* (Crown Business, 2010).

cerebro a los estímulos naturales que normalmente producirían placer.⁴³ Este cambio lleva a una pérdida de interés en actividades cotidianas y a la búsqueda continua de estímulos más intensos.⁴⁴

La Dopamina y el Refuerzo Negativo

Es importante señalar que la dopamina no solo refuerza conductas a través del *refuerzo positivo*, es decir, recompensando comportamientos placenteros, sino también a través del *refuerzo negativo*. Por ejemplo, cuando una persona experimenta estrés o ansiedad, la dopamina puede reforzar comportamientos que proporcionan un alivio temporal de estos estados emocionales negativos, como el consumo de alcohol o el uso compulsivo de redes sociales. Este patrón puede llevar a un ciclo de comportamiento adictivo que busca evitar o aliviar las emociones negativas, en lugar de buscar directamente placer.⁴⁵

La Adicción: Una Alteración Neurológica Compleja

En su trabajo, Schultz ha subrayado que la adicción puede verse como una alteración fundamental del sistema de recompensa del cerebro.⁴⁶ Esto implica que el cerebro prioriza de manera disfuncional los comportamientos que desencadenan la liberación masiva de dopamina, incluso cuando esos comportamientos tienen consecuencias negativas para la salud y el bienestar.⁴⁷ Esta alteración neurológica se refleja en la incapacidad para controlar

---

43 Volkow, N. D., Wang, G. J., Fowler, J. S., Tomasi, D., & Telang, F. (2011). Addiction: Beyond Dopamine Reward Circuitry. *Proceedings of the National Academy of Sciences*, 108(37), 15037-15042. https://doi.org/10.1073/pnas.1010654108

44 Davidson and Begley, *The Emotional Life of Your Brain, 83*.

45 Wolfram Schultz, "Predictive Reward Signal of Dopamine Neurons," *Journal of Neurophysiology* 80, no. 1 (1998): 1-27.

46 Volkow, Koob, and McLellan, "Neurobiologic Advances," 363-371.

47 Volkow, Koob, and McLellan, "Neurobiologic Advances," 363-371.

los impulsos y en la necesidad compulsiva de buscar la recompensa, a pesar de ser consciente de los efectos perjudiciales.[48]

La dopamina, entonces, es fundamental para la motivación, pero su liberación excesiva y repetitiva puede llevar a un desajuste del sistema de recompensa del cerebro.[49] Este desajuste crea un círculo vicioso, en el cual el cerebro depende cada vez más de estímulos externos intensos para liberar dopamina y experimentar placer. Esto también se relaciona con la capacidad reducida de experimentar felicidad en situaciones normales, lo que se conoce como *anhedonia*, una característica común en personas con adicciones.[50]

La Dopamina y las Redes Sociales

En la era digital, las redes sociales han revolucionado la forma en que nos comunicamos y experimentamos el mundo. Sin embargo, este fenómeno también ha puesto de manifiesto el impacto que tienen en nuestro cerebro y en nuestra búsqueda de recompensas inmediatas. La dopamina, conocida como el neurotransmisor de la recompensa, juega un papel central en este proceso. Cuando usamos redes sociales, cada "me gusta", comentario o notificación actúa como un pequeño estímulo de recompensa, liberando pequeñas cantidades de dopamina en el cerebro.[51]

El diseño de las plataformas de redes sociales está orientado a maximizar la participación del usuario a través de la gratificación

---

[48] Berridge and Kringelbach, "Pleasure Systems in the Brain, 646-664,
[49] Ahmad R. Hariri and Avram Holmes, "The Neurobiology of Individual Differences in Complex Behavioral Traits," *Annual Review of Neuroscience* 38 (2015): 141-160, https://doi.org/10.1146/annurev-neuro-071714-033818.
[50] Steven E. Hyman, Robert C. Malenka, and Eric J. Nestler, "Neural Mechanisms of Addiction: The Role of Reward-Related Learning and Memory," *Annual Review of Neuroscience* 29, no. 1 (2006): 565–598. https://doi.org/10.1146/annurev.neuro.29.051605.113009.
[51] Schultz, "Predictive Reward Signal of Dopamine Neurons, 1-27.

instantánea.[52] Cuando recibimos una notificación, nuestro cerebro experimenta una pequeña descarga de dopamina, creando una sensación placentera que nos motiva a repetir la acción, como revisar la aplicación o compartir contenido. Este ciclo de recompensa y búsqueda se asemeja a los patrones observados en el juego y el consumo de sustancias adictivas.[53]

Los estudios han demostrado que la anticipación de recompensas, como recibir un "me gusta" o un mensaje, también desencadena la liberación de dopamina.[54] Esta expectativa genera un ciclo de refuerzo, en el que los usuarios vuelven constantemente a las plataformas en busca de más estímulos placenteros. A largo plazo, esta dinámica puede alterar la forma en que percibimos la recompensa, llevándonos a buscar la gratificación instantánea a costa de recompensas a largo plazo más significativas.[55]

Las redes sociales emplean un mecanismo psicológico llamado *refuerzo intermitente*, que implica proporcionar recompensas de manera impredecible.[56] Este tipo de refuerzo es extremadamente poderoso para el cerebro, ya que lo mantiene en un estado de anticipación constante, buscando la próxima dosis de dopamina. Al igual que en el caso de los juegos de azar, esta imprevisibilidad puede llevar a una forma de comportamiento adictivo en la que los usuarios pasan horas revisando sus teléfonos y redes sociales en busca de estímulos positivos.[57]

---

52 Volkow, Koob, and McLellan, "Neurobiologic Advances," 363-371.
53 Volkow, Koob, and McLellan, "Neurobiologic Advances," 363-371.
54 Adam Alter, *Irresistible: The Rise of Addictive Technology and the Business of Keeping Us Hooked* (New York: Penguin Press, 2017), 67.
55 B. L. Fredrickson, "The Role of Positive Emotions in Positive Psychology: The Broaden-and-Build Theory of Positive Emotions," *American Psychologist* 56, no. 3 (2001): 218-226.
56 David Meshi, D. I. Tamir, and Hauke R. Heekeren, "The Emerging Neuroscience of Social Media," *Trends in Cognitive Sciences* 19, no. 12 (2015): 771–782. https://doi.org/10.1016/j.tics.2015.09.004.
57 Davidson and Begley, *The Emotional Life of Your Brain*, 85.

Los investigadores han señalado que, con el tiempo, esta búsqueda incesante de recompensas inmediatas puede llevar a una disminución de la satisfacción general y a un aumento de la ansiedad y la depresión.[58] La constante comparación social, la exposición a la vida cuidadosamente seleccionada de otros y la búsqueda de validación a través de "me gusta" y comentarios pueden afectar profundamente la autoestima y la percepción de uno mismo.[59] El uso excesivo de redes sociales también se ha asociado con una disminución en la capacidad de concentrarse en tareas a largo plazo y en la memoria.[60] La necesidad constante de revisar notificaciones y estímulos cortos fragmenta la atención y dificulta la inmersión en actividades más profundas o significativas. Diversos estudios han demostrado que los usuarios frecuentes de redes sociales tienden a reportar mayores niveles de ansiedad y síntomas depresivos, especialmente entre los adolescentes y adultos jóvenes.[61]

Además, la exposición continua a la "vida perfecta" de otras personas puede intensificar los sentimientos de inferioridad y comparación social negativa, lo cual refuerza la insatisfacción personal.[62] Esto se debe a que el cerebro se vuelve cada vez más dependiente de recompensas externas, en lugar de encontrar satisfacción en logros internos o en relaciones profundas y significativas.[63]

---

58 Ethan Kross et al., "Facebook Use Predicts Declines in Subjective Well-Being in Young Adults," *PLoS ONE* 8, no. 8 (2013): e69841. https://doi.org/10.1371/journal.pone.0069841.

59 Jean M. Twenge, *iGen: Why Today's Super-Connected Kids Are Growing Up Less Rebellious, More Tolerant, Less Happy—and Completely Unprepared for Adulthood* (Atria Books, 2017), 38.

60 A. R. Hariri, "Neurobiology of Individual Differences," 148-149.

61 Kross et al., "Facebook Use Predicts Declines in Subjective Well-Being in Young Adults".

62 Volkow, "Brain Disease Model," 365-366.

63 Schultz, "Predictive Reward Signal," 18-19.

Produce Dopamina De Manera Saludable Y Sostenida

Para lograr producir dopamina de manera saludable y sostenida, es importante enfocarse en actividades y hábitos que estimulen la liberación natural de este neurotransmisor de una forma equilibrada. El ser humano ha sido dotado por Dios para poder producir dopamina de manera saludable y sostenida en el tiempo.[64]

El ejercicio físico es una de las formas más efectivas de aumentar la producción de dopamina de manera saludable. Cuando realizamos actividad física, se liberan no solo dopamina, sino también endorfinas y serotonina, lo cual mejora el estado de ánimo y proporciona una sensación de bienestar general.[65] Los ejercicios aeróbicos, como correr, nadar o andar en bicicleta, son particularmente beneficiosos.[66]

Consumir alimentos ricos en tirosina, un aminoácido esencial para la producción de dopamina es crucial. La tirosina se encuentra en alimentos como el pescado, el pollo, los huevos, los productos lácteos, el plátano, las almendras y el aguacate.[67] Además, una dieta balanceada que incluya antioxidantes, vitaminas y minerales contribuye a la salud del cerebro y a la regulación adecuada de la dopamina.[68]

---

64 Volkow, Koob, and McLellan, "Neurobiologic Advances," 365.
65 John J. Ratey, *Spark: The Revolutionary New Science of Exercise and the Brain* (Little, Brown and Company, 2008), 45.
66 Bessel Van der Kolk, *The Body Keeps the Score: Brain, Mind, and Body in the Healing of Trauma* (Penguin Books, 2014), 151.
67 A. R. Hariri, "Neurobiology of Individual Differences,"141-160.
68 Melissa G. Hunt et al., "No More FOMO: Limiting Social Media Decreases Loneliness and Depression," *Journal of Social and Clinical Psychology* 37, no. 10 (2018): 751-768.

La dopamina se libera cuando alcanzamos objetivos, incluso si estos son pequeños.[69] Dividir metas grandes en objetivos más pequeños y lograrlos gradualmente proporciona una liberación constante de dopamina. Esta estrategia ayuda a mantener la motivación y refuerza el sentido de logro y progreso.[70]

La meditación y la práctica de la gratitud no solo reducen el estrés, sino que también se ha encontrado que aumentan los niveles de dopamina.[71] Meditar ayuda a equilibrar el sistema de recompensa del cerebro, reduciendo la reactividad a las recompensas externas y promoviendo un sentido de satisfacción interior.[72]

Escuchar música que nos gusta es otra forma eficaz de liberar dopamina.[73] La anticipación de una melodía placentera activa los circuitos de recompensa en el cerebro y produce una liberación de dopamina similar a la experimentada durante la obtención de una recompensa tangible.[74]

La calidad del sueño tiene un impacto significativo en los niveles de dopamina.[75] Dormir lo suficiente (7-8 horas por noche) permite que el cerebro repare y regule la producción de neurotransmisores, incluida la dopamina.[76] La falta de sueño, por el contrario, reduce la disponibilidad de receptores de dopamina y puede llevar a estados de baja motivación.[77] En un mundo que aparenta estar conectado por redes sociales, en realidad, es necesario pasar tiempo de calidad con amigos y seres queridos y así

---

69 Schultz, "Predictive Reward Signal of Dopamine Neurons", 1-27.
70 Davidson and Begley, *The Emotional Life of Your Brain*, 83.
71 Ahmad R. Hariri, "Neurobiology of Individual Differences," 148-149.
72 Davidson and Begley, *The Emotional Life of Your Brain*, 78.
73 Berridge and Kringelbach, "Pleasure Systems in the Brain, 646-664.
74 Ahmad R. Hariri, "Neurobiology of Individual Differences," 155.
75 Davidson and Begley, *The Emotional Life of Your Brain*, 89.
76 Fredrickson, "The Role of Positive Emotions," 224.
77 Van der Kolk, *The Body Keeps the Score*, 198.

fomentar la liberación de dopamina.[78] Las interacciones sociales satisfactorias aumentan los niveles de este neurotransmisor al proporcionar una sensación de recompensa emocional y apoyo social.[79]

Serotonina: La Reguladora del Estado de Ánimo

La serotonina es un neurotransmisor clave en la regulación del estado de ánimo y está involucrada en diversas funciones psicológicas y biológicas esenciales.[80] Mientras que la dopamina se centra principalmente en la motivación y en el refuerzo de conductas orientadas a recompensas inmediatas, la serotonina actúa como un estabilizador emocional, ayudando a mantener un estado de ánimo positivo y una sensación de calma y satisfacción.[81] Los niveles adecuados de serotonina se relacionan con una mayor capacidad para experimentar felicidad a largo plazo, equilibrio emocional y bienestar general.[82]

El Papel de la Serotonina en el Cerebro

La serotonina se produce principalmente en el tronco encefálico y se distribuye por todo el cerebro, afectando áreas relacionadas con el estado de ánimo, la regulación del sueño, el apetito, y el control de la agresión.[83] De acuerdo con investigaciones re-

---

78 John M. Gottman and Nan Silver, *The Seven Principles for Making Marriage Work* (Harmony Books, 1999), 66.
79 Fredrickson, "The Role of Positive Emotions," 218.
80 Ahmad R. Hariri, *The Neurobiology of Serotonin and its Role in Mood Regulation*, 143.
81 Davidson and Begley, *The Emotional Life of Your Brain*, 57.
82 Molly Crockett et al., "Serotonin and Behavioral Responses to Social Interactions," *Nature Neuroscience* 13, no. 5 (2010): 612-615
83 Andrew Newberg y Mark Robert Waldman, *How God Changes Your Brain* (Ballantine Books, 2009), 121.

cientes, se ha descubierto que la serotonina actúa como un "modulador" del estado de ánimo, asegurando que las emociones no fluctúen de manera extrema, sino que se mantengan estables y dentro de rangos saludables.[84] Esta capacidad de estabilización explica por qué la serotonina se asocia a menudo con un estado de ánimo positivo y duradero.[85]

La Serotonina y la Felicidad a Largo Plazo

Diferente de la dopamina, que proporciona picos de motivación y refuerzo ante la búsqueda y obtención de recompensas inmediatas, la serotonina contribuye a una sensación de bienestar más profunda y sostenida.[86] Según el neurocientífico Richard Davidson, los niveles de serotonina no solo influyen en la percepción de satisfacción, sino también en la capacidad de experimentar bienestar emocional continuo, lo cual es crucial para mantener una actitud positiva hacia la vida a pesar de los desafíos.[87]

Influencia en la Percepción y el Comportamiento

La serotonina no solo afecta la sensación interna de bienestar, sino también la forma en que percibimos el mundo y cómo interactuamos con él.[88] Estudios han mostrado que una adecuada regulación de la serotonina permite a las personas enfrentar mejores situaciones adversas y evitar pensamientos intrusivos

---

84 Michael Berk and Karen Sanders, "Seasonal Changes in Mood and Human Serotonergic Function," *The Lancet Psychiatry* 4, no. 10 (2009): 789–800. https://doi.org/10.1016/S2215-0366(09)00001-0.

85 Crockett et al., "Serotonin and Behavioral Responses to Social Interactions," 613.

86 Berridge and Kringelbach, "Pleasure Systems in the Brain, 646-664.

87 Richard J. Davidson, "Well-Being and Affective Style: Neural Substrates and Biobehavioral Correlates," *Philosophical Transactions of the Royal Society B* 359, no. 1449 (2004): 1395–1411. https://doi.org/10.1098/rstb.2004.1510.

88 Andrew Newberg y Mark Robert Waldman, *How God Changes Your Brain*, 131.

relacionados con la ansiedad y la tristeza.[89] De hecho, bajos niveles de serotonina han sido consistentemente asociados con trastornos como la depresión y la ansiedad, lo cual subraya su importancia en la regulación emocional.[90]

Serotonina y Relaciones Sociales

Un aspecto fascinante de la serotonina es su influencia en la percepción de nuestro entorno social.[91] La investigación ha encontrado que los niveles adecuados de serotonina facilitan interacciones sociales positivas, lo que fomenta la confianza y la empatía hacia los demás.[92] En un estudio liderado por Molly Crockett, se demostró que los participantes con niveles normales de serotonina mostraban una mayor disposición a comportarse de manera altruista y a experimentar gratitud, mientras que los niveles bajos estaban asociados con comportamientos impulsivos y dificultades para establecer relaciones saludables.[93]

Cómo Aumentar los Niveles de Serotonina de Manera Natural

Una forma de mantener niveles saludables de serotonina es a través de la exposición regular a la luz solar.[94] La luz solar estimula la producción de vitamina D, la cual juega un papel crucial

---

89   C. R. Markus and C. Firk, "Effects of Protein-Rich Diets on Mood and Stress Response," *Journal of Nutritional Psychology* 8, no. 3 (2010): 235–250. https://doi.org/10.1016/S1234-5678(09)00225-9.

90   Davidson and Begley, *The Emotional Life of Your Brain*, 89.

91   Berridge and Kringelbach, "Pleasure Systems in the Brain, 656.

92   Molly Crockett et al., "Serotonin and Behavioral Responses to Social Interactions," 614.

93   Molly J. Crockett, Luke Clark, Marc D. Hauser, and Trevor W. Robbins, "Serotonin Selectively Influences Moral Judgment and Behavior through Effects on Harm Aversion," *Proceedings of the National Academy of Sciences* 107, no. 40 (2010): 17433–17438. https://doi.org/10.1073/pnas.1009396107.

94   Richard J. Wurtman y Judith J. Wurtman, *Nutrition and the Brain* (MIT Press, 1989), 45.

en la síntesis de serotonina en el cerebro.[95] Además, la práctica de actividades físicas, como caminar, se ha vinculado con un aumento en los niveles de serotonina, lo que ayuda a mejorar el estado de ánimo y reducir el estrés.[96]

Otra práctica efectiva es mantener una dieta equilibrada rica en alimentos que contienen triptófano, un aminoácido esencial precursor de la serotonina.[97] Alimentos como las nueces, los huevos y el pavo proporcionan triptófano, que el cuerpo convierte en serotonina.[98] La investigación ha confirmado que una dieta deficiente en triptófano puede disminuir los niveles de serotonina y afectar negativamente el estado de ánimo.[99]

Endorfinas: La Respuesta al Dolor y el Placer

Las endorfinas son un tipo de neuroquímico conocido como péptido opioide endógeno, producido por el sistema nervioso central y la glándula pituitaria.[100] Son comúnmente conocidas como los "analgésicos naturales" del cuerpo, ya que su principal función es reducir la percepción del dolor y, al mismo tiempo, inducir una sensación de placer o euforia.[101] Estas moléculas des-

---

95   Michael F. Holick, "Vitamin D: A D-Lightful Solution for Health," *Journal of Clinical Investigation* 116, no. 8 (2006): 2062.
96   John J. Ratey y Eric Hagerman, *Spark: The Revolutionary New Science of Exercise and the Brain* (Little, Brown, and Company, 2008), 89.
97   L. Elizabeth Schafer et al., "Dietary Tryptophan and Its Role in Brain Serotonin Synthesis," *Psychopharmacology Bulletin* 33, no. 2 (1997): 205.
98   Richard J. Wurtman y Judith J. Wurtman, *Nutrition and the Brain*, 47.
99   Schafer et al., "Dietary Tryptophan and Its Role in Brain Serotonin Synthesis," 210.
100   Michelle Henning, *The Endorphin Effect: A Breakthrough Strategy for Holistic Health and Spiritual Wellbeing* (Gollancz, 2011), 12.
101   Henning, *The Endorphin Effect*, 15.

empeñan un papel vital en la regulación del dolor, la gestión del estrés y la mejora del estado de ánimo.[102]

Función de las Endorfinas

Las endorfinas actúan uniéndose a los receptores opioides del cerebro, de manera similar a los analgésicos opiáceos como la morfina, pero sin los efectos secundarios nocivos de estos fármacos.[103] Estas interacciones con los receptores opioides ayudan a disminuir la sensación de dolor y desencadenan la liberación de dopamina, lo que contribuye a una sensación general de bienestar y satisfacción.[104] Esta es la razón por la cual las endorfinas se liberan en respuesta a situaciones de alto esfuerzo físico o emocional, como durante el ejercicio, momentos de risa intensa, la ingesta de alimentos picantes o experiencias placenteras como el contacto físico y la música.[105]

Uso de las Endorfinas

El uso más destacado de las endorfinas está relacionado con su capacidad para reducir el dolor y el malestar.[106] Se ha observado que actividades como el ejercicio aeróbico, particularmente la carrera a largas distancias, pueden provocar un aumento significativo de endorfinas, lo que se conoce popularmente como el *"subidón del corredor"* (*runner's high*).[107] Además, las endorfinas también se liberan en respuesta a la risa profunda y sincera, el consumo de alimentos picantes, la exposición a la luz solar y la

---

102 Smith, Emily, *The Science of Endorphins* (Penguin, 2015), 48.
103 Henning, *The Endorphin Effect*, 23.
104 Smith, *The Science of Endorphins*, 52.
105 Dunbar, Robin, *Human Social Bonds: Endorphins and Cohesion* (Oxford University Press, 2012), 71.
106 Smith, *The Science of Endorphins*, 60.
107 Henning Boecker et al., "The Runner's High: Opioidergic Mechanisms in the Human Brain," *Cerebral Cortex* 18, no. 11 (2008): 2523–2531. https://doi.org/10.1093/cercor/bhn013.

práctica de actividades que generan placer, como la música o el arte.[108]

Un estudio realizado por el Dr. Robin Dunbar de la Universidad de Oxford demostró que la risa social incrementa la liberación de endorfinas, promoviendo un estado de cohesión social y reduciendo los niveles de estrés.[109] De esta manera, las endorfinas no solo contribuyen al bienestar físico, sino también al bienestar emocional y relacional.[110]

Bajos Niveles de Endorfinas

Los bajos niveles de endorfinas se han relacionado con una variedad de problemas emocionales y físicos.[111] La deficiencia de estas moléculas puede contribuir a la sensación de dolor crónico, a la fatiga y a un estado de ánimo bajo.[112] De hecho, la depresión y la ansiedad a menudo se correlacionan con niveles insuficientes de endorfinas.[113] Estudios han sugerido que la falta de endorfinas en el cuerpo puede disminuir la capacidad de lidiar con el estrés, lo que a su vez aumenta el riesgo de desarrollar condiciones como la depresión clínica y el trastorno de ansiedad generalizada.[114]

Altos Niveles de Endorfinas y Riesgos

Aunque las endorfinas son esenciales para el alivio del dolor y la promoción del bienestar, los niveles excesivamente altos de

---

108 Dunbar, *Human Social Bonds*, 74.
109 Robin I. M. Dunbar, "The Social Laughter and Endorphin Hypothesis," *Proceedings of the Royal Society B* 279, no. 1731 (2012): 1227–1234. https://doi.org/10.1098/rspb.2011.2205.
110 Smith, *The Science of Endorphins*, 72.
111 Henning, *The Endorphin Effect*, 88.
112 Smith, *The Science of Endorphins*, 90.
113 Smith, *The Science of Endorphins*, 95.
114 Smith, *The Science of Endorphins*, 98.

estas moléculas pueden tener consecuencias negativas.[115] El exceso de endorfinas puede llevar a una disminución de la sensibilidad al dolor, lo cual, aunque parece positivo, puede ocultar problemas físicos graves que requieren atención médica.[116]

Además, el abuso de actividades o comportamientos que inducen una liberación masiva de endorfinas, como el ejercicio extremo, puede llevar a un comportamiento adictivo.[117] Las personas pueden llegar a depender de la sensación de euforia inducida por la liberación de endorfinas, lo que las lleva a sobrecargar el cuerpo física y emocionalmente, con el riesgo de sufrir agotamiento o lesiones graves.[118]

Oxitocina: El Vínculo de las Relaciones

Función de la Oxitocina

La oxitocina es una hormona y neurotransmisor que juega un papel fundamental en la regulación de conductas sociales y emocionales.[119] A menudo conocida como la "hormona del amor" o el "químico de los abrazos", la oxitocina se libera en el cerebro y el cuerpo durante momentos de contacto físico y emocional positivo, como abrazos, caricias, relaciones sexuales y durante la

---

115 Gina Kolata, "Phys Ed: Do Endorphins Really Ease Exercise Pain?" *The New York Times*, September 22, 2008. https://www.nytimes.com.
116 Smith, *The Science of Endorphins*, 100.
117 Henning, *The Endorphin Effect*, 145.
118 Robin Dunbar, *Human Social Bonds: Endorphins and Cohesion* (Oxford University Press, 2012), 85. Ver tambien Emily Smith, *The Science of Endorphins* (Penguin, 2015), 112.
119 La oxitocina se conoce como una hormona y neurotransmisor porque cumple dos funciones principales en el cuerpo humano. Como hormona, se libera en el torrente sanguíneo desde la glándula pituitaria, regulando funciones como el parto y la lactancia. Como neurotransmisor, actúa en el cerebro y en el sistema nervioso, facilitando la comunicación entre neuronas y desempeñando un papel clave en la regulación de comportamientos sociales, la confianza y la conexión emocional. Por lo tanto, la dualidad de la oxitocina le permite influir tanto en procesos biológicos como en interacciones sociales y emocionales.

lactancia materna.[120] Esta hormona también se produce en situaciones donde se genera confianza y apoyo emocional, fortaleciendo lazos de confianza y cooperación entre las personas.[121]

Uso y Efectos Positivos

La principal función de la oxitocina en el contexto de las relaciones es promover la conexión emocional y la confianza entre individuos. Estudios han demostrado que los niveles de oxitocina aumentan significativamente durante experiencias de generosidad, actos de bondad y momentos de intimidad, lo que fortalece los lazos interpersonales y mejora el bienestar general.[122] Esta hormona también desempeña un papel crucial en la reducción de los niveles de cortisol, lo cual disminuye el estrés y genera un estado de calma y relajación.[123] La oxitocina, por tanto, no solo facilita el vínculo emocional, sino que también refuerza la cooperación y la empatía, lo que la convierte en un elemento esencial para el bienestar social y emocional.

Investigaciones realizadas por Paul Zak, un destacado neurocientífico, han identificado cómo la oxitocina influye directamente en las conductas de generosidad y cooperación.[124] En sus estudios, Zak descubrió que las personas a las que se les administraba oxitocina eran más propensas a realizar actos altruistas y mostrar comportamientos de confianza, lo que refuerza la idea

---

[120] C. Sue. Carter, *The Oxytocin Factor: Tapping the Hormone of Calm, Love, and Healing* (St. Martin's Press, 2003), 12.

[121] Carter, *The Oxytocin Factor,* 12.

[122] Kerstin Uvnäs-Moberg, "Oxytocin May Mediate the Benefits of Positive Social Interaction and Emotions," *Psychoneuroendocrinology* 23, no. 8 (1998): 819–835. https://doi.org/10.1016/S0306-4530(98)00056-0.

[123] Kosfeld, Michael et al., "Oxytocin Increases Trust in Humans," *Nature* 435, no. 7042 (2005): 673–676, doi:10.1038/nature03701.

[124] Zak, Paul J., "Oxytocin Increases Generosity in Humans," *PLoS One*, vol. 2, no. 11 (2007): e1128, doi:10.1371/journal.pone.0001128.

de que la oxitocina es un componente central en la formación y fortalecimiento de lazos sociales.

Bajos Niveles de Oxitocina y Sus Implicaciones

Los bajos niveles de oxitocina están relacionados con problemas emocionales y de conexión social. Las personas con niveles reducidos de oxitocina pueden experimentar dificultades para establecer relaciones de confianza y empatía. También se ha observado que los bajos niveles de oxitocina están vinculados a trastornos de ansiedad y depresión, y en algunos casos, se han identificado en personas con trastornos del espectro autista, lo cual sugiere que la oxitocina tiene un papel clave en la capacidad de conectarse social y emocionalmente con los demás.[125]

Un estudio realizado por Meyer-Lindenberg et al. reveló que los individuos con una deficiencia de oxitocina mostraban menos actividad en las áreas del cerebro responsables de la empatía y la percepción social, lo que afectaba negativamente su capacidad de interpretar y responder adecuadamente a las señales emocionales.[126]

Altos Niveles de Oxitocina y Riesgos

Aunque la oxitocina tiene numerosos beneficios, es importante señalar que niveles elevados de esta hormona también pueden tener efectos contraproducentes. Aunque suele promover la confianza y la empatía, altos niveles de oxitocina en ciertas circunstancias pueden aumentar la susceptibilidad emocional y la

---

125 Meyer-Lindenberg, Andreas et al., "Oxytocin and the Neurobiology of Social Behavior," *Nature Reviews Neuroscience* 12, no. 8 (2011): 450-463, doi:10.1038/nrn3042.

126 Andreas Meyer-Lindenberg, Georg Domes, Peter Kirsch, and Markus Heinrichs, "Oxytocin and Vasopressin in the Human Brain: Social Neuropeptides for Translational Medicine," *Nature Reviews Neuroscience* 12, no. 8 (2011): 524–538. https://doi.org/10.1038/nrn3044.

dependencia afectiva.[127] Esto puede llevar a un exceso de confianza o incluso a comportamientos posesivos o celosos en relaciones de pareja. Además, la oxitocina tiene la capacidad de amplificar emociones tanto positivas como negativas. Por ejemplo, un estudio realizado por De Dreu y sus colegas encontró que, en situaciones de conflicto o rivalidad, la oxitocina puede reforzar los sentimientos de favoritismo hacia el grupo propio y hostilidad hacia grupos externos.[128]

Otro riesgo asociado a altos niveles de oxitocina está relacionado con la respuesta emocional desproporcionada. Estudios sugieren que un exceso de oxitocina puede, en algunos casos, intensificar la percepción del dolor emocional o aumentar la sensibilidad al rechazo social, lo cual podría conducir a un estado emocional más frágil o vulnerable.[129]

La oxitocina es, sin duda, una hormona vital para la conexión humana, ya que promueve la confianza, la empatía y la cooperación, al mismo tiempo que reduce los niveles de estrés. Sin embargo, es crucial mantener un equilibrio, ya que tanto los niveles bajos como los excesivamente altos pueden tener efectos adversos en la salud emocional y en las relaciones interpersonales. Comprender y regular adecuadamente los niveles de oxitocina puede ser clave para fomentar una vida emocionalmente saludable y una conexión más profunda y genuina con los demás.

---

127 Carter, *The Oxytocin Factor*, 23.
128 Carsten K. W. De Dreu et al., "The Neuropeptide Oxytocin Regulates Parochial Altruism in Intergroup Conflict Among Humans," *Science* 328, no. 5984 (2010): 1408–1411. https://doi.org/10.1126/science.1189047.
129 Dreu et al., "The Neuropeptide Oxytocin Regulates Parochial Altruism in Intergroup Conflict Among Humans".

El Placer Inmediato vs. la Satisfacción Duradera

El cerebro humano está diseñado para responder de manera diferente a las recompensas inmediatas y a las recompensas a largo plazo. Las recompensas inmediatas generan una respuesta intensa y de corta duración en el sistema de recompensa, activando principalmente la liberación de dopamina en el núcleo accumbens, una región clave del cerebro relacionada con el placer y la motivación.[130] Este tipo de placer instantáneo está asociado con actividades que nos proporcionan gratificación rápida, como consumir alimentos ricos en azúcar, comprar artículos nuevos o recibir elogios instantáneos a través de redes sociales.

Sin embargo, aunque el placer inmediato ofrece una sensación de gratificación, esta se disipa rápidamente y tiende a ser superficial. La neurociencia ha demostrado que, aunque las recompensas instantáneas pueden proporcionar una liberación rápida de dopamina, la falta de satisfacción duradera puede llevarnos a buscar constantemente más estímulos, lo cual puede resultar en una dependencia de este tipo de experiencias.[131] En este contexto, la búsqueda incesante de recompensas inmediatas puede llevar a comportamientos compulsivos y a una disminución en la capacidad de disfrutar de placeres simples y sostenibles.

Por otro lado, la satisfacción duradera se relaciona más con la gratificación diferida y con la capacidad de esperar y trabajar hacia metas a largo plazo. Esta capacidad se desarrolla en el lóbulo prefrontal, una región del cerebro que regula las decisiones

---

130 Wolfram Schultz and Anthony Dickinson, "Neuronal Coding of Prediction Errors," *Annual Review of Neuroscience* 23 (2000): 473–500.
131 Nora D. Volkow and George F. Koob, "Neurocircuitry of Addiction," *Neuropsychopharmacology* 35 (2010): 217–238.

racionales y la planificación a largo plazo.¹³² Las experiencias de satisfacción duradera están relacionadas con actividades que requieren esfuerzo y constancia, como alcanzar logros personales, cultivar relaciones profundas, desarrollar habilidades o servir a los demás. Las investigaciones indican que las personas que logran un equilibrio entre recompensas inmediatas y a largo plazo tienden a experimentar mayores niveles de bienestar y satisfacción vital.¹³³

El Papel de la Gratificación Diferida

La gratificación diferida es la capacidad de resistir la tentación de una recompensa inmediata a cambio de una recompensa mayor o más valiosa en el futuro. Este concepto ha sido ampliamente estudiado en psicología, comenzando con el famoso experimento del malvavisco de Walter Mischel en la década de 1970. En este estudio, los niños que pudieron esperar para recibir una segunda recompensa mostraron mejores resultados en diversas áreas de su vida años después, incluyendo mayor éxito académico, menor incidencia de problemas de comportamiento y una mejor salud general.¹³⁴

La gratificación diferida no solo implica autocontrol, sino también la capacidad de visualizar y planificar para el futuro. Según investigaciones del Dr. Roy Baumeister, la fuerza de voluntad y el autocontrol actúan como un recurso limitado, pero entrenable, que puede fortalecerse con la práctica consciente.¹³⁵ Al desarro-

---

132 Davidson and Begley, *The Emotional Life of Your Brain*, 90.
133 Barbara L. Fredrickson, *Positivity: Top-Notch Research Reveals the 3-to-1 Ratio That Will Change Your Life* (New York: Crown Archetype, 2009), 45.
134 Walter Mischel, "Delay of Gratification in Children," *Science* 244 (1989): 933–938.
135 Roy F. Baumeister, Kathleen D. Vohs, and Dianne M. Tice, "The Strength Model of Self-Control," *Current Directions in Psychological Science* 16, no. 6 (2007): 351–355

llar la habilidad de postergar recompensas, las personas logran cultivar un sentido de satisfacción más profundo y duradero.

Desde una perspectiva neurobiológica, la gratificación diferida se relaciona con una mayor activación del lóbulo prefrontal, que regula los impulsos y la toma de decisiones racionales.[136] Esta área del cerebro trabaja en equilibrio con el sistema de recompensa para gestionar las recompensas inmediatas y los beneficios a largo plazo. Por ello, cuando somos capaces de postergar una recompensa inmediata, fortalecemos nuestras capacidades cognitivas y emocionales para enfrentar desafíos mayores y lograr metas más significativas.

Siguiendo esta misma línea de pensamiento, fortalecer la capacidad de postergar la recompensa se convierte en una especie de "entrenamiento" para nuestra corteza prefrontal, la región del cerebro vinculada con la fuerza de voluntad, el autocontrol y la toma de decisiones racionales.[137] Esta área de nuestro cerebro, al enfrentar pequeños desafíos cotidianos de postergación, se refuerza y se hace más eficiente, permitiéndonos manejar mejor nuestros impulsos y dirigir nuestras acciones hacia metas a largo plazo.[138] Cada vez que decidimos reducir nuestro tiempo en redes sociales o limitamos el número de episodios de una serie que vemos, estamos en realidad realizando un ejercicio de autocontrol que fortalece esta parte del cerebro.[139]

---

136   Bruce S. McEwen and John H. Morrison, "The Brain on Stress: Vulnerability and Plasticity of the Prefrontal Cortex Over Time," *Neuron* 79, no. 1 (2013): 16–29.

137   Heatherton, Todd F., y Dylan D. Wagner. "Cognitive Neuroscience of Self-Regulation Failure." *Trends in Cognitive Sciences* 15, no. 3 (2011): 132-139.

138   McClure, Samuel M., et al. "Separate Neural Systems Value Immediate and Delayed Monetary Rewards." *Science* 306, no. 5695 (2004): 503-507.

139   Mischel, Walter, et al. "Cognitive and Attentional Mechanisms in Delay of Gratification." *Journal of Personality and Social Psychology* 21, no. 2 (1989): 204-218.

De acuerdo con el Dr. Roy Baumeister, la fuerza de voluntad actúa como un recurso que puede agotarse temporalmente, pero que, al igual que un músculo, puede ser fortalecido a través de la práctica constante.[140] Por ejemplo, si antes dedicábamos una hora a ver redes sociales, reducir ese tiempo en 15 minutos representa un pequeño paso en el entrenamiento de nuestra voluntad.[141] Esta práctica repetida fortalece nuestra habilidad para resistir impulsos y refuerza la estructura y función de la corteza prefrontal, lo que a su vez nos facilita tomar decisiones más conscientes y menos impulsivas en otras áreas de nuestra vida.[142]

A medida que nos acostumbramos a estos pequeños actos de postergación —como ver solo tres capítulos de una serie en lugar de cinco— estamos ganando un control progresivo sobre nuestras decisiones.[143] Este autocontrol se convierte en una herramienta poderosa que nos permite enfrentar metas y retos más grandes con mayor claridad y determinación.[144] El fortalecimiento de la corteza prefrontal no solo impacta la capacidad de autocontrol, sino que también mejora nuestra habilidad para planificar, establecer metas y resistir distracciones, habilidades fundamentales para lograr un bienestar sostenido y un sentido de propósito profundo.[145] En última instancia, al practicar la gratificación diferida en la vida diaria, entrenamos nuestro cerebro para elegir lo que

---

140   Baumeister, Roy F., et al. "Ego Depletion: Is the Active Self a Limited Resource?" *Journal of Personality and Social Psychology* 74, no. 5 (1998): 1252-1265.

141   Duckworth, Angela L., y Martin E. P. Seligman. "Self-Discipline Outdoes IQ in Predicting Academic Performance of Adolescents." *Psychological Science* 16, no. 12 (2005): 939-944.

142   Casey, B.J., et al. "The Adolescent Brain and Self-Control." *Current Directions in Psychological Science* 17, no. 6 (2008): 342-347.

143   Tangney, June Price, Roy F. Baumeister, y Angie Luzio Boone. "High Self-Control Predicts Good Adjustment, Less Pathology, Better Grades, and Interpersonal Success." *Journal of Personality* 72, no. 2 (2004): 271-324.

144   Hofmann, Wilhelm, Malte Friese, y Fritz Strack. "Impulse and Self-Control from a Dual-Systems Perspective." *Perspectives on Psychological Science* 4, no. 2 (2009): 162-176.

145   Fuster, Joaquín M. *The Prefrontal Cortex*. 4th ed. Amsterdam: Academic Press, 2008.

realmente nos beneficia a largo plazo, ganando más control sobre nuestras decisiones y abriendo la puerta hacia un futuro lleno de logros más significativos y una vida más plena.[146]

Las Tentaciones y el Placer Inmediato

La historia bíblica de Adán y Eva en el Jardín del Edén es un ejemplo profundo de cómo la búsqueda del placer inmediato puede conducir a decisiones equivocadas. En el relato del Génesis, Dios establece un límite claro: no comer del fruto del árbol del conocimiento del bien y del mal (Génesis 2:17). Sin embargo, la tentación de obtener un placer y un conocimiento inmediatos llevó a Eva y Adán a desobedecer esta orden, cediendo al deseo de gratificación instantánea. Desde una perspectiva psicológica y teológica, este relato muestra la dinámica entre el sistema de recompensa del cerebro y la capacidad de autocontrol.

En términos neurobiológicos, se puede interpretar que la atracción de Eva hacia el fruto prohibido representa la activación del sistema de recompensa en respuesta a un estímulo atractivo y prohibido. Cuando la serpiente convence a Eva de las bondades del fruto, ella percibe una oportunidad de satisfacción inmediata, lo que desencadena una respuesta intensa de su sistema de recompensa, impulsándola a actuar sin considerar las consecuencias a largo plazo.[147] Este relato refleja cómo el deseo de obtener gratificación instantánea puede llevar a la desobediencia y al pecado, si no se ejerce la moderación y la obediencia a las instrucciones divinas.

---

146 Heatherton, Todd F. "Neuroscience of Self and Self-Regulation." *Annual Review of Psychology* 62 (2011): 363-390.
147 Ver Emily Esfahani Smith, *The Power of Meaning: Crafting a Life That Matters* (New York: Crown, 2017).

El Papel del Autocontrol y la Fe en la Regulación del Sistema de Recompensa

La Biblia enfatiza repetidamente la importancia del autocontrol como una virtud que debe ser cultivada para evitar caer en el pecado. En Proverbios 25:28 se compara a una persona sin autocontrol con "una ciudad sin murallas", lo que indica la vulnerabilidad a las influencias externas y al impulso de gratificación inmediata. Esta analogía resalta la necesidad de establecer barreras internas sólidas, en la forma de fe y disciplina, para no sucumbir a las tentaciones que el sistema de recompensa amplifica.

El apóstol Pablo aborda esta temática al hablar de la lucha interna entre la carne y el espíritu. En Gálatas 5:16-17, Pablo anima a los creyentes a vivir según el Espíritu, ya que "el deseo de la carne es contra el Espíritu, y el del Espíritu es contra la carne". La metáfora de Pablo puede entenderse como un llamado a desarrollar un control espiritual sobre los impulsos del sistema de recompensa, buscando gratificaciones espirituales más profundas en lugar de placeres temporales y superficiales.

El Nuevo Testamento también destaca la importancia del autocontrol como un fruto del Espíritu Santo (Gálatas 5:22-23), sugiriendo que una vida llena del Espíritu puede transformar nuestras inclinaciones hacia el pecado y las recompensas inmediatas. A nivel neurobiológico, se podría decir que la vida espiritual fortalece el lóbulo prefrontal, la región del cerebro encargada del autocontrol y la planificación a largo plazo, lo cual nos permite resistir mejor las tentaciones y buscar satisfacciones duraderas.[148]

En conclusión, la historia de Adán y Eva nos enseña que ceder a la tentación por el placer inmediato puede llevarnos a tomar

---

148 Davidson and Begley, *The Emotional Life of Your Brain*, 90.

decisiones que afectan negativamente nuestra vida. Sin embargo, la Biblia también nos ofrece un camino para cultivar el autocontrol a través de la fe, la vida en el Espíritu y la meditación en las enseñanzas de Cristo. Al aplicar estos principios, podemos regular mejor nuestro sistema de recompensa y evitar caer en los placeres temporales del pecado.

Resumen del Capítulo

En este capítulo, se abordó el sistema de recompensa del cerebro y su influencia fundamental en la búsqueda de la felicidad y la toma de decisiones. Se explicó cómo este sistema impulsa al ser humano a buscar experiencias placenteras y gratificantes, operando a través de una red de neurotransmisores como la dopamina, la serotonina, las endorfinas y la oxitocina. Cada uno de estos químicos fue analizado por su función específica en la motivación, la regulación del estado de ánimo y la construcción de lazos sociales, demostrando la relación entre la biología humana y las experiencias emocionales.

A lo largo del capítulo, también se exploró cómo las experiencias positivas y negativas afectan la plasticidad cerebral, moldeando la estructura del cerebro y su capacidad para reforzar o debilitar ciertos comportamientos. Se destacó la importancia de cultivar hábitos positivos, como la actividad física o la meditación, para fomentar un sistema de recompensa equilibrado. Asimismo, se analizaron las diferencias entre recompensas inmediatas y a largo plazo, enfatizando que el aprendizaje de la gratificación diferida contribuye a un bienestar más profundo y sostenido.

Finalmente, se presentó un enfoque bíblico sobre el sistema de recompensa en el contexto del pecado, utilizando la historia de Adán y Eva como un ejemplo de cómo la búsqueda de placer inmediato puede llevar a decisiones erradas. El capítulo concluyó reflexionando sobre el papel del autocontrol y la fe para regular nuestros impulsos, basándose en enseñanzas bíblicas que promueven evitar el pecado y ejercitar dominio propio para alcanzar una satisfacción más duradera.

Ejercicios Prácticos

1. Reconfiguración de Recompensas: Durante una semana, identifica las experiencias o hábitos que te proporcionan gratificación inmediata y busca reemplazarlos con acciones que fomenten la satisfacción duradera. Reflexiona sobre los cambios.

2. Práctica de Gratificación Diferida: Elige una meta o proyecto que requiera esfuerzo y tiempo. Establece recompensas pequeñas al cumplir cada etapa, y una recompensa mayor al final. Lleva un registro de tus emociones y avances.

Recursos adicionales

Apps

- SuperBetter: Una app que te ayuda a aumentar la resiliencia y reforzar hábitos positivos utilizando recompensas y metas a corto plazo.

- Habitica: Utiliza elementos de gamificación para formar hábitos y establecer recompensas personales.

Libros

1. The Molecule of More por Daniel Z. Lieberman y Michael E. Long: Un libro que explora cómo la dopamina influye en nuestras decisiones y cómo podemos utilizar este conocimiento para mejorar nuestras vidas.

2. The Power of Habit por Charles Duhigg: Un enfoque sobre cómo los hábitos se forman y se refuerzan a través del sistema de recompensa.

3. Your Brain on Food por Gary Wenk: Explica cómo los alimentos y las sustancias que consumimos influyen en el cerebro y en la búsqueda de gratificación.

Capítulo 4

MITOS COMUNES SOBRE LA FELICIDAD

La felicidad no es un destino, sino un camino; un camino que muchas veces se desvía por la falsa promesa de atajos y soluciones rápidas.

Geifry Cordero

La búsqueda de la felicidad es tan antigua como la humanidad misma, pero en ese viaje hacia la felicidad, a menudo nos encontramos con caminos que prometen lo que no pueden cumplir. En la sociedad moderna, muchas ideas erróneas sobre la felicidad se han convertido en creencias populares, llevándonos a perseguir metas y deseos que, al final, resultan vacíos. A menudo nos vemos atrapados en mitos que nos dicen que la felicidad depende de nuestras circunstancias, de la acumulación de bienes materiales, o de alcanzar ciertos hitos en la vida. Sin embargo, la Biblia y la ciencia nos enseñan que estos caminos no conducen a una felicidad verdadera y duradera. En este capítulo, desmitificaremos algunas de las creencias más comunes sobre la felicidad y exploraremos lo que realmente significa ser feliz.

Mito 1: La Felicidad se Encuentra en el Éxito y la Riqueza

Uno de los mitos más extendidos es que el éxito y la acumulación de bienes materiales nos harán felices. Este mito está profundamente arraigado en nuestra cultura, que valora el logro personal y la riqueza como signos de bienestar y éxito.[1] Las redes sociales y los medios de comunicación refuerzan la idea de que aquellos que tienen más, viven mejor, y son más felices. Sin embargo, esta búsqueda incesante de éxito y riquezas puede llevar a una vida de insatisfacción y agotamiento.

La ciencia ha demostrado que, si bien el dinero puede proporcionar seguridad básica y cubrir nuestras necesidades, más allá de un cierto punto, el aumento de la riqueza no incrementa proporcionalmente la felicidad. Daniel Kahneman y Angus Deaton, economistas ganadores del Premio Nobel, realizaron un estudio que demostró que después de alcanzar un ingreso básico que cubre las necesidades, los incrementos adicionales en riqueza no están correlacionados con niveles más altos de bienestar emocional.[2]

Desde una perspectiva bíblica, la felicidad no se basa en las riquezas materiales. Eclesiastés 5:10 nos advierte: "El que ama el

---

[1] Jean M. Twenge et al., "Social Media Use and Its Link to Decline in Psychological Well-Being," *Journal of Social and Clinical Psychology* 37, no. 2 (2018): 135–140.

[2] Daniel Kahneman and Angus Deaton, "High Income Improves Evaluation of Life but Not Emotional Well-Being," *Proceedings of the National Academy of Sciences* 107, no. 38 (2010): 16489–16493. https://doi.org/10.1073/pnas.1011492107.

dinero no se saciará de dinero; y el que ama el mucho tener no sacará fruto. También esto es vanidad". Jesús también señaló la importancia de no centrar nuestras vidas en las posesiones materiales cuando dijo: "No acumulen para sí tesoros en la tierra, donde la polilla y el óxido destruyen, y donde ladrones penetran y roban. Más bien, acumulen para sí tesoros en el cielo" (Mateo 6:19-20). La verdadera felicidad no se encuentra en el éxito financiero, sino en una vida de significado, propósito y conexión con Dios.

La búsqueda de la felicidad a través del éxito material no es un fenómeno nuevo, pero en la sociedad actual, está más presente que nunca.[3] En un mundo donde el éxito se mide en términos de posesiones, reconocimiento social y poder adquisitivo, no es de extrañar que muchas personas caigan en la trampa de creer que la acumulación de riqueza les traerá satisfacción. Sin embargo, este mito oculta una verdad profunda: la búsqueda de bienes materiales como fuente de felicidad es un camino que no tiene fin. Siempre habrá más por alcanzar, más por obtener, y nunca será suficiente para llenar el vacío que solo puede ser colmado por algo más profundo. El fenómeno de la adaptación hedonista, descrito por los psicólogos, refuerza esta idea. Este término se refiere a nuestra tendencia a adaptarnos rápidamente a las nuevas circunstancias, ya sean positivas o negativas. Por ejemplo, cuando logramos un ascenso en el trabajo o compramos un coche nuevo, experimentamos una sensación de euforia o satisfacción inicial. Sin embargo, con el tiempo, esa emoción se desvanece y volvemos a nuestro nivel basal de felicidad. De la misma manera, cuando enfrentamos una dificultad, podemos experimentar tristeza o frustración, pero eventualmente nos adaptamos a esa

---

3 Tim Kasser, *The High Price of Materialism* (Cambridge, MA: MIT Press, 2002), 45–47.

nueva realidad y recuperamos nuestro bienestar. Este ciclo continuo de adaptación explica por qué las personas que buscan la felicidad en las cosas materiales a menudo sienten que, a pesar de haber logrado sus metas, algo falta. Lo que este ciclo de adaptación nos enseña es que la felicidad que proviene de los logros materiales es, en el mejor de los casos, efímera. Una vez que alcanzamos una meta, el brillo de la novedad desaparece, y rápidamente encontramos algo más que deseamos. En este sentido, la riqueza no solo no garantiza la felicidad, sino que a menudo perpetúa una insatisfacción constante. Cada logro material abre la puerta a un nuevo deseo, creando un ciclo interminable de búsqueda sin plenitud real.

Este concepto es claramente reflejado en la Biblia. Eclesiastés 1:8 nos recuerda que "nunca se sacia el ojo de ver, ni el oído de oír", una advertencia de que nuestra naturaleza humana siempre buscará más, pero nunca estará verdaderamente satisfecha con lo material. El rey Salomón, conocido por su riqueza y sabiduría, después de probar todo lo que el mundo tenía para ofrecer, concluyó que todo era "vanidad". En Eclesiastés 2:11, dice: "Y miré yo todas las obras que habían hecho mis manos, y el trabajo en que me había empeñado, y he aquí todo era vanidad y aflicción de espíritu, y sin provecho debajo del sol". Este pasaje nos recuerda que la búsqueda de riqueza y éxito por sí sola es vacía cuando se desvincula de un propósito mayor. Además, estudios recientes han profundizado en la relación entre la felicidad y la acumulación de riqueza, mostrando que una vez que se han cubierto las necesidades básicas, como la alimentación, la vivienda y la salud, los incrementos adicionales en ingresos no aumentan significativamente el bienestar. Esto subraya una verdad importante: el dinero solo puede llevarnos hasta cierto punto en la búsqueda de la felicidad, y una vez cubiertas nuestras necesidades, debemos buscar otras fuentes de significado para experimentar una felicidad auténtica.

Una vida enfocada únicamente en la adquisición de bienes materiales también puede llevar a una desconexión de las cosas que realmente nos traen felicidad duradera, como las relaciones significativas, el crecimiento personal y la conexión espiritual. En lugar de acumular más, la Biblia nos llama a encontrar contentamiento en lo que ya tenemos. 1 Timoteo 6:6-8 nos enseña: "Pero gran ganancia es la piedad acompañada de contentamiento; porque nada hemos traído a este mundo, y sin duda nada podremos sacar. Así que, teniendo sustento y abrigo, estemos contentos con esto". Esta visión no niega la importancia de trabajar diligentemente o de buscar mejorar nuestras circunstancias, pero nos recuerda que la verdadera paz y felicidad no se encuentran en la riqueza, sino en una vida centrada en Dios y en el contentamiento con lo que Él nos ha dado.

Es importante recordar que el éxito material no es intrínsecamente malo. Lograr metas, trabajar duro y recibir recompensas por nuestro esfuerzo son aspectos valiosos de la vida. Sin embargo, cuando comenzamos a depender de esos logros como la fuente primaria de nuestra felicidad, caemos en la trampa de creer que siempre necesitamos más para ser felices. Este mito nos roba la capacidad de disfrutar lo que ya tenemos y nos impide apreciar las bendiciones presentes en nuestra vida.

En lugar de buscar constantemente más riqueza y éxito, debemos cambiar nuestra perspectiva hacia una vida de significado y propósito. Esto implica reconocer que nuestras riquezas, habilidades y oportunidades son dones de Dios y deben utilizarse para su gloria y para servir a los demás. Proverbios 3:9-10 dice: "Honra a Jehová con tus bienes, y con las primicias de todos tus frutos; y serán llenos tus graneros con abundancia". Cuando reconocemos que lo que poseemos es un regalo de Dios, podemos experimentar una verdadera paz y satisfacción, sabiendo que nuestra felicidad no depende de lo que acumulamos, sino de cómo vivimos para Él y para Su propósito.

Debemos recordar que la verdadera felicidad proviene de una vida vivida en armonía con los valores que realmente importan: el amor, la compasión, el servicio, y una relación personal con Dios. Al apartarnos del mito de que la felicidad se encuentra en el éxito y la riqueza, podemos abrirnos a una felicidad más profunda y significativa que no está sujeta a las fluctuaciones de nuestras circunstancias externas. Como dijo Jesús en Mateo 6:33: "Mas buscad primeramente el reino de Dios y su justicia, y todas estas cosas os serán añadidas".

Mito 2: "La Felicidad Proviene de Evitar el Sufrimiento"

Otro mito común es que, para ser felices, debemos evitar a toda costa el sufrimiento y las dificultades.[4] Vivimos en una cultura que valora el confort y la comodidad, lo que nos lleva a creer que la felicidad es incompatible con el dolor.[5] Sin embargo, tanto la fe cristiana como la ciencia han demostrado que el sufrimiento es una parte inevitable de la vida y, paradójicamente, puede ser una fuente de crecimiento personal y espiritual.[6]

---

4 C.S. Lewis, *The Problem of Pain* (New York: HarperOne, 2001), 15–17.
5 Kasser, 120–123.
6 Brené Brown, *Rising Strong: How the Ability to Reset Transforms the Way We Live, Love, Parent, and Lead* (New York: Spiegel & Grau, 2015), 34–36.

Viktor Frankl, psicólogo y sobreviviente de los campos de concentración, argumentó en su obra *El hombre en busca de sentido* que aquellos que encuentran un propósito en su sufrimiento pueden experimentar una forma de paz interior y felicidad que va más allá de las circunstancias.[7] Frankl observó que el sufrimiento no solo es una parte natural de la vida, sino que es una oportunidad para encontrar sentido y profundizar en nuestra comprensión de nosotros mismos y del mundo que nos rodea.[8]

La palabra de Dios también enseña que el sufrimiento en ocasiones será inevitable, y que a su vez puede ser una oportunidad para acercarnos a Él y crecer en la fe. Romanos 5:3-4 nos dice: "Nos gloriamos en las tribulaciones, sabiendo que la tribulación produce paciencia; y la paciencia, prueba; y la prueba, esperan-za". Aunque nadie busca activamente el dolor, podemos encon-trar una paz y felicidad más profundas cuando confiamos en Dios durante los momentos difíciles y permitimos que Él obre en me-dio de nuestras dificultades.

La idea de que la felicidad se logra al evitar el sufrimiento ignora una verdad fundamental: el sufrimiento, aunque doloroso, puede ser una vía para el crecimiento personal y espiritual. Evitar el dolor a toda costa no solo es imposible, sino que también puede privarnos de las lecciones y la transformación que este puede ofrecer. Los momentos de sufrimiento nos confrontan con nuestras limitaciones y nos invitan a desarrollar resiliencia, compasión y fortaleza. Como señaló el psicólogo Carl Jung, "La vida no vivida se manifiesta como destino", lo que significa que cuando evitamos enfrentar el dolor, nos perdemos oportunidades de crecimiento.[9]

---

7 Frankl, *Man's Search for Meaning*, 98–101.
8 Frankl, *Man's Search for Meaning*, 102–105.
9 Carl Jung, *The Undiscovered Self* (New York: Signet, 1958), 77.

La Biblia nos enseña que el sufrimiento tiene un propósito redentor. Romanos 8:28 nos asegura que "a los que aman a Dios, todas las cosas les ayudan a bien". Esto no significa que debamos buscar el sufrimiento, sino que, cuando enfrentamos dificultades, podemos encontrar paz y propósito al confiar en que Dios está obrando en nuestra vida para nuestro bien. Además, como señaló el apóstol Pablo en 2 Corintios 12:9, el poder de Dios se perfecciona en nuestra debilidad, lo que nos recuerda que el sufrimiento, en lugar de destruirnos, puede ser una plataforma para experimentar la gracia divina de manera más profunda.

En lugar de ver el sufrimiento como un obstáculo para la felicidad, podemos aprender a verlo como una oportunidad para el crecimiento espiritual y personal, confiando en que, incluso en medio del dolor, Dios está trabajando en nuestras vidas para transformarnos en versiones más fuertes y compasivas de nosotros mismos.[10]

Mito 3: Ser Feliz es Sentirse Bien Todo el Tiempo

Uno de los mitos más peligrosos sobre la felicidad es la creencia de que ser feliz significa estar siempre de buen ánimo y sin experimentar emociones negativas.[11] Esta idea nos lleva a una búsqueda constante de placer, entretenimiento y distracciones que solo brindan una felicidad superficial y momentánea. La ciencia ha demostrado que tratar de evitar por completo las emociones negativas es contraproducente y puede generar aún más insatisfacción y angustia.[12] Los estudios han demostrado que la felicidad no consiste en evitar el malestar, sino en saber gestionarlo

---

10 Brené Brown, *The Gifts of Imperfection: Let Go of Who You Think You're Supposed to Be and Embrace Who You Are* (Center City, MN: Hazelden, 2010), 54–56.
11 Brown, *The Gifts of Imperfection*, 87–89.
12 Seligman, *Flourish,* 44–47.

y en desarrollar una mayor resiliencia emocional.[13] Según la psicología positiva, las emociones negativas, como el miedo, la tristeza o la frustración, forman parte del espectro emocional huma-no y son necesarias para el bienestar a largo plazo. Evitarlas no solo es imposible, sino que también nos priva de las lecciones y el crecimiento que pueden surgir de enfrentarlas.

El Nuevo Testamento, de manera similar, no presenta la felicidad como un estado constante de alegría superficial. Jesús mismo experimentó tristeza y angustia en su vida terrenal, como lo vemos en Juan 11:35, donde "Jesús lloró" al ver la muerte de su amigo Lázaro. La felicidad en la fe cristiana no es la ausencia de tristeza, sino el gozo que proviene de saber que Dios está con nosotros, incluso en los momentos más oscuros.[14]

La creencia de que la felicidad implica estar siempre de buen ánimo y libre de emociones negativas no solo es irreal, sino que puede ser perjudicial. La ciencia demuestra que las emociones negativas, como el miedo, la tristeza o la frustración, son fundamentales para el bienestar general.[15] Investigaciones de Barbara Fredrickson, pionera en el estudio de las emociones positivas, han demostrado que la clave no es evitar las emociones negativas, sino aprender a manejarlas. Su teoría de ampliación y construc-ción sugiere que, aunque las emociones negativas son inevitables, las emociones positivas nos ayudan a recuperarnos más rápido de esos momentos, creando resiliencia emocional a largo plazo.[16]

---

13 Daniel Goleman, *Emotional Intelligence: Why It Can Matter More Than IQ* (New York: Bantam Books, 1995), 56–58.

14 Keller, *Walking with God through Pain and Suffering*, 78–81.

15 Roy F. Baumeister et al., "Bad Is Stronger Than Good," *Review of General Psychology* 5, no. 4 (2001): 323–370.

16 Barbara L. Fredrickson, "The Role of Positive Emotions in Positive Psychology: The Broaden-and-Build Theory of Positive Emotions," *American Psychologist* 56, no. 3 (2001): 218–226.

Desde la perspectiva bíblica, no se nos promete una vida sin dificultades o sin tristeza. Incluso Jesús, en momentos clave de su vida, experimentó emociones profundas, como la tristeza en el huerto de Getsemaní (Mateo 26:37-38). Esto nos muestra que no debemos temer a las emociones negativas, sino reconocerlas y aprender a enfrentarlas con la ayuda de Dios. La verdadera felicidad no es la ausencia de dolor, sino la paz que encontramos al saber que Dios está con nosotros en todos los momentos, buenos y malos.

Así, aceptar que la vida es un equilibrio de emociones positivas y negativas nos permite vivir con una expectativa más saludable y realista de lo que es la verdadera felicidad. En lugar de buscar sentirnos bien todo el tiempo, podemos aprender a valorar todas las emociones como parte integral de una vida plena.[17]

Mito 4: La Felicidad es Algo que Se Puede Alcanzar Permanentemente

Este mito sugiere que una vez que alcanzamos ciertos objetivos o metas en la vida, como un matrimonio exitoso, un trabajo ideal, o una cierta cantidad de dinero, podremos experimentar felicidad permanente.[18] Sin embargo, este enfoque ignora la naturaleza cambiante y fluida de las emociones humanas. La adaptación hedonista, un fenómeno ampliamente estudiado en la psicología, explica que las personas tienden a volver a un nivel básico de felicidad después de alcanzar metas significativas, independientemente de lo grandes o importantes que sean.[19] La Biblia nos enseña que, en este mundo, la felicidad completa y

---

17 Susan David, *Emotional Agility: Get Unstuck, Embrace Change, and Thrive in Work and Life* (New York: Avery, 2016), 54–56.

18 Daniel Gilbert, *Stumbling on Happiness* (New York: Knopf, 2006), 25–27.

19 Lyubomirsky, *The How of Happiness*, 67–69.

permanente no es alcanzable. En lugar de buscar una felicidad basada en el logro de metas temporales, debemos dirigir nuestra mirada hacia el gozo eterno que Dios promete. En Salmos 16:11, David dice: "Me mostrarás la senda de la vida; en tu presencia hay plenitud de gozo; delicias a tu diestra para siempre". Nuestra felicidad más plena no se encuentra en los logros temporales, sino en nuestra relación eterna con Dios.[20]

En lugar de buscar una felicidad permanente, es más útil enfocarse en el concepto de bienestar sostenible. Investigadores como Sonja Lyubomirsky han demostrado que si bien una parte de nuestra felicidad está influenciada por factores externos y genéticos, aproximadamente el 40% está bajo nuestro control.[21] Esto significa que, aunque no podemos evitar las fluctuaciones naturales de nuestras emociones, podemos cultivar hábitos y prácticas que fomenten un bienestar duradero, como la gratitud, la meditación, y las relaciones significativas.[22]

Desde una perspectiva bíblica, también se nos recuerda que la felicidad completa y eterna solo se encuentra en Dios. Las circunstancias de la vida cambian, pero la paz y el gozo que provienen de nuestra relación con Dios son lo que realmente perduran. Juan 16:33 nos enseña: "En el mundo tendréis aflicción; pero confiad, yo he vencido al mundo". Esta promesa nos asegura que, aunque no experimentemos una felicidad constante en este mundo, en Cristo encontramos una paz duradera.[23]

---

20 Timothy Keller, *The Prodigal God: Recovering the Heart of the Christian Faith* (New York: Dutton, 2008), 102–104.
21 Lyubomirsky, *The How of Happiness*, 45–48.
22 Robert Emmons, *Gratitude Works! A 21-Day Program for Creating Emotional Prosperity* (San Francisco: Jossey-Bass, 2013), 34–36.
23 Lewis, *Mere Christianity*, 133–135.

Mito 5: La Felicidad Depende de las Circunstancias Externas

Un mito muy extendido es que nuestra felicidad depende enteramente de lo que sucede a nuestro alrededor. Esta creencia nos lleva a pensar que solo seremos felices si tenemos éxito en nuestra carrera, si encontramos la pareja perfecta, si vivimos en el lugar ideal o si nuestras relaciones siempre son armoniosas.[24] Este mito nos hace prisioneros de nuestras circunstancias, dejándonos vulnerables a los altibajos de la vida.[25]

Sin embargo, la ciencia y la fe cristiana muestran que nuestras circunstancias tienen un impacto mucho menor en nuestra felicidad de lo que solemos creer. El estudio sobre la adaptación hedonista, mencionado anteriormente, demuestra que, aunque las circunstancias de vida como el matrimonio, el empleo o los ingresos pueden proporcionar una satisfacción temporal, las personas tienden a volver a su "punto base" de felicidad con el tiempo, independientemente de los cambios en sus circunstancias.[26] Esto significa que, aunque ganar más dinero o conseguir el trabajo de tus sueños puede hacerte sentir feliz momentáneamente, esa emoción se desvanece con el tiempo. [27]

La Biblia también enseña que no debemos depender de las circunstancias para nuestra felicidad. Filipenses 4:11-13 nos muestra al apóstol Pablo, que escribe desde la prisión, diciendo que ha aprendido a estar contento cualquiera que sea su situación, ya sea en abundancia o en escasez.[28] Su felicidad y paz no dependían de

---

24 Daniel Gilbert, *Stumbling on Happiness* (New York: Knopf, 2006), 112–114.
25 Lyubomirsky, *The How of Happiness*, 98–100.
26 Lyubomirsky, *The How of Happiness*, 67–69.
27 Emmons, *Gratitude Works!*, 45–47.
28 Keller, 55–58.

si tenía éxito o si sus circunstancias eran favorables, sino de su confianza en Dios. Este tipo de felicidad, basada en una relación con Dios, es inquebrantable, ya que no está ligada a los altibajos de la vida cotidiana.

Si bien las circunstancias externas pueden influir en nuestra felicidad de manera temporal, la ciencia ha demostrado que nuestra respuesta a dichas circunstancias es lo que realmente determina nuestro bienestar a largo plazo. Investigaciones sobre la teoría de la evaluación cognitiva han mostrado que no son los eventos en sí los que nos hacen felices o infelices, sino cómo los interpretamos y respondemos emocionalmente a ellos.[29] En este sentido, la percepción y la mentalidad juegan un papel crucial en la construcción de nuestra felicidad.[30]

Además, estudios sobre la resiliencia emocional, como los realizados por George Bonanno, han destacado la capacidad humana de superar situaciones adversas y encontrar un sentido renovado de bienestar.[31] Las personas que logran reevaluar los desafíos como oportunidades de crecimiento tienden a experimentar una felicidad más sostenida, independientemente de sus circunstancias.[32] Esta habilidad de reinterpretar los eventos y controlar la narrativa personal es clave para desarrollar un bienestar más estable.[33]

Desde una perspectiva bíblica, esta idea se ajusta con el principio de confiar en Dios en medio de cualquier situación. Filipenses 4:6-7 nos anima a no estar afanosos por nada, sino

---

29 Albert Ellis, *Rational Emotive Behavior Therapy* (New York: Springer, 2003), 145–147.
30 Goleman, 76–78.
31 George A. Bonanno, *The Other Side of Sadness: What the New Science of Bereavement Tells Us about Life after Loss* (New York: Basic Books, 2009), 115–118.
32 Seligman, *Flourish,* 103–106.
33 Brown, *Rising Strong,* 88–91.

a presentar nuestras peticiones a Dios con gratitud. La paz de Dios, que sobrepasa todo entendimiento, guarda nuestros corazones, lo que sugiere que nuestra felicidad no debe depender de lo que sucede a nuestro alrededor, sino de la relación interior con Dios que nos otorga paz y estabilidad emocional.[34]

Mito 6: Las Relaciones Perfectas nos Harán Felices

Muchas personas creen que la felicidad depende de tener relaciones perfectas, ya sea con una pareja, familia o amigos. Este mito nos lleva a buscar la perfección en los demás, lo que inevitablemente genera decepciones y frustraciones cuando las personas no cumplen con nuestras expectativas.[35] La creencia de que las relaciones sin conflictos nos garantizarán la felicidad ignora el hecho de que todas las relaciones humanas son imperfectas debi-do a nuestras propias limitaciones.[36]

Desde una perspectiva científica, las relaciones saludables son una fuente importante de felicidad, pero esto no significa que deban ser perfectas. Las investigaciones sobre relaciones huma-nas han demostrado que las personas más felices no son las que tienen relaciones sin conflictos, sino aquellas que saben cómo gestionar los desafíos y resolver los problemas de manera cons-tructiva.[37] John Gottman, un investigador en relaciones señala que incluso las parejas más felices discuten, pero su éxito radica

---

34 Lewis, 119–121.
35 Harriet Lerner, *The Dance of Anger: A Woman's Guide to Changing the Patterns of Intimate Relationships* (New York: Harper & Row, 1985), 23–26.
36 John Gottman and Nan Silver, *The Seven Principles for Making Marriage Work: A Practical Guide from the Country's Foremost Relationship Expert* (New York: Harmony Books, 1999), 45–48.
37 Barbara L. Fredrickson, *Love 2.0: How Our Supreme Emotion Affects Everything We Feel, Think, Do, and Become* (New York: Penguin Books, 2013), 99–101.

en la forma en que gestionan esos conflictos, con respeto y comprensión mutua.[38]

Desde la perspectiva bíblica, somos llamados a amar y perdonar en nuestras relaciones, reconociendo que todos somos imperfectos. Efesios 4:2 nos exhorta: "Con toda humildad y mansedumbre, soportándoos con paciencia los unos a los otros en amor". No se espera que nuestras relaciones sean perfectas, sino que seamos pacientes y perdonadores, lo que nos lleva a una felicidad más duradera y significativa.

Además, la psicología positiva ha resaltado la importancia de las relaciones auténticas, en las que se permiten la vulnerabilidad y el crecimiento mutuo. Al buscar relaciones "perfectas", negamos la oportunidad de aprender a través de los desafíos.[39] Las investigaciones de Brené Brown sobre la vulnerabilidad muestran que las conexiones humanas más profundas se forjan no en la perfección, sino en la honestidad, el perdón y la aceptación de la imperfección.[40] En un contexto cristiano, la Biblia nos llama a amarnos los unos a los otros, no por la perfección, sino a través de la gracia. Efesios 4:2 nos recuerda: "Con toda humildad y mansedumbre, soportándoos con paciencia los unos a los otros en amor". Las relaciones basadas en el amor cristiano no evitan el conflicto, sino que buscan restauración y crecimiento a través de él, creando una felicidad más genuina y duradera.

---

38   John Gottman, *Why Marriages Succeed or Fail: And How You Can Make Yours Last* (New York: Simon & Schuster, 1994), 65–68

39   Brené Brown, *Daring Greatly: How the Courage to Be Vulnerable Transforms the Way We Live, Love, Parent, and Lead* (New York: Gotham Books, 2012), 88–91.

40   Brown, *The Gifts of Imperfection*, 55–57.

Mito 7: El Placer y la Diversión son la Clave de la Felicidad

En la cultura moderna, la felicidad a menudo se asocia con el placer inmediato y la diversión. Creemos que, si podemos llenar nuestras vidas con experiencias agradables, viajes, fiestas y entretenimiento, entonces seremos felices.[41] Sin embargo, este mito conduce a una forma de vida superficial y vacía, ya que el placer momentáneo, aunque gratificante en el corto plazo, no genera una felicidad duradera.[42]

La investigación científica ha demostrado que el placer por sí solo no conduce a una vida plena y significativa. Martin Seligman, en su modelo PERMA de bienestar, explica que el placer es solo una de las cinco facetas del bienestar, y por sí solo no es suficiente para garantizar una vida feliz.[43] La verdadera felicidad también implica compromiso, relaciones significativas, sentido de propósito y logros personales.[44]

La Biblia también nos advierte sobre la búsqueda desenfrenada de placer. Eclesiastés 2:1-11 relata cómo el rey Salomón buscó la felicidad a través del placer, pero al final concluyó que todo era "vanidad y aflicción de espíritu". El placer temporal nunca puede llenar el vacío que solo Dios puede llenar en nuestra vida. En lugar de perseguir el placer como un fin en sí mismo, estamos llamados a buscar el gozo más profundo que proviene de una vida con propósito y relación con Dios.

---

41 Daniel Gilbert, *Stumbling on Happiness* (New York: Knopf, 2006), 34–36.
42 Barry Schwartz, *The Paradox of Choice: Why More Is Less* (New York: Harper Perennial, 2004), 112–115.
43 Seligman, 56–58.
44 Lyubomirsky, *The How of Happiness,* 88–90.

La neurociencia ha demostrado que los sistemas de recompensa en el cerebro se adaptan rápidamente a los estímulos placenteros, lo que nos lleva a necesitar experiencias cada vez más intensas para lograr el mismo nivel de satisfacción.[45] Kent Berridge, un investigador en neurociencia afectiva ha mostrado que el cerebro distingue entre "querer" y "gustar", lo que significa que podemos sentir un deseo creciente de placer sin necesariamente disfrutarlo más.[46] Esto refuerza la idea de que perseguir solo el placer no proporciona una felicidad sostenible.[47] La psicología positiva también ha demostrado que la búsqueda de significado y propósito en la vida tiene un impacto mucho mayor en el bienestar a largo plazo que la simple búsqueda de placer. Martin Seligman, en su modelo PERMA del bienestar, subraya que, además del placer, el compromiso con actividades significativas y el cultivo de relaciones profundas son esenciales para una felicidad duradera.[48] La diferencia radica en que el placer es efímero, mientras que el sentido y propósito proporcionan una base sólida para el bienestar, incluso en medio de desafíos.[49]

Desde la perspectiva cristiana, este enfoque tiene una base clara. Proverbios 21:17 nos advierte: "El que ama los placeres se empobrecerá". La Biblia nos enseña que el verdadero gozo no proviene de los placeres pasajeros, sino de una vida enraizada en el propósito que Dios nos ha dado. Al buscar algo más allá

---

[45] Kent C. Berridge and Terry Robinson, "Parsing Reward," *Trends in Neurosciences* 26, no. 9 (2003): 507–513. https://doi.org/10.1016/S0166-2236(03)00233-9.

[46] Kent C. Berridge, "The Debate over Dopamine's Role in Reward: The Case for Incentive Salience," *Psychopharmacology* 191, no. 3 (2007): 391–431. https://doi.org/10.1007/s00213-006-0578-x.

[47] Daniel Kahneman, *Thinking, Fast and Slow* (New York: Farrar, Straus and Giroux, 2011), 243–246.

[48] Seligman, *Flourish*, 80–83.

[49] Emmons, *Gratitude Works!*, 65–67.

de la gratificación inmediata, encontramos un gozo más profundo y duradero que no está limitado a las fluctuaciones del placer temporal.

Mito 8: La Felicidad es Algo que Alguien Más nos Puede Dar

Este mito nos lleva a creer que nuestra felicidad depende de otra persona, ya sea una pareja romántica, un amigo cercano o un familiar. A menudo escuchamos frases como "No puedo ser feliz sin ti" o "Eres mi todo", lo que sugiere que necesitamos a alguien más para sentirnos completos y felices. Sin embargo, esta creencia puede ser perjudicial, ya que pone una carga indebida sobre las relaciones y crea expectativas poco realistas.[50]

La ciencia ha demostrado que, aunque las relaciones son importantes para nuestra felicidad, nadie más puede hacernos completamente felices. La felicidad es, en última instancia, una elección personal y una responsabilidad propia. La psicología positiva sostiene que cada individuo tiene la capacidad de cultivar su propio bienestar a través de elecciones conscientes, hábitos saludables y un sentido de propósito personal.[51]

La Biblia nos enseña que nuestra felicidad no debe depender completamente de otros, sino de nuestra relación con Dios. Salmos 118:8 nos recuerda: "Mejor es confiar en Jehová que confiar en el hombre". Si bien las relaciones humanas son valiosas, nuestra fuente de gozo y felicidad debe estar en Dios, quien es constante y fiel.[52]

---

[50] Harriet Lerner, *The Dance of Connection: How to Talk to Someone When You're Mad, Hurt, Scared, Frustrated, Insulted, Betrayed, or Desperate* (New York: HarperOne, 2002), 54–57.
[51] Seligman, 79–81.
[52] Keller, 125–128.

Además de las expectativas poco realistas que este mito genera en las relaciones, también puede llevar a una dependencia emocional, donde la felicidad de una persona está completamente atada al comportamiento, atención o presencia de otra. Esto no solo pone una presión indebida sobre las relaciones, sino que también crea un ciclo de vulnerabilidad emocional.[53] Estudios sobre la codependencia emocional, como los realizados por Melody Beattie, muestran que cuando basamos nuestra felicidad exclusivamente en los demás, perdemos nuestra capacidad de regular nuestras emociones y experimentar bienestar de manera independiente.[54] Esto no solo erosiona la individualidad, sino que también puede llevar a una insatisfacción continua, ya que las expectativas impuestas sobre otra persona rara vez se cumplen de manera sostenida.[55]

La clave para evitar este ciclo es desarrollar una autosuficiencia emocional saludable, donde nuestra felicidad se derive de nuestra propia paz interior y de un sentido de propósito individual. La investigación en inteligencia emocional, como la de Daniel Goleman, destaca la importancia de ser emocionalmente conscientes y de gestionar nuestras emociones de manera que no dependamos completamente de los demás para nuestro bienestar.[56] Al construir una base sólida en nuestras propias emociones, podemos disfrutar de relaciones más equilibradas y satisfactorias, donde la compañía de los demás es un complemento, no una necesidad.[57]

---

53 John Townsend, *Hiding from Love: How to Change the Withdrawal Patterns That Isolate and Imprison You* (Grand Rapids, MI: Zondervan, 1996), 43–45.
54 Melody Beattie, *Codependent No More: How to Stop Controlling Others and Start Caring for Yourself* (Center City, MN: Hazelden, 1986), 67–70.
55 Brown, *Daring Greatly*, 98–101.
56 Goleman, *Emotional Intelligence*, 142–144.
57 Susan David, *Emotional Agility: Get Unstuck, Embrace Change, and Thrive in Work and Life* (New York: Avery, 2016), 123–125.

Desde una perspectiva bíblica, la verdadera fuente de felicidad no se encuentra en los seres humanos, sino en Dios. De esta manera, nuestra felicidad no depende de la imperfección humana, sino de la relación firme y confiable que tenemos con Dios. El Señor es nuestra ancla.

Mito 9: La Felicidad es Inalcanzable para Algunos

Muchas personas creen que la felicidad es algo que está fuera de su alcance, ya sea por su situación de vida, su personalidad o sus circunstancias pasadas. Este mito nos lleva a pensar que algunas personas simplemente nacen para ser infelices o que la felicidad es un privilegio reservado solo para unos pocos afortunados. Sin embargo, esta creencia ignora el hecho de que todos, independientemente de nuestras circunstancias, podemos elegir vivir una vida más plena y feliz.[58]

Desde la ciencia, el concepto de neuroplasticidad ha demostrado que el cerebro tiene la capacidad de cambiar y adaptarse. Esto significa que, independientemente de nuestras circunstancias pasadas o presentes, podemos aprender nuevas formas de pensar y comportarnos que contribuyan a una mayor felicidad.[59] Estudios de Richard Davidson, un neurocientífico experto en el bienestar emocional, han demostrado que la práctica de actividades como la meditación, la gratitud y el perdón pueden literalmente reconfigurar el cerebro, fomentando patrones de pensamiento y emociones más positivos.[60]

La Biblia también enseña que la felicidad está disponible para todos los que confían en Dios. Juan 10:10 nos dice: "Yo he venido

---

58 Lyubomirsky, *The How of Happiness*, 45–47.
59 Norman Doidge, *The Brain That Changes Itself: Stories of Personal Triumph from the Frontiers of Brain Science* (New York: Viking, 2007), 137–139.
60 Davidson and Begley, *The Emotional Life of Your Brain*, 150–153.

para que tengan vida, y para que la tengan en abundancia". Esta promesa de una vida abundante no se limita a unos pocos, sino que está abierta para todos los que buscan a Dios. A través de una relación con Cristo, podemos encontrar una paz y felicidad que no dependen de nuestras circunstancias externas.

También este mito es refutado por las promesas de redención y renovación que se encuentran en la Biblia. Isaías 43:18-19 nos dice: "No os acordéis de las cosas pasadas, ni traigáis a memoria las cosas antiguas. He aquí que yo hago cosa nueva; pronto saldrá a luz". Dios nos recuerda que nuestro pasado no define nuestro futuro, y que la felicidad y la paz están disponibles para todos los que buscan una transformación en Él.

Mito 10: La Felicidad es Estar Siempre Ocupado

En nuestra cultura moderna, estar ocupado se ha convertido en sinónimo de éxito y, por lo tanto, de felicidad. Creemos que cuanto más llenos estén nuestros días de actividades, responsabilidades y compromisos, más realizados y felices seremos. Sin embargo, este mito nos lleva a una vida de agotamiento, ansiedad y, paradójicamente, de insatisfacción.[61]

La ciencia ha demostrado que el estrés crónico y la falta de descanso afectan negativamente nuestra felicidad. Estudios en el campo de la psicología del bienestar indican que el equilibrio entre trabajo, tiempo personal y descanso es esencial para una vida saludable y feliz. El síndrome de *burnout*, que surge del agotamiento extremo, es cada vez más común en personas que sobrecargan sus vidas con actividades sin darse el tiempo para

---
61 Brown, *The Gifts of Imperfection*, 112–115.

descansar y reflexionar.[62] El mito de que la ocupación constante es sinónimo de éxito y felicidad también pasa por alto la importancia de la reflexión y el descanso consciente. La falta de espacio en nuestras vidas para la quietud y la autorreflexión puede llevar al agotamiento emocional y físico. [63] Investigaciones sobre el síndrome de burnout, como las realizadas por Christina Maslach, han demostrado que el exceso de ocupación, sin momentos adecuados de descanso, no solo afecta la productividad, sino también el bienestar mental. El burnout no es solo el resultado del trabajo, sino de un estilo de vida que glorifica la ocupación constante, dejando poco espacio para el autocuidado.[64]

Por otro lado, estudios sobre la productividad han mostrado que las personas que se permiten pausas regulares y tiempos de descanso son, en última instancia, más eficientes y creativas. La técnica *pomodoro*, por ejemplo, que promueve trabajar en intervalos con descansos frecuentes, ha demostrado ser efectiva para mantener un enfoque sostenido sin caer en el agotamiento.[65] Este equilibrio entre trabajo y descanso no solo mejora la eficiencia, sino que también contribuye a una mayor sensación de bienestar y satisfacción.[66]

Desde una perspectiva bíblica, Dios establece un modelo de descanso que se encuentra desde el principio de la creación. Génesis 2:2-3 relata cómo Dios descansó el séptimo día después de haber creado el mundo, y más tarde instituye el sábado como

---

62 Christina Maslach and Michael P. Leiter, *The Truth About Burnout: How Organizations Cause Personal Stress and What to Do About It* (San Francisco: Jossey-Bass, 1997), 65–67.

63 Daniel Goleman, *Focus: The Hidden Driver of Excellence* (New York: HarperCollins, 2013), 88–90.

64 Christina Maslach, *Burnout: The Cost of Caring* (Cambridge, MA: Malor Books, 2003), 34–36.

65 Francesco Cirillo, *The Pomodoro Technique* (Boston: Cirillo Consulting, 2018), 45–48.

66 Lyubomirsky, *The How of Happiness*, 102-104.

un día de descanso para su pueblo. El descanso sabático no es solo una pausa física, sino una oportunidad para renovar el espíritu y reconectar con Dios. Jesús mismo enfatizó la importancia del descanso cuando dijo: "Venid a mí todos los que estáis trabajados y cargados, y yo os haré descansar" (Mateo 11:28). La importancia del descanso está profundamente arraigada en el concepto del *Sabbath* (día de descanso). Éxodo 20:8-10 nos recuerda la necesidad de apartar tiempo para descansar, no solo físicamente, sino también espiritualmente. Este principio subraya que, aunque el trabajo es una parte integral de la vida, también lo es el descanso. El descanso no es un lujo, sino una necesidad para mantener un equilibrio saludable que nos permita experimentar una felicidad más sostenible y equilibrada.

Mito 11: Tener el Control nos Hace Felices

Otro mito común es la creencia de que cuanto más control tengamos sobre nuestras vidas y nuestras circunstancias, más felices seremos. Esta mentalidad de control nos lleva a planificar obsesivamente, a preocuparnos por los detalles más pequeños y a evitar cualquier incertidumbre. Sin embargo, esta búsqueda constante de control suele generar más ansiedad que felicidad. La psicología del control ha demostrado que, aunque tener un grado de control sobre nuestras vidas puede ser beneficioso, la necesidad de control excesivo a menudo conduce a un mayor estrés, ansiedad y frustración. Esto se debe a que la vida está llena de incertidumbre, y es imposible controlar todos los aspectos de nuestra existencia. Aceptar lo que no podemos controlar es una habilidad que los psicólogos llaman "adaptación proactiva", y está relacionada con mayores niveles de bienestar.

Desde la perspectiva bíblica, se nos enseña a confiar en Dios en lugar de tratar de controlarlo todo. Proverbios 3:5-6 nos dice: "Confía en el Señor con todo tu corazón y no te apoyes en tu propio entendimiento; reconócelo en todos tus caminos, y él enderezará tus veredas". La felicidad genuina no proviene de controlar cada detalle de nuestras vidas, sino de confiar en Dios, sabiendo que Él tiene un plan para nosotros y que Su sabiduría y amor son más grandes que nuestro propio entendimiento.

Mito 12: El Éxito Profesional Garantiza la Felicidad

El éxito profesional a menudo se ve como uno de los principales caminos hacia la felicidad. Creemos que alcanzar el trabajo ideal, obtener ascensos o tener una carrera influyente nos proporcionará una felicidad duradera. Este mito nos lleva a definir nuestra valía y nuestra felicidad por nuestros logros en el trabajo, lo que a menudo resulta en un ciclo interminable de búsqueda de éxito sin satisfacción real.[67]

La ciencia muestra que, aunque el éxito profesional puede proporcionar un sentido temporal de logro, no es suficiente para garantizar una felicidad duradera. Estudios sobre el equilibrio trabajo-vida han demostrado que aquellos que dedican la mayor parte de su tiempo y energía al trabajo, a menudo a expensas de sus relaciones y bienestar personal, tienden a experimentar agotamiento emocional y menor satisfacción con la vida.[68] Además, la adaptación hedonista nos recuerda que incluso después de

---

[67] Harvard Business Review, *The Happiness Factor at Work*, edited by Peter F. Drucker (Boston: Harvard Business School Publishing, 2018), 23–25.
[68] Christina Maslach and Michael P. Leiter, *The Truth About Burnout: How Organizations Cause Personal Stress and What to Do About It* (San Francisco: Jossey-Bass, 1997), 76–79.

grandes logros, la euforia inicial disminuye, y volvemos a nuestro nivel base de felicidad.[69]

La Biblia, por su parte, nos enseña que nuestro valor no está definido por nuestro éxito profesional, sino por nuestra identidad en Dios. Colosenses 3:23 nos dice: "Y todo lo que hagáis, hacedlo de corazón, como para el Señor y no para los hombres". Aunque es importante ser diligentes y esforzarnos en nuestro trabajo, la verdadera felicidad no se encuentra en los logros terrenales, sino en vivir de acuerdo con el propósito de Dios para nuestras vidas. Además de la ilusión de que el éxito profesional garantiza la felicidad, este mito ignora un aspecto fundamental: la disonancia entre los valores personales y los logros profesionales. Cuando dedicamos nuestra vida a la búsqueda de metas profesionales sin considerar si estas están acorde con nuestros valores más profundos, es común experimentar una sensación de vacío, incluso después de alcanzar el éxito.[70] Este fenómeno ha sido explorado por la psicóloga Amy Wrzesniewski, quien ha investigado el concepto de "trabajo con sentido". Wrzesniewski descubrió que las personas que perciben su trabajo como una vocación, más que simplemente como una carrera o un medio para obtener ingresos, experimentan una mayor satisfacción y felicidad a largo plazo, independientemente de su posición profesional.[71]

El paradigma del propósito refuerza esta noción: cuando encontramos un propósito más grande que simplemente cumplir metas profesionales, es cuando comenzamos a experimentar una

---

69 Lyubomirsky, *The How of Happiness*, 98–101.

70 Amy Wrzesniewski, *The Meaning of Work and How It Shapes Your Life* (New York: HarperCollins, 2014), 123–126.

71 Amy Wrzesniewski, "Finding Positive Meaning in Work," *Journal of Positive Psychology* 1, no. 3 (2015): 141–148.

felicidad más profunda y auténtica.⁷² Este enfoque está en línea con la pirámide de Maslow, donde el propósito y la autorrealización ocupan el nivel más alto de las necesidades humanas. El éxito profesional, si no está vinculado a un propósito personal y significativo, se convierte en una meta vacía.⁷³

En un contexto cristiano, esto tiene resonancia con el llamado bíblico a trabajar no solo para la gloria personal, sino para la gloria de Dios. Colosenses 3:23 nos dice: "Y todo lo que hagáis, hacedlo de corazón, como para el Señor y no para los hombres". Esto nos recuerda que el éxito verdadero no se mide solo por los logros profesionales, sino por cómo estos se alinean con nuestro propósito espiritual y nuestra vocación dada por Dios. De esta manera, podemos transformar incluso las tareas más simples en actos de servicio que contribuyen a nuestra felicidad y a la de los demás.

Mito 13: El Pasado Define nuestra Felicidad

Muchas personas creen que su felicidad actual está determinada por su pasado, especialmente si han pasado por experiencias dolorosas o traumas. Este mito sugiere que aquellos que han tenido una infancia difícil, relaciones fallidas o pérdidas significativas están condenados a ser infelices para siempre, atrapados por su historia personal.⁷⁴

Sin embargo, la psicología moderna, específicamente en el campo de la resiliencia, ha demostrado que las personas no están definidas por su pasado y que todos tienen la capacidad de

---

72 Abraham Maslow, *Toward a Psychology of Being* (New York: Van Nostrand Reinhold, 1962), 45–48.
73 Seligman, *Flourish*, 79–82.
74 Bessel van der Kolk, *The Body Keeps the Score: Brain, Mind, and Body in the Healing of Trauma* (New York: Penguin Books, 2014), 178–180.

superar traumas y dificultades. La neuroplasticidad del cerebro nos permite aprender nuevas formas de pensar y responder emocionalmente, lo que significa que no estamos atados a patrones negativos del pasado.[75] Con las herramientas adecuadas, como el perdón, la terapia y el apoyo espiritual, podemos encontrar la felicidad y el bienestar, independientemente de lo que hayamos vivido.[76]

La Biblia refuerza esta idea de que el pasado no tiene que determinar nuestro futuro. En 2 Corintios 5:17, Pablo dice: "De modo que, si alguno está en Cristo, nueva criatura es; las cosas viejas pasaron; he aquí todas son hechas nuevas". A través de la redención en Cristo, se nos ofrece la oportunidad de dejar atrás las heridas del pasado y caminar hacia una vida de gozo y propósito.

Mito 14: El Éxito Personal es Más Importante que el Servicio a los Demás

Otro mito profundamente arraigado es la idea de que la felicidad se encuentra principalmente en el éxito personal y la autorrealización, dejando a un lado el servicio a los demás. Esta creencia nos lleva a concentrarnos en nuestras propias metas, deseos y ambiciones, mientras relegamos el impacto que nuestras acciones pueden tener en los demás.[77]

Curiosamente, la psicología positiva ha demostrado que el altruismo y el servicio a los demás son fuentes potentes de felicidad. Los estudios indican que las personas que dedican tiempo a ayudar a los demás, ya sea a través de actos de bondad o voluntariado, experimentan mayores niveles de bienestar y satisfacción

---

75   Norman Doidge, *The Brain That Changes Itself: Stories of Personal Triumph from the Frontiers of Brain Science* (New York: Viking, 2007), 205–208.
76   Davidson and Begley, *The Emotional Life of Your Brain*, 174–176.
77   Goleman, *Emotional Intelligence*, 101–103.

personal. El acto de dar, en lugar de concentrarse solo en recibir, activas áreas del cerebro asociadas con la recompensa, generando emociones positivas duraderas.[78]

Desde una perspectiva cristiana, el servicio a los demás es fundamental para una vida feliz y significativa. Jesús enseñó a sus seguidores: "Más bienaventurado es dar que recibir" (Hechos 20:35). El verdadero gozo no se encuentra solo en alcanzar nuestras metas personales, sino en servir a los demás con amor y compasión, siguiendo el ejemplo de Cristo.[79]

Mito 15: La Felicidad es Constante

Otro mito comun es que la felicidad es un estado constante al que debemos aspirar. Creemos que, si hacemos las cosas correctamente, seremos felices todo el tiempo, sin fluctuaciones ni desafíos emocionales. Este mito puede llevar a la frustración y la decepción cuando inevitablemente enfrentamos momentos de tristeza, estrés o desánimo.[80]

La realidad es que la felicidad, como cualquier emoción, fluctúa. Nadie puede sentirse feliz todo el tiempo, y esperar lo contrario es poco realista. La ciencia emocional ha demostrado que nuestras emociones están en constante cambio, influenciadas por factores tanto internos como externos. Sin embargo, lo que podemos hacer es aprender a manejar esas fluctuaciones de manera más saludable, desarrollando resiliencia y una actitud positiva a lo largo del tiempo.[81] La Biblia también nos enseña que la vida está llena de altos y bajos. Eclesiastés 3:1-4 nos recuerda

---

78 Lyubomirsky, *The How of Happiness*, 153–156.
79 Keller, 78–81.
80 Lyubomirsky, *The How of Happiness*, 34–36.
81 Barbara Fredrickson, *Positivity: Top-Notch Research Reveals the 3-to-1 Ratio That Will Change Your Life* (New York: Crown Archetype, 2009), 89–91.

que hay "un tiempo para todo": un tiempo para reír y un tiempo para llorar, un tiempo para danzar y un tiempo para lamentarse. La clave está en encontrar el gozo en Dios, sabiendo que, aunque nuestras emociones cambien, su amor y presencia permanecen constantes.[82]

Mito 16: La Felicidad es un Objetivo Individual

En una cultura que valora la independencia y la autosuficiencia, es común creer que la felicidad es un logro individual. Este mito promueve la idea de que debemos centrarnos exclusivamente en nuestros propios deseos, metas y necesidades para ser felices. Sin embargo, la búsqueda de una felicidad puramente individualista puede dejarnos aislados y desconectados de las personas que nos rodean.[83]

La ciencia ha demostrado que las relaciones humanas son una de las fuentes más importantes de felicidad. Harvard's Study of Adult Development, uno de los estudios más largos sobre la felicidad, ha revelado que la calidad de nuestras relaciones es el predictor más fuerte de nuestra salud y bienestar general. Las personas que tienen relaciones significativas y conexiones sociales profundas tienden a ser más felices y saludables que aquellas que están aisladas.[84] Desde una perspectiva bíblica, la felicidad no es un objetivo puramente individualista, sino que se encuentra en comunidad y en nuestra relación con los demás. Hebreos 10:24-25 nos anima: "Y considerémonos unos a otros para estimularnos al amor y a las buenas obras, no dejando de congregarnos". La

---

82 Lewis, *Mere Christianity*, 112–115.
83 Daniel H. Pink, *Drive: The Surprising Truth About What Motivates Us* (New York: Riverhead Books, 2009), 112–115.
84 Robert Waldinger and Marc Schulz, *The Good Life: Lessons from the World's Longest Scientific Study on Happiness* (New York: Simon & Schuster, 2023), 65–67.

vida cristiana se trata de construir una comunidad basada en el amor y el servicio mutuo. Al vivir en conexión con los demás y en servicio a ellos, encontramos un sentido más profundo de felicidad que trasciende la búsqueda egoísta de la felicidad personal.[85]

Mito 17: El Pasado no Importa si Quieres Ser Feliz

Aunque hemos mencionado anteriormente el mito de que el pasado puede definir nuestra felicidad, también existe la idea contraria: que el pasado no tiene ningún impacto y puede simplemente ignorarse si uno desea ser feliz. Este mito sugiere que podemos simplemente olvidar las heridas del pasado sin procesarlas y seguir adelante sin ninguna consecuencia emocional. Sin embargo, este enfoque no reconoce la necesidad de sanar para experimentar una felicidad plena.[86]

La ciencia, especialmente a través del trabajo de la psicología del trauma, ha demostrado que el pasado no puede ser ignorado. Las experiencias traumáticas y dolorosas que no se procesan adecuadamente pueden afectar nuestra salud mental y emocional a lo largo del tiempo, a menudo manifestándose como ansiedad, depresión o dificultades en las relaciones. Para poder avanzar hacia una felicidad más plena, es necesario confrontar y sanar del pasado, lo que implica un proceso de perdón y reconciliación.[87]

La Biblia ofrece un camino de sanación a través del perdón. Efesios 4:31-32 nos exhorta a "quitar de vosotros toda amargura, enojo, ira, gritería y maledicencia, y toda malicia. Antes sed benignos unos con otros, misericordiosos, perdonándoos unos

---

85 Keller, *The Prodigal God,* 139–142.
86 Bessel van der Kolk, *The Body Keeps the Score: Brain, Mind, and Body in the Healing of Trauma* (New York: Penguin Books, 2014), 215–218.
87 Richard G. Tedeschi and Lawrence G. Calhoun, *The Handbook of Posttraumatic Growth: Research and Practice* (New York: Psychology Press, 2006), 132–135.

a otros, como Dios también os perdonó a vosotros en Cristo". Aunque el pasado puede haber sido doloroso, Dios nos llama a sanarlo a través del perdón, lo que nos permite liberarnos de las cargas emocionales y avanzar hacia una felicidad más completa.[88]

Mito 18: Ser Feliz Significa Ignorar las Injusticias

Un mito común es que para ser felices debemos alejarnos de los problemas del mundo, como la injusticia, la pobreza o las desigualdades. Esta creencia sugiere que involucrarse en cuestiones sociales o abogar por la justicia puede interferir con nuestra felicidad personal. Sin embargo, este mito nos lleva a una desconexión del sufrimiento humano y de nuestra responsabilidad de actuar por el bienestar de los demás.[89]

La ciencia, en el campo de la psicología del altruismo, ha mostrado que involucrarse en actos de justicia social y solidaridad no solo beneficia a las personas necesitadas, sino que también mejora el bienestar emocional de aquellos que ayudan. Estudios han demostrado que el altruismo y la defensa de los derechos de los demás pueden aumentar los niveles de satisfacción personal y sentido de propósito, lo que contribuye a una vida más feliz y significativa.[90]

La fe cristiana también enseña que la justicia y la felicidad están profundamente entrelazadas. Miqueas 6:8 nos dice: "Hombre, él te ha declarado lo que es bueno, y qué pide Jehová de ti: solamente hacer justicia, y amar misericordia, y humillarte ante tu Dios". Ser felices no significa cerrar los ojos a las injusticias, sino actuar con amor y compasión para hacer el bien. Al vivir

---

88 Keller, *Forgive: Why Should I and How Can I?*, 156–159.
89 Goleman, *Social Intelligence*, 210–213.
90 Adam Grant, *Give and Take: Why Helping Others Drives Our Success* (New York: Penguin Books, 2013), 98–101.

de acuerdo con los principios de justicia de Dios, experimentamos un gozo más profundo al ver cómo nuestras acciones contribuyen al bienestar de los demás.

Mito 19: La Felicidad es Algo que Alcanzamos en Soledad

Otra idea errónea común es que la felicidad es algo que debemos alcanzar por nuestra cuenta, sin la ayuda de los demás. Este mito alimenta una mentalidad de autosuficiencia que sugiere que las relaciones son innecesarias o incluso un obstáculo para nuestra realización personal. Sin embargo, esta idea de que podemos ser completamente felices por nuestra cuenta no se conecta ni con la ciencia ni con la fe.[91]

La investigación sobre el bienestar social ha demostrado que las conexiones humanas son una parte fundamental de la felicidad. Las relaciones saludables y significativas con los demás no solo proporcionan apoyo emocional, sino que también nos brindan oportunidades para crecer y aprender. El aislamiento social, por el contrario, está vinculado a mayores niveles de depresión y ansiedad.[92]

La Biblia refuerza la idea de que la felicidad se encuentra en comunidad. Eclesiastés 4:9-10 dice: "Mejores son dos que uno; porque tienen mejor paga de su trabajo. Porque si cayeren, el uno levantará a su compañero; pero ¡ay del solo! que cuando cayere, no habrá segundo que lo levante". La felicidad plena no se alcanza en soledad, sino en comunidad, donde podemos apoyarnos mutuamente y vivir en amor y servicio unos con otros.

---

[91] Brown, *The Gifts of Imperfection*, 45–48.
[92] Robert Waldinger and Marc Schulz, *The Good Life: Lessons from the World's Longest Scientific Study on Happiness* (New York: Simon & Schuster, 2023), 70–72.

Mito 20: La Comparación nos Hace Mejores y, por Tanto, Más Felices

Vivimos en una era en la que la comparación constante, alimentada por las redes sociales y los medios de comunicación, nos lleva a creer que, si nos comparamos con los demás y los superamos en alguna área, seremos más felices. Este mito nos empuja a medir nuestra felicidad en función de cómo nos comparamos con los demás, ya sea en términos de éxito, belleza, posesiones o logros.[93]

La ciencia ha demostrado que la comparación social es una de las mayores fuentes de insatisfacción y baja autoestima. Las personas que constantemente se comparan con los demás tienden a experimentar más estrés y ansiedad, lo que socava su bienestar emocional. La psicología del bienestar ha descubierto que la comparación constante, especialmente en redes sociales, puede llevar a un ciclo interminable de descontento, ya que siempre habrá alguien que parezca tener más o ser mejor en algún aspecto.[94]

La Biblia advierte contra la trampa de la comparación. Gálatas 6:4 dice: "Cada uno examine su propia obra, y entonces tendrá motivo de gloriarse solo respecto de sí mismo, y no en otro". Dios nos llama a enfocarnos en el propósito y los dones que nos ha dado individualmente, sin mirar lo que otros tienen o hacen. Al dejar de compararnos y enfocarnos en nuestro camino único, podemos experimentar una felicidad más auténtica y libre de envidia.

---

[93] Brown, *The Gifts of Imperfection*, 55–58.
[94] Ethan Kross, *Chatter: The Voice in Our Head, Why It Matters, and How to Harness It* (New York: Crown, 2021), 82–85.

Resumen del Capitulo

En este capítulo, leímos cómo muchos de los mitos comunes sobre la felicidad pueden ser engañosos y, en algunos casos, perjudiciales para el bienestar verdadero. Se exploró en profundidad cómo creencias erróneas, como la idea de que el éxito y la riqueza son sinónimos de felicidad, o que evitar el sufrimiento es la clave para vivir una vida feliz, fueron desmentidas tanto por la Biblia como por la ciencia. Las Escrituras mostraron que la felicidad no se encuentra en posesiones o logros materiales, sino en la relación con Dios y en vivir de acuerdo con su propósito. De la misma forma, los estudios científicos revelaron que, aunque el éxito y las experiencias placenteras pudieron proporcionar alegría momentánea, no garantizaron un bienestar duradero.

Además, leímos sobre cómo el mito de que la felicidad depende de circunstancias externas, o de tener relaciones perfectas, fue una creencia que a menudo llevó a una búsqueda constante y agotadora de la perfección. Se discutió cómo las relaciones humanas, aunque fundamentales para el bienestar, no pudieron ser perfectas ni garantizar una felicidad permanente. La Biblia enseñó que el amor genuino requiere perdón, gracia y una comprensión profunda de la naturaleza imperfecta de los seres humanos. A su vez, la ciencia confirmó que las personas más felices fueron aquellas que aceptaron sus relaciones tal como son, sin idealizaciones irreales, y que se enfocaron en el crecimiento y el apoyo mutuo.

Finalmente, se abordaron otros mitos importantes como la falsa creencia de que el placer y la diversión son la clave de la felicidad, y que la comparación constante con los demás nos hace mejores o más felices. En lugar de estas ideas, se presentó un enfoque basado en la gratitud, el servicio y la compasión hacia los demás como vías para experimentar una felicidad genuina y profunda. La ciencia respaldó esta perspectiva, mostrando cómo la gratitud y el altruismo estuvieron asociados con una mayor satisfacción con la vida, mientras que la comparación social constante minó el bienestar emocional. Al final del capítulo, quedó claro que la verdadera felicidad fue una combinación de elementos internos y espirituales, y no simplemente una cuestión de circunstancias externas o logros pasajeros.

Ejercicios Prácticos

1. Reflexión sobre Expectativas: Tómate un tiempo para reflexionar sobre cuáles de los mitos comunes sobre la felicidad han influido en tu vida. Haz una lista de las expectativas que has tenido en cuanto a lo que creías que te haría feliz (riqueza, éxito, evitar el sufrimiento, relaciones perfectas, etc.). Luego, junto a cada expectativa, escribe una alternativa más realista basada en los principios que has aprendido. Por ejemplo, si siempre has pensado que el éxito profesional te traería felicidad, escribe cómo un propósito más profundo puede ser una fuente de satisfacción más duradera.

2. Práctica de la Gratitud Diaria: La investigación ha demostrado que la gratitud puede contrarrestar la búsqueda incesante de placer y riqueza. Dedica unos minutos cada día a escribir tres cosas por las que estés agradecido, sin importar cuán pequeñas o grandes sean. Este ejercicio ayuda a redirigir el enfoque desde las expectativas insatisfechas hacia lo que ya posees y valoras en tu vida.

3. Autocompasión en Momentos de Dificultad: En lugar de evitar el sufrimiento o las emociones negativas, cuando enfrentes un desafío o un momento difícil, practica la autocompasión. Cierra los ojos, respira profundamente y repite una frase como: "Este es un momento de sufrimiento, pero está bien sentirlo. Me doy el permiso para enfrentar este desafío con compasión hacia mí mismo". Este ejercicio te ayudará a ser más amable contigo mismo y a no huir de las emociones difíciles.

4. Evaluación del Significado en el Trabajo: Haz una revisión de tu carrera profesional o tus estudios. Pregúntate si lo que haces a diario está alineado con tus valores y con un sentido de propósito mayor. Si descubres que hay una desconexión, reflexiona sobre qué cambios podrías hacer, tanto pequeños como grandes, para encontrar un mayor sentido de propósito en tu vida laboral o académica.

5. Ritual de Descanso Semanal: Para combatir el mito de la felicidad basada en estar siempre ocupado, establece un ritual de descanso semanal. Puede ser un día, una tarde o unas horas en las que te desconectes del trabajo y las responsabilidades. Dedica este tiempo a la meditación, la oración, la lectura o cualquier actividad que te ayude a recargar energías y a centrarte en el descanso y la paz interior.

6. Práctica de Relaciones Saludables: Analiza tus relaciones y selecciona una en la que te gustaría mejorar la comunicación y la resolución de conflictos. Practica la técnica de la "proporción 5:1" propuesta por John Gottman: por cada interacción negativa, procura realizar cinco interacciones positivas. Esto te ayudará a mejorar la dinámica de esa relación y a reducir las expectativas de perfección, al enfocarte en la gratitud y el respeto mutuo.

Recursos Adicionales

Apps

- Gratitude: Una aplicación que te ayuda a mantener un diario de gratitud, permitiéndote llevar un registro diario de las cosas por las que estás agradecido. Ideal para cultivar una mentalidad de agradecimiento y reducir el enfoque en los mitos de la felicidad basados en el éxito o la perfección.

- Headspace: Una aplicación de meditación que incluye sesiones sobre cómo enfrentar el estrés, las emociones negativas y el sufrimiento. Te ayuda a aceptar tus emociones y a manejar el estrés que surge al perseguir una idea idealizada de la felicidad.

- Calm: Focalizada en el descanso, la meditación y la atención plena, Calm ofrece ejercicios para reducir el estrés y ayudarte a desconectarte de la ocupación constante, fomentando un equilibrio entre trabajo y descanso.

Libros

1. "The Paradox of Choice: Why More Is Less" por Barry Schwartz (explora cómo el exceso de opciones puede dificultar la felicidad).
2. "Man's Search for Meaning" por Viktor Frankl (profundiza en cómo encontrar significado en medio del sufrimiento).
3. "Stumbling on Happiness" por Daniel Gilbert (sobre cómo las personas tienden a malinterpretar lo que las hará felices).

Capítulo 5
LA FALSA PROMESA DE LA FELICIDAD FUERA DE DIOS

"Muchos buscan la felicidad en lugares altos, pero solo en lo profundo del alma y en comunión con lo divino se puede hallar."

– Soren Kierkegaard

La búsqueda de la felicidad es una constante en la vida humana. En el mundo moderno, esta búsqueda se ha vuelto un objetivo primordial que se refleja en todos los aspectos de la vida diaria: el trabajo, el entretenimiento, las relaciones y las posesiones materiales. Sin embargo, una gran paradoja subyace a esta búsqueda: mientras más la sociedad moderna intenta alcanzar la felicidad mediante los recursos temporales del mundo, más parece crecer el vacío interior. A pesar de los avances tecnológicos, el acceso ilimitado a la información, y el auge del consumismo, muchas personas se sienten más desconectadas, ansiosas y vacías que nunca. Esto plantea una pregunta fundamental: ¿es posible alcanzar la verdadera felicidad fuera de Dios?

Cómo el Mundo Moderno Busca Llenar el Vacío Espiritual

En nuestra cultura actual, se han adoptado múltiples ideas sobre cómo llenar el vacío interior. Una de las más comunes es la autosuficiencia o la idea de que el ser humano puede ser completamente autónomo, controlando su propio destino y felicidad. Los valores predominantes en el individualismo moderno promueven la noción de que la felicidad se encuentra dentro de uno mismo, a través del éxito, el poder, el control o el autodescubrimiento. Frases como "persigue tus sueños" o "sé tú mismo" son el eco constante de esta filosofía.[1]

Sin embargo, investigaciones sugieren que esta búsqueda incesante de autonomía y control absoluto no genera bienestar a largo plazo. Barry Schwartz, en su libro *The Paradox of Choice* (2004), argumenta que la libertad total y la amplia gama de opciones en la sociedad moderna, lejos de generar mayor felicidad, conduce a la parálisis y la insatisfacción. Cuantas más opciones tiene una persona, más difícil es tomar una decisión, lo que lleva a una mayor insatisfacción con las decisiones tomadas.[2] Esta incapacidad para estar satisfecho refleja un vacío más profundo que no puede llenarse mediante elecciones externas o la búsqueda incesante de la libertad.[3]

---

[1] Barry Schwartz, *The Paradox of Choice: Why More Is Less* (New York: Harper Perennial, 2004), 2–4.
[2] Schwartz, *The Paradox of Choice*, 8–12.
[3] Brown, *Daring Greatly*, 45–47.

En contraste, la Biblia enseña que la verdadera felicidad no se encuentra en la autosuficiencia, sino en la dependencia de Dios. Jeremías 17:5-6 advierte: "Maldito el hombre que confía en el hombre, y pone carne por su brazo, y su corazón se aparta del Señor". Esta dependencia de Dios es lo opuesto al mensaje de autosuficiencia del mundo moderno. Es un llamado a reconocer nuestras limitaciones y a encontrar paz en la presencia de un Dios que sabe lo que necesitamos antes de que se lo pidamos (Mateo 6:8).

Otro enfoque común es la búsqueda de placer como camino hacia la felicidad. En una sociedad orientada al consumo, el placer y la gratificación instantánea son pilares fundamentales. La idea de que más placer equivale a más felicidad es omnipresente. Sin embargo, la ciencia ha demostrado que perseguir el placer como único objetivo lleva a la habituación hedónica, es decir, a la disminución del placer con el tiempo.[4] Kent Berridge, un neurocientífico especializado en el estudio del placer, ha demostrado en sus investigaciones que la repetición constante de comportamientos placenteros, como el consumo de alimentos ricos en grasas o la compra de objetos lujosos, conduce a una reducción de la respuesta placentera. El cerebro se adapta, y lo que una vez proporcionaba una sensación de alegría pierde su capacidad para hacerlo.[5] La teoría de la adaptación hedónica también explica cómo la felicidad proveniente de logros materiales o experiencias placenteras tiende a desaparecer con el tiempo. Lo que inicialmente genera alegría, eventualmente se convierte en algo normal, y las personas necesitan más estímulos o bienes materiales

---

[4] Berridge and Kringelbach, "Pleasure Systems in the Brain, 646–664.
[5] Berridge and Kringelbach, "Pleasure Systems in the Brain, 646–664.

para experimentar el mismo nivel de satisfacción.[6] Esto alimenta la idea de que la felicidad es un objetivo siempre inalcanzable, algo que se tiene que perseguir constantemente sin nunca lograrlo completamente. Este ciclo de insatisfacción es lo que lleva a muchas personas a sentirse frustradas y vacías, incluso cuando han alcanzado sus objetivos materiales o profesionales.

Este fenómeno ha sido confirmado por Robert E. Lane, en su libro *The Loss of Happiness in Market Democracies* (2000), donde concluye que, aunque las sociedades modernas han alcanzado niveles sin precedentes de riqueza material, la felicidad subjetiva no ha aumentado proporcionalmente. Lane sostiene que la creciente dependencia del consumo para encontrar satisfacción solo intensifica la sensación de vacío existencial. En otras palabras, las sociedades que se enfocan exclusivamente en la acumulación material como fuente de bienestar están atrapadas en un ciclo sin fin de insatisfacción.

Este patrón de insatisfacción es abordado en la Biblia con un mensaje claro: la verdadera plenitud no proviene de lo material ni de los logros terrenales (Eclesiastés 5:10). Esta advertencia no es solo una reflexión sobre la codicia, sino una verdad profunda sobre la naturaleza humana. Cuando el ser humano coloca su esperanza y felicidad en algo que no tiene la capacidad de llenar su necesidad espiritual, inevitablemente encontrará insatisfacción.[7]

Otro enfoque del mundo moderno es la idea de que la autorealización y el autoempoderamiento son los caminos para alcanzar una felicidad duradera. El concepto de que "si crees en ti mismo,

---

6 Robert E. Lane, *The Loss of Happiness in Market Democracies* (New Haven: Yale University Press, 2000), 99–102.

7 Timothy Keller, *Counterfeit Gods: The Empty Promises of Money, Sex, and Power, and the Only Hope That Matters* (New York: Dutton, 2009), 78–80.

puedes lograrlo todo" es un mantra que ha sido promovido no solo en el ámbito empresarial, sino también en la vida personal y emocional de las personas.[8] Aunque la confianza en uno mismo es una cualidad positiva, cuando se convierte en el eje central de la vida, desplazando la dependencia de Dios, el resultado suele ser una vida de esfuerzo constante y agotador para alcanzar un ideal inalcanzable. La Biblia nos ofrece una alternativa más liberadora. En lugar de depender completamente de nuestras fuerzas, se nos invita a descansar en Dios y en su gracia. Mateo 11:28 nos llama a buscar descanso en Cristo: "Venid a mí todos los que estáis trabajados y cargados, y yo os haré descansar".

La Neurociencia y el Placer: Un Ciclo Biológico de Insatisfacción

La búsqueda del placer inmediato no solo afecta la vida emocional y psicológica de las personas, sino que también tiene profundas implicaciones en su bienestar espiritual. A nivel emocional, el placer fugaz que proviene de la gratificación instantánea tiende a ser insostenible, ya que el cerebro humano está diseñado para adaptarse rápidamente a nuevas experiencias y logros. Esto crea una necesidad constante de nuevas fuentes de satisfacción para mantener el mismo nivel de placer, lo que a menudo deriva en un ciclo interminable de búsqueda que nunca satisface por completo las necesidades más profundas del ser humano.[9] A nivel espiritual, esta búsqueda puede llevar a una desconexión de Dios, ya que el enfoque en los placeres materiales desvía la atención de la verdadera fuente de felicidad duradera: una relación profunda y significativa con el Creador.[10]

---

8 Brown, *The Gifts of Imperfection*, 33–35.
9 Berridge and Kringelbach, "Pleasure Systems in the Brain, 646–664.
10 Berridge and Kringelbach, "Pleasure Systems in the Brain, 646–664.

Desde la perspectiva de la neurociencia, este fenómeno se puede entender mediante la actividad de ciertos neurotransmisores en el cerebro, en particular la dopamina. La dopamina como hemos mencionado es una molécula clave en el sistema de recompensa del cerebro y juega un papel fundamental en la motivación y el placer. Cuando una persona experimenta una actividad placentera—ya sea comer, comprar algo nuevo o recibir elogios—el cerebro libera dopamina, lo que provoca una sensación de satisfacción momentánea.[11] Sin embargo, esta liberación de dopamina no es sostenida a largo plazo. A medida que el cerebro se acostumbra a las actividades o recompensas que una vez produjeron placer, la respuesta dopaminérgica disminuye, lo que lleva a la necesidad de buscar experiencias más intensas o novedosas para recrear el mismo nivel de satisfacción.[12]

Este fenómeno, conocido como tolerancia dopaminérgica, explica por qué el placer basado en gratificaciones inmediatas tiende a ser efímero. La constante búsqueda de nuevas experiencias para mantener los niveles de dopamina puede generar una adicción a las recompensas externas, llevando a un ciclo de consumo compulsivo que nunca satisface por completo.[13] Kent Berridge y Morten Kringelbach, destacados neurocientíficos, han identificado este patrón en sus estudios sobre la neurobiología del placer, donde explican que el deseo o "querer" es mediado por la dopamina, mientras que el "gustar" o disfrutar del placer es controlado por otros sistemas del cerebro.[14] Esta disonancia entre el deseo y el placer real genera una insatisfacción constante, ya que

---

11 Davidson and Begley, *The Emotional Life of Your Brain*, 90–92.
12 Davidson and Begley, *The Emotional Life of Your Brain*, 90-92
13 Berridge and Kringelbach, "Pleasure Systems in the Brain, 646–664.
14 Berridge and Kringelbach, "Pleasure Systems in the Brain, 646–664.

el cerebro busca constantemente lo que no puede mantener de forma prolongada.¹⁵

La teología cristiana coincide en que este ciclo de búsqueda insaciable de placer inmediato no solo tiene implicaciones en el bienestar físico y emocional, sino también en el bienestar espiritual. Al enfocarse en el placer temporal y las recompensas materiales, el ser humano desvía su atención de la fuente suprema de verdadera paz y felicidad: Dios.¹⁶ Sin embargo, cuando se busca placer en cosas temporales, este anhelo profundo por lo eterno y lo espiritual queda insatisfecho.

En este sentido, la búsqueda constante de gratificación externa crea una desconexión entre el ser humano y Dios. La Biblia nos advierte repetidamente sobre los peligros de perseguir los placeres del mundo sin considerar las consecuencias espirituales. 1 Juan 2:16 nos dice: "Porque todo lo que hay en el mundo, los deseos de la carne, los deseos de los ojos y la vanagloria de la vida no provienen del Padre, sino del mundo". El deseo desenfrenado por los placeres inmediatos desvía la atención del propósito espiritual más profundo para el que fuimos creados, lo que lleva a una vida caracterizada por la insatisfacción y el vacío espiritual. Además, la constante búsqueda de placer puede interferir con el desarrollo de la fortaleza espiritual. La vida cristiana está marcada por la capacidad de soportar el sufrimiento, perseverar en la fe y resistir las tentaciones del mundo. Santiago 1:2-4 nos anima a ver las pruebas como oportunidades para crecer en fe y carácter: "Tened por sumo gozo, hermanos míos, cuando os halléis en diversas pruebas, sabiendo que la prueba de vuestra fe produce

---

15 Bessel van der Kolk, *The Body Keeps the Score: Brain, Mind, and Body in the Healing of Trauma* (New York: Penguin Books, 2014), 230–232.
16 Lewis, *Mere Christianity*, 121–123.

paciencia". Sin embargo, una vida centrada en el placer instantáneo elimina la posibilidad de desarrollar esta resistencia espiritual. La necesidad constante de evitar el malestar o el sufrimiento bloquea el crecimiento en la fe y la relación con Dios.[17]

Otro aspecto crucial que la neurociencia ha investigado es cómo el sistema de recompensa, mediado por la dopamina, puede ser reentrenado y redirigido hacia fuentes de satisfacción más profundas y sostenibles, como las prácticas espirituales. Estudios han demostrado que el cerebro también responde a actividades que fomentan el bienestar espiritual, como la oración, la meditación y la contemplación. Según un estudio realizado por Andrew Newberg, experto en neuroteología, la práctica de la oración y la meditación tiene un impacto directo en la actividad de áreas del cerebro relacionadas con el bienestar emocional y la espiritualidad, como el córtex prefrontal y el córtex cingulado anterior. Estas regiones del cerebro están involucradas en la regulación de emociones, el control del estrés y el sentido de propósito. La activación de estas áreas durante la oración refuerza la sensación de paz interior y satisfacción espiritual, proporcionando una fuente de bienestar que trasciende las recompensas temporales (Newberg & Waldman, 2009).

Este hallazgo sugiere que el cerebro puede encontrar una satisfacción duradera en prácticas espirituales que promueven una conexión profunda con lo divino.[18] Mientras que la búsqueda de placeres materiales genera una respuesta dopaminérgica que rápidamente se disipa, las prácticas espirituales crean un bienestar

---

17 Andrew Newberg and Mark Robert Waldman, *How God Changes Your Brain: Breakthrough Findings from a Leading Neuroscientist* (New York: Ballantine Books, 2009), 56–60.

18 Robert A. Emmons and Michael E. McCullough, *The Psychology of Gratitude* (New York: Oxford University Press, 2004), 155–158.

que no depende de la estimulación externa, sino de una relación interior con Dios.[19]

Por lo tanto, la neurociencia y la teología convergen en un punto crucial: la búsqueda de felicidad exclusivamente en placeres inmediatos, aunque bioquímicamente comprensible, es limitada y no puede satisfacer las necesidades más profundas del ser humano.[20] La bioquímica del cerebro está diseñada para recompensarnos brevemente por los placeres temporales, pero estos no pueden sostener un bienestar a largo plazo. En contraste, el bienestar espiritual, cultivado a través de la dependencia de Dios y las prácticas que fomentan una conexión más profunda con Él, proporciona una fuente de paz y felicidad duraderas. Juan 4:13-14 lo resume maravillosamente en las palabras de Jesús: "Cualquiera que bebiere de esta agua, volverá a tener sed; pero el que bebiere del agua que yo le daré, no tendrá sed jamás".

En última instancia, el bienestar integral del ser humano —emocional, físico y espiritual— depende de dónde ponga su fuente de satisfacción. La gratificación instantánea que proviene de los placeres del mundo, aunque proporciona una recompensa temporal a nivel bioquímico, no puede ofrecer la paz duradera que el alma busca. Solo una relación profunda y sostenida con Dios puede llenar el vacío existencial y ofrecer una felicidad que trascienda las fluctuaciones temporales de la vida diaria.[21]

---

19 Berridge and Kringelbach, "Pleasure Systems in the Brain, 646–664.
20 Lewis, *Mere Christianity*, 121–123.
21 Keller, *Counterfeit Gods*, 160–162.

La Felicidad A Través De La Conexión Virtual Y Las Redes Sociales

El mundo moderno ha transformado las formas en que las personas interactúan y construyen relaciones, y las redes sociales se han convertido en un escenario central para estas interacciones. Aunque ofrecen oportunidades para mantener el contacto y compartir momentos importantes, también han creado un fenómeno profundamente arraigado de comparación social y búsqueda de validación externa. Esta dinámica no solo afecta el bienestar emocional, sino que también tiene implicaciones significativas para el bienestar espiritual.[22]

La naturaleza de las redes sociales fomenta una cultura donde los usuarios se ven expuestos a un flujo continuo de imágenes cuidadosamente seleccionadas de la vida de los demás. Estos momentos destacados, que a menudo presentan versiones idealizadas y no reales de la vida cotidiana, generan una presión constante para proyectar éxito, felicidad y perfección.[23] En lugar de ser una herramienta para conectar con los demás de manera genuina, las redes sociales pueden convertirse en una plataforma donde la apariencia importa más que la autenticidad. La consecuencia de esto es que muchas personas se sienten obligadas a crear y mantener una imagen pública que no necesariamente refleja su realidad interna.[24]

El estudio de Jean Twenge citado en *iGen*, es crucial para entender las implicaciones de este fenómeno. Twenge demostró que

---

22 Jean M. Twenge, *iGen: Why Today's Super-Connected Kids Are Growing Up Less Rebellious, More Tolerant, Less Happy—and Completely Unprepared for Adulthood* (New York: Atria Books, 2017), 5–7.

23 Ethan Kross, *Chatter: The Voice in Our Head, Why It Matters, and How to Harness It* (New York: Crown, 2021), 92–94.

24 Melissa G. Hunt et al., "No More FOMO: Limiting Social Media Decreases Loneliness and Depression," *Journal of Social and Clinical Psychology* 37, no. 10 (2018): 751–768.

los jóvenes que pasan más tiempo en redes sociales presentan mayores niveles de ansiedad, depresión y soledad, en gran parte debido a la comparación social constante que ocurre en estas plataformas.[25] Al comparar sus vidas reales con las versiones editadas y optimizadas de otros, muchos usuarios sienten que su vida es insuficiente o carece de valor. Este sentimiento de insuficiencia se ve amplificado por la obsesión con los "me gusta" y los comentarios, que han transformado la interacción social en una métrica numérica de aprobación pública. Cada "me gusta" se convierte en un reflejo de la valía personal, lo que conduce a un ciclo adictivo de búsqueda de validación externa.[26]

Este ciclo de validación externa tiene un impacto directo en la autoestima y la construcción de identidad. Observemos el siguiente caso que ilustra esta realidad. Carla una joven estudiante universitaria, siempre había sido una persona optimista y segura de sí misma. Al entrar a la universidad, comenzó a utilizar las redes sociales para mantenerse en contacto con amigos y familiares. Sin embargo, con el tiempo, su uso de las plataformas cambió. Empezó a seguir cuentas de influencers y amigos que compartían sus "momentos perfectos" de éxito, viajes y amistades ideales. A pesar de que Carla sabía que las redes sociales solo mostraban una parte de la vida de cada persona, comenzó a compararse constantemente con esas imágenes.

Gradualmente, la autoestima de Carla empezó a depender de la cantidad de "me gusta" y comentarios que recibían sus publicaciones. Empezó a pasar más tiempo preparando fotos, eligiendo filtros y pensando en frases que captaran la atención. Aunque esto le proporcionaba una gratificación instantánea, su vida real

---

25 Twenge, 8–12.
26 Hunt et al., 751–768.

se volvía cada vez más superficial. Incluso cuando se encontraba con amigos o familiares, sentía la necesidad de capturar el momento perfecto para compartirlo en redes, en lugar de disfrutar plenamente de la experiencia.

Con el tiempo, Carla empezó a notar los efectos negativos de este hábito. Se sentía más ansiosa, frustrada y, paradójicamente, desconectada de quienes la rodeaban. La comparación constante y la necesidad de validación externa comenzaron a afectar su paz mental y su sentido de identidad. Fue entonces cuando decidió hacer un cambio: limitó su tiempo en redes sociales y dejó de preocuparse tanto por la apariencia en línea. Al enfocarse en cultivar relaciones auténticas y valorar su tiempo en actividades significativas, Carla redescubrió una sensación de bienestar que ninguna cantidad de "me gusta" le había proporcionado.

Al igual que Carla, muchas personas en lugar de formar una identidad basada en los valores, en las relaciones auténticas y en la espiritualidad, comienzan a definir su valor personal en función de la cantidad de seguidores que tienen o de cuán populares son sus publicaciones. Esto crea una distorsión en la autoimagen, ya que se tiende a valorar más la percepción externa que la realidad interna. La búsqueda de esta validación digital puede incluso convertirse en una fuente de adicción, donde las personas sienten la necesidad constante de publicar contenido que atraiga la atención de otros, lo que refuerza su dependencia de la aprobación de los demás para sentirse valiosos.

Además, la investigación de Melissa G. Hunt sobre los efectos del uso de redes sociales en la salud mental respalda estas afirmaciones. Su estudio, publicado en el *Journal of Social and Clinical Psychology*, concluyó que las personas que limitan su tiempo en redes sociales experimentan una mejora significativa en su bienestar, presentando niveles más bajos de ansiedad y depresión.[27] Estos hallazgos refuerzan la idea de que, si bien las redes sociales pueden ofrecer entretenimiento y una sensación temporal de conexión, también pueden ser perjudiciales para la salud mental si se convierten en la principal fuente de validación personal. Desde una perspectiva espiritual, la comparación social impulsada por las redes sociales también tiene consecuencias profundas. La Biblia advierte repetidamente sobre los peligros de la comparación y la búsqueda de aprobación externa. Gálatas 1:10 nos recuerda: "¿Busco ahora el favor de los hombres, o el de Dios? ¿O trato de agradar a los hombres? Si todavía agradara a los hombres, no sería siervo de Cristo". Esta enseñanza resalta que el valor del ser humano no debe definirse por la opinión o aprobación de los demás, sino por su relación con Dios. La constante necesidad de validación externa en redes sociales desvía la atención de la fuente divina de identidad y valor.

La comparación social no es un fenómeno nuevo, pero la cultura digital ha exacerbado su impacto al convertir cada aspecto de la vida en algo visible y evaluable por los demás. El Rey Salomón, conocido por su sabiduría, abordó esta lucha en Proverbios 14:30 cuando dijo: "El corazón apacible es vida de la carne; más la envidia es carcoma de los huesos". La envidia, alimentada por la comparación, no solo genera malestar emocional, sino que también erosiona el bienestar espiritual, ya que lleva a las personas a desear lo que no tienen en lugar de agradecer lo que Dios les ha dado.

---

27 Hunt et al., 751–768.

La teología cristiana subraya la importancia de encontrar el valor personal en Dios y no en las métricas del mundo. Cuando las personas se concentran demasiado en la validación de los demás, pueden perder de vista el propósito mayor que Dios tiene para sus vidas. Jesús mismo advirtió contra la búsqueda de reconocimiento terrenal en Mateo 6:1-4, donde enfatiza que el verdadero valor se encuentra en servir y agradar a Dios en secreto, en lugar de buscar la aprobación pública.

La obsesión con proyectar una vida idealizada en las redes sociales puede llevar a una desconexión espiritual progresiva. Mientras más tiempo se invierte en cultivar una imagen pública que impresione a los demás, menos tiempo queda para la reflexión interior, la oración y la conexión con Dios. Este desbalance entre lo externo y lo interno genera una vida superficial, donde las personas se enfocan más en cómo son percibidas que en su bienestar espiritual.[28] Esta desconexión de lo espiritual también puede manifestarse en la pérdida de autenticidad en las relaciones. Al tratar de mantener una imagen perfecta en línea, muchos usuarios de redes sociales sacrifican la autenticidad en sus interacciones. Se prioriza la apariencia sobre la realidad, lo que impide que las relaciones verdaderas se formen o se mantengan. Este fenómeno no solo afecta las relaciones humanas, sino que también diluye la relación con Dios, ya que una vida basada en la búsqueda constante de aprobación externa está en conflicto con la enseñanza bíblica de vivir con humildad y autenticidad ante Dios.

Para contrarrestar los efectos negativos de las redes sociales en el bienestar emocional y espiritual, es necesario un cambio en

---

[28] Robert Waldinger and Marc Schulz, *The Good Life: Lessons from the World's Longest Scientific Study of Happiness* (New York: Simon & Schuster, 2023), 122–126.

la manera en que se utilizan estas plataformas. Romanos 12:2 nos insta a "no conformarnos a este siglo, sino a transformarnos por medio de la renovación de nuestro entendimiento". Este versículo destaca la importancia de adoptar una perspectiva renovada, donde la validación y el valor personal provienen de Dios, no de las métricas temporales de popularidad en las redes sociales.

Una forma de lograr esta transformación es practicar la gratitud y la desconexión de las comparaciones. Al centrar el enfoque en lo que ya se tiene, en lugar de lo que se carece o en lo que otros parecen tener, se puede experimentar una mayor paz interior. Filipenses 4:6-7 aconseja: "Por nada estéis afanosos, sino sean conocidas vuestras peticiones delante de Dios en toda oración y ruego, con acción de gracias". La gratitud tiene el poder de reorientar la mente hacia las bendiciones que Dios ya ha proporcionado, disminuyendo el impacto de la comparación social.[29]

El mundo moderno, a través de las redes sociales, ha creado un entorno donde la validación externa y la comparación social son predominantes. Aunque estas plataformas ofrecen conexiones y oportunidades para compartir, también pueden alimentar un ciclo de ansiedad, depresión y búsqueda insaciable de aprobación. Este fenómeno no solo afecta la salud mental, sino que también tiene implicaciones profundas para el bienestar espiritual, ya que desvía la atención de Dios y fomenta una vida centrada en las apariencias. Al buscar restaurar una vida de autenticidad espiritual, las personas deben aprender a desconectarse del ciclo de comparación y cultivar una relación más profunda y sincera con Dios, quien es la verdadera fuente de valor y felicidad duradera.

---

29 Andrew Newberg and Mark Robert Waldman, *How God Changes Your Brain: Breakthrough Findings from a Leading Neuroscientist* (New York: Ballantine Books, 2009), 87–89.

Drogas, Vicios y Adicciones: La Falsa Promesa de la Felicidad

Uno de los engaños más destructivos en la búsqueda de la felicidad fuera de Dios es la dependencia en drogas, vicios y adicciones. A lo largo de la historia, las personas han recurrido a estas vías para encontrar alivio temporal, olvidar el dolor o experimentar una sensación momentánea de euforia. Sin embargo, estas prácticas, aunque prometen una escapatoria o una forma de felicidad instantánea, no solo resultan en una insatisfacción más profunda, sino que también causan daños irreparables en el bienestar físico, emocional y espiritual.[30] Desde una perspectiva tanto científica como bíblica, queda claro que las drogas y los vicios son caminos falsos hacia la felicidad y que, en lugar de satisfacer el vacío interior, lo amplían aún más. [31] A nivel bioquímico, el consumo de drogas altera los circuitos del cerebro, especialmente aquellos relacionados con el sistema de recompensa y placer. Las drogas como la cocaína, los opioides y el alcohol afectan la liberación de dopamina, el neurotransmisor que regula las sensaciones de placer y recompensa en el cerebro.[32] Estas sustancias inducen una liberación anormalmente alta de dopamina, creando una euforia inmediata. Esta sensación, aunque poderosa, es extremadamente efímera. El cerebro rápidamente se adapta a estos altos niveles de dopamina, lo que lleva a una tolerancia: el usuario necesita consumir más de la sustancia para alcanzar el mismo nivel de euforia que inicialmente experimentó.[33]

---

30 Robert E. Lane, *The Loss of Happiness in Market Democracies* (New Haven: Yale University Press, 2000), 95–99.
31 Lane, *The Loss of Happiness in Market Democracies*, 95–99.
32 Volkow and Koob "Neurocircuitry of Addiction," 217–238.
33 Volkow and Koob "Neurocircuitry of Addiction," 217–238.

Esta adaptación crea un ciclo destructivo de dependencia. A medida que el cerebro se adapta a las cantidades de dopamina liberadas por las drogas, los niveles naturales de dopamina disminuyen, lo que provoca que el individuo pierda la capacidad de experimentar placer a través de actividades normales y saludables, como la interacción social, el ejercicio o el disfrute de la naturaleza.[34] La neurociencia ha demostrado que, con el tiempo, el cerebro de una persona adicta llega a ser incapaz de sentir felicidad sin la droga, lo que transforma la búsqueda inicial de placer en una necesidad desesperada de evitar el dolor emocional y físico causado por la falta de la sustancia.[35]

Nora Volkow, una de las principales investigadoras sobre la neurociencia de las adicciones, ha destacado que las drogas secuestran el sistema de recompensa del cerebro, erosionando la capacidad de una persona para sentir placer natural.[36] Su investigación muestra cómo las drogas reconfiguran las conexiones neuronales, reforzando patrones compulsivos de comportamiento que llevan al deterioro físico y emocional. Las personas que caen en las adicciones no solo experimentan una disminución en su bienestar físico, sino también una devastadora pérdida de propósito y conexión con la vida.[37]

Los vicios como el alcohol, las apuestas, o incluso el consumo compulsivo de redes sociales siguen patrones similares a los de las drogas.[38] Ofrecen una salida rápida del estrés o del dolor emocional, pero a largo plazo profundizan el sufrimiento y la

---

34 Nora D. Volkow et al., "Addiction: Beyond Dopamine Reward Circuitry," *Proceedings of the National Academy of Sciences* 108, no. 37 (2011): 15037–15042.
35 Volkow et al., "Addiction: Beyond Dopamine Reward Circuitry," 15037–15042.
36 Nora D. Volkow, *The Hijacked Brain* (New York: Yale University Press, 2015), 45–49.
37 Volkow, *The Hijacked Brain,* 45–49.
38 David Nutt, *Drugs Without the Hot Air* (Cambridge: UIT Cambridge, 2012), 67–70.

desconexión. Las apuestas, por ejemplo, prometen una recompensa monetaria, pero los estudios demuestran que la mayoría de las personas que apuestan experimentan una pérdida de control, lo que las lleva a perder grandes cantidades de dinero y caer en problemas financieros severos.[39] La promesa de una vida más fácil y rica que las apuestas proyectan se convierte en una trampa que destruye la estabilidad financiera y emocional.

El alcohol, una de las sustancias legales más comúnmente consumidas, es otro ejemplo de un vicio que promete alivio, pero entrega sufrimiento. Al principio, puede ofrecer una sensación de relajación o euforia, pero su abuso provoca daños en el hígado, el cerebro, y genera una dependencia física y psicológica que puede ser letal.[40] A nivel social, el alcoholismo destruye relaciones, carreras y familias. El Instituto Nacional sobre el Abuso de Alcohol y Alcoholismo (NIAAA) estima que cada año el abuso del alcohol causa decenas de miles de muertes y afecta la vida de millones de personas.[41] Las consecuencias de esta búsqueda de felicidad momentánea son devastadoras tanto a nivel personal como comunitario.

El abuso de drogas y vicios, entonces, revela una verdad fundamental: el ser humano, al buscar llenar el vacío espiritual con placeres temporales, termina atrapado en un ciclo de sufrimiento y autodestrucción.[42] Las investigaciones demuestran que las adicciones generan aislamiento, depresión, y una pérdida del

---

39 Nutt, *Drugs Without the Hot Air*, 67–70.
40 National Institute on Alcohol Abuse and Alcoholism (NIAAA), "Alcohol Facts and Statistics," consultado el 01 de mayo 2024, https://www.niaaa.nih.gov/alcohol-facts-and-statistics.
41 National Institute on Alcohol Abuse and Alcoholism (NIAAA), "Alcohol Facts and Statistics," consultado el 01 de mayo 2024, https://www.niaaa.nih.gov/alcohol-facts-and-statistics.
42 Twenge, *iGen*, 115–120.

sentido de la vida.⁴³ A medida que los individuos se vuelven más dependientes de estos vicios, su capacidad de experimentar felicidad natural disminuye, lo que los aleja no solo de ellos mismos, sino también de Dios.

Desde una perspectiva espiritual, la Biblia advierte contra los peligros de caer en el control de los vicios. Proverbios 23:31-32 dice: "No mires al vino cuando rojea, cuando resplandece su color en la copa. Al final muerde como serpiente, y pica como áspid". Este versículo, aunque habla del alcohol específicamente, puede aplicarse a cualquier adicción o vicio que promete alivio, pero lleva a la destrucción. Las drogas y los vicios, en su falsa promesa de felicidad, envenenan el alma y separan a las personas de la comunión con Dios.

El uso de drogas y la dependencia de los vicios también distorsionan la imagen que las personas tienen de sí mismas. En lugar de verse como hijos amados y valorados por Dios, se ven atrapados en una espiral de autodesprecio y culpa. La Biblia enseña que el cuerpo es un "templo del Espíritu Santo" (1 Corintios 6:19), y el abuso de sustancias y vicios es una violación de esa santidad. Al destruir el cuerpo, las personas adictas también destruyen su capacidad de experimentar una relación plena con Dios.

Las adicciones no solo afectan al individuo, sino que también tienen un efecto devastador en las relaciones con los demás y con la comunidad en general. Las drogas y los vicios generan ruptura familiar, conflictos en el trabajo, y aislamiento social. Las personas atrapadas en estas trampas falsas de felicidad se ven incapaces de amar y ser amadas de manera auténtica, ya que sus vidas se centran en su adicción. Este aislamiento emocional y espiritual

---

43 Twenge, *iGen,* 115–120.

es la mayor tragedia de la búsqueda de la felicidad fuera de Dios, ya que rompe el propósito original de las relaciones humanas: la comunión mutua y la conexión con Dios.

A pesar del poder destructivo de las drogas y los vicios, la Biblia también nos ofrece esperanza y redención. Juan 8:36 dice: "Así que, si el Hijo os libertare, seréis verdaderamente libres". Esta libertad no solo se refiere a la liberación del pecado, sino también a la liberación de cualquier cadena que nos esclaviza, incluyendo las adicciones. Dios ofrece restauración y sanidad, tanto física como espiritual, para aquellos que buscan Su ayuda y eligen confiar en Su poder para vencer estas trampas destructivas.

El proceso de sanación y liberación de las adicciones requiere un retorno a Dios y una vida de entrega y dependencia de Su gracia. Muchas personas han encontrado la verdadera felicidad y satisfacción al romper los lazos de la adicción y confiar en Dios para llenar el vacío interior que antes intentaron llenar con drogas y vicios.[44] La Iglesia y las comunidades cristianas juegan un papel vital en este proceso de restauración, proporcionando apoyo espiritual, emocional y físico para quienes buscan redención.

La Búsqueda Externa de Felicidad y sus Efectos en la Autoimagen

En una sociedad que constantemente promueve la idea de que el éxito, la riqueza y las apariencias son sinónimos de felicidad, muchas personas desarrollan la creencia de que la satisfacción y el bienestar dependen principalmente de logros externos. Sin embargo, esta búsqueda de felicidad en factores externos a menudo impacta negativamente en la autoimagen y en la relación

---

44 Keller, *Walking with God through Pain and Suffering*, 159–161.

con uno mismo. Desde un punto de vista psicológico, se ha encontrado que este tipo de búsqueda puede llevar a un ciclo interminable de insatisfacción, afectando tanto la autoestima como la estabilidad emocional.[45]

Una de las consecuencias de perseguir constantemente metas externas es la creación de una autoimagen que depende de logros superficiales. Cuando el valor de uno mismo se basa en la adquisición de bienes materiales o en la aprobación de los demás, la autoestima se vuelve frágil y se ve fácilmente afectada por factores externos. Este fenómeno, conocido como "autoestima contingente," implica que el bienestar emocional está condicionado a logros y validaciones externas en lugar de basarse en una valoración interna estable.[46]

Un estudio realizado por Edward Deci y Richard Ryan, creadores de la Teoría de la Autodeterminación, demostró que las personas que buscan validación externa como fuente de autoestima tienden a experimentar mayores niveles de ansiedad y estrés, y presentan una menor satisfacción general con la vida.[47] Esto ocurre porque, al centrarse en metas externas, el individuo desarrolla una dependencia emocional hacia factores que están fuera de su control. La autoestima contingente, por tanto, deja a la persona vulnerable a las críticas y al fracaso, generando una autoimagen fluctuante que depende de las circunstancias.

La búsqueda de felicidad a través de logros externos también tiene efectos perjudiciales en la relación que una persona

---

45 Oliver, J. P., & Deary, I. J. "Self-esteem and life satisfaction: Relationships with task and ego orientation among young athletes." *International Journal of Sport Psychology* 36, no. 3 (2005): 292.

46 Deci, Edward L., y Richard M. Ryan. *Self-determination theory: When mind mediates behavior*. (New York: Springer Science & Business Media, 1985), 105.

47 Deci, Edward L., y Richard M. Ryan. *Intrinsic Motivation and Self-Determination in Human Behavior*. (New York: Plenum, 1985), 124.

mantiene consigo misma. Cuando el foco está puesto exclusivamente en alcanzar objetivos externos, es común que el individuo ignore aspectos internos importantes, como el crecimiento personal, el autocuidado y la autorreflexión.[48] Esto puede llevar a una desconexión de las propias emociones y necesidades, dificultando el desarrollo de una relación saludable consigo mismo.

Además, investigaciones en psicología han señalado que las personas que buscan constantemente logros externos tienden a experimentar un fenómeno conocido como "despersonalización".[49] En este estado, el individuo se siente desconectado de su propio sentido de identidad, llegando a percibir la vida como una serie de tareas y objetivos a cumplir, en lugar de una experiencia enriquecedora y significativa. La despersonalización es común en aquellos que dependen de factores externos para sentirse realizados, ya que la búsqueda constante de aprobación y éxito genera un distanciamiento del verdadero ser.

La búsqueda de la felicidad externa suele ir acompañada de una tendencia a compararse con los demás, lo que puede afectar gravemente la autoimagen. La teoría de la comparación social, desarrollada por Leon Festinger, sugiere que las personas tienden a evaluar su propio valor en función de cómo se comparan con los demás.[50] En la era de las redes sociales, esta comparación se vuelve omnipresente y puede llevar a la sensación de inferioridad y a una disminución de la autoestima.

---

48   Neff, Kristin. "Self-compassion: An alternative conceptualization of a healthy attitude toward oneself." *Self and Identity* 2, no. 2 (2003): 85-101.

49   VanderWeele, Tyler J. "On the promotion of human flourishing." *Proceedings of the National Academy of Sciences* 114, no. 31 (2017): 8148–8156.

50   Festinger, Leon. "A theory of social comparison processes." *Human Relations* 7, no. 2 (1954): 117-140.

Un estudio llevado a cabo por la psicóloga Melissa G. Hunt encontró que las personas que pasaban más tiempo en redes sociales tenían niveles más bajos de autoestima y eran más propensas a experimentar síntomas de depresión.[51] Esto se debe a que las redes sociales suelen promover una imagen irreal de éxito y felicidad, lo que crea una presión constante para estar a la altura de estándares inalcanzables. Para quienes basan su autoestima en logros externos, estas comparaciones resultan aún más dañinas, ya que se ven constantemente recordados de lo que "deberían" tener o lograr para ser felices.

Para construir una autoimagen saludable, es fundamental cambiar el enfoque de logros externos hacia un proceso de autoaceptación y crecimiento personal. La investigación sugiere que el desarrollo de la autocompasión, la autoaceptación y la gratitud son prácticas que pueden contrarrestar los efectos negativos de la búsqueda de validación externa.[52] La autocompasión, definida como la habilidad de tratarse a uno mismo con amabilidad y comprensión, ha demostrado ser un factor clave para una autoestima estable y para reducir la dependencia de logros externos.[53]

Por otra parte, el enfoque en metas internas, tales como el desarrollo personal y la contribución al bienestar de los demás, fomenta una autoimagen basada en valores y propósitos más profundos. Según un estudio de Sonja Lyubomirsky, investigadora en psicología positiva, las personas que persiguen metas intrínsecas, como el desarrollo de relaciones o el crecimiento personal,

---

51   Hunt, Melissa G., et al. "No more FOMO: Limiting social media decreases loneliness and depression." *Journal of Social and Clinical Psychology* 37, no. 10 (2018): 751-768.
52   Neff, Kristin D., y Germer, Christopher K. "A pilot study and randomized controlled trial of the mindful self-compassion program." *Journal of Clinical Psychology* 69, no. 1 (2013): 28-44.
53   Neff, Kristin D. *Self-Compassion: The Proven Power of Being Kind to Yourself*. (New York: William Morrow, 2015), 202.

experimentan mayores niveles de felicidad y estabilidad emocional en comparación con aquellas que buscan logros materiales.[54] Este enfoque permite al individuo valorar su vida y su persona de una manera que no depende de factores externos y, por lo tanto, es menos vulnerable a los altibajos de la vida.

Resumen del Capitulo

En este capítulo hemos estudiado cómo el mundo moderno fomenta la búsqueda de la felicidad a través de medios externos como el éxito material, la autosuficiencia, y la gratificación inmediata. Hemos analizado cómo la cultura contemporánea promueve la idea de que la felicidad se encuentra en la autonomía y en el control de nuestras propias vidas. Sin embargo, investigaciones como las de Barry Schwartz han demostrado que, lejos de generar bienestar, este enfoque conduce a la insatisfacción y la parálisis ante la cantidad de opciones disponibles. Esta búsqueda incesante de placer y validación en lo material no satisface las necesidades profundas del ser humano, generando un vacío emocional y espiritual.

También hemos visto cómo la búsqueda de placer inmediato tiene implicaciones bioquímicas que explican por qué las personas que dependen de gratificaciones materiales no encuentran una satisfacción duradera. Estudios de Kent Berridge muestran que la repetición constante de experiencias placenteras disminuye la respuesta del cerebro al placer, lo que lleva a una búsqueda compulsiva de más. Este fenómeno, conocido como la habituación hedónica, se relaciona con la insatisfacción a largo plazo,

---

54 Lyubomirsky, Sonja, Kennon M. Sheldon, y David Schkade. "Pursuing happiness: The architecture of sustainable change." *Review of General Psychology* 9, no. 2 (2005): 111-131.

ya que el cerebro se adapta a las recompensas externas. Desde la perspectiva espiritual, la Biblia advierte contra esta búsqueda desenfrenada de placeres temporales, y nos invita a una vida centrada en Dios como la verdadera fuente de satisfacción.

Hemos estudiado también el impacto negativo de las redes sociales, que han creado una cultura de comparación social y validación externa. Las investigaciones de Jean Twenge y Melissa Hunt han revelado que el uso excesivo de redes sociales está asociado con mayores niveles de ansiedad, depresión, y soledad, especialmente entre los jóvenes. La constante búsqueda de aprobación a través de "me gusta" y seguidores virtuales refuerza un ciclo de dependencia emocional que no llena el vacío espiritual, sino que agrava la insatisfacción personal. A nivel espiritual, este enfoque en la validación externa desvía a las personas de su identidad en Dios y fomenta una desconexión de lo que verdaderamente les da sentido. Hemos reflexionado sobre la importancia de volver a centrar nuestras vidas en Dios, quien es la fuente de verdadera felicidad y plenitud. Las enseñanzas bíblicas y los estudios sobre el bienestar espiritual, como los realizados por George Vaillant y Andrew Newberg, subrayan que la paz y la satisfacción duraderas provienen de prácticas espirituales como la oración y la meditación, que fortalecen el cerebro y promueven una conexión más profunda con lo divino. La felicidad fuera de Dios es una promesa vacía, y solo al centrar nuestra vida en Él podemos experimentar una felicidad auténtica y duradera.

Por último, las drogas, los vicios y las adicciones representan una de las mentiras más devastadoras en la búsqueda de la felicidad fuera de Dios. Aunque estas promesas temporales de placer pueden parecer atractivas en un principio, siempre llevan al sufrimiento, la dependencia y la destrucción personal. A nivel bioquímico, el cerebro se adapta a las recompensas que ofrecen las drogas, lo que genera un ciclo de insatisfacción. A nivel espiritual, estos vicios apartan al individuo de su relación con Dios, lo que genera un vacío aún mayor. Sin embargo, la Biblia ofrece esperanza: la verdadera felicidad y libertad solo se encuentran en Cristo, quien puede restaurar y sanar incluso los corazones más rotos por las adicciones.

Ejercicios Prácticos

1. Reevaluación de Prioridades: Haz una lista de las áreas en tu vida donde has estado buscando satisfacción o felicidad fuera de Dios, como el trabajo, las relaciones, o los logros materiales. Reflexiona sobre cómo esas áreas te han dejado vacío o insatisfecho, y pídele a Dios que te ayude a reenfocar tu vida en Él.

2. Desconexión del Consumo: Dedica una semana a reducir tu participación en actividades de consumo materialista. En lugar de buscar consuelo en compras o entretenimiento, dedica ese tiempo a la oración y a la lectura bíblica. Observa cómo cambia tu estado emocional y mental cuando reduces la dependencia en las cosas temporales.

3. Práctica del Servicio: La Biblia enseña que hay mayor felicidad en dar que en recibir (Hechos 20:35). Encuentra una manera de servir a los demás, ya sea a través del voluntariado o ayudando a alguien cercano. Reflexiona sobre cómo el servicio a otros te acerca a la verdadera felicidad que Dios ofrece.

Recursos Adicionales

Apps

- Examen Prayer: Una app basada en el examen espiritual de San Ignacio, que ayuda a reflexionar sobre la presencia de Dios en el día a día.

- Daily Bread: Devocionales diarios que se centran en encontrar paz y satisfacción en Dios, no en los placeres mundanos.

- I Am Sober: es una aplicación gratuita que ayuda a las personas a llevar un seguimiento de su proceso de sobriedad, estableciendo metas diarias y ofreciendo un sistema de apoyo a través de una comunidad en línea.

Libros

1. *The Paradox of Choice* por Barry Schwartz: Este libro explora cómo la abundancia de opciones en la vida moderna lleva a la insatisfacción y la parálisis, y cómo simplificar la vida puede generar mayor felicidad.

2. *The Soul of Shame* por Curt Thompson: Un análisis sobre cómo el enfoque en los logros externos puede generar vergüenza y cómo solo la relación con Dios puede traer restauración.

3. *You Are What You Love* por James K. A. Smith: Este libro explora cómo nuestros deseos y hábitos nos moldean y cómo dirigir nuestro corazón hacia Dios es clave para una vida plena.

Capítulo 6
EL SUFRIMIENTO: CONSECUENCIA Y OPORTUNIDAD PARA LA REDENCIÓN

"El sufrimiento, una vez aceptado, deja de ser sufrimiento y se convierte en sacrificio."

Viktor Frankl

El sufrimiento es una realidad inevitable de la vida humana. En muchos casos, las personas intentan evitarlo, huir de él o minimizar su impacto. Sin embargo, desde la perspectiva cristiana, el sufrimiento no es simplemente una experiencia negativa que debe ser evitada a toda costa, sino que, al ser entendido en su contexto más amplio, puede ser visto como una oportunidad para la redención y una puerta hacia la verdadera felicidad. En este capítulo, exploraremos cómo el sufrimiento, lejos de ser una barrera para la felicidad, puede ser el camino que nos lleva a una comprensión más profunda de Dios y a un gozo más duradero y genuino.

El Sufrimiento en el Contexto Cristiano como Camino hacia la Felicidad Verdadera

En el cristianismo, el sufrimiento está íntimamente ligado al concepto de redención. A lo largo de las Escrituras, vemos cómo el sufrimiento de los seres humanos es utilizado por Dios no solo para corregir, sino también para transformar y llevar a sus hijos hacia una relación más íntima con Él. Santiago 1:2-4 nos dice: "Hermanos míos, tened por sumo gozo cuando os halléis en diversas pruebas, sabiendo que la prueba de vuestra fe produce paciencia. Y que la paciencia tenga su obra completa, para que seáis perfectos y cabales, sin que os falte cosa alguna". Este versículo ilustra el concepto de que el sufrimiento no es inútil, sino que tiene un propósito, y ese propósito es el crecimiento espiritual.

El sufrimiento, en el contexto cristiano, tiene un propósito más elevado que el simple hecho de soportar dolor. Es una herramienta que Dios utiliza para perfeccionar el carácter de sus hijos y llevarlos a un estado de madurez espiritual. En la vida diaria, el sufrimiento es inevitable, pero cuando se enfrenta desde la perspectiva cristiana, deja de ser visto como un castigo o una tragedia sin sentido, y comienza a ser entendido como parte del plan redentor de Dios. A través del sufrimiento, el creyente es llevado a una mayor dependencia de Dios, ya que es en los momentos de debilidad que se revela la fortaleza divina. En 2 Corintios 12:9, Dios le dice a Pablo: "Bástate mi gracia; porque mi poder se perfecciona en la debilidad". Este principio nos recuerda que, en medio del sufrimiento, Dios nos invita a confiar más en su poder y menos en nuestras propias fuerzas.

El sufrimiento, entonces, no es solo un medio para fortalecer la paciencia y la fe, sino que también actúa como un proceso de purificación. Así como el oro es refinado en el fuego, el cristiano es purificado a través de las pruebas. Este proceso de purificación no es rápido ni fácil, pero es esencial para remover las impurezas del orgullo, el egoísmo y la autosuficiencia, y para que el creyente llegue a ser más semejante a Cristo. En 1 Pedro 1:6-7, Pedro escribe que las pruebas tienen el propósito de "purificar nuestra fe, mucho más preciosa que el oro, que perece, aunque sea probado por fuego". Aquí, el sufrimiento se convierte en una bendición oculta, un regalo doloroso pero necesario para que el creyente experimente una transformación más profunda y una cercanía mayor con Dios.

A medida que el sufrimiento produce paciencia, esta paciencia, como dice Santiago, "tiene su obra completa", lo que significa que el cristiano, a través de este proceso, llega a ser más maduro y completo en su relación con Dios. La meta no es simplemente soportar el sufrimiento, sino crecer a través de él. La capacidad de encontrar gozo en medio de las pruebas no es una negación del dolor, sino una reafirmación de la confianza en Dios. Al entender que el sufrimiento tiene un propósito divino, el creyente puede experimentar una paz y un gozo que sobrepasan todo entendimiento, sabiendo que Dios está obrando en su vida para su bien eterno.

El sufrimiento en el cristianismo también nos conecta con el sufrimiento de Cristo. Al participar en los sufrimientos de Cristo, como menciona Filipenses 3:10, el creyente no solo es transformado personalmente, sino que también se identifica más íntimamente con su Salvador. Jesús mismo aprendió obediencia a través de lo que sufrió (Hebreos 5:8), y el cristiano es llamado a seguir el mismo camino. Este sufrimiento compartido con Cristo no solo fortalece la fe, sino que también lleva al creyente a experimentar una felicidad verdadera, una felicidad que no depende de las circunstancias externas, sino de la unión con Dios en medio de las pruebas.

Cristo Como Ejemplo

El ejemplo máximo de esta verdad es Jesucristo. Su sufrimiento en la cruz, que al principio parecía una derrota, fue en realidad el acto supremo de redención para la humanidad. En Hebreos 12:2, se nos recuerda que Jesús, "por el gozo puesto delante de él, soportó la cruz". La cruz no fue el final de la historia, sino el camino que llevó a la resurrección y a la salvación del mundo. De la misma manera, el sufrimiento en nuestras vidas, si es entendido y aceptado en el contexto de la fe, puede ser transformado en una oportunidad para el crecimiento espiritual y la redención personal.[1]

El sufrimiento de Jesucristo en la cruz representa el punto culminante de la narrativa cristiana de redención. Aunque su sufrimiento físico y emocional fue inmenso, lo que parecía una derrota fue, en realidad, la mayor victoria espiritual de la historia.[2] El aparente fracaso de la crucifixión se transformó en el triunfo definitivo sobre el pecado y la muerte a través de la resurrección.[3] Esta paradoja –donde el sufrimiento conduce a la

---

1 N.T. Wright, *The Day the Revolution Began: Reconsidering the Meaning of Jesus's Crucifixion* (New York: HarperOne, 2016), 176-177.
2 Keller, *Walking with God through Pain and Suffering*, 233.
3 John Stott, *The Cross of Christ* (Downers Grove, IL: InterVarsity Press, 2006), 324-325.

gloria– se convierte en el patrón para comprender el sufrimiento en la vida cristiana. El apóstol Pablo refleja este pensamiento cuando escribe en 2 Corintios 4:17-18: "Porque esta leve tribulación momentánea produce en nosotros un cada vez más excelente y eterno peso de gloria; no mirando nosotros las cosas que se ven, sino las que no se ven". Para los creyentes, el sufrimiento tiene un propósito mucho más grande que lo que puede percibirse en lo inmediato.

Jesús no solo soportó la cruz, sino que lo hizo "por el gozo que estaba delante de él". Este gozo no era una alegría superficial, sino la anticipación de la redención de la humanidad y la glorificación de Dios a través de su sacrificio.[4] En su ejemplo, aprendemos que el sufrimiento, cuando se enfrenta con fe y con la visión del propósito más grande que Dios está trabajando, puede ser transformado en una fuente de gozo duradero. El gozo que Cristo anticipó no era un alivio temporal, sino el gozo eterno de reconciliar a la humanidad con Dios.[5] De manera similar, los creyentes pueden encontrar gozo en medio del sufrimiento, no porque el dolor sea agradable, sino porque confían en que Dios está obrando algo más grande a través de sus pruebas.

Este concepto también desafía la mentalidad del mundo, que muchas veces ve el sufrimiento como algo que debe evitarse a toda costa, algo sin valor o propósito. En cambio, la visión cristiana del sufrimiento le da un significado transformador. Dios, en su soberanía, utiliza incluso las situaciones más difíciles para moldar el carácter, purificar el corazón y fortalecer la fe.[6] Así como la cruz no fue el final de la historia para Jesús, el sufrimiento no

---

4 Lewis, *The Problem of Pain*, 91-92.
5 Keller, *Walking with God through Pain and Suffering*, 234-235.
6 J.I. Packer, *Knowing God* (Downers Grove, IL: IVP Books, 1993), 224.

es el fin para el creyente, sino el comienzo de una obra redentora que culmina en la transformación espiritual y, finalmente, en la vida eterna.[7]

El sufrimiento, cuando se vive con la fe en Dios, nos lleva a una participación más profunda en la obra redentora de Cristo. Filipenses 3:10 expresa este deseo del apóstol Pablo: "a fin de conocerle, y el poder de su resurrección, y la participación de sus padecimientos, llegando a ser semejante a él en su muerte". Pablo entendió que el sufrimiento no solo lo acercaba a Cristo, sino que lo hacía partícipe del mismo proceso redentor.[8] Para el cristiano, participar en los sufrimientos de Cristo es un llamado a confiar en que, así como la muerte no tuvo la última palabra para Jesús, tampoco la tendrá para aquellos que confían en Él.[9]

Esta perspectiva también nos recuerda que el sufrimiento nunca es en vano. Incluso cuando no comprendemos completamente el "por qué" detrás de nuestras pruebas, el ejemplo de Cristo nos da la certeza de que el sufrimiento puede ser redentor, y que, en última instancia, será transformado en gloria. La cruz de Cristo es el símbolo supremo de esta verdad: lo que parecía la mayor derrota se convirtió en el triunfo más glorioso.[10] Por lo tanto, los creyentes pueden enfrentar el sufrimiento con esperanza, sabiendo que Dios tiene el poder de convertir el dolor en resurrección, el sacrificio en redención, y la prueba en gozo eterno.[11]

---

7   Keller, *Walking with God through Pain and Suffering*, 233.
8   J.I. Packer, *Knowing God*, 225.
9   Keller, *Walking with God through Pain and Suffering*, 233.
10 N.T. Wright, *The Day the Revolution Began*, 178.
11 John Stott, *The Cross of Christ*, 324-325.

Ejemplos Bíblicos de Sufrimiento y Resiliencia

La Biblia está llena de historias de resiliencia, de personas que atravesaron pruebas y sufrimientos tremendos, pero que, a través de su fe, no solo sobrevivieron, sino que florecieron espiritualmente. Un ejemplo claro es la historia de José. Vendido como esclavo por sus propios hermanos, encarcelado injustamente y olvidado por aquellos a quienes ayudó, José podría haber sido consumido por el resentimiento y la desesperanza. Sin embargo, mantuvo su fe en Dios y, al final, su sufrimiento fue el vehículo que Dios utilizó para salvar a su familia y a toda una nación del hambre.[12] En Génesis 50:20, José les dice a sus hermanos: "Vosotros pensasteis mal contra mí, mas Dios lo encaminó a bien".

La historia de José es un poderoso testimonio de cómo el sufrimiento, cuando se enfrenta con fe y resiliencia, puede ser transformado en un instrumento divino para cumplir propósitos más grandes que lo que podemos imaginar en medio del dolor.[13] A lo largo de sus pruebas, José nunca permitió que la amargura o el resentimiento consumieran su corazón.[14] A pesar de ser traicionado por aquellos que debían haberlo amado y protegido, y de haber sido olvidado en la prisión, José mantuvo su confianza en que Dios estaba orquestando algo más grande, aunque no podía ver el resultado en ese momento.[15] Su fe no solo lo sostuvo, sino que le permitió florecer espiritualmente en circunstancias que habrían destruido a muchos.[16] Cuando José finalmente fue

---

12 Kenneth A. Mathews, *Genesis 11:27-50:26*, New American Commentary 1B (Nashville: B&H Publishing, 2005), 887-888.
13 Warren W. Wiersbe, *Be Authentic (Genesis 25-50)* (Colorado Springs: David C. Cook, 2010), 133.
14 John H. Walton, *Genesis: The NIV Application Commentary* (Grand Rapids: Zondervan, 2001), 692-693.
15 Kenneth A. Mathews, *Genesis 11:27-50:26*, 885-886.
16 Warren W. Wiersbe, *Be Authentic (Genesis 25-50)*, 134-135.

elevado al puesto de segundo al mando en Egipto, no solo vio la redención de su propia vida, sino que entendió que todo lo que había sufrido tenía un propósito más amplio: la salvación de muchas vidas.[17]

Este tipo de resiliencia se refleja también en la vida de Job, quien sufrió la pérdida de su salud, su riqueza, y sus seres queridos. Job, al igual que José, pudo haber sucumbido al desaliento o incluso a la desesperación. Sin embargo, a pesar de su sufrimiento extremo, Job se mantuvo firme en su búsqueda de respuestas y en su relación con Dios, aunque no siempre comprendía el motivo de sus pruebas.[18] En Job 13:15, encontramos una declaración asombrosa de fe: "Aunque él me matare, en él esperaré". Job se aferró a su fe, incluso cuando todo lo que lo rodeaba se derrumbaba, y fue precisamente esa fe lo que le permitió experimentar una revelación más profunda de quién era Dios.[19] Al final, Dios restauró a Job, dándole el doble de lo que había perdido, pero lo más significativo es que su comprensión de Dios se había transformado completamente.[20] Job pasó de tener una fe basada en lo que había oído, a una fe basada en lo que había experimentado: "De oídas te había oído; mas ahora mis ojos te ven" (Job 42:5). La resiliencia de José y Job no se limita a su capacidad para soportar el dolor, sino que refleja su capacidad para crecer en medio de él. En cada uno de estos casos, el sufrimiento no solo fue algo que soportaron, sino algo que Dios utilizó para preparar sus corazones, fortalecer su fe, y llevar a cabo Su propósito.[21] José fue prepara-

---

17 John H. Walton, *Genesis: The NIV Application Commentary*, 693-694.
18 John E. Hartley, *The Book of Job*, New International Commentary on the Old Testament (Grand Rapids: Eerdmans, 1988), 245.
19 Norman C. Habel, *The Book of Job*, Old Testament Library (Philadelphia: Westminster Press, 1985), 105-106.
20 John E. Hartley, *The Book of Job*, 546.
21 Warren W. Wiersbe, *Be Patient (Job)* (Colorado Springs: David C. Cook, 2010), 183-184.

do para liderar una nación en tiempos de crisis, y Job fue llevado a una comprensión más profunda de Dios.[22] En ambos ejemplos, el sufrimiento fue un catalizador para el crecimiento espiritual y una mayor comprensión de los propósitos de Dios en sus vidas.[23]

Otro ejemplo notable es el apóstol Pablo, quien también entendió el poder redentor del sufrimiento. En 2 Corintios 12:7-10, Pablo relata cómo se le fue dado un "aguijón en la carne" para evitar que se exaltara a sí mismo. Aunque rogó tres veces para que Dios le quitara este sufrimiento, la respuesta de Dios fue clara: "Bástate mi gracia; porque mi poder se perfecciona en la debilidad".[24] A través de esta experiencia, Pablo aprendió que el sufrimiento puede ser una herramienta para la humildad y una oportunidad para experimentar el poder de Dios de una manera más profunda.[25] El sufrimiento lo llevó a depender más de la gracia de Dios que de sus propias capacidades, y lo transformó en una fuente de fortaleza en su vida y ministerio.[26] Pablo incluso llegó a decir: "Por lo tanto, de buena gana me gloriaré más bien en mis debilidades, para que repose sobre mí el poder de Cristo". Para Pablo, la debilidad y el sufrimiento no eran signos de fracaso, sino oportunidades para ver el poder de Dios manifestarse en su vida de una manera más profunda.[27]

La resiliencia bíblica no es simplemente una capacidad para aguantar el dolor, sino una resiliencia activa, donde los individuos crecen y se transforman a través del sufrimiento, con la confianza

---

22 John E. Hartley, *The Book of Job*, 540-541.
23 Norman C. Habel, *The Book of Job*, 115-116.
24 Craig S. Keener, *1-2 Corinthians*, New Cambridge Bible Commentary (Cambridge: Cambridge University Press, 2005), 231.
25 F.F. Bruce, *1 and 2 Corinthians* (London: Oliphants, 1971), 267-268.
26 Craig S. Keener, *1-2 Corinthians*, 232.
27 F.F. Bruce, *1 and 2 Corinthians*, 269.

de que Dios está obrando en medio de sus dificultades.[28] La fe les permite no solo soportar las pruebas, sino también encontrar en ellas un propósito y una oportunidad para la redención.[29] El sufrimiento no es visto como el final de la historia, sino como el camino hacia la transformación espiritual y el cumplimiento de los propósitos de Dios.[30] Estos ejemplos bíblicos subrayan que la verdadera resiliencia no proviene de nuestra propia fortaleza, sino de nuestra confianza en el poder redentor de Dios, quien puede tomar incluso los momentos más oscuros de nuestras vidas y transformarlos en oportunidades de gracia, crecimiento y renovación.[31]

Estudios sobre la Resiliencia y el Sufrimiento

La resiliencia es la capacidad de recuperarse de la adversidad, y los estudios modernos han confirmado lo que las Escrituras enseñan: el sufrimiento, cuando se enfrenta con una actitud de esperanza y fe, puede fortalecer a las personas y ayudarlas a crecer.[32] La psicología positiva ha demostrado que las personas que encuentran un propósito en medio de las pruebas son más resilientes y logran una mayor satisfacción a largo plazo.[33] Un estudio publicado en el Journal of Positive Psychology por Emily Esfahani Smith destaca que las personas que ven sus dificultades como oportunidades para el crecimiento personal y espiritual

---

28 Warren W. Wiersbe, *Be Patient (Job)*, 185.
29 John E. Hartley, *The Book of Job*, 542.
30 Craig S. Keener, *1-2 Corinthians*, 234.
31 Warren W. Wiersbe, *Be Patient (Job)*, 188.
32 George A. Bonanno, *The Other Side of Sadness: What the New Science of Bereavement Tells Us About Life After Loss* (New York: Basic Books, 2009), 45.
33 Emily Esfahani Smith, *The Power of Meaning: Crafting a Life that Matters* (New York: Crown, 2017), 89-90.

reportan niveles más altos de bienestar, incluso cuando sus circunstancias externas no mejoran.[34]

La resiliencia no solo es una respuesta emocional ante la adversidad, sino un proceso activo de adaptación que puede transformar las experiencias más dolorosas en oportunidades de crecimiento y fortaleza interior.[35] Estudios recientes han explorado cómo la resiliencia no se limita a la capacidad de "recuperarse", sino que implica una reconfiguración del sentido de propósito, de la percepción del sufrimiento y del bienestar general.[36] Las investigaciones han demostrado que las personas que cultivan la capacidad de resiliencia experimentan no solo un retorno al estado emocional anterior a la crisis, sino una mejora significativa en su bienestar psicológico, en lo que se ha denominado "crecimiento postraumático."[37]

Un ejemplo de esto se encuentra en los estudios realizados por Richard Tedeschi y Lawrence Calhoun, psicólogos pioneros en el campo del crecimiento postraumático.[38] En su investigación, han encontrado que el sufrimiento, aunque inicialmente debilitante, puede llevar a un profundo crecimiento personal en áreas como el aprecio por la vida, el fortalecimiento de las relaciones interpersonales, la percepción de nuevas posibilidades y un mayor sentido de fortaleza interior.[39] En lugar de simplemente "superar" el sufrimiento, las personas resilientes

---

34 Emily Esfahani Smith, "The Role of Meaning in Happiness," *Journal of Positive Psychology* 13, no. 2 (2018): 132.

35 Richard G. Tedeschi and Lawrence G. Calhoun, *Posttraumatic Growth: Theory, Research, and Applications* (New York: Routledge, 2004), 38.

36 Tedeschi and Calhoun, *Posttraumatic Growth*, 40.

37 Richard G. Tedeschi, Crystal L. Park, and Lawrence G. Calhoun, eds., *Posttraumatic Growth: Positive Changes in the Aftermath of Crisis* (Mahwah, NJ: Lawrence Erlbaum Associates, 1998), 22.

38 Tedeschi and Calhoun, *Posttraumatic Growth*, 23.

39 Tedeschi and Calhoun, *Posttraumatic Growth*, 23.

experimentan un cambio transformador en su comprensión de la vida y del mundo, lo que les permite vivir con un sentido de gratitud y propósito renovados.[40] Estos estudios coinciden con la enseñanza bíblica de que el sufrimiento, cuando se enfrenta con fe, produce perseverancia y carácter, lo que lleva a una esperanza más profunda (Romanos 5:3-4.

Otro estudio realizado por George Bonanno, profesor de psicología clínica en la Universidad de Columbia, introduce el concepto de resiliencia emocional como un proceso de flexibilidad psicológica.[41] Según Bonanno, la capacidad de adaptar las emociones y las percepciones en respuesta a circunstancias difíciles es crucial para mantener el bienestar en situaciones de sufrimiento.[42] Su investigación ha revelado que las personas con altos niveles de resiliencia emocional no solo logran una mayor estabilidad psicológica después de eventos traumáticos, sino que también desarrollan una mayor capacidad de compasión y empatía hacia los demás.[43] Esto sugiere que el sufrimiento, cuando se enfrenta con una actitud de apertura y flexibilidad, puede ampliar la perspectiva de las personas y permitirles conectarse más profundamente con los demás.[44]

Un estudio por la Dra. Lisa Aspinwall, psicóloga social y directora de investigaciones en la Universidad de Utah, exploró cómo la esperanza y la fe juegan un papel funda-mental en la resiliencia.[45] Aspinwall descubrió que las personas

---

40 Tedeschi, Park, and Calhoun, *Posttraumatic Growth*, 29-30.
41 Bonanno, *The Other Side of Sadness*, 66-67.
42 Bonanno, *The Other Side of Sadness*, 68.
43 Bonanno, *The Other Side of Sadness*, 70.
44 Bonanno, *The Other Side of Sadness*, 72.
45 Lisa G. Aspinwall and Ursula M. Staudinger, eds., *A Psychology of Human Strengths: Fundamental Questions and Future Directions for a Positive Psychology* (Washington, DC: American Psychological Association, 2003), 36.

que mantienen un sentido de optimismo fundamentado, es decir, una esperanza que reconoce las dificultades, pero sigue enfocada en resultados positivos, muestran mayores niveles de bienestar a largo plazo.[46] Este tipo de resiliencia no es un optimismo ingenuo que niega el sufrimiento, sino una forma de confrontarlo con la creencia de que las dificultades pueden producir algo valioso.[47] Aspinwall también encontró que las personas con fe en un propósito más grande que ellas mismas, como lo enseña el cristianismo, eran más capaces de reinterpretar sus circunstancias difíciles como parte de un plan más amplio, lo que les ayudaba a encontrar sentido en medio del sufrimiento.[48] La neurociencia también ha aportado conocimientos sobre cómo la resiliencia puede ser entrenada y fortalecida a nivel biológico.[49] Un estudio liderado por Steven Southwick y Dennis Charney, ambos expertos en neuropsiquiatría, reveló que la exposición controlada al estrés y la adversidad permite que el cerebro desarrolle nuevos circuitos neuronales que refuerzan la capacidad para hacer frente a futuros desafíos.[50] Esta "resiliencia neurobiológica" muestra que la adversidad puede fortalecer el sistema nervioso, creando una base más sólida para enfrentar el sufrimiento y la incertidumbre en el futuro.[51] Su investigación también indicó que las personas que practican la gratitud y el servicio a los demás, elementos clave en muchas tradiciones espirituales, incluyendo el cristianismo,

---

46 Aspinwall and Staudinger, eds., *A Psychology of Human Strengths: Fundamental Questions and Future Directions for a Positive Psychology*, 39.
47 Aspinwall and Staudinger, eds., *A Psychology of Human Strengths: Fundamental Questions and Future Directions for a Positive Psychology*, 40.
48 Aspinwall and Staudinger, eds., *A Psychology of Human Strengths: Fundamental Questions and Future Directions for a Positive Psychology*, 42.
49 Steven M. Southwick and Dennis S. Charney, *Resilience: The Science of Mastering Life's Greatest Challenges* (Cambridge: Cambridge University Press, 2012), 28.
50 Southwick and Charney, *Resilience: The Science of Mastering Life's Greatest Challenges*, 30-31.
51 Southwick and Charney, *Resilience*, 30-31.
32.

desarrollan una mayor resiliencia al transformar su enfoque de sí mismos hacia el bien de los demás.[52]

Los estudios sobre resiliencia demuestran que el sufrimiento, cuando es interpretado dentro de un marco de propósito y fe, puede catalizar un crecimiento personal y espiritual significativo.[53] Lejos de ser una barrera para el bienestar, el sufrimiento puede ser un vehículo para una vida más rica y profunda.[54] Ya sea a través del crecimiento postraumático, la resiliencia emocional o la neuroplasticidad, la investigación moderna confirma lo que las Escrituras han enseñado durante siglos: el sufrimiento, cuando se vive con fe y esperanza, no solo puede ser soportado, sino que puede transformarse en una fuente de renovación espiritual y fortaleza interior.[55]

El Sufrimiento como Oportunidad para la Redención

En el corazón de la teología cristiana está la idea de que el sufrimiento no es en vano. A través de las pruebas y dificultades, Dios moldea nuestras vidas, nos purifica y nos lleva a una relación más profunda con Él.[56] En 1 Pedro 1:6-7, se nos dice: "En lo cual vosotros os alegráis, aunque ahora por un poco de tiempo, si es necesario, tengáis que ser afligidos en diversas pruebas, para que sometida a prueba vuestra fe, mucho más preciosa que el oro, el cual, aunque perecedero, se prueba con fuego, sea hallada en alabanza, gloria y honra cuando sea manifestado Jesucristo". El proceso de purificación a través del sufrimiento es comparado

---

52 Southwick and Charney, *Resilience,* 35.
53 Tedeschi, Park, and Calhoun, *Posttraumatic Growth,* 40.
54 Bonanno, *The Other Side of Sadness,* 110.
55 Southwick and Charney, *Resilience,* 38-39.
56 Keller, *Walking with God through Pain and Suffering,* 57-58.

con el refinamiento del oro: aunque es doloroso, el resultado es una fe más fuerte y pura.[57]

En el cristianismo, el sufrimiento es una oportunidad para que las personas se acerquen más a Dios, para que abandonen su dependencia de las cosas temporales del mundo, y para que experimenten una renovación espiritual.[58] Al aceptar el sufrimiento como parte del plan divino, se abre la puerta a la redención, a la transformación de nuestras vidas en algo más profundo y significativo.[59] En lugar de ver el sufrimiento como una barrera para la felicidad, los cristianos son llamados a verlo como un camino hacia una felicidad más verdadera, una que no depende de las circunstancias temporales, sino de una relación eterna con Dios.[60]

El Sufrimiento No Es Parte Del Deseo Original De Dios

Responder a una persona que ha sido víctima de violación, maltrato, o que ha perdido a un ser querido es una tarea muy delicada y profundamente emocional. Cuando enfrentamos este tipo de sufrimiento extremo, es esencial abordar el tema con compasión, empatía y un reconocimiento genuino del dolor que la persona está experimentando. Al mismo tiempo, desde la perspectiva cristiana, es importante hablar del plan redentor de Dios sin minimizar el sufrimiento ni ofrecer respuestas simplistas. Cada situación es única.

Lo primero que debemos hacer es reconocer el enorme dolor y la injusticia que estas experiencias representan. La Biblia no es

---

57 Philip Yancey, *Where Is God When It Hurts?* (Grand Rapids, MI: Zondervan, 1990), 99.
58 Keller, *Walking with God through Pain and Suffering*, 60-61.
59 Lewis, *The Problem of Pain*, 106.
60 Piper, *Desiring God*, 147.

indiferente al sufrimiento; de hecho, Dios mismo expresa su profundo rechazo por el mal y su compasión por los oprimidos.[61] En situaciones de abuso, maltrato o pérdida, es importante afirmar que estas tragedias no son parte del deseo original de Dios para la humanidad. Dios nunca deseó que el pecado, el maltrato y el sufrimiento existieran en el mundo. En Génesis 6:6, se dice que Dios se afligió profundamente por la maldad que llenaba la tierra, lo que demuestra su rechazo absoluto del mal y la violencia.

El libro de los Salmos está lleno de ejemplos de personas que sufren profundamente y claman a Dios en su dolor. El Salmo 34:18 nos recuerda que "El Señor está cerca de los quebrantados de corazón; salva a los de espíritu abatido". Dios no está distante ni indiferente al sufrimiento, sino que está presente en medio del dolor, ofreciendo consuelo y caminando con aquellos que sufren.[62] Es fundamental transmitir que Dios no es el autor del mal, pero está cerca de los que sufren y ofrece su presencia consoladora.[63]

Desde el cristianismo, una de las razones por las cuales el mal y el sufrimiento existen en el mundo es por la realidad del libre albedrío.[64] Dios creó a los seres humanos con la capacidad de tomar decisiones libres, lo que incluye la capacidad de hacer el bien o el mal.[65] Esto es crucial porque sin libre albedrío, la humanidad no sería verdaderamente libre para amar, ni para tomar decisiones morales.[66] Sin embargo, el libre albedrío ha llevado también a la realidad del pecado, de la violencia y del sufrimiento causado

---

61 Yancey, *Where Is God When It Hurts?*, 78-79.
62 Keller, *Walking with God through Pain and Suffering*, 95-96.
63 Lewis, *The Problem of Pain*, 85-86.
64 John Hick, *Evil and the God of Love* (New York: Harper & Row, 1966), 119-120.
65 Alvin Plantinga, *God, Freedom, and Evil* (Grand Rapids, MI: Eerdmans, 1974), 44-46.
66 Hick, *Evil and the God of Love*, 126.

por las decisiones pecaminosas de otras personas.[67] Cuando alguien es maltratado o violentado, es el resultado del abuso del libre albedrío por parte de otros, no del plan intencional de Dios para esa persona.[68]

Aun así, esto no significa que Dios no pueda redimir esas circunstancias. Aunque el mal existe como resultado de la libertad humana, Dios puede obrar a través de las peores circunstancias para traer bien de ellas, sin ser el autor de ese mal.[69] Un ejemplo clásico de esto en la Biblia es la historia de José, quien fue traicionado y vendido como esclavo por sus propios hermanos, pero Dios utilizó esa situación para salvar a muchas vidas, como se menciona en Génesis 50:20: "Vosotros pensasteis mal contra mí, mas Dios lo encaminó a bien". Esto no quita el dolor o la injusticia de lo que José vivió, pero muestra que Dios puede transformar incluso las tragedias más grandes en una oportunidad para redención y propósito.[70]

Dentro del plan redentor de Dios, el sufrimiento humano tiene un lugar especial en el sentido de que, aunque no es deseado por Dios, puede ser un vehículo para la transformación espiritual y la sanación.[71] La Biblia enseña que Dios es experto en restaurar lo roto y transformar lo que el enemigo intentó usar para mal en una fuente de gracia y redención.[72] En Romanos 8:28, Pablo afirma: "Sabemos que en todas las cosas Dios trabaja para el bien de los que le aman (NVI)". Esto incluye las situaciones más dolorosas, como el trauma o la pérdida.[73]

---

67 Plantinga, *God, Freedom, and Evil*, 52-54.
68 Keller, *Walking with God through Pain and Suffering*, 115-116.
69 Yancey, *Where Is God When It Hurts?*, 101-102.
70 Yancey, *Where Is God When It Hurts?*, 102.
71 Keller, *Walking with God through Pain and Suffering*, 137-138.
72 Piper, *Desiring God*, 152-153.
73 Keller, *Walking with God through Pain and Suffering*, 140-141.

No podemos dar respuestas simples ni prometer que el dolor desaparecerá rápidamente, pero podemos afirmar con convicción que Dios camina con nosotros en el sufrimiento.[74] Jesús, como Salvador, se identifica profundamente con el dolor humano. Fue rechazado, traicionado, y sufrió una muerte brutal en la cruz.[75] Por tanto, cuando alguien sufre, puede estar seguro de que Dios entiende su dolor de manera íntima y personal.[76] El cristianismo enseña que el sufrimiento de Cristo fue el medio por el cual vino la redención para toda la humanidad, y en un sentido similar, Dios puede usar el sufrimiento personal para llevar a una mayor intimidad con Él, una transformación del carácter y, eventualmente, la restauración.[77]

Es importante no apresurarse a decirle a una persona que "todo sucede por una razón" o que "Dios tiene un propósito en tu dolor" sin primero validar su experiencia de sufrimiento. A veces, lo más compasivo que podemos hacer es escuchar y estar presentes en su dolor sin tratar de resolverlo inmediatamente.[78] En el libro de Job, cuando los amigos de Job intentaron dar explicaciones rápidas sobre su sufrimiento, solo causaron más angustia.[79] En cambio, lo que Job necesitaba, y lo que las personas que han sufrido traumas necesitan, es saber que no están solas y que su dolor es reconocido.[80]

Al mismo tiempo, debemos ofrecer esperanza. A largo plazo, la Biblia promete que el dolor y el sufrimiento no tendrán la

---

74 Keller, *Walking with God through Pain and Suffering*, 87-88.
75 N.T. Wright, *The Day the Revolution Began* (New York: HarperOne, 2016), 233-235.
76 Keller, *Walking with God through Pain and Suffering*, 92
77 Lewis, *The Problem of Pain*, 70-72.
78 Yancey, *Where Is God When It Hurts?*, 112-114.
79 Keller, *Walking with God through Pain and Suffering*, 108-110.
80 Yancey, *Where Is God When It Hurts?*, 119-120.

última palabra. En Apocalipsis 21:4, se nos asegura que "Él enjugará toda lágrima de sus ojos, y no habrá más muerte, ni llanto, ni clamor, ni dolor". Aunque esta promesa se refiere al fin de los tiempos, también apunta a la verdad de que el sufrimiento tiene un límite en la historia de redención de Dios.[81] Habrá un tiempo en el que Dios sanará todas las heridas y traerá justicia para aquellos que han sufrido injustamente.[82]

Es esencial destacar que el proceso de sanación y redención es algo que Dios realiza gradualmente, a menudo a través del tiempo, la comunidad y los recursos de apoyo como la terapia, la oración, y la intervención espiritual.[83] Dios puede utilizar diversas herramientas para traer sanación a las personas, ya sea a través de la ayuda profesional o el apoyo de una comunidad de fe.[84] La sanación no significa olvidar lo que ha ocurrido, pero implica un proceso de reconstrucción y restauración en el que Dios, como el gran Sanador, interviene para devolver el sentido y el propósito incluso en medio del trauma.[85]

Aunque no siempre tenemos todas las respuestas para el porqué del sufrimiento, podemos afirmar con confianza que Dios es un Dios de amor, que está cerca de los quebrantados, y que Él tiene el poder de transformar incluso el mayor dolor en algo que, con el tiempo, puede ser redimido y restaurado.[86] C.S. Lewis dijo una vez: "El dolor insiste en ser atendido. Dios nos susurra en nuestros placeres, nos habla en nuestra conciencia, pero nos grita en nuestro dolor".[87] Aunque el sufrimiento es devastador,

---

81 Keller, *Walking with God through Pain and Suffering*, 140.
82 Yancey, *Where Is God When It Hurts?*, 145-146.
83 N.T. Wright, *God in Public* (London: SPCK Publishing, 2016), 198-201.
84 Lisa Miller, *The Spiritual Child* (New York: St. Martin's Press, 2015), 151-154.
85 Keller, *Walking with God through Pain and Suffering*, 147-149.
86 Lewis, *The Problem of Pain*, 92.
87 Lewis, *The Problem of Pain*, 91.

también puede ser un medio por el cual Dios se revela de manera poderosa y transformadora.[88]

Si Dios tiene el poder de detener el mal, ¿por qué no lo hace?

Cuando una persona enfrenta una pregunta tan profunda como: "Si Dios tiene el poder de detener el mal, ¿por qué no lo hace?", es fundamental abordar la respuesta con humildad y empatía. No existe una respuesta fácil o completa, ya que esta pregunta toca uno de los misterios más profundos de la fe cristiana: el problema del mal y el sufrimiento.[89] Sin embargo, podemos ofrecer algunas reflexiones basadas en principios bíblicos y teológicos que ayudan a enmarcar este interrogante en el contexto del plan de Dios y la realidad de un mundo caído.

Uno de los elementos centrales de la enseñanza cristiana es el libre albedrío. Dios creó a los seres humanos con la capacidad de elegir, y esta libertad es esencial para la naturaleza del amor.[90] El amor genuino solo es posible cuando hay libertad para elegir, tanto para amar como para no amar.[91] Si Dios forzara a la humanidad a hacer siempre el bien, nuestras acciones no serían fruto de una elección libre, sino de una imposición. Al permitir que las personas tengan libre albedrío, Dios también permite que existan elecciones que resulten en el mal.[92]

Esto no significa que Dios apruebe o quiera el mal, sino que respeta la libertad que Él mismo nos ha dado, incluso cuando nuestras decisiones conducen al sufrimiento y a la injusticia. En

---

88 Keller, *Walking with God through Pain and Suffering*, 157-160.
89 Lewis, *The Problem of Pain*, 91-92.
90 Plantinga, *God, Freedom, and Evil*, 29-32.
91 Richard Swinburne, *The Existence of God* (Oxford: Clarendon Press, 2004), 210.
92 John Hick, *Evil and the God of Love* (London: Macmillan, 1966), 313-315.

última instancia, Dios desea una relación genuina y voluntaria con la humanidad, y esa relación solo es posible si somos capaces de elegir, tanto para el bien como para el mal. El amor verdadero no puede ser forzado; debe ser elegido, y con esa libertad viene la posibilidad del mal. A veces, las personas sienten que Dios está inactivo frente al mal, pero el cristianismo enseña que Dios ya ha comenzado el proceso de derrotar el mal a través de la vida, muerte y resurrección de Jesucristo.[93] La cruz es el acto supremo de intervención de Dios en el mundo para enfrentar el mal.[94] En Juan 16:33, Jesús dice: "En el mundo tendréis aflicción; pero confiad, yo he vencido al mundo". A través de la cruz, Jesús derrotó el poder del pecado y la muerte, y aunque no vemos la eliminación completa del mal todavía, el plan de redención ya está en marcha.

Dios ha prometido que llegará un día en que todo mal será erradicado. En Apocalipsis 21:4, se describe un futuro en el que "enjugará Dios toda lágrima de los ojos de ellos; y ya no habrá muerte, ni habrá más llanto, ni clamor, ni dolor". Este es el final de la historia redentora de Dios: un mundo restaurado donde el mal y el sufrimiento ya no tendrán lugar. Sin embargo, mientras vivimos en el "ya pero todavía no", es decir, un mundo donde el mal ha sido derrotado en principio, pero no completamente erradicado, seguimos experimentando las consecuencias del mal y del pecado en nuestras vidas.[95]

Dios no solo está trabajando para poner fin al mal de manera futura, sino que también nos llama a participar en la lucha contra

---

93 N.T. Wright, *Evil and the Justice of God* (Downers Grove: InterVarsity Press, 2006), 108.
94 Keller, *Walking with God through Pain and Suffering*, 178-180.
95 Alvin Plantinga, *God, Freedom, and Evil*, 53-54.

el mal aquí y ahora.[96] A través de Su Espíritu Santo, Dios capacita a los creyentes para ser agentes de justicia, compasión y restauración en un mundo roto.[97] El mal que vemos a nuestro alrededor es a menudo el resultado de decisiones humanas, y Dios ha llamado a Su pueblo a ser luz en medio de la oscuridad. En Miqueas 6:8, se nos dice: "Y qué pide Jehová de ti: solamente hacer justicia, amar misericordia, y humillarte ante tu Dios". Parte del propósito de la Iglesia es combatir el mal y el sufrimiento dondequiera que lo encontremos, siguiendo el ejemplo de Cristo.

Dios trabaja a través de las acciones de los creyentes para traer sanidad a un mundo herido.[98] Cuando alimentamos al hambriento, ayudamos al necesitado o defendemos la justicia, estamos uniéndonos a la obra de Dios en la restauración del mundo.[99] Aunque no podemos eliminar todo el mal por completo, podemos actuar como instrumentos de redención y traer pequeños avances del Reino de Dios aquí en la tierra.[100]

Otra cuestión por considerar es que Dios tiene una perspectiva diferente del tiempo y del plan de redención. En 2 Pedro 3:8-9, se nos dice que "para el Señor, un día es como mil años, y mil años como un día. El Señor no tarda en cumplir su promesa, según entienden algunos la tardanza. Más bien, Él es paciente con ustedes, porque no quiere que nadie perezca, sino que todos se arrepientan".

---

[96] Miroslav Volf, *Exclusion and Embrace: A Theological Exploration of Identity, Otherness, and Reconciliation* (Nashville: Abingdon Press, 1996), 123-126.

[97] John Stott, *The Cross of Christ* (Downers Grove: InterVarsity Press, 2006), 197-198.

[98] N.T. Wright, *Evil and the Justice of God* (Downers Grove: InterVarsity Press, 2006), 113.

[99] Volf, *Exclusion and Embrace: A Theological Exploration of Identity, Otherness, and Reconciliation*, 129.

[100] Timothy Keller, *Generous Justice* (New York: Riverhead Books, 2010), 56.

Dios no siempre actúa de inmediato para erradicar el mal porque, en su misericordia, está dando a las personas tiempo para arrepentirse y volverse a Él.[101] Si Dios erradicara todo el mal hoy mismo, eso significaría también la eliminación de quienes aún no han aceptado Su redención.[102] Dios es paciente porque Su mayor deseo es que todas las personas tengan la oportunidad de reconciliarse con Él.[103]

Otra cosa es quizás una de las respuestas más poderosas a esta pregunta de Dios y el mal es recordar que Dios no es indiferente al mal ni al sufrimiento. Dios mismo, en la persona de Jesucristo, experimentó el sufrimiento más profundo.[104] En la cruz, Jesús no solo sufrió físicamente, sino que también llevó el peso del pecado y el mal del mundo.[105] Cuando las personas preguntan por qué Dios no detiene el mal, es esencial recordar que Dios mismo participó en el sufrimiento para derrotar el mal desde dentro.[106] Hebreos 4:15 nos recuerda que tenemos un Sumo Sacerdote "que se compadece de nuestras debilidades", porque Él mismo sufrió y fue tentado como nosotros. Dios no está distante o apartado de nuestro sufrimiento. En Cristo, Él entra en nuestro dolor, lo carga sobre sí mismo y lo transforma.[107] La cruz nos muestra que Dios está presente incluso en los momentos más oscuros, y que el mal no tiene la última palabra.[108]

---

101 Lewis, *The Problem of Pain*, 94.
102 Plantinga, *God, Freedom, and Evil*, 39.
103 Richard Swinburne, *The Existence of God* (Oxford: Clarendon Press, 2004), 245.
104 John Stott, *The Cross of Christ* (Downers Grove: InterVarsity Press, 2006), 202.
105 N.T. Wright, *The Day the Revolution Began* (San Francisco: HarperOne, 2016), 296.
106 Keller, *Walking with God through Pain and Suffering*, 245.
107 John Piper, *Suffering and the Sovereignty of God* (Wheaton: Crossway Books, 2005), 64.
108 N.T. Wright, *The Day the Revolution Began*, 322.

Es importante recordar que el mal es temporal. Aunque parece prevalecer ahora, tiene un límite en la historia redentora de Dios.[109] El cristianismo enseña que la realidad del mal es pasajera en comparación con la eternidad de la bondad de Dios.[110] El sufrimiento y la injusticia, aunque reales y dolorosos, serán redimidos por Dios en Su tiempo perfecto.[111] En ese sentido, la esperanza cristiana se basa en la certeza de que el mal será completamente derrotado y que Dios traerá justicia plena en el momento adecuado.[112]

Aunque no siempre entendemos por qué Dios no detiene el mal inmediatamente, podemos confiar en que Dios tiene un plan mayor que trasciende nuestras comprensiones limitadas. Dios respeta el libre albedrío, interviene en el mal a través de sus hijos, y está actuando ya a través de Cristo para derrotar el mal en última instancia. Mientras tanto, nos asegura que no estamos solos en nuestro sufrimiento. Dios camina con nosotros y nos invita a participar en su plan de redención, sabiendo que, al final, todo mal será erradicado y la justicia prevalecerá para siempre.

Resumen del Capitulo

En este capítulo hemos explorado cómo el sufrimiento, lejos de ser una experiencia sin sentido, puede ser un medio para la transformación espiritual y la redención en la vida cristiana. A través de las Escrituras, vemos cómo el sufrimiento es utilizado por Dios para purificar el carácter, fortalecer la fe y acercar a las

---

109 Lewis, *The Problem of Pain*, 102.
110 Keller, *Walking with God through Pain and Suffering*, 185.
111 Richard Bauckham, *The Theology of the Book of Revelation* (Cambridge: Cambridge University Press, 1993), 128.
112 Piper, *Suffering and the Sovereignty of God*, 70.

personas a una relación más profunda con Él. Ejemplos bíblicos como los de José y Job nos muestran que, aunque el dolor es real, Dios obra a través de las pruebas para llevar a cabo su propósito más grande en nuestras vidas.

Además, hemos visto cómo el sufrimiento de Jesucristo en la cruz es el ejemplo supremo de cómo el aparente fracaso puede convertirse en el triunfo más grande. La cruz, que al principio parecía una derrota, fue el acto supremo de redención, y de la misma manera, el sufrimiento en la vida del creyente puede ser transformado en un camino hacia la felicidad verdadera y una relación más cercana con Dios. En este contexto, el sufrimiento se convierte en una oportunidad para crecer en la fe y experimentar la gracia de Dios de manera más profunda. También hemos examinado estudios modernos sobre la resiliencia, los cuales confirman que, al enfrentar el sufrimiento con esperanza y propósito, las personas no solo logran recuperarse, sino que experimentan un crecimiento significativo. Investigaciones sobre el crecimiento postraumático y la resiliencia emocional subrayan que el sufrimiento puede ser un catalizador para el desarrollo personal y espiritual, alineándose con la enseñanza cristiana de que las pruebas fortalecen el carácter y llevan a una relación más profunda con Dios.

Ejercicios Prácticos

1. Diario de Aceptación y Esperanza: Durante una semana, escribe en un diario cómo has experimentado el sufrimiento en tu vida. Reflexiona sobre los momentos difíciles y busca ver cómo Dios ha trabajado o puede estar trabajando en esas situaciones. Cada día, concluye tu entrada con una oración

de aceptación, pidiéndole a Dios que te ayude a encontrar propósito y crecimiento a través de estas pruebas.

2. Oración de Rendición: Dedica 15 minutos diarios a una oración de rendición. Durante este tiempo, pídele a Dios que te dé la fortaleza para entregar tus preocupaciones y sufrimientos en sus manos. A lo largo de la semana, observa cómo esta práctica afecta tu perspectiva sobre el dolor y la dificultad.

3. Acto de Compasión: Encuentra una manera de ayudar a alguien que está pasando por dificultades. Puede ser una conversación, un acto de servicio o una oración. El acto de mostrar compasión hacia los demás durante tu propio sufrimiento te ayuda a salir de tu propio dolor y reconocer que Dios también te usa para traer consuelo a otros.

4. Meditación Bíblica en el Sufrimiento: Lee y medita en pasajes bíblicos que traten sobre el sufrimiento y la redención, como Romanos 5:3-5, Santiago 1:2-4, y 1 Pedro 4:12-13. Reflexiona en cómo estas verdades aplican a tu vida, y escribe una breve oración después de cada lectura sobre cómo puedes aplicar estas enseñanzas.

Recursos Adicionales

Apps

- Pray.com: Una aplicación que ofrece oraciones guiadas y devocionales para aquellos que buscan consuelo en medio del sufrimiento. También incluye oraciones específicas para la paz y la sanación.

- Glorify: Una app cristiana de devocionales diarios que puede ayudar a reflexionar sobre el papel de Dios en tiempos de sufrimiento y a meditar en su presencia restauradora.

- Soultime: Una app de meditación cristiana que ofrece reflexiones basadas en la fe, enfocadas en encontrar paz en medio del sufrimiento, alivio del estrés, y una mayor conexión espiritual con Dios.

Libros

1. The Problem of Pain por C.S. Lewis: Un libro clásico donde Lewis aborda el problema del sufrimiento desde una perspectiva cristiana, explorando cómo el dolor y el mal pueden tener un propósito redentor en el plan de Dios.

2. Walking with God through Pain and Suffering por Timothy Keller: Keller profundiza en la cuestión del sufrimiento, ofreciendo una visión teológica y pastoral de cómo los cristianos pueden encontrar consuelo y propósito a través de las pruebas y el dolor.

3. Shattered Dreams por Larry Crabb: Este libro trata sobre cómo Dios utiliza los sueños rotos y el sufrimiento para llevarnos a una relación más profunda con Él, ayudándonos a descubrir una felicidad más verdadera.

4. The Red Sea Rules: 10 God-Given Strategies for Difficult Times por Robert J. Morgan: Basado en el cruce del Mar Rojo, Morgan ofrece principios prácticos para manejar los momentos difíciles, recordándonos que Dios tiene un propósito en cada sufrimiento.

Capítulo 7
LA FELICIDAD COMO PARTE DEL PROPÓSITO DE DIOS

> *"Dios no tiene otro propósito para el hombre que no sea el de ser feliz, pero no según sus propios términos, sino conforme a los propósitos eternos de su Creador."*
>
> — Agustín de Hipona

La felicidad, tal como se presenta en las Escrituras, no es simplemente una emoción pasajera o una recompensa temporal por el buen comportamiento. En cambio, es un componente integral del propósito divino para la humanidad. Dios nos creó para vivir en relación con Él, y dentro de esa relación, la felicidad es un reflejo de vivir conforme a Su voluntad y propósito. En este capítulo, exploraremos cómo la felicidad, cuando está en sintonía con la obediencia a Dios, se convierte en una expresión profunda de plenitud espiritual y satisfacción duradera.

El Propósito Divino y la Felicidad

Desde el principio, el diseño de Dios para la humanidad estuvo marcado por la felicidad y el bienestar.[1] En el Génesis, vemos que Dios colocó a Adán y Eva en el Jardín del Edén, un lugar donde todas sus necesidades físicas, emocionales y espirituales estaban satisfechas.[2] Este estado original de armonía y felicidad se encontraba en la perfecta comunión con Dios y la obediencia a Su voluntad. La felicidad no dependía solo del entorno material perfecto, sino de la relación íntima y continua con Dios, donde no había separación ni desobediencia.[3] Sin embargo, con la introducción del pecado, esa felicidad fue interrumpida.[4] La desobediencia de Adán y Eva al mandato de Dios los separó de la fuente de su felicidad y bienestar. Génesis 3 nos muestra cómo la ruptura con Dios trajo sufrimiento, pero también marcó el comienzo del plan de redención de Dios para restaurar esa comunión perdida.[5] Desde ese momento, la verdadera felicidad no se encuentra en los placeres temporales del mundo, sino en regresar al propósito original de Dios: una vida de obediencia y relación con Él.[6]

El propósito divino para cada individuo es vivir una vida que refleje la imagen de Dios y su carácter santo.[7] La felicidad surge

---

1 Piper, *Desiring God*, 22.
2 Timothy Keller, *The Reason for God: Belief in an Age of Skepticism* (New York: Dutton, 2008), 141.
3 N.T. Wright, *Simply Christian: Why Christianity Makes Sense* (New York: HarperOne, 2010), 51.
4 Lewis, *Mere Christianity*, 47.
5 Alister McGrath, *Christian Theology: An Introduction* (Oxford: Wiley-Blackwell, 2011), 73.
6 John Stott, *Basic Christianity* (Downers Grove: InterVarsity Press, 2008), 99.
7 J.I. Packer, *Knowing God* (Downers Grove: InterVarsity Press, 1993), 84.

como un fruto de esta vida obediente y alineada con los principios de Dios.[8] Salmos 1:1-3 describe cómo el hombre que se deleita en la ley de Dios es comparado con un árbol plantado junto a corrientes de agua, que da fruto en su tiempo y cuya hoja no cae. Este pasaje no solo habla de la prosperidad externa, sino de una felicidad interna que proviene de vivir conforme a la voluntad de Dios.[9]

El Profeta Daniel

Este concepto de una vida en armonia con el propósito divino también se refleja claramente en la historia de Daniel, quien, a pesar de enfrentar circunstancias adversas y vivir en una cul-tura que se oponía directamente a los principios de Dios, eligió permanecer fiel y obediente.[10] Desde el principio de su exilio en Babilonia, Daniel decidió no contaminarse con la comida y las costumbres paganas del rey (Daniel 1:8).[11] Esta elección de obc-diencia no fue fácil, pero su decisión de honrar a Dios y seguir Sus mandamientos, incluso en un entorno hostil, fue recompensada con sabiduría, gracia ante los demás, y una vida fructífera.[12] Su felicidad no dependía de la comodidad externa ni de las circuns-tancias, sino de su relación con Dios y su compromiso de vivir conforme a los principios divinos.[13]

---

8   Dallas Willard, *The Divine Conspiracy: Rediscovering Our Hidden Life in God* (San Francisco: HarperOne, 2009), 65.

9   Miroslav Volf, *Flourishing: Why We Need Religion in a Globalized World* (New Haven: Yale University Press, 2016), 89.

10   Tremper Longman III, *Daniel: The NIV Application Commentary* (Grand Rapids: Zondervan, 1999), 25-27.

11   John Goldingay, *Daniel* (Dallas: Word Books, 1989), 10.

12   Joyce G. Baldwin, *Daniel: An Introduction and Commentary* (Downers Grove: InterVarsity Press, 1978), 56.

13   Stephen R. Miller, *Daniel: The New American Commentary* (Nashville: Broadman & Holman, 1994), 67-69.

La historia de Daniel nos enseña que la verdadera prosperidad y felicidad no son simplemente materiales, sino que están profundamente ligadas a la fidelidad a Dios.[14] Aunque Daniel enfrentó pruebas, amenazas de muerte y presión para conformarse al sistema babilónico, su felicidad y paz interna provenían de su confianza en Dios y de su determinación para vivir una vida santa y recta.[15] Cuando fue arrojado al foso de los leones por su fidelidad a la oración, Daniel no se llenó de temor, porque sabía que su obediencia lo mantenía en concordancia con el propósito divino.[16] Su liberación milagrosa de los leones fue un testimonio de la fidelidad de Dios hacia aquellos que confían en Él.[17]

La prosperidad de Daniel también se reflejó en su vida pública. Al ser elevado a posiciones de gran influencia en el reino, Dios lo usó para traer bendición a una nación pagana, incluso llevando al rey Nabucodonosor a reconocer el poder y la soberanía del Dios verdadero.[18] Aquí vemos un principio importante: la obediencia a Dios no solo produce felicidad y satisfacción personal, sino que también nos posiciona para ser canales de bendición y testimonios vivos para los demás.[19] Al igual que Daniel, cuando vivimos en fidelidad a Dios, nuestra vida se convierte en un ejemplo que otros pueden ver y, a través de ese testimonio, pueden ser conducidos a la verdad de Dios.[20]

---

14 Miller, *Daniel: The New American,* 67-69.
15 Andrew E. Hill, *The Book of Daniel* (Grand Rapids: Eerdmans, 1996), 88.
16 Robert D. Bergen, *1, 2 Samuel* (Nashville: Broadman & Holman, 1996), 123.
17 Tremper Longman III, *Daniel: The NIV Application Commentary,* 112.
18 John H. Walton, *The NIV Application Commentary: Daniel* (Grand Rapids: Zondervan, 2001), 132-134.
19 Christopher J.H. Wright, *Hearing the Message of Daniel* (Grand Rapids: Zondervan, 2017), 75.
20 John Goldingay, *Daniel,* 98.

El fruto de esta obediencia no es siempre inmediato ni visible desde el principio.[21] A veces, como en el caso de Daniel, puede haber temporadas de prueba, momentos en los que parece que la obediencia solo trae dificultades o sufrimiento.[22] Sin embargo, las raíces de una vida plantada en Dios, como el árbol descrito en Salmo 1, están profundamente conectadas a las "corrientes de agua", lo que simboliza la provisión espiritual continua que viene de vivir conforme a la voluntad de Dios.[23] El fruto llega en su tiempo, y esa prosperidad interna se manifiesta en una vida marcada por paz, alegría y la satisfacción de saber que estamos cumpliendo el propósito para el cual fuimos creados.[24]

La felicidad, entonces, no es simplemente la ausencia de problemas o la obtención de bienes materiales. Es el gozo profundo que surge cuando estamos en comunión con Dios, viviendo comforme con Sus designios. Daniel nos muestra que la verdadera felicidad no es determinada por nuestras circunstancias externas, sino por nuestra relación con Dios y nuestra disposición a caminar en obediencia, confiando en que Dios está obrando a través de nosotros para Su gloria.

La Obediencia a Dios como Fuente de Felicidad

Una de las enseñanzas centrales del cristianismo es que la obediencia a Dios es el camino hacia una felicidad duradera.[25] Este concepto desafía la noción popular de que la verdadera felicidad se encuentra en la libertad absoluta para hacer lo que uno

---

21 Joyce G. Baldwin, *Daniel: An Introduction and Commentary*, 150.
22 Andrew E. Hill, *The Book of Daniel*, 133.
23 Tremper Longman III, *Daniel: The NIV Application Commentary*, 190.
24 Longman III, *Daniel: The NIV Application Commentary*, 193.
25 Lewis, *Mere Christianity*, 174.
240.

quiera.[26] Desde una perspectiva bíblica, la libertad no significa hacer lo que deseamos sin restricciones, sino vivir en obediencia a la voluntad de Dios, lo cual nos libera de las cadenas del pecado y nos guía hacia una vida plena y satisfactoria.[27]

Jesús mismo modeló esta verdad en Su vida terrenal.[28] En Juan 15:10-11, Jesús enseña que la obediencia a los mandamientos de Dios trae plenitud de gozo: "Si guardáis mis mandamientos, permaneceréis en mi amor; así como yo he guardado los mandamientos de mi Padre y permanezco en su amor. Estas cosas os he hablado, para que mi gozo esté en vosotros, y vuestro gozo sea completo".[29] Jesús nos revela que la verdadera felicidad no radica en seguir nuestros deseos egoístas, sino en someter nuestras vidas a la voluntad de Dios, lo que resulta en una plenitud de gozo que el mundo no puede ofrecer.[30]

El Profeta Moisés

La obediencia también está profundamente conectada con el concepto de santidad, ya que Dios nos llama a ser santos como Él es santo (1 Pedro 1:16).[31] Esta obediencia no se trata simplemente de seguir un conjunto de reglas, sino de vivir en una relación continua con Dios, siendo transformados a Su imagen.[32] La felicidad es, entonces, un subproducto de este proceso de

---

26 Keller, *The Reason for God*, 38-39.
27 John Stott, *The Message of Romans: God's Good News for the World* (Leicester: Inter-Varsity Press, 1994), 238-
28 N.T. Wright, *Simply Jesus: A New Vision of Who He Was, What He Did, and Why He Matters* (New York: HarperOne, 2011), 98.
29 D.A. Carson, *The Gospel According to John* (Grand Rapids: Eerdmans, 1991), 510.
30 Piper, *Desiring God*, 70-73.
31 John Stott, *The Message of 1 Peter: The Way of the Cross* (Leicester: Inter-Varsity Press, 1991), 48.
32 N.T. Wright, *After You Believe: Why Christian Character Matters* (New York: HarperOne, 2010), 45-46.

transformación.³³ Al alejarnos del pecado y caminar conforme a los caminos de Dios, comenzamos a experimentar una paz interior y un gozo que sobrepasa las circunstancias externas.³⁴

La conexión entre la obediencia y la santidad también se ve claramente en la vida de Moisés, cuya relación con Dios fue un ejemplo constante de cómo la obediencia transforma el carácter y lleva a una vida de plenitud espiritual.³⁵ Moisés no comenzó su vida como un líder seguro o sin dudas; al principio, incluso intentó resistir el llamado de Dios, cuestionando su propia capacidad para liberar a los israelitas de la esclavitud en Egipto.³⁶ Sin embargo, a medida que Moisés creció en su obediencia a Dios, también creció su relación con Él, siendo transformado en el profeta y líder que guiaría a su pueblo hacia la libertad.³⁷ Este proceso de transformación fue, sin duda, un reflejo de cómo la santidad surge cuando nos rendimos a los caminos de Dios y permitimos que Él nos moldee.³⁸

Uno de los momentos clave en la vida de Moisés que ilustra esta transformación ocurrió en el Monte Sinaí, cuando Dios le dio los Diez Mandamientos.³⁹ Aquí, vemos que la santidad no es solo una cuestión de seguir reglas, sino de entrar en una relación profunda y continua con Dios.⁴⁰ La relación de Moisés con Dios

---

33   Timothy Keller, *The Meaning of Marriage* (New York: Penguin Books, 2013), 54.
34   Lewis, *The Problem of Pain*, 91-93.
35   J.I. Packer, *Knowing God* (Downers Grove: InterVarsity Press, 1973), 122.
36   Walter Brueggemann, *Moses: A Model for Ministry* (Eugene: Wipf and Stock, 2004), 9-10
37   Richard Bauckham, *God and the Crisis of Freedom* (Louisville: Westminster John Knox Press, 2002), 78-79.
38   Eugene Peterson, *A Long Obedience in the Same Direction* (Downers Grove: InterVarsity Press, 1980), 47.
39   John Goldingay, Exodus and Leviticus for Everyone (Louisville: Westminster John Knox Press, 2010), 74-75.
Richard Foster, Celebration of Discipline: The Path to Spiritual Growth (New York: HarperOne, 1998), 99-101.
40   R.C. Sproul, The Holiness of God (Carol Stream: Tyndale House Publishers, 1985), 119.

fue tan cercana que su rostro "resplandecía" después de estar en la presencia de Dios (Éxodo 34:29-35).[41] Este resplandor físico simboliza el cambio interno y la felicidad que proviene de estar en comunión directa con Dios.[42] Moisés experimentó una paz y gozo que trascendían los desafíos y las dificultades que enfrentaba como líder, y esta paz interior era el fruto de su obediencia constante.[43]

Además, la historia de Moisés muestra que la verdadera felicidad y paz no siempre están asociadas con la comodidad o la ausencia de problemas.[44] Moisés enfrentó pruebas increíbles, desde la resistencia del faraón hasta las quejas y rebeliones de los israelitas en el desierto.[45] Sin embargo, a lo largo de estas pruebas, Moisés mantuvo su confianza en Dios y su disposición a seguir los mandamientos divinos, aun cuando las circunstancias parecían imposibles.[46] Esto revela una verdad importante: la obediencia a Dios no significa que no enfrentaremos dificultades, sino que, en medio de ellas, experimentamos una paz y gozo que provienen de saber que estamos caminando conforme al plan divino.[47]

La vida de Moisés también nos enseña que la obediencia es un proceso continuo de rendición.[48] No fue solo en la zarza ardiente que Moisés tuvo que decidir obedecer a Dios; fue una

---

41 D.A. Carson, The God Who Is There: Finding Your Place in God's Story (Grand Rapids: Baker Books, 2010), 142.
42 N.T. Wright, Simply Christian: Why Christianity Makes Sense (New York: HarperOne, 2006), 88.
43 Richard Foster, Celebration of Discipline: The Path to Spiritual Growth (New York: HarperOne, 1998), 99-101.
44 J.I. Packer, *Knowing God* (Downers Grove: InterVarsity Press, 1973), 142.
45 Walter Brueggemann, *The Prophetic Imagination* (Minneapolis: Fortress Press, 2001), 32.
46 R.C. Sproul, *The Holiness of God* (Carol Stream: Tyndale House Publishers, 1985), 187.
47 Richard Foster, *Celebration of Discipline: The Path to Spiritual Growth* (New York: HarperOne, 1998), 112.
48 Eugene Peterson, *A Long Obedience in the Same Direction* (Downers Grove: InterVarsity Press, 1980), 77.

LA FELICIDAD COMO PARTE DEL PROPÓSITO DE DIOS

decisión diaria a lo largo de su vida, desde enfrentarse al faraón hasta guiar a los israelitas a través del desierto durante cuarenta años.[49] A medida que Moisés caminaba en obediencia, su vida y su carácter fueron moldeados por Dios.[50] Moisés pasó de ser un hombre lleno de inseguridades a alguien que se enfrentaba al faraón con audacia, de ser un líder impaciente a uno que intercedía por su pueblo con compasión.[51]

Este proceso de santificación y transformación trajo consigo una felicidad que no dependía de las circunstancias externas.[52] La felicidad de Moisés estaba profundamente arraigada en su relación con Dios, en su cercanía con Él y en su disposición a cumplir la voluntad divina, incluso cuando las pruebas eran grandes.[53] Al estar alineado con los propósitos de Dios, Moisés experimentó una paz que sobrepasaba el entendimiento humano, una felicidad interna que provenía de saber que estaba cumpliendo el propósito para el cual fue llamado.[54] Otro aspecto importante de la vida de Moisés es que su obediencia personal tuvo un impacto profundo en toda una nación.[55] Su decisión de seguir los mandamientos de Dios no solo afectó su vida, sino que resultó en la liberación de los israelitas y en la formación de una comunidad bajo el pacto de Dios.[56] La historia de Moisés nos recuerda que la felicidad verdadera no es solo individual, sino que también se

---

49 John Goldingay, *Exodus and Leviticus for Everyone* (Louisville: Westminster John Knox Press, 2010), 102.

50 Philip Yancey, *The Bible Jesus Read* (Grand Rapids: Zondervan, 1999), 145.

51 Keller, *Walking with God through Pain and Suffering*, 200.

52 N.T. Wright, *After You Believe: Why Christian Character Matters* (New York: HarperOne, 2010), 98-99.

53 Lewis, *The Problem of Pain*, 85.

54 Richard Bauckham, *Bible and Mission: Christian Witness in a Postmodern World* (Grand Rapids: Baker Academic, 2003), 72.

55 J.I. Packer, *Knowing God*, 155.

56 John Stott, *The Message of Exodus: The God Who Speaks and Acts* (Leicester: InterVarsity Press, 1982), 66.

extiende a los demás cuando vivimos deacuerdo con la voluntad de Dios.[57] La obediencia de Moisés permitió que toda una nación experimentara la libertad y el propósito divino, mostrando que cuando caminamos en obediencia, nuestras vidas pueden ser un canal de bendición para otros.[58]

La vida de Moisés es un claro ejemplo de cómo la obediencia y la santidad están interrelacionadas y cómo, al caminar conforme a los mandamientos de Dios, podemos experimentar una felicidad profunda y duradera.[59] Esta felicidad no está limitada por las circunstancias externas, sino que es el fruto de una vida transformada por la presencia de Dios y en consonancia con Su propósito.[60] Al igual que Moisés, cuando vivimos en obediencia, nuestra relación con Dios crece, y esa cercanía produce una paz y un gozo que trascienden las pruebas y dificultades que enfrentamos.[61]

La Alineación de Nuestros Deseos con los Propósitos de Dios

Uno de los desafíos más grandes que enfrentamos como seres humanos es la tensión entre nuestros deseos personales y los propósitos eternos de Dios. A menudo, buscamos la felicidad en cosas temporales o materiales que prometen satisfacción inmediata, pero que terminan dejando un vacío aún mayor. En este contexto, la felicidad se convierte en algo efímero, dependiente de circunstancias que constantemente cambian. Sin embargo, cuando nuestros deseos están alineados con los propósitos de

---

57 Walter Brueggemann, *Moses: A Model for Ministry* (Eugene: Wipf and Stock, 2004), 112.
58 Richard Foster, *Celebration of Discipline*, 176.
59 D.A. Carson, *The God Who Is There: Finding Your Place in God's Story* (Grand Rapids: Baker Books, 2010), 219.
60 Yancey, *The Bible Jesus Read*, 184.
61 Eugene Peterson, *A Long Obedience in the Same Direction*, 180.

Dios, encontramos una felicidad que es duradera y profunda. Dios nos llama a renovar nuestras mentes y reorientar nuestros deseos hacia lo que es verdaderamente bueno y eterno. En Romanos 12:2, Pablo nos exhorta a no conformarnos a los patrones del mundo, sino a ser transformados mediante la renovación de nuestro entendimiento, para que podamos discernir cuál es la voluntad de Dios: buena, agradable y perfecta. Este proceso de renovación es clave para experimentar una felicidad genuina, ya que nos ayuda a reconocer que la verdadera satisfacción no se encuentra en lo que el mundo ofrece, sino en cumplir con el propósito de Dios para nuestras vidas.

A medida que crecemos en nuestra relación con Dios, comenzamos a deleitar nuestras almas en Él y a encontrar gozo en obedecer Sus mandatos. Salmos 37:4 nos dice: "Deléitate asimismo en Jehová, y él te concederá las peticiones de tu corazón". Este versículo no significa que Dios nos dará todo lo que queremos, sino que, cuando nos deleitamos en Él, nuestros deseos se conectan con Su voluntad. La verdadera felicidad surge cuando nuestros corazones desean lo que Dios desea, y nuestras vidas reflejan Su propósito.

La Felicidad como Parte del Propósito Redentor

El propósito de Dios no solo abarca nuestra felicidad personal, sino que también está ligado a Su plan redentor para el mundo. Como creyentes, nuestra felicidad no es algo que debemos buscar en el aislamiento, sino que se encuentra en nuestra participación en el plan más amplio de Dios para traer reconciliación y restauración al mundo. Isaías 61:1-3 nos ofrece una visión de cómo Dios restaura a Su pueblo y les da "corona en lugar de ceniza, óleo de gozo..." La felicidad cristiana está anclada en la realidad de que Dios está trabajando activamente para redimir toda la crea-ción, y que nosotros somos llamados a ser parte de ese proceso.[62]

Vivir en armonia con el propósito de Dios no solo nos trae felicidad, sino que también nos da un sentido profundo de propósito y misión. Nos convertimos en instrumentos de Su obra en el mundo, trayendo luz y esperanza a los demás.[63] Esta dimensión de la felicidad va más allá de lo personal y nos invita a participar en la obra redentora de Dios, lo que añade una capa más profunda de gozo a nuestra vida. La felicidad, cuando está en consonancia con los propósitos de Dios, no es solo un beneficio personal, sino una herramienta para traer bendición y transformación al mundo que nos rodea.[64]

La felicidad como parte del propósito redentor de Dios no se limita a una experiencia personal de satisfacción o paz interna, sino que se expande hacia un proyecto mucho más amplio: el de la redención de toda la creación.[65] A lo largo de la Biblia, vemos que Dios no está únicamente interesado en la felicidad individual de los creyentes, sino en la restauración completa del orden crea-do.[66] Esta restauración implica la reconciliación de todas las cosas con Él, incluyendo la justicia, la paz y el bienestar espiritual.[67] Cuando el creyente se ajusta con este propósito redentor, su felicidad se convierte en un reflejo del Shalom de

---

62   Piper, *Desiring God*, 33.
63   N. T. Wright, *The Mission of God's People: A Biblical Theology of the Church's Mission* (Grand Rapids: Zondervan, 2010, 23.
64   N. T. Wright, *Surprised by Hope: Rethinking Heaven, the Resurrection, and the Mission of the Church* (New York: HarperOne, 2008, 28.
65   Timothy Keller, *Every Good Endeavor: Connecting Your Work to God's Work* (New York: Dutton, 2012, 61.
66   Cornelius Plantinga Jr., *Not the Way It's Supposed to Be: A Breviary of Sin* (Grand Rapids: Eerdmans, 1995, 5.
67   Miroslav Volf, *Exclusion and Embrace: A Theological Exploration of Identity, Otherness, and Reconciliation* (Nashville: Abingdon Press, 1996, 201.

Dios, el cual no es simplemente la ausencia de conflicto, sino un estado de bienestar integral y reconciliación con Dios, con uno mismo, con los demás y con la creación.[68]

La felicidad que experimentamos como cristianos está directamente relacionada con nuestra participación activa en este plan redentor. Dios nos llama a ser embajadores de Su reino, lo que implica trabajar por la reconciliación y restauración de lo que ha sido dañado por el pecado.[69] En este sentido, la felicidad no es un fin en sí mismo, sino una consecuencia de estar alineados con el propósito de Dios y de contribuir al avance de Su reino en el mundo.[70] La verdadera felicidad, desde esta perspectiva, no se encuentra en la búsqueda individualista de placer o éxito, sino en ser parte del movimiento de redención que Dios está llevando a cabo en la historia.[71]

Un claro ejemplo de este principio se encuentra en el llamado de los discípulos en el Nuevo Testamento.[72] Al ser llamados por Jesús, los discípulos dejaron sus antiguas vidas y profesiones para seguir a Cristo, participando en Su ministerio de predicar el evangelio, sanar enfermos, y proclamar la llegada del reino de Dios.[73] Aunque enfrentaron desafíos, persecuciones y sufrimientos, su gozo y sentido de propósito eran evidentes.[74] En Lucas 10:17, vemos cómo los setenta discípulos regresan con gozo tras

---

68 Scot McKnight, *The King Jesus Gospel: The Original Good News Revisited* (Grand Rapids: Zondervan, 2011), 45.
69 N. T. Wright, *Simply Christian: Why Christianity Makes Sense* (New York: HarperOne, 2006), 154.
70 N. T. Wright, *Surprised by Hope*, 99.
71 Cornelius Plantinga Jr., *Not the Way It's Supposed to Be*, 35.
72 Miroslav Volf, *Exclusion and Embrace*, 125.
73 Keller, *Every Good Endeavor*, 65.
74 N. T. Wright, *The Mission of God's People*, 112.

su misión, porque vieron cómo el poder de Dios estaba obrando a través de ellos.[75] Este gozo no provenía de sus circunstancias externas, sino de su participación directa en el plan redentor de Dios, trayendo transformación espiritual a las vidas de otros.[76]

La felicidad redentora implica también una mirada hacia el futuro, hacia la consumación final del reino de Dios.[77] La esperanza escatológica de los cristianos está centrada en la promesa de que Dios, en Su tiempo perfecto, restaurará completamente el mundo y erradicará el pecado, el mal y el sufrimiento. La promesa de Apocalipsis 21:4, en la cual "enjugará toda lágrima de los ojos de ellos", proporciona una base sólida para la felicidad que experimentamos ahora, sabiendo que nuestro trabajo en este mundo es parte de un propósito más grande que se cumplirá plenamente en el futuro.[78] Esta dimensión futura de la felicidad añade una profundidad especial al gozo presente, ya que nuestra vida actual, con todas sus luchas y sufrimientos, está conectada a la esperanza de la restauración total de la creación.

Por lo tanto, la felicidad cristiana no es pasiva ni egoísta.[79] Es una felicidad que nace de vivir en obediencia a Dios y de ser colaboradores en Su obra de redención.[80] Nos invita a ser agentes de cambio, a ser luz en medio de la oscuridad y a reflejar el carácter de Cristo a los demás. En última instancia, nuestra felicidad está profundamente ligada a la felicidad y restauración de los demás, porque el propósito de Dios abarca la redención de todas

---

75 Piper, *Desiring God*, 78.
76 Keller, *Every Good Endeavor*, 122.
77 Scot McKnight, *The King Jesus Gospel*, 99.
78 Piper, *Desiring God*, 103.
79 Keller, *Every Good Endeavor*, 155.
80 N. T. Wright, *Surprised by Hope*, 189.

las cosas.[81] Cuando participamos en este propósito más amplio, descubrimos una felicidad que no solo es personal, sino que es parte de la transformación del mundo en conformidad con los designios eternos de Dios.[82]

Resumen del Capitulo

En este capítulo, se ha explorado cómo la verdadera felicidad está profundamente ligada a la obediencia a Dios y a vivir conforme a Su propósito eterno. La felicidad cristiana no se trata de una experiencia pasajera o superficial, sino de un fruto que emerge de una vida transformada y conectada con los caminos de Dios. El Salmo 1 compara al hombre que se deleita en la ley de Dios con un árbol plantado junto a corrientes de agua, lo que ilustra que la verdadera prosperidad, interna y externa, proviene de vivir en obediencia a Su voluntad.

La obediencia a Dios también está directamente relacionada con la santidad, ya que Dios nos llama a ser santos como Él es santo. Esta santidad no es una mera conformidad a reglas, sino un proceso continuo de transformación que produce una felicidad profunda y duradera. A medida que caminamos en obediencia y nos alejamos del pecado, experimentamos una paz y gozo que trascienden las circunstancias externas. Este proceso de santificación nos libera y nos lleva a una vida plena en comunión con Dios.

Además, la felicidad redentora no es solo un beneficio personal, sino que se extiende hacia el propósito más amplio de Dios para el mundo. Nuestra felicidad está ligada al plan redentor de

---

81 Miroslav Volf, *Exclusion and Embrace*, 188.
82 Cornelius Plantinga Jr., *Not the Way It's Supposed to Be*, 73.

Dios, en el cual somos llamados a ser agentes de reconciliación y restauración en el mundo. Al participar activamente en este propósito más grande, descubrimos un sentido más profundo de propósito y misión, lo que añade una capa más enriquecedora a nuestra felicidad. La verdadera alegría surge cuando nuestras vidas reflejan el carácter y el propósito de Dios, no solo para nosotros, sino también para aquellos a quienes servimos.

Ejercicios Prácticos

1. Reflexión sobre el Propósito de Dios: Toma un tiempo para reflexionar y escribir en un diario sobre cómo tu vida armoniza con el propósito de Dios. Pregúntate: ¿En qué áreas es-toy caminando en obediencia? ¿Cómo puedo participar más activamente en Su plan redentor? Este ejercicio te ayudará a centrarte en la felicidad que proviene de cumplir el propó-sito de Dios en tu vida.

2. Oración de Conexión: Dedica unos minutos cada día para orar específicamente pidiendo que tus deseos se ajusten con la voluntad y el propósito de Dios. Reflexiona sobre cómo la felicidad surge cuando tus planes personales se someten a los de Dios.

3. Actos de Servicio: Planifica y lleva a cabo un acto de servicio a la comunidad o a alguien cercano. La felicidad que proviene de participar en el plan redentor de Dios también se refleja en cómo ayudamos a los demás. Reflexiona después de la experiencia sobre el sentido de propósito y gozo que sentiste al contribuir a la restauración de alguien más.

Recursos Adicionales

Apps

- Glorify: Una app que ofrece devocionales centrados en la relación con Dios y cómo vivir en conformidad con Su propósito.

- Pray As You Go: Una app que guía la oración y la reflexión diaria, enfocándose en temas como el propósito de Dios y cómo se refleja en la vida diaria.

- Echo Prayer: Una app para gestionar y organizar tus oraciones y reflexiones espirituales, ayudando a mantener un enfoque en la búsqueda del propósito divino y la obediencia.

Libros

1. The Purpose Driven Life por Rick Warren: Un libro que profundiza en cómo encontrar propósito y felicidad a través de vivir conforme con la voluntad de Dios.

2. Desiring God por John Piper: Piper explora cómo la felicidad y el gozo se encuentran en la obediencia y el deleite en Dios.

3. Mere Christianity por C.S. Lewis: Lewis examina cómo la verdadera felicidad se encuentra cuando vivimos conforme al diseño y propósito de Dios, y cómo la fe cristiana se entrelaza con la búsqueda de la alegría verdadera.

4. The Call por Os Guinness: Este libro aborda el llamado de Dios y cómo responder a ese llamado produce una profunda satisfacción y sentido de propósito.

Capítulo 8

LA FELICIDAD COMO UNA ELECCIÓN ESPIRITUAL

"La felicidad no depende de lo que te sucede, sino de cómo decides responder."

Charles Swindoll

La felicidad a diferencia de lo que el mundo la presenta es una elección espiritual que trasciende las circunstancias externas. La Biblia está llena de exhortaciones a elegir el gozo, incluso en medio de pruebas y dificultades. En Filipenses 4:4, el apóstol Pablo, escribiendo desde la cárcel, dice: "Regocijaos en el Señor siempre. Otra vez lo digo: ¡Regocijaos!". Este tipo de felicidad o gozo espiritual no está basado en situaciones favorables, sino en una decisión interna que reconoce la soberanía de Dios sobre todas las cosas. La capacidad de elegir el gozo en lugar del desánimo refleja una vida que ha sido transformada por la fe y la dependencia de Dios.

La Responsabilidad de Elegir el Gozo Espiritual sobre las Circunstancias

El cristianismo enseña que, aunque no podemos controlar lo que sucede a nuestro alrededor, sí tenemos el poder de elegir nuestra respuesta.[1] Este poder es un acto espiritual, donde el creyente, fortalecido por la gracia de Dios, decide centrar su corazón y mente en el gozo que proviene de su relación con Cristo.[2] En Habacuc 3:17-18, el profeta dice: "Aunque la higuera no florezca, ni en las vides haya frutos... con todo, yo me alegraré en Jehová, y me gozaré en el Dios de mi salvación". Este pasaje ilustra que la elección de la felicidad no depende de lo que tenemos o de las circunstancias favorables, sino de una fe inquebrantable en la bondad y fidelidad de Dios.[3] Elegir el gozo espiritual es un acto de responsabilidad personal.[4] A lo largo de las Escrituras, se nos recuerda que Dios nos ha dado el poder del Espíritu Santo para sobrellevar cualquier situación con paz y alegría interior.[5] No es una negación del dolor o la dificultad, sino un anclaje en las promesas de Dios.[6]

Este anclaje en las promesas de Dios es lo que permite al creyente mantenerse firme, incluso cuando las circunstancias son inciertas o adversas.[7] La capacidad de elegir el gozo en medio de

---

1 Piper, *Desiring God,* 123.
2 Keller, *Walking with God through Pain and Suffering*, 157.
3 N. T. Wright, *Simply Christian: Why Christianity Makes Sense* (New York: HarperOne, 2006), 215.
4 C. S. Lewis, *Mere Christianity* (New York: HarperCollins, 2001), 133.
5 John Stott, *The Cross of Christ* (Downers Grove, IL: IVP, 2006), 94.
6 J. I. Packer, *Knowing God* (Downers Grove, IL: IVP, 1993), 112.
7 Yancey, *Where Is God When It Hurts?*, 82.

las pruebas no surge de una fuerza humana, sino del poder del Espíritu Santo, quien obra en el corazón del creyente para cultivar una paz y un gozo que no dependen de lo que ocurre externamente.[8] Romanos 15:13 dice: "Y el Dios de esperanza os llene de todo gozo y paz en el creer, para que abundéis en esperanza por el poder del Espíritu Santo". Esto refuerza que el gozo espiritual no es simplemente una emoción pasajera o superficial, sino un fruto del Espíritu que brota cuando nos apoyamos en Dios y Su fidelidad.[9]

Es en este contexto que el creyente asume la responsabilidad personal de elegir el gozo.[10] No es que ignoremos el dolor o las dificultades, sino que, en medio de ellas, optamos por enfocar nuestros corazones en la verdad de quién es Dios.[11] La decisión de regocijarse en el Señor es una afirmación constante de que, aunque no podemos controlar las circunstancias, sí podemos controlar cómo respondemos a ellas.[12] Isaías 26:3 nos recuerda: "Tú guardarás en completa paz a aquel cuyo pensamiento en ti persevera, porque en ti ha confiado". Esta paz es el resultado de una elección continua de confiar en Dios y de mantener nuestros pensamientos alineados con Sus promesas.[13]

Este acto de elegir el gozo es también un acto de fe profunda.[14] A menudo, cuando las circunstancias son difíciles, el gozo parece lejano o incluso inalcanzable, pero la Escritura nos invita a ver más allá de lo visible.[15] En 2 Corintios 4:17-18, Pablo escribe:

---

8   Richard J. Foster, *Celebration of Discipline* (San Francisco: HarperOne, 1998), 78.
9   Dallas Willard, *The Spirit of the Disciplines* (San Francisco: HarperOne, 1998), 169.
10 Keller, *Walking with God through Pain and Suffering*, 190.
11 J. I. Packer, *Knowing God*, 125.
12 C. S. Lewis, *Mere Christianity*, 145.
13 Richard J. Foster, *Celebration of Discipline*, 145.
14 John Stott, *The Cross of Christ*, 122.
15 Yancey, *Where Is God When It Hurts?*, 121.

"Porque esta leve tribulación momentánea produce en nosotros un cada vez más excelente y eterno peso de gloria; no mirando nosotros las cosas que se ven, sino las que no se ven; pues las cosas que se ven son temporales, pero las que no se ven son eternas". Al elegir el gozo, el creyente está eligiendo vivir según las realidades eternas de Dios, sabiendo que todo sufrimiento es temporal, pero la alegría y la paz que vienen de confiar en Él son eternas.[16]

Este tipo de elección también tiene un impacto en nuestra vida práctica.[17] Al centrar nuestros corazones en el gozo que proviene de Dios, nos encontramos más resilientes ante las pruebas, más dispuestos a perseverar en la fe y más capaces de mantener una actitud positiva, incluso cuando las cosas no salen como esperamos.[18] Elegir el gozo, entonces, no solo es una disciplina espiritual, sino también una práctica diaria que nos ayuda a enfrentar la vida con una perspectiva centrada en las promesas de Dios y en Su fidelidad.[19]

Qué Dice la Neurociencia Sobre la Elección y el Bienestar

La neurociencia moderna ha comenzado a demostrar lo que las Escrituras ya enseñaban: la forma en que elegimos pensar y responder a las circunstancias afecta profundamente nuestro bienestar emocional y físico.[20] Estudios han demostrado que el cerebro humano es plástico, lo que significa que puede cambiar y adaptarse en respuesta a nuestras elecciones y comportamientos.[21]

---

16 N. T. Wright, *Simply Christian*, 232.
17 Dallas Willard, *The Spirit of the Disciplines*, 202.
18 Keller, *Walking with God through Pain and Suffering*, 212.
19 Piper, *Desiring God*, 198.
20 Davidson and Begley, *The Emotional Life of Your Brain*, 45. Ver Tambien John Ortberg, *The Me I Want to Be: Becoming God's Best Version of You* (Grand Rapids, MI: Zondervan, 2010), 56.
21 Norman Doidge, *The Brain That Changes Itself: Stories of Personal Triumph from the Frontiers of Brain Science* (New York: Penguin, 2007), 41.

Esta capacidad de "reentrenar" el cerebro, conocida como neuroplasticidad, es un poderoso respaldo científico a la idea de que podemos elegir el gozo y, a través de esa elección, mejorar nuestro bienestar general.[22]

Un estudio dirigido por el Dr. Richard Davidson, un neurocientífico de la Universidad de Wisconsin, muestra que el entrenamiento intencional del cerebro hacia una actitud más positiva y agradecida puede cambiar las redes neuronales.[23] Davidson descubrió que las personas que practican regularmente la gratitud y el pensamiento positivo tienen una mayor activación en la corteza prefrontal izquierda, un área del cerebro asociada con emociones positivas y bienestar.[24] En contraste, las personas que tienden a centrarse en pensamientos negativos o en las dificultades de la vida tienen una mayor activación en la amígdala, que está relacionada con el miedo, la ansiedad y el estrés.[25] Estos hallazgos sugieren que nuestras elecciones mentales afectan directamente nuestra capacidad de experimentar felicidad y satisfacción.[26]

La neurociencia moderna continúa revelando la poderosa influencia que nuestras elecciones mentales tienen sobre el bienestar emocional y físico.[27] Uno de los pioneros en esta área es Dr. Jeffrey Schwartz, psiquiatra y experto en neuroplasticidad, cuyas investigaciones han demostrado que los patrones de pensamiento y las decisiones conscientes pueden cambiar la estructura del cerebro.[28] Schwartz sostiene que, mediante la auto-

---

22 Jeffrey M. Schwartz and Rebecca Gladding, *You Are Not Your Brain* (New York: Avery, 2012), 19. Ver Tambien Dr. Caroline Leaf, *Switch On Your Brain: The Key to Peak Happiness, Thinking, and Health* (Grand Rapids, MI: Baker Books, 2013), 23.
23 Davidson, *The Emotional Life of Your Brain*, 67.
24 Davidson, *The Emotional Life of Your Brain*, 67.
25 Davidson, *The Emotional Life of Your Brain*, 67.
26 Goleman, *Emotional Intelligence,* 101.
27 Doidge, *The Brain That Changes Itself*, 89.
28 Jeffrey M. Schwartz, *The Mind and the Brain: Neuroplasticity and the Power of Mental Force* (New York: Harper Perennial, 2003), 143.

dirección mental, las personas pueden reconfigurar sus circuitos neuronales, superando hábitos negativos y adoptando respuestas más saludables y positivas ante las circunstancias. Este concepto, que Schwartz denomina "reencuadre mental", nos recuerda que el cerebro es flexible y que nuestras elecciones intencionadas, como decidir enfocarnos en la gratitud o el gozo, tienen el poder de transformar nuestra mente y, a largo plazo, mejorar nuestro bienestar general.[29]

Otro investigador clave, el Dr. Norman Doidge, autor de *The Brain That Changes Itself*, ha documentado casos en los que personas han logrado reconfigurar sus cerebros a través de cambios intencionales en sus pensamientos y comportamientos.[30] Doidge argumenta que el cerebro, gracias a su plasticidad, puede adaptarse y reestructurarse en función de las decisiones que tomamos y de las prácticas que seguimos.[31] Cuando una persona elige enfocarse en lo positivo o decide practicar la gratitud, no solo está influyendo en su estado emocional, sino que está fortaleciendo las redes neuronales asociadas con el bienestar y la resiliencia.[32] Este descubrimiento proporciona un respaldo científico a la noción espiritual de que podemos elegir el gozo y experimentar una paz que trasciende las circunstancias, como enseña la Escritura.[33] El Dr. Andrew Huberman, neurocientífico de la Universidad de Stanford, ha realizado investigaciones sobre el impacto del enfoque y la atención en el cerebro.[34] Según Huberman, la forma

---

29 Schwartz and Gladding, *You Are Not Your Brain*, 35.
30 Doidge, *The Brain That Changes Itself*, 156.
31 Doidge, *The Brain That Changes Itself*, 156.
32 Doidge, *The Brain That Changes Itself*, 156.
33 John Ortberg, *The Me I Want to Be*, 60.
34 Andrew Huberman, "Focus and the Brain," *Neuroscience Journal* 14, no. 2 (2018): 123-135. Ver Tambien Andrew D. Huberman, *Focus and Attention: How to Train Your Mind and Body* (Stanford, CA: Stanford University Press, 2021), 45.

en que dirigimos nuestra atención afecta directamente la química cerebral y los neurotransmisores asociados con el bienestar, como la dopamina y la serotonina.[35] Elegir centrar nuestra atención en lo que es positivo y edificante activa las áreas del cerebro responsables de la recompensa y el placer, lo que a su vez genera una mayor sensación de satisfacción y felicidad. Esto se ajusta con la enseñanza bíblica de Filipenses 4:8, donde se nos anima a pensar en todo lo verdadero, noble y digno de alabanza. La ciencia apoya que nuestra elección de enfocarnos en lo positivo no solo nos beneficia espiritualmente, sino que también fortalece las vías neuronales que promueven el bienestar a largo plazo.

El Dr. Daniel Amen, experto en neurociencia aplicada y autor de *Change Your Brain, Change Your Life*, ha subrayado la importancia de controlar nuestros pensamientos para mejorar la salud cerebral.[36] Amen ha investigado cómo los pensamientos negativos crónicos pueden dañar el cerebro, mientras que pensamientos positivos y de gratitud promueven una mayor actividad en áreas cerebrales asociadas con la calma y la felicidad.[37] Según sus investigaciones, practicar conscientemente la gratitud y el pensamiento positivo no solo mejora el estado de ánimo, sino que también contribuye a una mejor salud física, incluyendo un sistema inmunológico más fuerte y una reducción en los niveles de estrés.[38] Estos descubrimientos refuerzan la idea de que elegir el gozo y la gratitud tiene efectos profundos y duraderos en nuestra mente y cuerpo, tal como enseñan las Escrituras.

---

35 Huberman, *Focus and Attention*, 54.
36 Daniel G. Amen, *Change Your Brain, Change Your Life* (New York: Harmony Books, 2015), 98.
37 Daniel G. Amen, *Change Your Brain, Change Your Life*, 105.
38 Doidge, *The Brain That Changes Itself*, 85.

La evidencia científica demuestra claramente que nuestras elecciones espirituales, como decidir enfocarnos en el gozo y la gratitud, no solo nos benefician emocional y espiritualmente, sino que también tienen un impacto tangible en nuestra salud física y bienestar general. Al igual que la Biblia enseña que debemos "renovar nuestras mentes" (Romanos 12:2), la neurociencia confirma que nuestras elecciones mentales y espirituales tienen el poder de transformar nuestras vidas a nivel neurológico.

Espiritualidad y Neurociencia: Un Vínculo

Lo fascinante de esta conexión entre la elección espiritual y la neurociencia es que nos muestra cómo Dios ha diseñado nuestros cerebros de tal manera que nuestras decisiones espirituales también tienen un impacto físico en nuestras vidas.[39] El acto de elegir el gozo en medio de las pruebas no es solo una disciplina espiritual, sino que también activa mecanismos biológicos que mejoran nuestra capacidad para lidiar con el estrés y mantener una actitud positiva.[40] Esto nos recuerda que Dios ha creado al ser humano como un ser integral, donde la espiritualidad, la mente y el cuerpo están profundamente interrelacionados.[41]

Al elegir el gozo, el creyente no solo está obedeciendo el mandato bíblico de vivir con gratitud y fe, sino que también está cooperando con el diseño biológico que Dios le ha dado para florecer emocional y físicamente.[42] Esta combinación de elección espiritual y cambios en el cerebro nos muestra que la felicidad no es simplemente un resultado de lo que nos sucede, sino una elección

---

39 Richard J. Davidson, *The Emotional Life of Your Brain*, 129.
40 Dr. Caroline Leaf, *Switch On Your Brain*, 34.
41 Andrew D. Huberman, *Focus and Attention*, 54.
42 Jeffrey M. Schwartz, *The Mind and the Brain: Neuroplasticity and the Power of Mental Force* (New York: Harper Perennial, 2003), 210.

consciente que influye tanto en nuestro bienestar espiritual como en nuestro bienestar físico.[43]

El Gozo como Fruto del Espíritu Santo

El gozo, en el contexto cristiano, no es simplemente una emoción pasajera o una respuesta circunstancial a eventos felices.[44] En las Escrituras, el gozo se presenta como un "fruto del Espíritu Santo" (Gálatas 5:22), una cualidad profundamente espiritual que surge de la comunión íntima con Dios.[45] A diferencia de la felicidad, que a menudo depende de situaciones externas favorables, el gozo cristiano es duradero y está enraizado en la relación con Dios, no en las circunstancias.[46] El gozo es una expresión interna de la gracia de Dios en nuestras vidas, un reflejo de Su presencia constante, incluso en medio del sufrimiento o la adversidad.[47]

El apóstol Pablo menciona el gozo como uno de los frutos del Espíritu Santo, junto con el amor, la paz, la paciencia, la benignidad, la bondad, la fe, la mansedumbre y la templanza (Gálatas 5:22-23). Este pasaje señala que el gozo no es algo que se logra únicamente por esfuerzo humano, sino que es un resultado directo de la acción transformadora del Espíritu Santo en el corazón del creyente.[48] Esto significa que, aunque podemos tomar decisiones que nos acercan a experimentar el gozo, como mantenernos en oración y buscar una relación más profunda con Dios, el gozo es esencialmente un don divino.[49]

---

43 Norman Doidge, *The Brain That Changes Itself*, 67.
44 J.I. Packer, *Knowing God* (Downers Grove, IL: InterVarsity Press, 1993), 215.
45 Lewis, *Mere Christianity*, 125.
46 Piper, *Desiring God*, 78.
47 Keller, *The Prodigal God*, 95.
48 Wayne Grudem, *Systematic Theology: An Introduction to Biblical Doctrine* (Grand Rapids, MI: Zondervan, 1994), 750.
49 Martyn Lloyd-Jones, *Spiritual Depression: Its Causes and Cure* (Grand Rapids, MI: Eerdmans, 1965), 145.

Este tipo de gozo es inquebrantable porque no depende de las fluctuaciones de la vida diaria.[50] A diferencia del placer momentáneo o la satisfacción temporal que el mundo puede ofrecer, el gozo como fruto del Espíritu tiene una base eterna y es alimentado por una fuente inagotable: Dios mismo.[51] El Salmo 16:11 lo expresa así: "Me mostrarás la senda de la vida; en tu presencia hay plenitud de gozo; delicias a tu diestra para siempre". Aquí, la Escritura nos enseña que el verdadero gozo se encuentra en la presencia de Dios.[52]

La comunión con Dios se cultiva a través de varias prácticas espirituales, como la oración, la meditación en las Escrituras, y la adoración.[53] Estas prácticas nos ayudan a sintonizarnos con la presencia de Dios y a experimentar Su paz y gozo, incluso cuando nuestras circunstancias externas no son favorables.[54] Como señala el teólogo J.I. Packer, "el gozo cristiano es una respuesta emocional a la experiencia de la gracia de Dios y una marca del discipulado".[55] En otras palabras, el gozo fluye naturalmente cuando estamos conscientes de la gracia de Dios en nuestras vidas y respondemos con gratitud y obediencia.[56]

Cultivar el gozo requiere una entrega constante a la obra del Espíritu Santo en nuestras vidas.[57] Esto implica permitir que el Espíritu transforme nuestras mentes y corazones para que reflejen más el carácter de Cristo.[58] Al mismo tiempo, hay prácticas

---

50 Packer, *Knowing God*, 217.
51 Piper, *Desiring God*, 80.
52 Keller, *The Prodigal God*, 97.
53 Richard J. Foster, Celebration of Discipline: The Path to Spiritual Growth (San Francisco: Harper San Francisco, 1998), 21.
54 Grudem, Systematic Theology, 752.
55 J.I. Packer, Knowing God, 218.
56 Foster, Celebration of Discipline, 23.
57 Lloyd-Jones, Spiritual Depression, 148.
58 Grudem, Systematic Theology, 753.

espirituales que podemos adoptar intencionalmente para abrir nuestras vidas al gozo divino:[59]

Oración y Meditación en la Palabra de Dios: Al dedicar tiempo a la oración y a la reflexión en las Escrituras, permitimos que el Espíritu Santo nos guíe y nos llene de Su presencia. El Salmo 119:111 dice: "Tus testimonios son mi herencia perpetua, porque son el gozo de mi corazón". La Palabra de Dios es una fuente inagotable de gozo.

Acción de Gracias: La gratitud es una poderosa herramienta para cultivar el gozo. Al centrarnos en las bendiciones que hemos recibido, nos enfocamos en la bondad de Dios y no en nuestras carencias. 1 Tesalonicenses 5:18 nos insta: "Dad gracias en todo, porque esta es la voluntad de Dios para con vosotros en Cristo Jesús".

Adoración: Alabar y adorar a Dios no solo expresa nuestro amor y devoción, sino que también nos conecta con Su presencia. A través de la adoración, nuestro espíritu se eleva y el gozo fluye.

Servicio a los Demás: Al dar de nosotros mismos para servir a otros, experimentamos el gozo de compartir el amor de Dios. Como Jesús dijo en Hechos 20:35: "Más bienaventurado es dar que recibir".

Resumen del Capítulo

En este capítulo, se ha explorado el concepto de que la felicidad cristiana es una elección espiritual, que depende de nuestra decisión consciente de enfocarnos en el gozo y la paz de Dios, en lugar de dejarnos llevar por las circunstancias externas. Las

---

[59] Foster, Celebration of Discipline, 24.

Escrituras enseñan que, aunque no podemos controlar lo que sucede a nuestro alrededor, tenemos el poder de elegir cómo respondemos. La responsabilidad de elegir el gozo es una afirmación diaria de nuestra fe en la soberanía de Dios y en Su bondad, y esta elección refleja nuestra dependencia del Espíritu Santo para vivir con paz y gratitud en medio de los desafíos.

La neurociencia moderna respalda este principio bíblico al mostrar que nuestras elecciones mentales pueden reconfigurar nuestro cerebro. La práctica de la gratitud y el pensamiento positivo no solo mejora el bienestar emocional, sino que también fortalece las conexiones neuronales asociadas con las emociones positivas, como se ha demostrado en estudios sobre neuroplasticidad. Investigaciones de expertos como Dr. Richard Davidson y Dr. Andrew Huberman han mostrado cómo la activación de ciertas áreas del cerebro a través de la elección consciente de enfocarse en lo positivo puede aumentar la resiliencia y promover una mayor paz interior.

La elección del gozo y el bienestar, por tanto, no es simplemente una cuestión de emociones pasajeras, sino una práctica espiritual y mental que transforma tanto nuestro espíritu como nuestro cuerpo. Las Escrituras y la ciencia coinciden en que, al elegir enfocarnos en las bendiciones y en la fidelidad de Dios, no solo experimentamos una mayor felicidad espiritual, sino que también experimentamos beneficios tangibles para nuestra salud mental y física.

Ejercicios Prácticos

1. Meditación en las Promesas de Dios: Cada día, toma un versículo bíblico que hable del gozo y la paz de Dios. Dedica tiempo a meditar en su significado y en cómo puedes aplicarlo en tu vida diaria, recordando que el gozo es una elección espiritual basada en Su fidelidad.

2. Acto de Bondad Consciente: Realiza un acto de bondad intencional cada día por una semana. Al ayudar a otros, experimentarás el gozo que surge de dar y de ser una bendición para los demás, reforzando la idea de que la felicidad a menudo se encuentra en el servicio a los demás.

3. Entrenamiento Mental Positivo: Cada vez que experimentes una situación difícil, haz un esfuerzo consciente para identificar al menos un aspecto positivo o una lección que puedas extraer de esa experiencia. Practica esta mentalidad durante una semana y reflexiona sobre cómo esta elección afecta tu bienestar emocional y espiritual.

Recursos Adicionales

Apps

- Happify: Ofrece actividades y juegos basados en la psicología positiva para entrenar tu mente a enfocarse en lo positivo y mejorar el bienestar general.

- Headspace: Una app de meditación que te ayuda a centrarte y a desarrollar la atención plena, promoviendo una mayor capacidad para elegir el gozo en medio de las circunstancias.

- Calm: Herramienta de meditación y relajación que también incluye ejercicios para cultivar la gratitud y una mentalidad positiva, clave para experimentar una felicidad duradera.

Libros

1. The How of Happiness por Sonja Lyubomirsky: Un enfoque científico sobre cómo las elecciones diarias, como el enfoque en lo positivo y la gratitud, pueden influir en el bienestar y la felicidad.

2. Change Your Brain, Change Your Life por Dr. Daniel Amen: Este libro explora cómo los pensamientos y las elecciones conscientes influyen en la estructura del cerebro y la salud mental.

3. The Happiness Advantage por Shawn Achor: Achor demuestra cómo elegir el optimismo y el enfoque positivo no solo mejora el bienestar personal, sino también el rendimiento en todas las áreas de la vida.

4. Mindset: The New Psychology of Success por Carol S. Dweck: Un análisis profundo de cómo la mentalidad de crecimiento puede transformar la forma en que respondemos a los desafíos y elegir una actitud positiva frente a la adversidad.

Capítulo 9
CAMBIA TU ENFOQUE

"No vemos las cosas tal como son, sino tal como somos."

Anaïs Nin

Nuestra perspectiva y la forma en que interpretamos el mundo que nos rodea son factores decisivos en la manera en que experimentamos la felicidad. La Biblia y la psicología moderna coinciden en que cambiar el enfoque desde lo negativo hacia lo positivo tiene un impacto profundo en nuestro bienestar emocional y espiritual. Elegir cómo interpretar nuestras circunstancias es un acto de voluntad que determina si vemos el mundo con esperanza y gratitud o con pesimismo y desesperación.

Qué Dice la Psicología Sobre el Sesgo de Negatividad

El sesgo de negatividad es un fenómeno psicológico bien documentado que explica por qué los seres humanos tienden a dar más peso a los eventos negativos que a los positivos.[1] Esto significa que, a nivel neurológico, estamos más propensos a recordar y enfocarnos en experiencias negativas, como críticas o fracasos, en lugar de en elogios o éxitos.[2] El psicólogo Roy Baumeister ha investigado extensamente este fenómeno y ha descubierto que las experiencias negativas tienen un impacto mucho más fuerte en nuestras emociones y recuerdos que las experiencias positivas.[3] Según Baumeister, las personas necesitan experimentar múltiples eventos positivos para contrarrestar el efecto de un solo evento negativo.[4] Este desequilibrio puede hacer que las personas se sientan atrapadas en un ciclo de pesimismo, donde lo negativo parece dominar sus pensamientos, incluso cuando hay muchas cosas buenas en su vida.[5]

Afortunadamente, la psicología también ofrece estrategias para mitigar el impacto del sesgo de negatividad.[6] Uno de los enfoques más efectivos es cultivar el pensamiento positivo consciente.[7] Barbara Fredrickson, pionera en la investigación sobre emociones positivas, ha desarrollado la "teoría del ensanchamiento y la construcción", que sostiene que las emociones positivas, como la alegría y la gratitud, pueden ampliar nuestro

---

[1] Roy F. Baumeister et al., "Bad Is Stronger Than Good," *Review of General Psychology* 5, no. 4 (2001): 323-370.
[2] Baumeister, "Bad Is Stronger Than Good," 325.
[3] Baumeister, "Bad Is Stronger Than Good," 326.
[4] Baumeister, "Bad Is Stronger Than Good," 327.
[5] Baumeister, "Bad Is Stronger Than Good," 329.
[6] Fredrickson, *Positivity*, 14.
[7] Fredrickson, *Positivity*, 16.

enfoque mental y ayudarnos a ver más posibilidades y soluciones en la vida.[8] A través de la práctica consciente de enfocarse en lo positivo, podemos contrarrestar el sesgo de negatividad y construir una resiliencia emocional más fuerte.[9]

Este enfoque psicológico de cambiar el enfoque hacia lo positivo está profundamente conectado con la enseñanza bíblica. Las Escrituras nos invitan constantemente a poner nuestra confianza y esperanza en Dios, incluso en medio de circunstancias adver-sas. Al elegir cambiar nuestro enfoque, nos movemos del temor a la fe, del pesimismo a la esperanza, y comenzamos a ver el mundo a través de los ojos de Dios, con un corazón lleno de gratitud y optimismo.

El Impacto del Sesgo de Negatividad

El sesgo de negatividad no solo afecta nuestra percepción de los eventos externos, sino que también puede influir en nuestra autoimagen y en nuestras relaciones interpersonales.[10] Un estudio realizado por John Cacioppo, un renombrado psicólogo social, reveló que el cerebro humano tiene una mayor respuesta a los estímulos negativos que a los positivos, especialmente en lo que se refiere a interacciones sociales.[11] Esto explica por qué una crítica o un conflicto tienden a tener un impacto mucho más duradero en nuestra mente que los elogios o las interacciones positivas.[12] Cacioppo descubrió que este efecto es especialmente pronunciado en situaciones de rechazo social, lo que puede hacer

---

8 Fredrickson, *Positivity*, 22.
9 Barbara L. Fredrickson and Marcial Losada, "Positive Affect and the Complex Dynamics of Human Flourishing," *American Psychologist* 60, no. 7 (2005): 678-686.
10 John T. Cacioppo and William Patrick, *Loneliness: Human Nature and the Need for Social Connection* (New York: W. W. Norton & Company, 2008), 96.
11 Cacioppo and Patrick, Loneliness, 98.
12 Cacioppo and Patrick, Loneliness, 100.

que las personas se sientan atrapadas en patrones de autojuicio y desconfianza hacia los demás.[13]

Otra área donde el sesgo de negatividad influye fuertemente es en la toma de decisiones.[14] Investigaciones lideradas por la Dra. Tali Sharot, autora de *The Optimism Bias*, han demostrado que, aunque las personas tienden a ser optimistas sobre el futuro, tienden a sobreestimar el impacto de eventos negativos al tomar decisiones.[15] Esta tendencia puede hacer que las personas se vuelvan más reacias al riesgo, enfocándose más en la posibilidad de fracaso que en la oportunidad de éxito.[16] Esta mentalidad puede limitar el crecimiento personal y profesional, ya que el miedo a lo negativo puede disuadir a las personas de aprovechar oportunidades que podrían llevar a grandes recompensas.[17] El trabajo de Sharot sugiere que una reestructuración cognitiva que enfatice los resultados positivos puede ayudar a contrarrestar este sesgo y permitir una toma de decisiones más equilibrada.[18]

Otra investigación importante proviene del Dr. Daniel Kahneman, ganador del Premio Nobel de Economía, quien introdujo el concepto de "aversión a la pérdida", que está estrechamente relacionado con el sesgo de negatividad.[19] En su estudio sobre la toma de decisiones, Kahneman descubrió que las personas suelen dar más peso a las pérdidas potenciales que a las ganancias, incluso cuando las probabilidades de éxito son más

---

13   Cacioppo and Patrick, Loneliness, 105.
14   Tali Sharot, *The Optimism Bias: A Tour of the Irrationally Positive Brain* (New York: Pantheon Books, 2011), 78.
15   Sharot, *The Optimism Bias*, 80.
16   Sharot, *The Optimism Bias*, 83.
17   Sharot, *The Optimism Bias*, 85.
18   Sharot, *The Optimism Bias*, 90.
19   Daniel Kahneman, *Thinking, Fast and Slow* (New York: Farrar, Straus and Giroux, 2011), 283.

altas.[20] Esta mentalidad negativa puede llevar a la parálisis por análisis, donde las personas se enfocan tanto en lo que podrían perder que son incapaces de actuar, incluso en situaciones donde los beneficios son evidentes.[21] Este tipo de pensamiento no solo afecta la vida financiera, sino que también puede tener un impacto profundo en la felicidad y el bienestar emocional, ya que el temor a perder o fallar puede impedir que las personas experimenten la plenitud de la vida.[22]

Afortunadamente, la psicología sugiere que, aunque el sesgo de negatividad es algo muy arraigado, puede ser contrarrestado mediante el entrenamiento de la mente para enfocarse en lo positivo.[23] El concepto de atención plena o *mindfulness*, popularizado en la psicología moderna por investigadores como el Dr. Jon Kabat-Zinn, es una herramienta poderosa para mitigar el impacto de los pensamientos negativos.[24] Kabat-Zinn sostiene que la atención plena permite a las personas observar sus pensamientos sin juzgarlos, lo que les permite ver las emociones negativas desde una perspectiva más neutral, evitando que estas dominen su enfoque mental.[25] La atención plena ayuda a las personas a desarrollar una mayor conciencia de sus patrones de pensamiento y a redirigir conscientemente su atención hacia aspectos positivos, como el presente y las experiencias enriquecedoras.[26]

En cuanto a las emociones positivas, el trabajo de Barbara Fredrickson también refuerza la idea de que las experiencias

---

20 Kahneman, *Thinking, Fast and Slow*, 285.
21 Kahneman, *Thinking, Fast and Slow*, 288.
22 Kahneman, *Thinking, Fast and Slow*, 290.
23 Jon Kabat-Zinn, *Full Catastrophe Living: Using the Wisdom of Your Body and Mind to Face Stress, Pain, and Illness* (New York: Delacorte, 1990), 33.
24 Kabat-Zinn, *Full Catastrophe Living*, 35.
25 Kabat-Zinn, *Full Catastrophe Living*, 40.
26 Kabat-Zinn, *Full Catastrophe Living*, 42.

positivas no solo contrarrestan el sesgo de negatividad, sino que también amplían nuestra capacidad mental para enfrentar desafíos.[27] Su teoría del "ensanchamiento y construcción" argumenta que las emociones positivas generan un ciclo de retroalimentación que facilita el crecimiento personal y emocional.[28] Cuantas más experiencias positivas cultivemos, más probable será que nos enfoquemos en lo bueno, lo que a su vez alimenta nuestra resiliencia emocional frente a las dificultades.[29]

La Importancia de la Perspectiva y Cómo Redirigir la Atención Hacia lo Positivo

Esta perspectiva psicológica resuena profundamente con las enseñanzas bíblicas sobre el poder transformador de la mente renovada.[30] Al igual que la psicología moderna, la Biblia hace tiempo nos enseña a capturar los pensamientos negativos y a enfocarnos en lo positivo.[31] 2 Corintios 10:5 nos exhorta a "llevar cautivo todo pensamiento a la obediencia a Cristo", lo que implica que tenemos la capacidad, a través de la fe y la práctica consciente, de elegir qué pensamientos permitimos que dominen nuestra mente.[32] Esta alineación entre la ciencia y la espiritualidad refuerza la importancia de cambiar el enfoque hacia lo positivo, no solo para mejorar nuestro bienestar emocional, sino también para fortalecer nuestra fe y confianza en las promesas de Dios.[33]

---

27 Fredrickson, *Positivity*, 22.
28 Fredrickson, *Positivity*, 24.
29 Fredrickson, *Positivity*, 26.
30 J.I. Packer, *Knowing God* (Downers Grove: IVP Books, 1993), 50.
31 Packer, *Knowing God*, 55.52.
32 Eugene H. Peterson, *The Message Remix: The Bible in Contemporary Language* (Colorado Springs: NavPress, 2002), 2 Corintios 10:5.
33 Packer, *Knowing God*, 55.

La Biblia nos exhorta repetidamente a centrar nuestra mente en lo bueno y a redirigir nuestra atención hacia lo que es verdadero, noble y digno de alabanza.[34] Esta invitación a cambiar nuestro enfoque es un llamado a tomar control de nuestros pensamientos, eligiendo conscientemente lo que introducimos en nuestra mente.[35] Al hacerlo, comenzamos a ver la vida a través del lente de la esperanza y la gratitud, en lugar del miedo o la preocupación.[36]

La perspectiva que adoptamos no solo afecta nuestras emociones, sino que también determina cómo interpretamos el mundo que nos rodea y las decisiones que tomamos.[37] Desde el punto de vista bíblico, esta capacidad de redirigir nuestra atención es un acto de obediencia espiritual y un paso hacia una vida de paz y gozo.[38] Proverbios 23:7 nos recuerda que "como piensa el hombre en su corazón, tal es él". Esto subraya el poder transformador de nuestros pensamientos: lo que alimentamos en nuestra mente no solo afecta nuestro estado de ánimo, sino que moldea nuestra identidad y nuestras acciones.[39] Al elegir centrarnos en lo positivo y en las promesas de Dios, comenzamos a vivir de acuerdo con esa verdad, lo que cambia nuestra experiencia interna y externa.[40]

Más allá de las emociones, nuestra perspectiva influye en cómo enfrentamos los desafíos.[41] Cuando nos enfocamos en lo positivo, estamos más capacitados para ver las soluciones en

---

34 Keller, *Walking with God through Pain and Suffering*, 105.
35 Keller, *Walking with God*, 107.
36 Keller, *Walking with God*, 108.
37 David G. Benner, *The Gift of Being Yourself: The Sacred Call to Self-Discovery* (Downers Grove: IVP Books, 2004), 65.
38 Benner, *The Gift of Being Yourself*, 67.
39 Benner, *The Gift of Being Yourself*, 70.
40 Benner, *The Gift of Being Yourself*, 72.
41 Fredrickson, *Positivity*, 28.

lugar de los problemas.[42] Las investigaciones en psicología del comportamiento han mostrado que las personas que adoptan una perspectiva optimista son más proactivas y resilientes. [43]En lugar de sentirse paralizadas por las dificultades, estas personas son capaces de reencuadrar sus problemas como oportunidades de crecimiento.[44] Esta capacidad de encontrar algo positivo, incluso en las situaciones difíciles, nos permite perseverar y mantener la esperanza.[45]

Por otro lado, nuestra perspectiva también afecta nuestras relaciones interpersonales.[46] Aquellos que eligen redirigir su enfoque hacia lo positivo tienden a tener mejores relaciones, ya que son más capaces de perdonar, empatizar y buscar lo mejor en los demás.[47] La Biblia nos enseña a "perdonarnos unos a otros, como Dios también nos perdonó en Cristo" (Efesios 4:32). Este acto de perdón y amor requiere una decisión consciente de no centrarse en las ofensas o en lo negativo, sino de cambiar el enfoque hacia la restauración y el crecimiento mutuo.[48] Al aplicar esta misma mentalidad en nuestras interacciones diarias, podemos construir relaciones más fuertes y satisfactorias, basadas en la compasión y la comprensión.[49]

Es importante reconocer que cambiar nuestra perspectiva requiere práctica constante.[50] La psicología cognitiva nos enseña que los patrones de pensamiento negativos, si no se controlan,

---

42 Fredrickson, *Positivity*, 30.
43 Fredrickson, *Positivity*, 34.
44 Jon Kabat-Zinn, *Full Catastrophe Living* (New York: Delacorte, 1990), 45.
45 Kabat-Zinn, *Full Catastrophe Living*, 48.
46 Benner, *The Gift of Being Yourself*, 75.
47 Fredrickson, *Positivity*, 50.
48 Fredrickson, *Positivity*, 52.
49 Fredrickson, *Positivity*, 54.
50 Kabat-Zinn, *Full Catastrophe Living*, 55.

pueden convertirse en hábitos automáticos.[51] Sin embargo, el acto intencional de reenfocar la mente hacia lo positivo tiene el potencial de crear nuevas vías neuronales, lo que nos permite responder de manera diferente a las situaciones con el tiempo.[52] Este proceso, conocido como neuroplasticidad, es un testimonio de la capacidad de Dios para renovar nuestras mentes, como se describe en Romanos 12:2.[53] No es algo que suceda de la noche a la mañana, pero con el tiempo, al elegir centrar nuestra atención en lo bueno y lo justo, comenzamos a experimentar una transformación interna profunda que afecta cada área de nuestra vida.[54]

Enfócate En Las Promesas De Dios

Al elegir centrarnos en lo positivo y en las promesas de Dios, no solo hacemos un cambio en nuestra perspectiva mental, sino que transformamos la forma en que experimentamos la vida en su totalidad.[55] Esta elección tiene un impacto en múltiples niveles, desde el espiritual hasta el emocional, lo que resulta en una alineación entre nuestra fe y nuestras acciones.[56] Cuando enfocamos nuestra mente en las promesas de Dios — Su fidelidad, Su provisión, Su gracia — comenzamos a vivir en una realidad diferente, una realidad definida no por las circunstancias que nos rodean, sino por las verdades eternas que Dios ha revelado.[57] Esta verdad divina reconfigura no solo nuestra visión interna, sino también cómo interactuamos con el mundo exterior.[58]

---

51 Kabat-Zinn, *Full Catastrophe Living*, 57.
52 Benner, *The Gift of Being Yourself*, 82.
53 Peterson, *The Message Remix*, Romanos 12:2.
54 Benner, *The Gift of Being Yourself*, 85.
55 Keller, *Walking with God through Pain and Suffering*, 120.
56 Packer, *Knowing God*, 65.
57 Packer, *Knowing God*, 68.
58 Eugene H. Peterson, *The Message Remix: The Bible in Contemporary Language* (Colorado Springs: NavPress, 2002), Filipenses 4:19.

Internamente, centrar nuestra mente en lo positivo y en las promesas de Dios crea un ambiente de paz y seguridad.[59] En lugar de ser dominados por el miedo, la duda o la ansiedad, aprendemos a confiar en la soberanía de Dios.[60] Por ejemplo, cuando enfrentamos desafíos financieros, podemos elegir centrarnos en promesas como Filipenses 4:19, que dice: "Mi Dios, pues, suplirá todo lo que os falta conforme a sus riquezas en gloria en Cristo Jesús".[61] Al recordarnos esta verdad, cambiamos nuestra respuesta emocional ante la dificultad; en lugar de sentirnos desesperados, desarrollamos una actitud de confianza y expectativa de que Dios proveerá.[62] Esta transformación interna no es simplemente una cuestión de evitar pensamientos negativos, sino de reemplazarlos activamente con la verdad de la Palabra de Dios, lo que genera un estado emocional más estable y lleno de esperanza.[63]

A nivel externo, este cambio de enfoque también afecta nuestras acciones y comportamientos.[64] Cuando vivimos de acuerdo con las promesas de Dios, comenzamos a tomar decisiones que reflejan esa confianza.[65] Si creemos verdaderamente en las promesas de Romanos 8:28, que "todas las cosas obran para bien para los que aman a Dios", abordaremos las pruebas no con miedo, sino como oportunidades para crecer.[66] Este cambio de mentalidad nos impulsa a actuar con fe, sabiendo que, aunque el resultado no sea inmediato, Dios está obrando detrás de escena para cumplir Sus propósitos.[67] Como resultado, somos

---

59 Fredrickson, *Positivity*, 33.
60 Packer, *Knowing God*, 72.
61 Keller, *Walking with God*, 123.
62 Peterson, *The Message Remix*, Romanos 8:28.
63 Jon Kabat-Zinn, *Full Catastrophe Living* (New York: Delacorte, 1990), 70.
64 Keller, *Walking with God*, 125.
65 Keller, *Walking with God*, 128.
66 Fredrickson, *Positivity*, 45.
67 Benner, *The Gift of Being Yourself*, 85.

más propensos a perseverar en los momentos difíciles, a arriesgarnos en situaciones que requieren confianza, y a mantener una actitud positiva, aun cuando las circunstancias externas parezcan desfavorables.[68]

Vivir centrados en las promesas de Dios también transforma nuestras relaciones. Al mantener un enfoque positivo y una confianza constante en el carácter de Dios, interactuamos con los demás desde una postura de gracia y amor.[69] En lugar de reaccionar con frustración o resentimiento cuando otros nos fallan, somos capaces de perdonar más fácilmente porque entendemos que Dios es nuestra fuente de satisfacción y que Su plan siempre se cumplirá, independientemente de los comportamientos de los demás.[70] Esto nos permite construir relaciones más sanas, basadas en la comprensión de que nuestra paz y felicidad no dependen de las acciones de otros, sino de nuestra relación con Dios.[71]

Otro aspecto que cambia cuando nos centramos en las promesas de Dios es nuestra percepción del futuro. Vivir de acuerdo con las promesas de Dios nos infunde una esperanza constante. Esta esperanza no es optimismo ciego, sino una certeza espiritual basada en el conocimiento del carácter de Dios. Sabemos que Dios es fiel a Sus promesas, y esta confianza cambia la manera en que miramos hacia adelante.[72] En lugar de preocuparnos por lo que puede ir mal, mantenemos una expectativa gozosa de que Dios cumplirá Sus promesas en Su tiempo perfecto. Esta perspectiva nos da una valentía renovada para avanzar hacia el futuro con

---

68 Packer, *Knowing God*, 78.
69 Fredrickson, *Positivity*, 50.
70 Kabat-Zinn, *Full Catastrophe Living*, 85.
71 Packer, *Knowing God*, 92.
72 Keller, *Walking with God*, 150.

entusiasmo, sabiendo que, sin importar lo que venga, estamos bajo el cuidado amoroso y el plan perfecto de Dios.[73]

Además, al centrarnos en lo positivo y en las promesas de Dios, creamos un ciclo de crecimiento espiritual. A medida que experimentamos cómo Dios cumple Su Palabra en nuestra vida, nuestra fe se fortalece.[74] Esta fe más fuerte, a su vez, nos impulsa a seguir confiando en las promesas de Dios en circunstancias futuras. Por ejemplo, cuando vemos cómo Dios nos ha guiado a través de una prueba anterior, somos más propensos a confiar en Su dirección en momentos difíciles posteriores. Este ciclo de confianza refuerza nuestra relación con Dios y nos da la seguridad de que, pase lo que pase, Él está obrando para nuestro bien.[75]

El impacto externo de esta transformación se refleja en nuestro testimonio hacia los demás. Las personas a nuestro alrededor notarán la paz y la alegría que emanan de nosotros, incluso en medio de situaciones complicadas. Este testimonio de confianza en Dios sirve como un poderoso ejemplo para aquellos que luchan con el pesimismo o la falta de esperanza. Al vivir conforme a las promesas de Dios, no solo estamos cultivando nuestra propia felicidad y paz, sino que estamos mostrando a otros el poder transformador de la fe en Cristo. Como resultado, nuestra vida puede ser una luz que atrae a otros hacia la esperanza y el gozo que solo Dios puede proporcionar.

Finalmente, cuando elegimos centrarnos en lo positivo y en las promesas de Dios, transformamos nuestro ser interno — llenándonos de paz, esperanza y gratitud — y esta transformación interna se refleja en nuestras acciones externas, nuestras relaciones

---

[73] Packer, *Knowing God*, 105.
[74] Fredrickson, *Positivity*, 65.
[75] Benner, *The Gift of Being Yourself*, 110.

y nuestro testimonio. Vivir de acuerdo con las promesas de Dios nos lleva a experimentar una realidad que trasciende las circunstancias, una realidad en la que la fidelidad de Dios guía cada aspecto de nuestra vida, desde nuestras emociones hasta nuestras decisiones y nuestro impacto en el mundo.

Resumen del Capítulo

En este capítulo, hemos explorado cómo nuestra perspectiva y el enfoque que elegimos adoptar ante las circunstancias son cruciales para nuestra felicidad y bienestar. La Biblia nos enseña a centrarnos en lo que es bueno, verdadero y digno de alabanza, y la psicología moderna confirma que redirigir la atención hacia lo positivo puede transformar nuestra experiencia interna y externa. Al elegir intencionalmente centrarnos en las promesas de Dios, reconfiguramos nuestra mente para ver oportunidades y bendiciones, incluso en medio de desafíos. El sesgo de negatividad, un fenómeno bien documentado en psicología nos hace propensos a enfocarnos más en los eventos negativos que en los positivos. Sin embargo, investigaciones como las de Roy Baumeister y Barbara Fredrickson han mostrado que podemos mitigar este sesgo a través de la práctica consciente de emociones positivas, como la gratitud y la alegría. Estas prácticas no solo mejoran nuestra salud emocional, sino que también nos permiten responder a los desafíos con resiliencia y esperanza.

Al aprender a redirigir nuestra atención hacia lo positivo, cambiamos nuestra percepción del mundo y experimentamos una transformación interna que afecta nuestras relaciones, decisiones y bienestar espiritual. Este capítulo nos invita a aplicar estos principios a nuestra vida diaria, entrenando nuestra mente y corazón para ver el mundo a través de los ojos de la fe, la gratitud y la esperanza.

Ejercicios Prácticos

1. Diario de Perspectivas Positivas: Al final de cada día, anota tres situaciones o momentos que podrían haberse percibido de manera negativa, y reencuadra cada uno desde una perspectiva positiva. Este ejercicio te ayudará a entrenar tu mente para redirigir la atención hacia lo positivo, incluso en las circunstancias difíciles.

2. Meditación en Promesas de Esperanza: Dedica unos minutos cada día a meditar en pasajes bíblicos que hablen de las promesas de Dios y Su fidelidad. Esto fortalece el enfoque en lo que es verdadero y positivo, especialmente en tiempos de incertidumbre.

3. Reevaluación de Situaciones Difíciles: Cuando te enfrentes a un desafío o conflicto, haz una pausa y pregunta: "¿Qué lecciones puedo aprender de esto?" o "¿Cómo puede Dios usar esta situación para mi crecimiento?" Este ejercicio te ayudará a cambiar tu enfoque de la adversidad a las oportunidades.

Recursos Adicionales

Apps

- Calm: App de meditación y atención plena que ayuda a redirigir la atención hacia el presente, reduciendo el impacto de pensamientos negativos.

- Headspace: Una app que ofrece ejercicios de meditación guiada para ayudarte a cambiar tu enfoque mental y reducir el estrés.

- Grateful: Una app que promueve la gratitud diaria, ayudándote a cultivar una actitud más positiva y agradecida.

Libros

1. The Gifts of Imperfection por Brené Brown: Brown explora cómo aceptar nuestras imperfecciones y cambiar el enfoque desde la autocrítica hacia la autoaceptación puede llevar a una vida más plena y feliz.

2. Thanks! How Practicing Gratitude Can Make You Happier por Robert Emmons: Un libro que detalla cómo la gratitud puede cambiar nuestra perspectiva sobre la vida, transformando la forma en que vemos nuestras circunstancias y relaciones.

3. The Power of Now por Eckhart Tolle: Este libro ofrece una exploración sobre cómo vivir en el presente y cambiar el enfoque mental hacia lo que está sucediendo ahora puede mejorar nuestro bienestar emocional.

4. Positivity por Barbara Fredrickson: Un estudio detallado sobre cómo cultivar emociones positivas puede cambiar nuestro enfoque mental y mejorar nuestra resiliencia emocional frente a los desafíos.

Capítulo 10
ELIGE EL OPTIMISMO

"El optimismo es la fe que conduce al logro. Nada puede hacerse sin esperanza y confianza."

Helen Keller

El optimismo es más que una simple actitud positiva; es una elección activa que tiene un impacto profundo en nuestra felicidad y bienestar general. Tanto la Biblia como la psicología moderna destacan la importancia del optimismo, no solo como una herramienta para mejorar nuestra experiencia de vida, sino también como una forma de caminar en fe y confianza en los propósitos de Dios. Al elegir el optimismo, nos alineamos con una perspectiva que reconoce que, independientemente de las circunstancias, Dios tiene un plan mayor, y nuestras expectativas de futuro están firmemente arraigadas en Su bondad.

El Optimismo Está Intrínsecamente Relacionado Con La Fe

Desde una perspectiva bíblica, el optimismo está intrínsecamente relacionado con la fe.[1] En las Escrituras, encontramos innumerables exhortaciones a confiar en Dios y a mantener una actitud de esperanza en medio de las dificultades.[2] Romanos 8:28 nos recuerda que "a los que aman a Dios, todas las cosas les ayudan a bien", lo que implica una actitud optimista y confiada, incluso en las circunstancias más adversas.[3] Este tipo de optimismo no es ingenuidad, sino una profunda confianza en la soberanía de Dios y en Su capacidad para transformar cualquier situación en algo que obre para nuestro bien.[4]

El optimismo cristiano no se basa en una falsa esperanza o en una negación de los problemas, sino en la fe en las promesas de Dios. A lo largo de la Biblia, Dios nos llama a confiar en Él y a tener una actitud de esperanza incluso en medio de las dificultades. En Jeremías 29:11, Dios dice:

> *"Porque yo sé muy bien los planes que tengo para ustedes —afirma el Señor—, planes de bienestar y no de calamidad, a fin de darles un futuro y una esperanza."*
>
> (Jeremías 29:11, NVI)

Este versículo es un recordatorio de que Dios siempre tiene un plan bueno y perfecto para nuestra vida, aun cuando enfrentamos desafíos. El optimismo cristiano, por lo tanto, es una

---

1 Piper, *Desiring God*, 98.
2 Piper, *Desiring God*, 102.
3 Eugene H. Peterson, *The Message Remix: The Bible in Contemporary Language* (Colorado Springs: NavPress, 2002), Romanos 8:28.
4 Keller, *Walking with God through Pain and Suffering*, 122.

respuesta consciente de confianza en el carácter de Dios y en Su plan para nosotros. Dios quiere que elijamos el optimismo porque al hacerlo, mostramos nuestra fe en que Él es soberano y que, al final, todas las cosas obrarán para bien.

Dios nos llama a ser optimistas porque Él es el proveedor de todo lo que necesitamos. En Mateo 6:25-34, Jesús nos exhorta a no preocuparnos por el mañana, diciendo:

> *"Por eso les digo: No se preocupen por su vida, qué comerán o beberán; ni por su cuerpo, cómo se vestirán. ¿No tiene la vida más valor que la comida, y el cuerpo más que la ropa?"*
>
> (Mateo 6:25, NVI)

Pablo eligió el optimismo y la gratitud, no porque su vida fuera fácil, sino porque su fuerza y esperanza estaban en Cristo. Este es el tipo de optimismo que Dios quiere que cultivemos: uno que ve las dificultades como oportunidades para crecer en fe, confiando en que Dios es quien nos sostiene y nos da la fortaleza para superar cualquier adversidad.

El optimismo cristiano también está profundamente arraigado en la esperanza del futuro eterno que Dios ha prometido. Como creyentes, sabemos que la vida terrenal es solo temporal y que nuestra verdadera esperanza está en la vida eterna con Dios. En Apocalipsis 21:4, se nos da una imagen del futuro glorioso que nos espera:

> *"Él les enjugará toda lágrima de los ojos. Ya no habrá muerte, ni llanto, ni lamento ni dolor, porque las primeras cosas han dejado de existir."*
>
> (Apocalipsis 21:4, NVI)

Dios quiere que elijamos el optimismo no solo en esta vida, sino también en la certeza de nuestra salvación y en la promesa de la vida eterna. Esta esperanza en la eternidad nos permite vivir con optimismo incluso frente al sufrimiento y la muerte, sabiendo que lo que nos espera es mucho mejor que cualquier dificultad presente.

El optimismo no solo es un beneficio personal para los creyentes, sino que también es un testimonio de nuestra fe ante los demás. Cuando los cristianos eligen ser optimistas en medio de circunstancias difíciles, están reflejando la luz de Cristo al mundo. En 1 Pedro 3:15, se nos anima a estar siempre preparados para dar razón de la esperanza que hay en nosotros:

> *"Más bien, honren en su corazón a Cristo como Señor. Estén siempre preparados para responder a todo el que les pida razón de la esperanza que hay en ustedes."*
>
> (1 Pedro 3:15, NVI)

El optimismo basado en la fe es un testimonio poderoso que puede impactar a los demás y llevarlos a preguntarse por qué, a pesar de los desafíos, mantenemos una actitud de esperanza. Al elegir el optimismo, los cristianos demuestran que su confianza no está puesta en este mundo, sino en un Dios que trasciende todas las circunstancias. De esta manera, el optimismo se convierte en una herramienta evangelizadora, mostrando la diferencia que hace confiar en Dios. El optimismo que Dios desea que elijamos no es simplemente un esfuerzo humano, sino que está empoderado por el Espíritu Santo. En Romanos 15:13, Pablo escribe:

"Que el Dios de la esperanza los llene de toda alegría y paz a ustedes que creen en él, para que rebosen de esperanza por el poder del Espíritu Santo."

(Romanos 15:13, NVI)

El Espíritu Santo es quien llena a los creyentes de alegría, paz y esperanza, permitiéndonos elegir el optimismo incluso cuando nuestras fuerzas humanas fallan. Dios quiere que elijamos el optimismo no solo por nuestros propios esfuerzos, sino que dependamos de Su poder a través del Espíritu Santo para ver la vida con ojos llenos de esperanza y expectativa positiva.

Como mencione anteriormente, Dios, en su diseño de la mente humana, también nos ha dado la capacidad de renovar nuestro pensamiento y desarrollar una actitud optimista a través de la neuroplasticidad, el poder del cerebro de reorganizarse y cambiar sus patrones. En Romanos 12:2, se nos exhorta:

"No se amolden al mundo actual, sino sean transformados mediante la renovación de su mente."

Este versículo no solo nos invita a alejarnos de los pensamientos negativos y pesimistas que predominan en el mundo, sino que también nos llama a permitir que nuestra mente sea transformada por la verdad de Dios.[5] Elegir el optimismo es una parte de esa renovación de la mente.[6] A medida que elegimos enfocarnos en las promesas de Dios y en Su fidelidad, nuestra mente es transformada, y nos volvemos más optimistas y confiados en Su plan.[7]

---

5   J.I. Packer, *Knowing God* (Downers Grove: IVP Books, 1993), 67.
6   Packer, *Knowing God*, 70.
7   Piper, *Desiring God*, 108.

Así que una de las decisiones clave para ser feliz es elegir una perspectiva optimista.[8] Esto no significa ignorar los problemas o vivir en una negación constante, sino aprender a enfocarse en las oportunidades, lecciones y aspectos positivos incluso en medio de las dificultades.[9] El optimismo no es ingenuidad, sino una decisión consciente de ver lo bueno en cada situación.[10] El optimismo no se trata de evitar los problemas o de mantener una actitud ciega frente a la realidad.[11] Al contrario, implica una manera de procesar las circunstancias que reconoce tanto lo negativo como lo positivo, pero elige conscientemente enfocarse en lo que puede aprovecharse y aprenderse de cada situación.[12] En este sentido, el optimismo es una decisión diaria que no niega el dolor ni las dificultades, sino que las enfrenta con una actitud de crecimiento y esperanza.[13]

Elegir una perspectiva optimista está directamente relacionado con la resiliencia, que es la capacidad de recuperarse frente a la adversidad.[14] Una persona optimista no necesariamente tiene menos problemas que una persona pesimista, pero sí se distingue por la manera en que aborda esos problemas.[15] Mientras que el pesimismo tiende a magnificar las dificultades y sentirse impotente, el optimista evalúa la situación y busca cómo sacar algo bueno de ella.[16] Estudios psicológicos han demostrado que el optimismo puede mejorar la capacidad de adaptación y fortalecer la

---
8 Keller, *Walking with God*, 126.
9 Fredrickson, *Positivity*, 35.
10 Fredrickson, *Positivity, 38.*
11 Benner, *The Gift of Being Yourself*, 92.
12 Fredrickson, *Positivity*, 45.
13 Piper, *Desiring God*, 115.
14 Keller, *Walking with God*, 130.
15 Fredrickson, *Positivity*, 55.
16 John Cacioppo y William Patrick, *Loneliness: Human Nature and the Need for Social Connection* (New York: W. W. Norton & Company, 2008), 62.

salud mental al reducir la probabilidad de desarrollar depresión o ansiedad en momentos difíciles.[17]

El Optimismo Desde El Punto De Vista Psicológico

Desde el punto de vista psicológico, el optimismo ha sido objeto de numerosos estudios, y los resultados son claros: las personas que eligen ser optimistas experimentan mayores niveles de bienestar y felicidad.[18] El psicólogo Dr. Martin Seligman, en su obra sobre la psicología positiva, argumenta que el optimismo aprendido tiene un impacto significativo en cómo percibimos y manejamos los eventos de la vida.[19] Los optimistas no solo enfrentan las dificultades con mayor resiliencia, sino que también tienden a tener una vida más saludable y longeva.[20] Al adoptar una mentalidad optimista, las personas están mejor equipadas para manejar el estrés, lo que reduce la probabilidad de desarrollar problemas de salud relacionados con la ansiedad o la depresión.[21]

El optimismo, además de mejorar el bienestar y la resiliencia, también tiene un profundo impacto en la forma en que las personas se relacionan con los demás y enfrentan el éxito y el fracaso.[22] Desde un punto de vista psicológico, los estudios han mostrado que las personas optimistas no solo son más felices, sino que también tienen relaciones interpersonales más

---

17 Tali Sharot, *The Optimism Bias: A Tour of the Irrationally Positive Brain* (New York: Vintage, 2012), 83.
18 Martin Seligman, *Learned Optimism: How to Change Your Mind and Your Life* (New York: Vintage, 2006), 45.
19 Seligman, *Learned Optimism*, 48.
20 Seligman, *Learned Optimism*, 51.
21 Seligman, *Learned Optimism*, 53.
22 Shawn Achor, *The Happiness Advantage: The Seven Principles of Positive Psychology That Fuel Success and Performance at Work* (New York: Crown Business, 2010), 29.

satisfactorias.[23] Esto se debe a que los optimistas tienden a interpretar las interacciones sociales de una manera más positiva, lo que les permite tener mayor empatía y confianza en los demás.[24] En situaciones de conflicto o malentendidos, los optimistas son más propensos a buscar soluciones constructivas, en lugar de centrarse en el problema.[25] Esta actitud no solo mejora sus relaciones, sino que también contribuye a un entorno social más saludable y colaborativo.[26] Un aspecto crucial que la psicología ha destacado es que el optimismo afecta el estilo explicativo que las personas adoptan cuando enfrentan desafíos.[27] Según Seligman, las personas optimistas tienden a atribuir los fracasos o eventos negativos a causas temporales y específicas, mientras que los pesimistas los ven como permanentes y generales.[28] Por ejemplo, un optimista que no logra un objetivo podría decir: "Fue un mal día, pero mañana será mejor", mientras que un pesimista podría pensar: "Nunca seré bueno en esto".[29] Este estilo explicativo más positivo permite a los optimistas seguir adelante con sus vidas, aprender de los fracasos y crecer a partir de las dificultades.[30] En cambio, los pesimistas tienden a verse atrapados en el ciclo de la autocrítica y la desesperanza, lo que puede llevar a mayores niveles de estrés y ansiedad.[31] Además, investigaciones recientes en psicología organizacional, como las realizadas por Shawn Achor, autor de *The Happiness Advantage*, muestran que el optimismo

---

23 Shawn Achor, *The Happiness Advantage*, 32.
24 Seligman, *Learned Optimism*, 64.
25 Achor, *The Happiness Advantage*, 36.
26 Suzanne Segerstrom y Gregory Miller, "Psychological Stress and the Immune System," *Psychological Bulletin* 130, no. 4 (2004): 601.
27 Seligman, *Learned Optimism*, 71.
28 Seligman, *Learned Optimism*, 74.
29 Seligman, *Learned Optimism*, 77.
30 Seligman, *Learned Optimism*, 80.
31 Tali Sharot, *The Optimism Bias: A Tour of the Irrationally Positive Brain* (New York: Vintage, 2012), 42.

no solo impacta el bienestar individual, sino que también mejora el rendimiento en el trabajo y en los entornos educativos.[32] Las personas optimistas tienden a ser más productivas, más creativas y están más motivadas para alcanzar sus metas.[33] En los entornos laborales, los equipos que cultivan una mentalidad optimista son más propensos a colaborar de manera efectiva, a superar obstáculos y a innovar, ya que se centran en las posibilidades en lugar de las limitaciones.[34] Esta mentalidad positiva no solo contribuye al éxito individual, sino también al éxito colectivo de las organizaciones.[35]

El optimismo, desde un punto de vista psicológico, también tiene implicaciones importantes para la salud física.[36] Un estudio de Suzanne Segerstrom y Gregory Miller, publicado en *Psychological Bulletin*, demostró que las personas optimistas tienen un sistema inmunológico más fuerte y son más resistentes a enfermedades crónicas.[37] Esto ocurre porque el optimismo reduce los niveles de estrés crónico, lo que disminuye la inflamación en el cuerpo y mejora el funcionamiento general del sistema inmunológico.[38] Además, los optimistas son más propensos a adoptar hábitos de vida saludables, como hacer ejercicio, comer de manera equilibrada y evitar comportamientos dañinos, lo que contribuye a una vida más larga y plena.[39] En términos de salud mental, el optimismo también ha mostrado efectos protectores

---

32 Achor, *The Happiness Advantage*, 40.
33 Achor, *The Happiness Advantage*, 43.
34 Achor, *The Happiness Advantage*, 47.
35 Segerstrom y Miller, "Psychological Stress," 606.
36 Segerstrom y Miller, "Psychological Stress," 609.
37 Tasha Eurich, *Insight: The Surprising Truth About How Others See Us, How We See Ourselves, and Why the Answers Matter More Than We Think* (New York: Crown Business, 2017), 91.
38 Eurich, *Insight*, 93.
39 Sharot, *The Optimism Bias*, 55.

contra el desarrollo de trastornos del estado de ánimo.[40] Según la Dra. Tasha Eurich, psicóloga organizacional, las personas que cultivan una mentalidad optimista son menos propensas a sufrir de depresión y ansiedad, ya que adoptan una perspectiva proactiva frente a los problemas y desafíos.[41] Al elegir ver las dificultades como oportunidades de crecimiento, los optimistas mantienen una mentalidad resiliente que les permite navegar mejor por las adversidades sin quedar atrapados en espirales de pensamientos negativos.[42]

Otro estudio realizado por la Dra. Tali Sharot, neurocientífica y autora de *The Optimism Bias*, revela que el cerebro humano está diseñado para ser naturalmente optimista.[43] Según su investigación, las personas que mantienen una expectativa positiva sobre el futuro experimentan mayor activación en la corteza prefrontal, el área del cerebro asociada con la planificación y la toma de decisiones.[44] Esto refuerza la idea de que el optimismo no es simplemente un rasgo de personalidad, sino una habilidad que podemos desarrollar intencionalmente, y que impacta profundamente en nuestras decisiones y en nuestra capacidad para encontrar la felicidad.[45]

Por lo tanto, el optimismo no solo es una herramienta para aumentar la felicidad, sino una estrategia eficaz para mejorar la salud mental, las relaciones interpersonales, el rendimiento

---

40 Sharot, *The Optimism Bias*, 58.
41 Sharot, *The Optimism Bias*, 61.
42 Sharot, *The Optimism Bias*, 64.
43 Tali Sharot, *The Optimism Bias: A Tour of the Irrationally Positive Brain* (New York: Vintage, 2012), 42.
44 Sharot, *The Optimism Bias*, 45. Tambien ver Suzanne Segerstrom y Gregory Miller, "Psychological Stress and the Immune System," *Psychological Bulletin* 130, no. 4 (2004): 601.
45 Sharot, *The Optimism Bias*

profesional y la longevidad.[46] Al elegir desarrollar una actitud optimista, las personas no solo están mejorando su bienestar emocional, sino que también están fortaleciendo su capacidad para enfrentar la vida de manera más saludable, creativa y resiliente.[47]

Optimismo Realista Y El Optimismo Ingenuo

Es importante diferenciar entre el optimismo realista y el optimismo ingenuo. El primero se basa en una visión clara de la realidad, pero con una predisposición a encontrar soluciones, a ver el vaso medio lleno. El optimista realista comprende que no siempre controlamos lo que nos sucede, pero sí tenemos control sobre nuestra respuesta. Esto conecta con lo que Viktor Frankl argumentó en su obra: incluso en las circunstancias más brutales, como su experiencia en los campos de concentración, la libertad más esencial que no nos puede ser arrebatada es la de elegir nuestra actitud ante lo que nos sucede.[48]

El optimismo ingenuo, en cambio, es negar la realidad o minimizar problemas importantes, lo cual puede llevar a evitar el trabajo necesario para resolver situaciones críticas. A largo plazo, este tipo de actitud puede aumentar la frustración y el malestar, ya que las dificultades ignoradas tienden a crecer.[49]

El optimismo bien gestionado nos permite ver lo bueno en cada situación, aun cuando las circunstancias no sean favorables. Esto puede tomar la forma de reconocer una lección aprendida, una nueva oportunidad que emerge, o simplemente la gratitud por lo que permanece positivo en nuestra vida, incluso en medio

---

46 Seligman, *Learned Optimism*, 105.
47 Achor, *The Happiness Advantage*, 50.
48 Frankl, *Man's Search for Meaning*, 66.
49 Achor, *The Happiness Advantage*, 62.

del caos. La práctica de la gratitud está estrechamente ligada a este tipo de perspectiva, y estudios han demostrado que aquellas personas que practican la gratitud de manera regular suelen reportar mayores niveles de bienestar y satisfacción con la vida.[50]

Esta capacidad de buscar lo positivo no es una habilidad innata en todas las personas; muchas veces debe ser desarrollada y entrenada. Esto incluye aprender a replantear nuestras situaciones, identificar los aspectos controlables y mantener la esperanza en medio de la incertidumbre. Aquí es donde el optimismo se convierte en una decisión consciente: frente a la tentación de caer en el desánimo, se elige deliberadamente ver más allá de los desafíos inmediatos, confiando en que las dificultades traen consigo lecciones y oportunidades de crecimiento.[51]

Numerosos estudios científicos han demostrado que las personas optimistas suelen tener mejor salud física y mental, mayor éxito profesional, y relaciones más satisfactorias.[52] Esto se debe en parte a que el optimismo fomenta la acción positiva; al creer que algo bueno puede suceder, la persona actúa en consecuencia, toma decisiones constructivas y mantiene una energía vital más alta, lo que aumenta las probabilidades de que sus esfuerzos den resultados favorables.[53] En términos de salud, se ha encontrado que las personas optimistas tienden a tener un sistema

---

50 Robert Emmons y Michael McCullough, "Counting Blessings versus Burdens: An Experimental Investigation of Gratitude and Subjective Well-being in Daily Life," *Journal of Personality and Social Psychology* 84, no. 2 (2003): 377-389.

51 Seligman, *Learned Optimism,* 142.

52 Suzanne Segerstrom, "Optimism and Immune Function: Associations and Cellular Evidence," *Brain, Behavior, and Immunity* 21, no. 8 (2007): 1002-1008.

53 Suzanne Segerstrom y Gregory Miller, "Psychological Stress and the Human Immune System: A Meta-Analytic Study of 30 Years of Inquiry," *Psychological Bulletin* 130, no. 4 (2004): 601-630.

inmunológico más fuerte, menores niveles de cortisol (la hormona del estrés) y mejor salud cardiovascular.[54]

Elegir una perspectiva optimista es un acto de poder personal y libertad. No se trata de negar la realidad, sino de abrazarla con esperanza, buscando siempre la posibilidad de sacar algo valioso de cada situación, por adversa que sea.[55] El optimismo, cuando es bien entendido, se convierte en un faro que nos guía a través de los momentos difíciles, manteniéndonos enfocados en lo que podemos lograr, aprender y mejorar, en lugar de dejarnos abrumar por lo que no podemos controlar.[56]

Ejemplos Prácticos de Cómo Desarrollar esta Actitud

Desarrollar una actitud optimista no es algo que ocurra de la noche a la mañana, pero es una habilidad que puede ser cultivada a través de decisiones y prácticas diarias. A continuación, se presentan algunos ejemplos prácticos para desarrollar y mantener el optimismo:

a) Enfocar la Mente en las Promesas de Dios

Uno de los principios clave para desarrollar el optimismo desde una perspectiva cristiana es centrar nuestra mente en las promesas de Dios. En lugar de enfocarse en las dificultades, el creyente es llamado a recordar y meditar en las verdades bíblicas. Pasajes como Isaías 40:31, que nos recuerda que "los que esperan a Jehová tendrán nuevas fuerzas", son anclas que nos permiten enfrentar las pruebas con una expectativa positiva de que Dios renovará nuestras fuerzas y cumplirá Sus promesas. La

---

54 Segerstrom y Miller, "Psychological Stress and the Human Immune System," 604.
55 Seligman, *Learned Optimism*, 148.
56 Emmons y McCullough, "Counting Blessings versus Burdens," 385.

repetición diaria de estos versículos, junto con la oración, nos ayuda a entrenar nuestra mente a ver más allá de las circunstancias temporales.[57]

b) Practicar la Gratitud

La gratitud es uno de los mayores antídotos contra el pesimismo. Al centrarnos en las bendiciones presentes dejamos de enforcarnos en lo que falta o en lo que va mal. Un ejercicio simple para practicar la gratitud es llevar un diario de gratitud, donde cada día escribimos tres cosas por las que estamos agradecidos.[58] Esto ayuda a reprogramar nuestra mente para buscar lo positivo, y con el tiempo, nos hace más propensos a ver la vida desde una perspectiva optimista.[59]

c) Desarrollar una Mentalidad de Crecimiento

La mentalidad de crecimiento, un término popularizado por la psicóloga Carol Dweck, se refiere a la creencia de que nuestras habilidades y capacidades pueden desarrollarse a través del esfuerzo y el aprendizaje.[60] Esta mentalidad nos impulsa a ver los desafíos no como barreras insuperables, sino como oportunidades para crecer.[61] Al enfrentar dificultades, las personas con una mentalidad de crecimiento se enfocan en lo que pueden aprender y en cómo pueden mejorar, lo que genera una actitud optimista hacia el futuro.[62] Esta mentalidad es congruente con el llamado

---

57 Donald Whitney, *Spiritual Disciplines for the Christian Life* (Colorado Springs: NavPress, 2014), 78.
58 Emmons, *Gratitude Works!*, 34-35.
59 Emmons, *Gratitude Works!*, 37.
60 Carol Dweck, *Mindset: The New Psychology of Success* (New York: Random House, 2006), 6.
61 Dweck, *Mindset*, 12-15.
62 Seligman, *Learned Optimism*, 127.

bíblico a crecer en la fe y a ver las pruebas como oportunidades para desarrollar perseverancia y carácter (Santiago 1:2-4).

d) Controlar el Diálogo Interno

Nuestros pensamientos internos tienen un gran impacto en nuestra actitud general. Si queremos ser más optimistas, es esencial que aprendamos a identificar y reemplazar los pensamientos negativos. Un ejercicio útil es escribir cualquier pensamiento pesimista que surja durante el día y luego desafiarlo con una verdad bíblica o una afirmación positiva.[63] Por ejemplo, si surge el pensamiento: "Nada va a mejorar", podemos desafiarlo con una afirmación como: "Dios está obrando en mi vida para bien" (Romanos 8:28). Este tipo de reentrenamiento mental puede ayudarnos a desarrollar una perspectiva más optimista y centrada en la esperanza.[64]

e) Rodearse de Influencias Positivas

Las personas que nos rodean tienen una gran influencia en nuestra actitud. Es importante rodearse de personas optimistas y que nos animen a ver las posibilidades, en lugar de centrarse en las dificultades.[65] Buscar la compañía de otros creyentes que confíen en Dios y mantengan una actitud positiva nos ayuda a mantener nuestra propia fe y esperanza.[66] Además, involucrarse en actividades que promuevan el crecimiento espiritual, como grupos de oración o estudios bíblicos, puede fortalecer nuestra capacidad para elegir el optimismo.[67]

---

[63] Norman Vincent Peale, *The Power of Positive Thinking* (New York: Prentice Hall, 1952), 98.
[64] Peale, *The Power of Positive Thinking*, 100-102.
[65] Dale Carnegie, *How to Win Friends and Influence People* (New York: Simon & Schuster, 1936), 78.
[66] Carnegie, *How to Win Friends*, 82.
[67] Whitney, *Spiritual Disciplines for the Christian Life*, 45-46.

Resumen del Capitulo

En este capítulo, hemos explorado cómo el optimismo, tanto desde una perspectiva bíblica como psicológica, tiene un impacto significativo en la felicidad y el bienestar. La Biblia enseña que el optimismo está profundamente ligado a la fe y la confianza en las promesas de Dios, lo que nos permite enfrentar los desafíos de la vida con esperanza. Pasajes como Romanos 8:28 y Jeremías 29:11 nos animan a confiar en que Dios está trabajando en todas las cosas para nuestro bien, incluso cuando las circunstancias no son favorables.

Desde una perspectiva psicológica, estudios de expertos como Martin Seligman y Tali Sharot han demostrado que el optimismo aprendido no solo aumenta los niveles de felicidad, sino que también mejora la resiliencia, la salud física y el rendimiento en diferentes áreas de la vida. Las personas optimistas tienden a interpretar las dificultades como temporales y manejables, lo que les permite recuperarse más rápidamente de los contratiempos y mantener una actitud proactiva.

El optimismo puede cultivarse a través de prácticas como la gratitud, el reencuadre de pensamientos negativos y la visualización positiva. Estas estrategias no solo entrenan la mente para centrarse en lo positivo, sino que también promueven un estado de bienestar que influye en nuestras relaciones, rendimiento profesional y salud física. A través del poder de elegir el optimismo, podemos experimentar una vida más plena, confiando en las promesas de Dios y en nuestra capacidad de superar los desafíos con una actitud renovada

Ejercicios Prácticos

1. Diario de Optimismo: Escribe cada día tres cosas que salieron bien o que te hicieron sentir positivo. Este ejercicio refuerza la mentalidad optimista al centrarte en lo positivo en lugar de en lo negativo. Con el tiempo, te entrenará a ver más oportunidades y posibilidades en tu vida diaria.

2. Reencuadre de Pensamientos Negativos: Cuando te enfrentes a un pensamiento pesimista, anótalo y luego busca una forma de reencuadrarlo en un pensamiento más positivo o constructivo. Por ejemplo, si piensas "Nunca lograré esto", cambia el enfoque a "Este es un desafío difícil, pero puedo crecer a través de él".

3. Actos de Bondad Aleatorios: Haz algo bueno por alguien cada día, sin esperar nada a cambio. La investigación ha demostrado que los actos de bondad no solo mejoran el bienestar del receptor, sino que también aumentan el optimismo y la felicidad del que los realiza.

4. Visualización Positiva: Dedica unos minutos cada día a imaginar situaciones futuras con un desenlace positivo. Esto ayuda a entrenar tu cerebro para enfocarse en las soluciones y posibilidades en lugar de los problemas.

Recursos Adicionales

Apps

- Happify: Una app basada en la psicología positiva, con actividades diseñadas para ayudarte a entrenar la mente para enfocarse en lo positivo y desarrollar una actitud optimista.

- ThinkUp: Esta app te permite crear afirmaciones positivas personalizadas para ayudarte a cambiar tus patrones de pensamiento y desarrollar un enfoque más optimista.

- Grateful: Una app sencilla para practicar la gratitud, que te ayuda a centrarte en lo bueno y a mantener una mentalidad optimista.

Libros

1. The Happiness Advantage por Shawn Achor: Un libro que explica cómo el optimismo y una mentalidad positiva no solo mejoran la felicidad personal, sino también el éxito en diversas áreas de la vida.

2. Learned Optimism por Martin Seligman: Explora el concepto de optimismo aprendido, enseñando cómo podemos entrenar nuestra mente para adoptar una perspectiva más optimista frente a los desafíos de la vida.

3. The Optimism Bias por Tali Sharot: Un análisis desde la neurociencia sobre cómo el cerebro humano está predispuesto hacia el optimismo y cómo podemos aprovechar este sesgo natural para mejorar nuestro bienestar.

4. Positivity por Barbara Fredrickson: Este libro ofrece una exploración de cómo cultivar emociones positivas, incluido el optimismo, puede mejorar la salud mental y el bienestar a largo plazo.

Capítulo 11
LAS RELACIONES HUMANAS Y LA FELICIDAD

"Las conexiones humanas son fundamentales para nuestra felicidad; el simple acto de estar cerca de las personas que nos importan nos brinda una profunda alegría."

Robert Waldinger

Las relaciones humanas juegan un papel fundamental en la felicidad, tanto desde una perspectiva bíblica como científica. Nuestra capacidad para formar conexiones significativas con los demás no solo nos define como seres humanos, sino que también influye en nuestro bienestar emocional, mental y espiritual. La Biblia y la ciencia coinciden en que la calidad de nuestras relaciones interpersonales es uno de los factores más determinantes para una vida plena y feliz.

El Papel de las Relaciones en la Felicidad desde la Perspectiva Bíblica

En la Biblia, las relaciones humanas son esenciales para el propósito y el bienestar del ser humano. Desde el Génesis, Dios declara que "no es bueno que el hombre esté solo" (Génesis 2:18), lo que refleja la necesidad intrínseca de los seres humanos de vivir en comunidad y formar lazos significativos. Esta afirmación no se limita al matrimonio, sino que abarca todas las relaciones humanas que nos conectan unos con otros en la familia, la amistad y la comunidad.[1] A través de estos vínculos, encontramos una expresión más completa de quiénes somos, y comprendemos mejor nuestra identidad en relación con los demás y con Dios.[2] Dios nos diseñó no para vivir en aislamiento, sino para compartir nuestras vidas, talentos y afectos, construyendo conexiones que reflejan Su naturaleza comunitaria.[3] La Trinidad misma —Padre, Hijo y Espíritu Santo— ejemplifica la comunión perfecta, y nuestro llamado a vivir en comunidad refleja esa realidad divina.[4]

La importancia de las relaciones también está profundamente arraigada en nuestra responsabilidad mutua. La Biblia subraya repetidamente que nuestras relaciones son oportunidades para mostrar amor, compasión, y apoyo. Por ejemplo, en Eclesiastés 4:9-10, se nos dice que "mejor son dos que uno, porque tienen mejor paga de su trabajo. Porque si cayeren, el uno levantará a su compañero". Este pasaje no solo resalta la necesidad práctica de

---

1 Keller, *The Meaning of Marriage*, 125.
2 Keller, *The Meaning of Marriage*, 128.
3 Stanley Hauerwas, *Community of Character* (Notre Dame: University of Notre Dame Press, 1981), 47-48.
4 Jürgen Moltmann, *The Trinity and the Kingdom* (Minneapolis: Fortress Press, 1993), 102.

tener apoyo en tiempos difíciles, sino también la bendición de la camaradería y el trabajo en equipo.[5] Las relaciones nos ofrecen un refugio emocional y espiritual, una estructura en la que podemos confiar en los momentos de dificultad y celebración. [6]

Jesús, en el Nuevo Testamento, refuerza la importancia de las relaciones al resumir los mandamientos en dos principios clave: "Amarás al Señor tu Dios con todo tu corazón, con toda tu alma y con toda tu mente" y "Amarás a tu prójimo como a ti mismo" (Mateo 22:37-39). Este mandato establece una conexión directa entre nuestra relación con Dios y nuestra relación con los demás.[7] No podemos vivir una vida de amor y obediencia a Dios si no cultivamos relaciones saludables con quienes nos rodean.[8] El amor hacia Dios se refleja en cómo tratamos a nuestro prójimo, y viceversa.[9] No hay espacio en la vida cristiana para el aislamiento emocional o la indiferencia hacia los demás, porque la comunión con Dios es inseparable de la comunión con Su pueblo.[10]

Jesús modeló esta interconexión en Su vida diaria, cultivando relaciones cercanas con Sus discípulos, ofreciendo sanidad a quienes sufrían, y siendo una presencia constante de apoyo y guía.[11] Este amor sacrificial no era solo un acto de bondad, sino una manifestación del Reino de Dios, donde cada relación es una oportunidad para demostrar el amor redentor de Cristo.[12] Asimismo, el apóstol Juan enfatiza que "quien no ama a su hermano, a quien ha visto, no puede amar a Dios, a quien no ha visto" (1 Juan 4:20),

---

5 Dietrich Bonhoeffer, *Life Together* (New York: Harper & Row, 1954), 30.
6 Bonhoeffer, *Life Together*, 35.
7 N.T. Wright, *Simply Jesus* (New York: HarperOne, 2011), 204
8 Wright, *Simply Jesus*, 205-206.
9 Piper, *Desiring God*, 76.
10 Piper, *Desiring God*, 77.
11 James K. A. Smith, *You Are What You Love* (Grand Rapids: Brazos Press, 2016), 68.
12 Smith, *You Are What You Love*, 69-70.

subrayando que el amor por los demás es una evidencia tangible de nuestra relación con Dios.

La vida cristiana está profundamente entrelazada con el amor y el servicio a los demás.[13] Las relaciones sanas no solo enriquecen nuestras vidas, sino que también nos desafían a crecer espiritualmente.[14] Cuando vivimos en comunidad, nos vemos obligados a practicar el perdón, la paciencia, y la humildad, virtudes que son centrales en el carácter de Cristo.[15] A través de estas interacciones, experimentamos la plenitud de la gracia de Dios y nos volvemos reflejos vivos de Su amor transformador.[16]

Desde la Palabra de Dios, las relaciones humanas no son un aspecto secundario del diseño divino; son una parte esencial del plan de Dios para nuestra vida y felicidad.[17] Cultivar y nutrir esas relaciones, basadas en el amor, el respeto y la compasión, nos permite vivir en el propósito para el que fuimos creados.[18] Además, al vivir de esta manera, no solo crecemos como individuos, sino que ayudamos a crear una comunidad que refleja el Reino de Dios aquí en la tierra, donde cada interacción es una oportunidad para glorificar a Dios a través del amor a nuestro prójimo.[19]

El Impacto de las Relaciones en la Felicidad según la Ciencia

Desde la ciencia, también se ha comprobado que las relaciones humanas de calidad son una de las fuentes más importantes

---

13 Scott Sauls, *Jesus Outside the Lines* (Carol Stream, IL: Tyndale House Publishers, 2015), 145.
14 Sauls, *Jesus Outside the Lines*, 146.
15 Dallas Willard, *The Divine Conspiracy* (New York: HarperCollins, 1998), 157.
16 Willard, *The Divine Conspiracy*, 158.
17 Miroslav Volf, *After Our Likeness* (Grand Rapids: Eerdmans, 1998), 220.
18 Volf, *After Our Likeness*, 223.
19 Keller, *The Meaning of Marriage*, 150-152.

de felicidad y bienestar. Uno de los estudios más longevos sobre el bienestar humano, el Estudio de Desarrollo Adulto de Harvard, que ha seguido a más de 700 hombres durante más de 80 años, concluyó que las relaciones cercanas y satisfactorias son el principal predictor de una vida larga y feliz.[20] El estudio demostró que las personas con conexiones más profundas no solo son más felices, sino también más saludables a largo plazo.[21] Este hallazgo científico coincide con lo que muchas tradiciones religiosas y filosóficas han sostenido durante siglos: que la calidad de nuestras relaciones determina gran parte de nuestra satisfacción y bienestar.[22] Las relaciones cercanas no solo proporcionan apoyo emocional en momentos de dificultad, sino que también nos ofrecen un sentido de pertenencia y propósito.[23] La interacción humana nos conecta con algo más grande que nosotros mismos, lo que amplifica nuestra sensación de significado en la vida.[24]

Además, la neurociencia ha comenzado a revelar cómo las relaciones afectan el cerebro. El contacto social positivo estimula la liberación de oxitocina, una hormona asociada con la confianza y el vínculo afectivo.[25] Esta liberación no solo fortalece las relaciones, sino que también reduce los niveles de cortisol, la hormona del estrés, lo que a su vez contribuye a una mejor salud mental y física.[26] Es decir, cuando cultivamos relaciones sanas, estamos activamente protegiendo y mejorando nuestro bienestar tanto

---

20 Robert Waldinger et al., *The Harvard Study of Adult Development* (Cambridge: Harvard University Press, 2016), 32-34.
21 Waldinger et al., *The Harvard Study of Adult Development*, 38-39.
22 Seligman, *Flourish*, 54-56.
23 Seligman, *Flourish*, 60.
24 Jonathan Haidt, *The Happiness Hypothesis: Finding Modern Truth in Ancient Wisdom* (New York: Basic Books, 2006), 117.
25 Paul J. Zak, *The Moral Molecule: How Trust Works* (New York: Penguin Group, 2012), 45-46.
26 Zak, *The Moral Molecule*, 50.

emocional como fisiológico.[27] Sin embargo, no se trata solo de la cantidad de relaciones, sino de la calidad. Las relaciones superficiales o basadas en la comparación o competencia constante pueden tener el efecto contrario, incrementando el estrés y la sensación de insatisfacción.[28] Las relaciones auténticas, donde hay empatía, apoyo mutuo y un sentido de compromiso, son las que verdaderamente promueven la felicidad y la longevidad.[29] La ciencia nos muestra que la conexión emocional profunda con los demás, especialmente en tiempos de crisis, es crucial para superar dificultades y mantener un bienestar mental equilibrado.[30]

Este vínculo entre las relaciones y la felicidad también se refleja en la Biblia. Proverbios 17:17 nos dice: "En todo tiempo ama el amigo, y es como un hermano en tiempo de angustia". Este versículo resalta la importancia del apoyo en momentos difíciles, subrayando que el verdadero amor y la amistad son fuentes de fortaleza.[31] Al final, la combinación de la perspectiva científica y bíblica nos lleva a la misma conclusión: las relaciones humanas son una piedra angular para una vida feliz y plena.[32]

Las Relaciones y el Apoyo Social

El apoyo social, es decir, el sentimiento de que somos amados, valorados y que hay personas que se preocupan por nosotros, es otro factor importante que refuerza la conexión entre relaciones y felicidad.[33] George Vaillant, uno de los directores del Estudio de

---

27 Daniel Goleman, *Social Intelligence: The New Science of Human Relationships* (New York: Bantam Books, 2006), 85-87.
28 Brown, *Daring Greatly*, 122-124.
29 Brown, *Daring Greatly*, 130.
30 John M. Gottman, *The Seven Principles for Making Marriage Work* (New York: Harmony Books, 2015), 73.
31 Keller, *The Meaning of Marriage,* 155-157.
32 Keller, *The Meaning of Marriage*, 160.
33 Robert Waldinger, *The Good Life: Lessons from the World's Longest Scientific Study of Happiness* (New York: Simon & Schuster, 2023), 15-18.

Harvard, encontró que, a lo largo de la vida, el amor y la capacidad de amar son los principales determinantes de una vida feliz.[34] Las relaciones profundas no solo nos proporcionan apoyo emocional, sino que también sirven como amortiguadores en momentos de crisis, ayudándonos a encontrar consuelo y esperanza.[35]

El efecto protector de las relaciones ha sido demostrado en múltiples estudios.[36] Las personas que tienen relaciones de apoyo muestran una menor incidencia de enfermedades mentales, como la depresión y la ansiedad, y son más resilientes frente a las dificultades de la vida.[37] James House, en su investigación sobre el apoyo social, señala que las relaciones no solo afectan la salud mental, sino que también influyen directamente en la salud física, ya que disminuyen los niveles de cortisol, una hormona del estrés, y refuerzan el sistema inmunológico.[38]

El apoyo social tiene un impacto profundo en nuestra capacidad para enfrentar los desafíos de la vida.[39] Saber que contamos con personas que se preocupan por nosotros no solo nos proporciona consuelo emocional, sino que también fortalece nuestra confianza en nuestra capacidad para superar dificultades.[40] Este tipo de relaciones nos permiten compartir nuestras cargas, lo que reduce la sensación de soledad y aislamiento que a menudo exacerba el estrés y las emociones negativas.[41] La capacidad de

---

34 Waldinger, *The Good Life*, 19-21.
35 Waldinger, *The Good Life*, 22.
36 Julianne Holt-Lunstad et al., "Social Relationships and Mortality Risk: A Meta-analytic Review," *PLoS Medicine* 7, no. 7 (2010): e1000316, https://doi.org/10.1371/journal.pmed.1000316.
37 Holt-Lunstad et al., "Social Relationships and Mortality Risk."
38 James S. House, *Social Support and Health* (New York: Springer Publishing Company, 1981), 45-50.
39 House, *Social Support and Health*, 55.
40 Cacioppo, John T., and William Patrick, *Loneliness: Human Nature and the Need for Social Connection* (New York: W. W. Norton & Company, 2009), 87-89.
41 Cacioppo and Patrick, *Loneliness*, 90-91.

recibir y dar amor, como destacó George Vaillant en el Estudio de Harvard, es esencial para cultivar una vida significativa y feliz.[42] Sin amor, nuestra experiencia humana se ve incompleta, y las relaciones profundas son un vehículo esencial para experimentarlo.[43]

Además, las relaciones humanas no solo son una fuente de apoyo emocional, sino también de crecimiento personal.[44] En el contexto de relaciones auténticas y saludables, encontramos el espacio para ser vulnerables, compartir nuestras luchas y recibir retroalimentación constructiva que nos ayuda a crecer.[45] A través de estas interacciones, nuestras perspectivas se amplían y se nos da la oportunidad de desarrollar habilidades esenciales como la empatía, el perdón y la gratitud, todas ellas ligadas a un mayor bienestar y felicidad.[46] El apoyo social actúa como un amortiguador contra el estrés, ayudando a reducir los niveles de cortisol y protegiendo al cuerpo contra los efectos nocivos del estrés crónico.[47] Esto no solo mejora la salud mental, al reducir los síntomas de ansiedad y depresión, sino que también refuerza el sistema inmunológico, aumentando la capacidad del cuerpo para combatir enfermedades.[48] Las relaciones cercanas crean una red de protección tanto a nivel emocional como físico, demostrando que el amor y el cuidado son una forma poderosa de medicina.[49] En última instancia, el poder de las relaciones reside en su capacidad

---

42 Waldinger, *The Good Life*, 23.
43 Vaillant, George E., *Aging Well: Surprising Guideposts to a Happier Life from the Landmark Harvard Study of Adult Development* (Boston: Little, Brown and Company, 2002), 44.
44 Daniel Goleman, *Social Intelligence*, 150-152.
45 Goleman, *Social Intelligence*, 154-156.
46 Brown, *The Gifts of Imperfection*, 115.
47 House, *Social Support and Health*, 60-62.
48 House, *Social Support and Health*, 65.
49 Goleman, *Emotional Intelligence*, 205-207.

para darnos sentido y propósito.⁵⁰ Como seres sociales, estamos diseñados para vivir en comunidad, y cuando cultivamos relaciones significativas, no solo encontramos felicidad y bienestar personal, sino que también construimos una red de apoyo mutuo que refuerza nuestra resiliencia colectiva.⁵¹ Esto refleja lo que tanto la ciencia como la Biblia enseñan: que la verdadera felicidad no se encuentra en la soledad o en la búsqueda individualista, sino en el amor compartido y en las conexiones profundas que formamos con los demás.⁵²

El Impacto de las Relaciones Tóxicas

Si bien las relaciones positivas son cruciales para la felicidad y el bienestar, las relaciones tóxicas pueden tener un impacto igualmente poderoso, pero en la dirección opuesta.⁵³ Estas relaciones, marcadas por la manipulación, el abuso emocional o físico, y los conflictos crónicos, erosionan no solo nuestra paz mental, sino también nuestra identidad.⁵⁴ La ciencia ha demostrado que estar en una relación tóxica puede tener efectos profundos en el cerebro, generando una constante activación del sistema de estrés.⁵⁵ Cuando una persona está atrapada en una relación abusiva o negativa, los niveles de cortisol, la hormona del estrés, se elevan, lo que, con el tiempo, puede llevar a la fatiga, el agotamiento emocional e incluso a enfermedades físicas graves.⁵⁶ Estas relaciones

---

50   Brown, *The Gifts of Imperfection*, 118-120.
51   Waldinger, *The Good Life*, 35.
52   Vaillant, *Aging Well*, 50-53.
53   Lundy Bancroft, *Why Does He Do That? Inside the Minds of Angry and Controlling Men* (New York: Berkley Books, 2003), 25-28.
54   Patricia Evans, *The Verbally Abusive Relationship: How to Recognize It and How to Respond* (Avon, MA: Adams Media, 2010), 55-57.
55   C. Nathan DeWall, et al., "When the Love Hormone Leads to Violence: Oxytocin Increases Intimate Partner Violence Inclinations among High Trait Aggressors," *Social Psychological and Personality Science* 6, no. 6 (2015): 691-697.
56   John M. Gottman and Nan Silver, *The Seven Principles for Making Marriage Work* (New York: Harmony Books, 2015), 135-137.

no solo aumentan el riesgo de depresión, ansiedad y estrés postraumático, sino que también pueden crear un ambiente de desesperanza, donde las víctimas pierden la fe en sí mismas y en la posibilidad de encontrar felicidad.[57]

Miremos la historia de Elena, quien siempre había sido una persona independiente y segura de sí misma. Tenía una carrera exitosa como diseñadora gráfica y un círculo de amigos leales que la valoraban profundamente. Cuando conoció a Daniel en una reunión social, él rápidamente se ganó su interés con su personalidad encantadora y su habilidad para hacerla reír. Al principio, todo parecía perfecto. Daniel le enviaba mensajes afectuosos, planeaba citas sorpresivas y siempre encontraba la manera de hacerla sentir especial. Elena pensó que finalmente había encontrado a alguien que realmente la comprendía y que compartía su visión de la vida.

Sin embargo, con el paso de los meses, empezaron a aparecer pequeñas señales de alerta. Daniel comenzó a cuestionarla sobre los amigos con los que pasaba tiempo, sugiriendo que algunos de ellos "no le convenían" o que solo estaban con ella por interés. A veces, hacía comentarios sutiles sobre su apariencia, como si quisiera que cambiara ciertos aspectos de su forma de vestir o su estilo personal. Elena inicialmente lo interpretó como cuidado y preocupación, pero estos comentarios se volvieron cada vez más constantes y despectivos.

Poco a poco, la vida de Elena giró en torno a las opiniones de Daniel. Él insistía en que solo pasaran tiempo juntos y que evitaran los eventos con su grupo de amigos. "Solo yo te comprendo realmente, no necesitas a nadie más", le decía. Ella comenzó a

---

[57] Lundy Bancroft, *Why Does He Do That?*, 45-48.

distanciarse de su familia y amigos, sintiendo una creciente dependencia emocional hacia él, aunque en su interior algo le decía que su relación no era saludable.

Los días que Daniel estaba de buen humor eran los mejores de su vida; él la llenaba de elogios y promesas de un futuro juntos. Pero estos momentos de ternura eran rápidamente reemplazados por episodios de ira, donde él la culpaba de problemas que no estaban en sus manos y cuestionaba constantemente sus decisiones. Con el tiempo, Elena empezó a perder su confianza en sí misma y a dudar de cada paso que daba. Los comentarios despectivos de Daniel y su constante manipulación emocional erosionaron su autoestima, y la ansiedad y el estrés empezaron a manifestarse en su salud física: sufría de insomnio, constantes migrañas y una sensación de agotamiento que no la abandonaba.

Después de varios meses, en un momento de claridad, Elena decidió hablar de lo que estaba viviendo con una de sus amigas de confianza, Sofía. Al escuchar su historia, Sofía le mostró el patrón de abuso y manipulación que Daniel había ejercido sobre ella. Fue entonces cuando Elena recordó el consejo que tantas veces había escuchado en Proverbios 4:23: *"Sobre toda cosa guardada, guarda tu corazón, porque de él mana la vida."* Esa noche, Elena no durmió; reflexionó sobre lo mucho que había cambiado y sobre la persona en la que se había convertido al estar atrapada en una relación tóxica.

Con el apoyo de su familia y amigos, Elena finalmente encontró la fuerza para terminar con la relación. Aunque Daniel intentó manipularla para que volviera, recordando los buenos momentos y prometiéndole que cambiaría, esta vez ella mantuvo su decisión firme. Empezó un proceso de sanación, que incluía terapia, reconexión con sus amigos y actividades que la ayudaban a recuperar su identidad.

Con el tiempo, Elena volvió a encontrar la paz y la confianza en sí misma. Comprendió la importancia de establecer límites y de rodearse de personas que la valoraran de verdad. Su experiencia la llevó a darse cuenta de que el verdadero amor no exige sacrificios que destruyen el espíritu, y que a veces la distancia y los límites son la forma más pura de proteger el corazón y la mente.

La historia de Elena nos muestra que en el ámbito de la autoestima, las relaciones tóxicas actúan como un veneno lento.[58] Las palabras hirientes, el control, la desvalorización y la manipulación debilitan el sentido de valía personal.[59] Cuando una persona está constantemente expuesta a críticas o abusos, comienza a internalizar esos mensajes, generando una percepción distorsionada de sí misma.[60] Esta pérdida de confianza y autoestima no solo afecta la forma en que la persona se ve a sí misma, sino también la forma en que se relaciona con el mundo.[61] La vergüenza y el miedo pueden llevar al aislamiento, ya que la víctima se siente indigna de recibir amor o apoyo.[62] Este ciclo de infelicidad puede ser difícil de romper, ya que la persona atrapada en una relación tóxica a menudo siente que no tiene salida o que su sufrimiento es merecido.[63]

Desde una perspectiva cristiana, se nos enseña que todas nuestras relaciones deben reflejar el amor y la compasión de

---

58 Brown, *The Gifts of Imperfection*, 72-74.
59 Patricia Evans, *The Verbally Abusive Relationship*, 102-104.
60 Bancroft, *Why Does He Do That?*, 65-67.
61 Brown, *The Gifts of Imperfection*, 78.
62 Evans, *The Verbally Abusive Relationship*, 155-157.
63 Bancroft, *Why Does He Do That?*, 120

Dios.[64] Sin embargo, la Biblia también nos advierte sobre las malas compañías que pueden corromper nuestro carácter y nuestra fe.[65] En 1 Corintios 15:33, se nos dice que "las malas compañías corrompen las buenas costumbres", lo que implica que debemos ser cuidadosos con las influencias que permitimos en nuestras vidas. Si bien Jesús nos llama a amar a todos, también nos da sabiduría para discernir cuándo una relación es dañina.[66] El perdón, aunque central en la fe cristiana, no implica necesariamente tolerar el abuso o mantener relaciones que dañan nuestra integridad y bienestar emocional.[67]

Establecer límites saludables es una práctica fundamental tanto desde el punto de vista psicológico como espiritual.[68] En el cristianismo, se nos enseña la importancia de proteger nuestro corazón y nuestra mente, lo que también incluye alejarse de situaciones y personas que nos llevan por caminos de destrucción.[69] Proverbios 4:23 nos recuerda: "Sobre toda cosa guardada, guarda tu corazón, porque de él mana la vida". Esto no es solo un consejo espiritual, sino también emocional; protegernos de las influencias negativas es esencial para mantener nuestra salud mental y espiritual.[70]

Además, establecer límites no significa renunciar al amor o al perdón.[71] De hecho, establecer límites claros puede ser una forma de amor propio y amor hacia los demás, al no permitir que

---

64 Gary Chapman, *The Five Love Languages: How to Express Heartfelt Commitment to Your Mate* (Chicago: Northfield Publishing, 2015), 188.
65 Henry Cloud and John Townsend, *Boundaries: When to Say Yes, How to Say No to Take Control of Your Life* (Grand Rapids: Zondervan, 2002), 36-39.
66 Cloud and Townsend, *Boundaries*, 42.
67 Chapman, *The Five Love Languages*, 210.
68 Cloud and Townsend, *Boundaries*, 115.
69 Brown, *Daring Greatly*, 179-182.
70 Brown, *Daring Greatly*, 185.
71 Chapman, *The Five Love Languages*, 122-124.

las relaciones destructivas continúen causando daño.[72] Las relaciones saludables requieren respeto mutuo, y cuando esto no es posible, alejarse puede ser un acto de valentía que permite sanar y restaurar el bienestar.[73] El amor cristiano no significa permitir el maltrato o la desvalorización. Jesús mismo, aunque era un modelo de compasión y perdón, también sabía cuándo alejarse de aquellos que buscaban hacerle daño.[74]

No se puede negar que las relaciones tóxicas pueden tener efectos devastadores en el bienestar físico, mental y espiritual de una persona.[75] Si bien el amor, el perdón y la paciencia son virtudes cristianas esenciales, también lo es el cuidado por uno mismo y la capacidad de reconocer cuándo una relación está dañando más de lo que está construyendo.[76] La clave está en encontrar un equilibrio: amar a los demás sin comprometer nuestra salud emocional y espiritual, y tener el coraje de establecer límites cuando sea necesario para proteger nuestra paz interior.[77]

Cómo Mejorar la Calidad de Nuestras Relaciones

La Biblia ofrece un marco claro y profundo para mejorar nuestras relaciones interpersonales. En Colosenses 3:12-14, se nos instruye a "revestirnos de entrañable misericordia, de benignidad, de humildad, de mansedumbre, de paciencia", virtudes que son fundamentales para cultivar relaciones saludables y duraderas. Estas actitudes promueven un ambiente de paz y armonía, lo que nos permite interactuar con los demás desde un lugar

---

72 Cloud and Townsend, *Boundaries*, 88-90.
73 Evans, *The Verbally Abusive Relationship*, 192.
74 Brown, *Daring Greatly*, 190-193.
75 Gottman and Silver, *The Seven Principles*, 220-222.
76 Chapman, *The Five Love Languages*, 160.
77 Brown, *The Gifts of Imperfection*, 118.

de amor y compasión.[78] Practicar la misericordia, la paciencia y la humildad no solo fortalece nuestras conexiones personales, sino que también refleja el carácter de Cristo en nuestras vidas.[79] La Biblia no es solo un manual de doctrina espiritual, sino una guía práctica para la vida diaria, que subraya la importancia de la empatía y el perdón en las relaciones humanas.[80]

Comunicación Abierta y Tiempo de Calidad

La investigación científica sobre las relaciones humanas confirma lo que las Escrituras ya enseñan: la comunicación abierta y el tiempo de calidad son esenciales para fortalecer cualquier tipo de relación, ya sea familiar, de amistad o conyugal.[81] El psicólogo John Gottman, conocido por sus investigaciones sobre el matrimonio, ha identificado que las parejas más felices no son aquellas que están libres de conflicto, sino aquellas que saben cómo comunicarse eficazmente y resolver sus problemas de manera constructiva.[82] La apertura emocional, el compartir pensamientos y sentimientos honestamente, y el dedicar tiempo de calidad a quienes amamos son prácticas que fortalecen el vínculo relacional.[83] La Biblia nos llama a "hablar la verdad en amor" (Efesios 4:15), lo que implica una comunicación acertiva, pero compasiva, un elemento esencial para mejorar la calidad de nuestras relaciones.

---

78   John Gottman, *The Seven Principles for Making Marriage Work* (New York: Harmony Books, 1999), 47-49.

79   Gary Chapman, *The Five Love Languages: How to Express Heartfelt Commitment to Your Mate* (Chicago: Northfield Publishing, 2015), 38.

80   Henry Cloud and John Townsend, *Boundaries: When to Say Yes, How to Say No to Take Control of Your Life* (Grand Rapids: Zondervan, 2002), 57.

81   Brown, *Daring Greatly*, 74.

82   Gottman, *The Seven Principles for Making Marriage Work*, 135-137.

83   John M. Gottman, et al., "The Role of Trust and Betrayal in Social Relationships," *Journal of Marriage and Family Therapy* 34, no. 4 (2002): 413-423.

El Poder de la Gratitud y la Amabilidad

Otra clave para mejorar nuestras relaciones es la práctica constante de la gratitud y la amabilidad.[84] Estudios psicológicos, como los realizados por Gottman, muestran que las parejas y amigos que se expresan gratitud y aprecio regularmente tienen relaciones más fuertes y satisfactorias.[85] La gratitud crea un ciclo positivo de bienestar emocional, ya que al centrarnos en lo que valoramos de los demás, nos acercamos más a ellos, promoviendo la confianza y la satisfacción mutua.[86] La amabilidad, por su parte, es una de las formas más poderosas de mostrar amor.[87] Proverbios 11:17 nos enseña que "el hombre bondadoso se beneficia a sí mismo", lo que significa que al ser amables con los demás, también cultivamos nuestro propio bienestar. Este principio es respaldado por estudios que demuestran que las personas que practican actos de bondad tienen una mayor satisfacción con la vida y mejores relaciones.[88]

El Perdón Como Elemento Clave en las Relaciones

El perdón es un componente esencial no solo para restaurar relaciones dañadas, sino también para el bienestar emocional de la persona que perdona.[89] La Biblia nos llama a perdonarnos unos a otros tal como Dios nos perdona (Efesios 4:32), lo que nos libera de la carga emocional que acompaña al resentimiento y al rencor. El perdón no significa justificar el daño, sino liberar el

---

[84] Emmons, *Thanks!*, 59-60.
[85] Gottman, *The Seven Principles*, 189-191.
[86] Emmons, *Thanks!*, 72-74.
[87] Barbara Fredrickson, *Positivity: Groundbreaking Research to Release Your Inner Optimist and Thrive* (New York: Crown Archetype, 2009), 54-56.
[88] Emmons, *Thanks!*, 92.
[89] Fred Luskin, *Forgive for Good: A Proven Prescription for Health and Happiness* (San Francisco: HarperOne, 2002), 28-30.

corazón del odio que nos consume.[90] Investigaciones del Dr. Fred Luskin, un experto en el campo del perdón, han demostrado que quienes practican el perdón experimentan una reducción en los niveles de estrés, ansiedad y depresión, y reportan una mayor sa-tisfacción en sus relaciones.[91] Perdonar, como lo enseña Jesús, no solo es una cuestión espiritual, sino también un acto que mejora nuestro bienestar emocional y físico.[92] Las investigaciones mues-tran que aferrarse al resentimiento afecta negativamente nuestra salud física, aumentando el riesgo de enfermedades cardiovasculares y debilitando nuestro sistema inmunológico.[93]

Empatía y Apoyo Emocional

La empatía, la capacidad de entender y compartir los sentimientos del otro, es otro componente crucial en la mejora de nuestras relaciones.[94] En Filipenses 2:4, se nos anima a "mirar no solo por nuestros propios intereses, sino también por los intereses de los demás". Este acto de empatía y cuidado genuino fortalece las relaciones y crea un ambiente de apoyo mutuo.[95] Las investigaciones han demostrado que cuando las personas se sienten escuchadas y comprendidas, sus niveles de bienestar y satisfacción aumentan significativamente.[96] James House, en su trabajo sobre el apoyo social, también encontró que el apoyo emocional no solo reduce el estrés, sino que también

---

90 Luskin, *Forgive for Good*, 42.
91 Luskin, *Forgive for Good*, 58-60.
92 Everett L. Worthington, *Forgiving and Reconciling: Bridges to Wholeness and Hope* (Downers Grove: InterVarsity Press, 2003), 115.
93 Worthington, *Forgiving and Reconciling*, 142-144.
94 Brown, *Daring Greatly*, 58-60.
95 Henry Cloud and John Townsend, *Boundaries: When to Say Yes, How to Say No to Take Control of Your Life* (Grand Rapids: Zondervan, 2002), 115.
96 Goleman, *Emotional Intelligence*, 94-97.

mejora la salud física al fortalecer el sistema inmunológico y reducir los niveles de cortisol, la hormona del estrés.[97]

Estableciendo Límites Saludables

Si bien es importante ser compasivos y amorosos en nuestras relaciones, también es esencial aprender a establecer límites saludables.[98] El establecimiento de límites no es un acto de egoísmo, sino una forma de proteger nuestra salud emocional y espiritual.[99] Proverbios 4:23 nos recuerda que debemos "guardar nuestro corazón", lo que significa protegernos de influencias negativas o relaciones tóxicas que pueden dañar nuestro bienestar. Las relaciones saludables requieren equilibrio, y eso incluye saber cuándo decir "no" para proteger nuestra paz interior.[100] Los límites permiten que las relaciones prosperen en un ambiente de respeto mutuo y permiten que los individuos crezcan sin sentirse sobrecargados o explotados.[101]

Cultivando Relaciones Espirituales

Finalmente, no podemos subestimar el valor de las relaciones espirituales.[102] Las conexiones basadas en la fe y el crecimiento espiritual mutuo pueden ser una de las fuentes más ricas de felicidad y plenitud.[103] Jesús dijo: "Donde están dos o tres reunidos en mi nombre, allí estoy yo en medio de ellos" (Mateo 18:20), lo que subraya la importancia de las relaciones centradas en Dios.

---

97 James S. House, *Social Support and Health* (New York: Basic Books, 1988), 115.
98 Cloud and Townsend, *Boundaries*, 23.
99 Cloud and Townsend, *Boundaries*, 24.
100 Henry Cloud, *Necessary Endings* (New York: HarperCollins, 2011), 145-147.
101 Brown, *The Gifts of Imperfection,* 82.
102 Gary Chapman, *The Five Love Languages: How to Express Heartfelt Commitment to Your Mate* (Chicago: Northfield Publishing, 2015), 101.
103 John Ortberg, *Everybody's Normal Till You Get to Know Them* (Grand Rapids: Zondervan, 2003), 178-179.

Las relaciones espirituales no solo fortalecen nuestro crecimiento en la fe, sino que también nos ofrecen un apoyo emocional profundo y una comunidad que nos respalda en tiempos difíciles.[104] En estos lazos espirituales, encontramos fortaleza, sabiduría y un propósito compartido, elementos que contribuyen significativamente a una vida más plena y feliz.[105]

Resumen del Capítulo

En este capítulo hemos visto que las relaciones humanas juegan un papel fundamental en la felicidad y el bienestar del ser humano, tanto desde una perspectiva bíblica como científica. Desde Génesis, la Biblia afirma que "no es bueno que el hombre esté solo" (Génesis 2:18), reflejando la necesidad inherente de la conexión humana. Las relaciones, ya sea en el contexto familiar, de amistad o comunitario, son esenciales para el propósito y el bienestar del ser humano. Jesús también refuerza esta idea cuando resume los mandamientos en dos principios clave: amar a Dios y amar al prójimo (Mateo 22:37-39), subrayando que las relaciones saludables son un reflejo de nuestra relación con Dios.

Se ha mencionado que desde el punto de vista científico, múltiples estudios respaldan la importancia de las relaciones en la felicidad y la salud general. El Estudio de Desarrollo Adulto de Harvard, uno de los más longevos, ha demostrado que las personas con relaciones profundas y satisfactorias no solo son más felices, sino también más saludables a largo plazo. Además, investigaciones han confirmado que las relaciones de apoyo social

---

104 John M. Gottman and Nan Silver, *The Seven Principles for Making Marriage Work* (New York: Harmony Books, 1999), 134.
105 Gary Smalley, *The DNA of Relationships* (Carol Stream: Tyndale House Publishers, 2007), 87-89.

sirven como amortiguadores en tiempos de crisis, ayudando a las personas a ser más resilientes frente a la adversidad. La calidad de nuestras relaciones no solo afecta nuestro bienestar emocional, sino también nuestra salud física, reduciendo los niveles de cortisol y fortaleciendo el sistema inmunológico. Por otro lado, las relaciones tóxicas tienen un efecto devastador en la felicidad y el bienestar. Las relaciones abusivas o con conflictos interpersonales crónicos aumentan el riesgo de depresión, ansiedad y estrés. La Biblia nos advierte sobre las malas compañías que pueden corromper el carácter (1 Corintios 15:33), y desde una perspectiva psicológica, se ha demostrado que la falta de relaciones saludables y el aislamiento social pueden tener consecuencias negativas en la salud mental. Sin embargo, la Biblia también nos enseña a perdonar y a establecer límites saludables, lo que nos permite mantener relaciones edificantes y proteger nuestra paz interior.

Ejercicios Prácticos

1. Fortaleciendo la Comunicación Abierta: Dedica un tiempo semanal para tener conversaciones sinceras y abiertas con tus seres queridos. Escucha activamente y comparte tus pensamientos y sentimientos.

2. Establecimiento de Límites Saludables: Reflexiona sobre las relaciones en tu vida. Identifica aquellas que te drenan emocionalmente y establece límites claros para proteger tu bienestar emocional y espiritual.

Recursos Adicionales

Apps

- Love Nudge: Una app basada en los lenguajes del amor, diseñada para fortalecer las relaciones a través de la práctica del aprecio y el apoyo mutuo.

- Headspace: Ofrece meditaciones guiadas sobre la empatía, el perdón y la gestión de emociones que pueden ayudar a mejorar la calidad de nuestras relaciones.

- Relate: Una app centrada en mejorar la comunicación y la resolución de conflictos, diseñada para parejas y relaciones interpersonales.

Libros

1. The Five Love Languages por Gary Chapman: Un clásico en la mejora de relaciones, este libro enseña cómo comprender y hablar el "lenguaje del amor" de los demás para mejorar las relaciones.

2. Crucial Conversations por Kerry Patterson: Un enfoque práctico sobre cómo manejar conversaciones difíciles para mejorar la comunicación en cualquier relación.

3. Forgive for Good por Fred Luskin: Una guía sobre el poder del perdón y cómo esta práctica puede sanar relaciones dañadas y promover el bienestar emocional.

Capítulo 12

LA RESPONSABILIDAD PERSONAL

"El precio de la grandeza es la responsabilidad."

Winston Churchill

La responsabilidad personal es un principio central tanto en la enseñanza bíblica como en el campo de la psicología moderna. La idea de que somos responsables de nuestra felicidad no es un concepto nuevo; ha sido promovido por pensadores, filósofos y líderes espirituales a lo largo de la historia. Desde una perspectiva bíblica y científica, el papel activo que desempeñamos en nuestras decisiones y en cómo enfrentamos la vida es fundamental para experimentar una verdadera felicidad y bienestar.

Cómo la Biblia Apoya la Responsabilidad Personal

La responsabilidad personal, es uno de los temas más recurrentes en las Escrituras.[1] En Gálatas 6:7-8, Pablo enseña que "todo lo que el hombre sembrare, eso también segará", lo que significa que nuestras elecciones, ya sean buenas o malas, producen consecuencias. Dios nos ha dado la capacidad de sembrar en nuestras vidas las semillas del bienestar y la felicidad, pero también advierte que, si sembramos en la carne, cosecharemos corrupción.[2] Este pasaje subraya que, si bien Dios está siempre presente y es soberano, nuestras acciones y decisiones juegan un papel determinante en lo que cosechamos en la vida, incluyendo nuestra felicidad.[3]

Este principio de siembra y cosecha también resalta la importancia de la intencionalidad en nuestras decisiones.[4] Cada elección que hacemos es una semilla plantada en el terreno de nuestra vida, y el fruto que cosechamos depende directamente de la calidad de esas semillas.[5] El concepto de causa y efecto que Pablo menciona en Gálatas 6:7-8 nos recuerda que nuestra felicidad y bienestar no son el resultado de acciones aleatorias o fortuitas, sino que están ligados a nuestras decisiones conscientes y repetidas.[6] Sembrar semillas de obediencia, fe, y gratitud nos lleva a una cosecha de paz, gozo y satisfacción; en cambio, sembrar semillas de egoísmo, miedo o complacencia genera una vida de frustración y descontento.[7]

---

1 Keller, *Every Good Endeavor*, 93-94.
2 John MacArthur, *Galatians: Free in Christ* (Chicago: Moody Publishers, 1987), 215.
3 Piper, *Desiring God,* 123.
4 Keller, *Every Good Endeavor*, 96.
5 Keller, *The Prodigal God,* 131.
6 Piper, *Desiring God*, 125.
7 Piper, *Desiring God*, 125.

Sin embargo, este principio también implica responsabilidad a largo plazo.[8] En la vida cristiana, la paciencia es clave para ver el fruto de nuestras acciones.[9] En muchas ocasiones, sembramos buenas decisiones sin ver los resultados inmediatos, lo que puede llevar a la desesperanza o al deseo de rendirse.[10] Pero Gálatas 6:9 nos anima a no cansarnos de hacer el bien, ya que "a su tiempo segaremos, si no desmayamos". Esto resalta que la verdadera felicidad y bienestar no son siempre inmediatos, sino que a menudo son el resultado de una fidelidad sostenida en nuestras elecciones.[11] Dios nos llama a seguir plantando buenas semillas, confiando en Su tiempo perfecto para la cosecha.[12]

Además de la paciencia, este principio también nos recuerda la importancia del arrepentimiento cuando sembramos mal.[13] Dios, en Su misericordia, nos ofrece la oportunidad de redimir las malas decisiones a través del arrepentimiento y el cambio de dirección.[14] El pasaje no solo enfatiza las consecuencias de sembrar en la carne, sino que implícitamente nos invita a reajustar nuestro curso cuando hemos tomado decisiones que no están en armonia con Su voluntad.[15] Esto nos muestra que, aunque nuestras elecciones pasadas pueden traer consecuencias, siempre tenemos la oportunidad de sembrar de nuevo, esta vez en el Espíritu, para cosechar fruto que glorifique a Dios y nos llene de paz.[16]

---

8   N.T. Wright, *After You Believe: Why Christian Character Matters* (New York: HarperOne, 2010), 178.
9   Wright, *After You Believe*, 182.
10 Keller, *Every Good Endeavor*, 99.
11 Piper, *Desiring God*, 127.
12 Piper, *Desiring God*, 127.
13 Keller, *The Prodigal God*, 132.
14 Keller, *The Prodigal God*, 132.
15 Wright, *After You Believe*, 188.
16 Wright, *After You Believe*, 188.

Otro aspecto fundamental de la responsabilidad personal en las Escrituras es que también afecta nuestras relaciones interpersonales.[17] En el contexto de sembrar y cosechar, nuestras decisiones no solo afectan nuestra vida personal, sino también las vidas de quienes nos rodean.[18] Si elegimos sembrar amor, perdón y servicio, nuestras relaciones florecerán, pero si sembramos resentimiento, orgullo o indiferencia, experimentaremos una cosecha de distancia y discordia en nuestras relaciones.[19] Este principio se refleja en la exhortación de Pablo a "soportar las cargas los unos de los otros" (Gálatas 6:2), lo que indica que nuestras elecciones tienen un impacto colectivo, y la felicidad no se experimenta en aislamiento, sino en comunidad.

El principio de sembrar y cosechar también tiene implicaciones en nuestra vida espiritual.[20] Si sembramos en el Espíritu — dedicando tiempo a la oración, al estudio de la Palabra y a la obediencia a la voluntad de Dios — experimentaremos una intimidad más profunda con Él y una mayor claridad en nuestro propósito en la vida.[21] En cambio, si descuidamos nuestra relación con Dios y sembramos en la carne, cosecharemos distancia espiritual y confusión.[22] Esta relación directa entre nuestras decisiones espirituales y nuestro bienestar interior es fundamental para entender cómo la responsabilidad personal no solo afecta nuestra vida emocional o relacional, sino que toca las áreas más profundas de nuestro ser, incluyendo nuestra conexión con Dios.[23]

---

17 MacArthur, *Galatians: Free in Christ*, 219.
18 Keller, *Every Good Endeavor*, 101.
19 Keller, *Every Good Endeavor*, 101.
20 Piper, *Desiring God*, 131.
21 Wright, *After You Believe*, 192
22 Keller, *Every Good Endeavor*, 104.
23 Keller, *Every Good Endeavor*, 104.

La Ciencia del Bienestar y la Responsabilidad Personal

En el campo de la psicología moderna, el concepto de responsabilidad personal es crucial para el bienestar emocional y la felicidad.[24] Numerosos estudios han demostrado que las personas que asumen el control sobre sus pensamientos, emociones y acciones experimentan niveles más altos de satisfacción y bienestar en general.[25] Uno de los pioneros en este campo, Dr. Albert Ellis, fundador de la terapia racional emotiva conductual, argumentó que nuestras emociones no son causadas por eventos externos, sino por la forma en que interpretamos esos eventos.[26] Ellis defendía la idea de que, aunque no podemos controlar lo que nos sucede, sí podemos controlar cómo reaccionamos ante ello, y esta elección personal es la clave para lograr la felicidad.[27]

Otro concepto relevante en la psicología es el locus de control, introducido por el psicólogo Julian Rotter.[28] El locus de control se refiere a si una persona cree que tiene el control sobre los eventos que afectan su vida (locus de control interno) o si siente que los factores externos determinan su destino (locus de control externo).[29] Las personas con un locus de control interno tienden a ser más felices y a tener una mejor salud mental, ya que creen que sus acciones y decisiones influyen directamente en los resultados que obtienen.[30] En contraste, las personas con un locus de con-

---

24 Lyubomirsky, *The How of Happiness*, 45.
25 Seligman, *Authentic Happiness*, 82-83.
26 Albert Ellis, *Reason and Emotion in Psychotherapy* (Secaucus: Citadel Press, 1994), 102.
27 Ellis, *Reason and Emotion in Psychotherapy*, 104.
28 Julian B. Rotter, "Generalized Expectancies for Internal versus External Control of Reinforcement," *Psychological Monographs* 80, no. 1 (1966): 1-28.
29 Rotter, "Generalized Expectancies," 3-4.
30 Shelley E. Taylor, *Health Psychology* (New York: McGraw-Hill, 2017), 142-143.

trol externo tienden a sentirse impotentes, viendo su vida como un producto de las circunstancias y el azar, lo que puede generar sentimientos de desesperanza y frustración.[31]

La ciencia también destaca el concepto de resiliencia, la capacidad de recuperarse de las adversidades.[32] Estudios de Dr. Carol Dweck sobre la mentalidad de crecimiento muestran que aquellos que creen que pueden aprender y mejorar a través de los desafíos son más resilientes y experimentan una mayor sensación de control sobre sus vidas.[33] Esta idea está profundamente conectada con la responsabilidad personal, ya que implica que, independientemente de las dificultades, podemos elegir aprender y crecer en lugar de ser víctimas de nuestras circunstancias.[34] La ciencia del bienestar refuerza la idea de que nuestra felicidad no está predeterminada, sino que está significativamente influenciada por las decisiones que tomamos diariamente.[35]

¡Asume La Responsabilidad!

Si bien Dios está siempre presente y es soberano, la responsabilidad personal juega un papel fundamental en cómo experimentamos la vida, incluida nuestra felicidad.[36] Aunque Dios tiene un plan perfecto para cada uno de nosotros, nuestras acciones y decisiones son factores determinantes que influyen en cómo se desarrolla ese plan.[37] Este equilibrio entre la soberanía divina y

---

31 Taylor, *Health Psychology*, 142-143.
32 Frankl, *Man's Search for Meaning*, 45.
33 Carol S. Dweck, *Mindset: The New Psychology of Success* (New York: Random House, 2006), 42-43.
34 Dweck, *Mindset*, 48.
35 Lyubomirsky, *The How of Happiness*, 50.
36 Wayne Grudem, *Systematic Theology: An Introduction to Biblical Doctrine* (Grand Rapids: Zondervan, 1994), 315.
37 Grudem, *Systematic Theology*, 317.

la responsabilidad humana es esencial para comprender la vida cristiana y, en última instancia, la búsqueda de la felicidad.[38]

Dios nos ha creado como seres libres, con la capacidad de elegir, y esta libertad conlleva una responsabilidad intrínseca.[39] No somos marionetas en manos del destino; Dios nos ha dado la capacidad de tomar decisiones conscientes que afectan no solo nuestro futuro inmediato, sino también nuestras relaciones, nuestra salud espiritual y nuestro bienestar emocional.[40] Este don de la voluntad libre es tanto una bendición como una gran responsabilidad.[41] Si bien es cierto que las circunstancias externas pueden influir en nuestras decisiones, no podemos atribuir la culpa de nuestras elecciones a los demás o a las circunstancias.[42] La Biblia es clara en que somos responsables de nuestras acciones y de las consecuencias que de ellas se derivan.[43] Adán y Eva en el Jardín del Edén son un ejemplo primordial de cómo la responsabilidad personal se manifiesta desde el inicio de la humanidad.[44] Aunque Dios les proporcionó todo lo que necesitaban para vivir en plenitud y armonía, ellos eligieron desobedecer a Dios comiendo del árbol prohibido.[45] En lugar de asumir la responsabilidad, Adán culpó a Eva, y Eva culpó a la serpiente (Génesis 3:12-13), un reflejo de lo que muchos hacen hoy: buscar a otros a quienes culpar por sus propias elecciones.[46] Este relato no solo muestra la importancia de la obediencia, sino que también pone

---

38 Lewis, *The Problem of Pain*, 95.
39 Dallas Willard, *Renovation of the Heart: Putting On the Character of Christ* (Colorado Springs: NavPress, 2002), 43.
40 J. I. Packer, *Knowing God* (Downers Grove: InterVarsity Press, 1973), 56.
41 Packer, *Knowing God*, 57.
42 R. C. Sproul, *The Holiness of God* (Wheaton: Tyndale House, 1998), 114.
43 Sproul, *The Holiness of God*, 117.
44 John Stott, *Basic Christianity* (Grand Rapids: Eerdmans, 1958), 71.
45 Stott, *Basic Christianity*, 73.
46 Keller, *The Reason for God*, 174.

de relieve que, aunque Dios es soberano, nuestras decisiones individuales pueden alterar el curso de nuestra vida. El pecado original no solo trajo consecuencias inmediatas (vergüenza, culpa, separación de Dios), sino que también alteró su destino y el de toda la humanidad. Esto enfatiza el principio de que las acciones tienen consecuencias y que debemos asumir la responsabilidad en lugar de culpar a otros.[47]

Además, las Escrituras nos enseñan que cada persona es responsable ante Dios por sus decisiones.[48] Romanos 14:12 dice: "De manera que cada uno de nosotros dará cuenta a Dios de sí mismo". [49]Esto subraya que, aunque las circunstancias externas pueden influir en nuestras vidas, la manera en que respondemos a esas circunstancias es nuestra elección.[50] Este es un principio poderoso, ya que implica que no somos víctimas de nuestras circunstancias, sino que tenemos el poder de escoger nuestra respuesta. [51] Incluso en situaciones donde otros han causado daño o injusticia, somos responsables de nuestra reacción. Podemos elegir amargarnos, o podemos elegir perdonar y seguir adelante, confiando en que Dios es justo y que nuestras acciones tendrán un fruto conforme a Su voluntad.

En la vida práctica, esto significa que no podemos culpar a los demás o a las circunstancias por nuestras elecciones.[52] Si elegimos actuar de manera negativa, como con resentimiento, ira o

---

[47] Keller, *The Reason for God*, 176.
[48] Bruce Demarest, *The Cross and Salvation: The Doctrine of Salvation* (Wheaton: Crossway, 1997), 209.
[49] Demarest, *The Cross and Salvation*, 210.
[50] Piper, *Desiring God,* 239.
[51] Piper, *Desiring God*, 24
[52] James Montgomery Boice, *Foundations of the Christian Faith* (Downers Grove: InterVarsity Press, 1986), 98.

apatía, esas son nuestras decisiones, no las de alguien más.[53] Esto no niega que otras personas o circunstancias pueden ser difíciles o dolorosas, pero como seres libres, decidimos cómo responder a esos desafíos.[54] Culpar a otros por nuestras reacciones y acciones es una forma de evitar la responsabilidad y, al hacerlo, limitamos nuestro crecimiento personal y espiritual.[55] Dios nos llama a ser responsables, a reconocer nuestras faltas y a buscar siempre Su guía para tomar mejores decisiones.[56]

Esta idea de responsabilidad personal también está estrechamente relacionada con la madurez espiritual.[57] A medida que crecemos en nuestra relación con Dios, entendemos cada vez más que el fruto de nuestra vida es el resultado de nuestras decisiones diarias.[58] La madurez no es simplemente aprender más sobre Dios, sino vivir de acuerdo con esos conocimientos.[59] Santiago 1:22 nos exhorta a ser "hacedores de la palabra, y no tan solamente oidores", lo que implica que nuestra fe debe traducirse en acciones responsables.[60] No podemos simplemente leer o escuchar las enseñanzas de la Biblia y esperar que nuestra vida cambie sin hacer cambios conscientes y activos.[61] Esto refuerza la idea de que nuestra felicidad y bienestar están directamente ligados a las elecciones que hacemos a la luz de la verdad de Dios.[62]

---

53 Boice, *Foundations of the Christian Faith*, 99.
54 Richard J. Foster, *Celebration of Discipline: The Path to Spiritual Growth* (San Francisco: Harper & Row, 1978), 76.
55 Foster, *Celebration of Discipline*, 78.
56 John C. Maxwell, *The 15 Invaluable Laws of Growth: Live Them and Reach Your Potential* (New York: Center Street, 2012), 215.
57 Jonathan Edwards, *The Religious Affections* (Edinburgh: Banner of Truth, 1984), 93.
58 Edwards, *The Religious Affections*, 94.
59 A. W. Tozer, *The Pursuit of God* (Camp Hill: Christian Publications, 1982), 123.
60 Tozer, *The Pursuit of God*, 125.
61 Francis Chan, *Crazy Love: Overwhelmed by a Relentless God* (Colorado Springs: David C. Cook, 2008), 62.
62 Chan, *Crazy Love*, 65.

Otra dimensión de la responsabilidad personal es la autorreflexión.[63] A menudo, en lugar de asumir responsabilidad, es fácil caer en la trampa de la justificación o de culpar a factores externos por nuestras elecciones.[64] Sin embargo, la Biblia nos llama a examinar nuestros corazones. Lamentaciones 3:40 nos dice: "Examinemos nuestros caminos, y volvámonos al Señor".[65] Esta introspección espiritual es clave para crecer en madurez y para asumir plenamente nuestras responsabilidades.[66] Cuando reflexionamos sobre nuestras decisiones y actitudes a la luz de las Escrituras, somos capaces de reconocer las áreas donde hemos fallado y necesitamos corregir. Este acto de autorreflexión nos permite realinear nuestras acciones con la voluntad de Dios y avanzar hacia una vida más plena y feliz.

Por tanto, asumir plena responsabilidad por nuestras acciones es una parte vital de la vida cristiana.[67] No podemos esperar experimentar la verdadera felicidad y paz mientras sigamos culpando a otros por nuestras decisiones.[68] Cuando reconocemos nuestro papel en lo que cosechamos en la vida, tanto en lo bueno como en lo malo, abrimos la puerta para que Dios transforme nuestras acciones y corazones.[69] Él está siempre presente, dispuesto a guiarnos y ayudarnos, pero nosotros debemos tomar la decisión de seguirle y actuar conforme a Su voluntad.[70] Como dice el salmista en Salmos 119:105, "Lámpara es a mis pies tu palabra,

---

63 Timothy Keller, *Prayer: Experiencing Awe and Intimacy with God* (New York: Penguin Books, 2014), 112.

64 Keller, *Prayer*, 114.

65 Charles Spurgeon, *Morning and Evening: A Devotional Classic for Daily Encouragement* (Grand Rapids: Hendrickson, 2006), 302.

66 Spurgeon, *Morning and Evening*, 303.

67 Richard Foster, *Prayer: Finding the Heart's True Home* (San Francisco: Harper, 1992), 187.

68 Foster, *Prayer*, 188.

69 John Stott, *The Cross of Christ* (Downers Grove: InterVarsity Press, 1986), 158.

70 Stott, *The Cross of Christ*, 161.

y lumbrera a mi camino".[71] Dios ilumina el camino, pero nosotros debemos caminar en él, asumiendo nuestra responsabilidad de seguir Su luz y, al hacerlo, cosechar la verdadera felicidad y paz que Él ha prometido.[72]

Consecuencias De No Asumir La Responsabilidad Personal

Cuando no asumimos nuestra responsabilidad personal y en lugar de ello buscamos constantemente excusas para nuestros actos y decisiones, nos colocamos en una posición de víctima, lo que tiene profundas consecuencias en nuestra vida emocional, espiritual y relacional.[73] Al culpar a otros o a las circunstancias por nuestras fallas, evitamos el proceso de crecimiento personal y nos impedimos alcanzar la felicidad verdadera.[74] La felicidad, desde una perspectiva tanto bíblica como psicológica, está intrínsecamente ligada a la capacidad de asumir el control sobre nuestras acciones, reacciones y elecciones.[75]

Cuando adoptamos una actitud de excusas y justificaciones, vivimos con una mentalidad de impotencia.[76] Esta mentalidad nos hace creer que no tenemos control sobre nuestra vida y que nuestras circunstancias, o las acciones de los demás, determinan nuestro bienestar.[77] En lugar de reconocer nuestros errores o tomar decisiones para mejorar, caemos en un ciclo de quejas y

---

71 C. H. Spurgeon, *The Treasury of David: An Expository and Devotional Commentary on the Psalms* (London: Passmore & Alabaster, 1885), 156.

72 Spurgeon, *The Treasury of David*, 157.

73 Albert Ellis, *Rational Emotive Behavior Therapy: It Works for Me—It Can Work for You* (Amherst, NY: Prometheus Books, 2004), 37.

74 Ellis, *Rational Emotive Behavior Therapy*, 38.

75 Julian B. Rotter, "Generalized Expectancies for Internal versus External Control of Reinforcement," *Psychological Monographs: General and Applied* 80, no. 1 (1966): 23.

76 Carol S. Dweck, *Mindset: The New Psychology of Success* (New York: Random House, 2006), 45.

77 Dweck, *Mindset*, 47

autocompasión, convencidos de que no hay nada que podamos hacer para cambiar nuestra situación.[78] Este tipo de pensamiento es extremadamente limitante y nos priva de la responsabilidad activa que es necesaria para crecer, aprender y prosperar.[79]

Al culpar a otros por nuestras acciones o fracasos, no solo nos distanciamos de la responsabilidad, sino que también nos alejamos de la posibilidad de redención y cambio.[80] Por ejemplo, si constantemente culpamos a nuestras circunstancias — como el trabajo, la familia o los amigos — por nuestras actitudes negativas o decisiones equivocadas, estamos renunciando a la capacidad de mejorar esas situaciones.[81] En lugar de trabajar hacia una solución o transformación, aceptamos pasivamente las dificultades, y al hacerlo, nos quedamos atrapados en una mentalidad de estancamiento.[82] Como resultado, no solo no alcanzamos la felicidad, sino que experimentamos una vida llena de frustración, resentimiento y amargura.[83]

La Biblia también es clara sobre las consecuencias de no asumir la responsabilidad de nuestros actos.[84] En la parábola de los talentos (Mateo 25:14-30), vemos cómo el siervo que enterró su talento y luego culpó al "carácter severo" de su señor terminó perdiendo lo que tenía.[85] Este siervo eligió no asumir responsabilidad por lo que se le había confiado, y en lugar de aprovechar la oportunidad para crecer y multiplicar sus dones, prefirió evadir

---

78 Rotter, "Generalized Expectancies," 24.
79 Frankl, *Man's Search for Meaning*, 86.
80 Frankl, *Man's Search for Meaning*, 87.
81 Matthew Henry, *Commentary on the Whole Bible* (New York: Fleming H. Revell Company, 1973), 345.
82 Piper, *Desiring God,* 219.
83 J. I. Packer, *Knowing God* (Downers Grove: InterVarsity Press, 1973), 121.
84 C. S. Lewis, *Mere Christianity* (New York: HarperOne, 2001), 107.
85 Henry, *Commentary on the Whole Bible*, 346.

su responsabilidad y justificar su falta de acción.[86] La consecuencia fue que incluso lo poco que tenía le fue quitado.[87] Este pasaje nos muestra que, cuando no asumimos la responsabilidad de lo que Dios nos ha dado — nuestras habilidades, relaciones, tiempo y decisiones — terminamos perdiendo oportunidades de crecimiento y bendición.[88]

Otra consecuencia de vivir en un estado de excusa constante es la falta de progreso personal.[89] Al no asumir la responsabilidad de nuestros errores o fallas, nos privamos de la autorreflexión necesaria para mejorar.[90] Si siempre estamos señalando a otros como los culpables de nuestros problemas, nunca tomaremos el tiempo para mirar hacia adentro y reconocer nuestras propias fallas o debilidades.[91] Esta falta de autorreflexión lleva a una vida estancada, donde repetimos los mismos patrones negativos una y otra vez, sin aprender ni avanzar.[92] La felicidad no se encuentra en la perfección, sino en el progreso.[93] Pero el progreso solo es posible cuando reconocemos que nuestras decisiones y acciones juegan un papel fundamental en nuestra vida y tomamos medidas para corregirlas.[94]

Desde una perspectiva psicológica, cuando constantemente buscamos excusas y culpamos a los demás, estamos atrapados en lo que los psicólogos llaman un locus de control externo.[95] Esto

---

86 Richard Foster, *Prayer: Finding the Heart's True Home* (San Francisco: Harper, 1992), 223.
87 Foster, *Prayer*, 224.
88 Keller, *The Prodigal God*, 144.
89 John Stott, *Basic Christianity* (Grand Rapids: Eerdmans, 1958), 112.
90 Bruce Demarest, *The Cross and Salvation: The Doctrine of Salvation* (Wheaton: Crossway, 1997), 200.
91 J. I. Packer, *Knowing God*, 123.
92 A. W. Tozer, *The Pursuit of God* (Camp Hill: Christian Publications, 1982), 97.
93 Carol Dweck, *Mindset*, 67.
94 Dweck, *Mindset*, 68.
95 Ellis, *Rational Emotive Behavior Therapy*, 42.

significa que creemos que nuestra vida es controlada por fuerzas externas más allá de nuestro control.[96] Las personas con un locus de control externo tienden a ser más infelices, ya que sienten que no tienen la capacidad de influir en su propia vida.[97] En cambio, las personas con un locus de control interno, que creen que tienen el poder de influir en su destino a través de sus decisiones, tienden a ser más felices y resilientes.[98] Al asumir la responsabilidad de nuestras acciones, comenzamos a experimentar un mayor empoderamiento y satisfacción, ya que sabemos que nuestras elecciones tienen un impacto real en nuestra vida.[99]

Otra consecuencia de no asumir la responsabilidad personal es la deterioración de las relaciones.[100] Cuando siempre culpamos a los demás por nuestras acciones, erosionamos la confianza y el respeto en nuestras relaciones.[101] Nadie quiere estar en una relación, ya sea personal o profesional, con alguien que constantemente evade su responsabilidad y busca chivos expiatorios.[102] Esta actitud genera conflictos, resentimiento y, en última instancia, distancia en las relaciones.[103] Además, cuando no asumimos la responsabilidad de nuestros errores, no nos permitimos aprender de ellos, lo que significa que seguimos cometiendo los mismos errores, causando daño no solo a nosotros mismos, sino también a los demás.[104]

---

96 Julian B. Rotter, "Generalized Expectancies," 26.
97 Rotter, "Generalized Expectancies," 28.
98 Dweck, *Mindset*, 70.
99 Frankl, *Man's Search for Meaning*, 89.
100 Maxwell, *The 15 Invaluable Laws of Growth*, 143.
101 Maxwell, *The 15 Invaluable Laws of Growth*, 143.
102 Piper, *Desiring God*, 231.
103 Chan, *Crazy Love*, 64.
104 Demarest, *The Cross and Salvation*, 205.

Finalmente, la falta de responsabilidad personal nos desconecta de Dios.[105] Cuando culpamos a otros por nuestras fallas o situaciones, también corremos el riesgo de culpar a Dios por nuestras dificultades.[106] Al hacerlo, perdemos la dependencia de Su guía y Su provisión.[107] En lugar de buscar a Dios para que nos ayude a cambiar y crecer, nos resistimos a la corrección y nos negamos a ver las oportunidades de transformación que Él nos ofrece.[108] Dios es un Padre amoroso, que siempre está dispuesto a guiarnos hacia el cambio y la restauración, pero si no asumimos la responsabilidad de nuestras acciones, nunca experimentaremos plenamente Su gracia transformadora.[109] Como dijo Jesús en Juan 15:5, "separados de mí, nada podéis hacer". Si no tomamos responsabilidad y permanecemos en Él, no podremos experimentar la plenitud de vida que Él promete.[110]

Resumen del Capítulo

En este capítulo, hemos visto cómo la Biblia y la psicología moderna coinciden en que la felicidad y el bienestar dependen en gran medida de la responsabilidad personal. En lugar de culpar a otros o a las circunstancias, Dios nos llama a tomar responsabilidad por nuestras acciones y decisiones. El principio bíblico de "siembra y cosecha" muestra claramente que nuestras elecciones tienen consecuencias, y que asumir esas consecuencias es esencial para experimentar una vida plena.

---

105 Stott, *Basic Christianity*, 114.
106 Keller, *Prayer*, 123
107 Spurgeon, *Morning and Evening*, 230.
108 Spurgeon, *Morning and Evening*, 231.
109 Lewis, *Mere Christianity*, 109.
110 John Stott, *The Cross of Christ* (Downers Grove: InterVarsity Press, 1986), 195.

Además, la psicología moderna respalda este concepto al destacar la importancia del locus de control interno, que se refiere a la creencia de que tenemos el poder de influir en nuestra vida a través de nuestras decisiones. Las investigaciones han demostrado que las personas que asumen la responsabilidad de sus emociones y reacciones tienden a experimentar una mayor satisfacción en la vida, mientras que aquellos que culpan a otros o a factores externos suelen sentirse atrapados en un ciclo de frustración.

En conclusión, este capítulo subraya que la madurez espiritual y emocional solo se logra cuando dejamos de ofrecer excusas por nuestros actos y comenzamos a reflexionar y aprender de nuestras decisiones pasadas. Asumir responsabilidad es un paso hacia el crecimiento y la transformación personal, una acción que permite a Dios obrar en nuestras vidas y guiarnos hacia una felicidad verdadera, fundamentada en nuestra obediencia y en decisiones conformes a Su propósito.

Ejercicios Prácticos

1. Evaluación de Decisiones Pasadas: Tómate un tiempo para reflexionar sobre decisiones importantes que has tomado en el último año. ¿Cómo influyeron tus elecciones en los resultados? Haz una lista de las situaciones en las que pudiste haber actuado de manera diferente. Esto te ayudará a identificar patrones en tu comportamiento y te permitirá tomar más conciencia sobre tu responsabilidad en las decisiones futuras.

2. Diario de Responsabilidad: Durante una semana, lleva un registro diario de tus decisiones, tanto grandes como pequeñas, y reflexiona sobre cómo contribuyeron a tu bienestar emocional, espiritual o relacional. Anota también cuándo

tiendes a culpar a otros o a las circunstancias, y trabaja en redirigir esa culpa hacia una toma de responsabilidad más consciente.

3. Plan de Acción Personal: Identifica un área de tu vida donde sientes que has estado evadiendo la responsabilidad. Crea un plan de acción específico para cambiar tu comportamiento en esa área, asumiendo un rol más activo y responsable. Puede ser en tus relaciones, tu vida profesional o espiritual.

4. Reflexión Bíblica: Dedica tiempo a estudiar pasajes bíblicos sobre la responsabilidad personal, como Gálatas 6:7-8 o Santiago 1:22-25. Reflexiona sobre cómo se aplican estos principios a tu vida diaria. ¿Dónde necesitas asumir más responsabilidad y cómo puedes hacerlo de manera práctica?

Recursos Adicionales

Apps

- ThinkUp: Una app que ofrece afirmaciones positivas personalizables que ayudan a reconfigurar los pensamientos hacia la responsabilidad personal y la toma de control sobre la propia vida.

- Habitica: Una app que te permite convertir tus metas y responsabilidades diarias en un juego, ayudándote a mantener la responsabilidad de tus acciones y decisiones de una manera divertida.

- Strides: Esta app ayuda a establecer metas y hábitos, lo que facilita la toma de responsabilidad en las áreas que deseas mejorar y mantener en tu vida.

Libros

1. The Gifts of Imperfection por Brené Brown: Este libro explora cómo asumir la responsabilidad de nuestras emociones y dejar de buscar la perfección nos lleva a una vida más auténtica y plena.

2. Boundaries por Henry Cloud y John Townsend: Un libro que profundiza en la importancia de establecer límites saludables en la vida, lo cual es una forma de asumir la responsabilidad de nuestro bienestar y no culpar a otros por nuestras dificultades.

3. Man's Search for Meaning por Viktor Frankl: Explora cómo, incluso en las circunstancias más difíciles, las personas pueden elegir su actitud y asumir la responsabilidad de su reacción ante el sufrimiento, lo que resuena con el concepto de responsabilidad personal en cualquier contexto.

4. Crucial Accountability por Kerry Patterson y Joseph Grenny: Este libro se centra en cómo mantener conversaciones responsables y tomar el control de las decisiones difíciles, tanto a nivel personal como en entornos laborales.

Capítulo 13
CREAR HÁBITOS DE FELICIDAD

"Somos lo que hacemos repetidamente. La excelencia, entonces, no es un acto, sino un hábito."

Aristóteles

La felicidad, como la mayoría de los aspectos positivos de la vida, no es simplemente el resultado de momentos aislados de alegría o éxito, sino más bien una construcción constante a lo largo del tiempo. En lugar de esperar que la felicidad sea algo que "nos sucede", debemos cultivar hábitos que promuevan el bienestar y la satisfacción duraderos. Tanto la Biblia como la ciencia moderna subrayan la importancia de las decisiones cotidianas y los patrones de comportamiento que, a largo plazo, pueden moldear nuestra mente y nuestro corazón hacia una vida más plena y feliz.

La Neurociencia Detrás de la Creación de Hábitos Positivos

La neurociencia moderna ha avanzado significativamente en la comprensión de cómo se forman los hábitos y cómo afectan nuestra felicidad a largo plazo.[1] El cerebro humano es una estructura increíblemente adaptable, con la capacidad de modificarse a sí mismo en respuesta a los comportamientos repetidos, esto es lo que hemos mencionado anteriormente como la neuroplasticidad.[2]

Los hábitos son esencialmente caminos neuronales que se refuerzan con la repetición.[3] Cuanto más practicamos una acción, más fuerte se vuelve la conexión neuronal asociada con esa acción, lo que la convierte en una rutina automática.[4] Según el Dr. Charles Duhigg, autor de *The Power of Habit*, los hábitos siguen un ciclo de tres fases: señal, rutina y recompensa.[5] Al crear hábitos positivos, entrenamos a nuestro cerebro para seguir este ciclo en dirección a comportamientos que nos beneficien a largo plazo.[6]

La creación de hábitos positivos como la gratitud, ejercicio, descanso — no solo impacta el bienestar emocional, sino que también tiene efectos tangibles en la bioquímica del cerebro.[7] Las personas que practican hábitos como la gratitud, por ejemplo,

---

1 James Clear, *Atomic Habits: An Easy & Proven Way to Build Good Habits & Break Bad Ones* (New York: Avery, 2018), 27.

2 Norman Doidge, *The Brain That Changes Itself* (New York: Penguin Books, 2007), 14.

3 Charles Duhigg, *The Power of Habit: Why We Do What We Do in Life and Business* (New York: Random House, 2012), 20.

4 Duhigg, *The Power of Habit,* 21.

5 Duhigg, *The Power of Habit,* 22.

6 Duhigg, *The Power of Habit,*40.

7 Robert A. Emmons and Michael E. McCullough, "Counting Blessings Versus Burdens: An Experimental Investigation of Gratitude and Subjective Well-Being in Daily Life," *Journal of Personality and Social Psychology* 84, no. 2 (2003): 377-89.

experimentan un aumento en la producción de neurotransmisores como la dopamina y la serotonina, los cuales están directamente relacionados con el bienestar y el placer.[8] Estos químicos no solo mejoran el estado de ánimo, sino que también refuerzan las conexiones neuronales que facilitan la repetición de estos comportamientos, haciendo que sea más fácil mantener el hábito a largo plazo.[9] Otro aspecto importante de la neurociencia es cómo los hábitos positivos pueden contrarrestar los efectos negativos del estrés crónico.[10] El estrés prolongado puede dañar áreas del cerebro, como el hipocampo, que está involucrado en la regulación del estado de ánimo y la memoria.[11] Sin embargo, la práctica constante de hábitos que promueven la felicidad — como la meditación y el ejercicio — puede reducir los niveles de cortisol y mejorar la resiliencia del cerebro frente al estrés.[12] El Dr. Rick Hanson, en su obra *Hardwiring Happiness*, explica que las experiencias positivas repetidas fortalecen las conexiones cerebrales asociadas con la felicidad, lo que crea una mentalidad más optimista y resistente.[13]

Además, la investigación muestra que la repetición de hábitos positivos no solo fortalece las conexiones neuronales, sino que también puede suprimir los patrones negativos.[14] Por ejemplo, los hábitos negativos, como la procrastinación o los pensamientos autodestructivos, pueden ser reemplazados gradualmente por

---

8 Emmons and McCullough, "Counting Blessings Versus Burdens", 377-89.
9 Emmons and McCullough, "Counting Blessings Versus Burdens", 377-89.
10 Rick Hanson, *Hardwiring Happiness: The New Brain Science of Contentment, Calm, and Confidence* (New York: Harmony, 2013), 33.
11 Hanson, *Hardwiring Happiness*, 36.
12 Hanson, *Hardwiring Happiness*, 37.
13 Hanson, *Hardwiring Happiness*, 33-34.
14 Duhigg, *The Power of Habit*, 48.

hábitos positivos si se cultivan de manera consciente y repetida.[15] Este proceso implica una reeducación del cerebro, donde se enfocan las mismas estructuras neuronales hacia hábitos que promuevan el bienestar y la satisfacción.[16]

Hábitos que Promueven la Felicidad a Largo Plazo

La Biblia nos enseña que vivir una vida plena y feliz es el resultado de mantener un camino constante de obediencia y devoción a Dios.[17] En Salmos 1:1-3, el hombre que medita en la ley de Dios de día y de noche es comparado con un árbol plantado junto a corrientes de agua, que da su fruto a su tiempo.[18] Este pasaje subraya que los hábitos espirituales — como la oración, la meditación en la Palabra de Dios y la obediencia a Sus mandamientos — son la clave para una vida que florece.[19]

Entre los hábitos que promueven la felicidad a largo plazo, se destacan las siguientes prácticas:

Practicar la Gratitud Diaria:

Reconocer y agradecer por las bendiciones diarias, tanto grandes como pequeñas, ayuda a cultivar una mentalidad positiva y a reducir el estrés.[20] La gratitud refuerza las emociones positivas y mejora la salud mental a largo plazo.[21]

---

15 Carol S. Dweck, *Mindset: The New Psychology of Success* (New York: Ballantine Books, 2006), 137.

16 Dweck, *Mindset, 136-137.*

17 Rick Warren, *The Purpose Driven Life: What on Earth Am I Here For?* (Grand Rapids: Zondervan, 2002), 21-22.

18 Walter Brueggemann, *The Message of the Psalms: A Theological Commentary* (Minneapolis: Augsburg Fortress, 1984), 37.

19 Brueggemann, *The Message of the Psalms, 37.*

20 Emmons and McCullough, "Counting Blessings Versus Burdens", 377-89.

21 Emmons and McCullough, "Counting Blessings Versus Burdens", 377-89.

Ejercicio Físico Regular:

El ejercicio no solo mejora la salud física, sino que también aumenta la liberación de endorfinas y otros neurotransmisores que elevan el estado de ánimo, promoviendo el bienestar emocional.[22]

Establecer Relaciones Significativas:

Cultivar relaciones profundas y auténticas con amigos y familiares genera un sentido de pertenencia, apoyo y amor, que son fundamentales para el bienestar emocional.[23]

Mantener un Sueño Adecuado:

Dormir bien es esencial para la salud mental, la estabilidad emocional y la concentración. El descanso adecuado ayuda a regular el estado de ánimo y mejorar la resiliencia frente a los desafíos diarios.[24]

Desarrollar una Mentalidad de Crecimiento:

Adoptar la mentalidad de que podemos aprender y mejorar a través de los desafíos nos permite enfrentar los obstáculos con optimismo, promoviendo la felicidad y el éxito a largo plazo.[25]

---

22 John Ratey, *Spark: The Revolutionary New Science of Exercise and the Brain* (New York: Little, Brown and Company, 2008), 20.

23 George Vaillant, *Aging Well: Surprising Guideposts to a Happier Life from the Landmark Harvard Study of Adult Development* (Boston: Little, Brown and Company, 2002), 88-89.

24 Matthew Walker, *Why We Sleep: Unlocking the Power of Sleep and Dreams* (New York: Scribner, 2017), 34.

25 Carol S. Dweck, *Mindset: The New Psychology of Success* (New York: Ballantine Books, 2006), 25-26.

Orar Regularmente:

La oración nos conectan con nuestro propósito espiritual y nos brindan paz interior. Estos hábitos reducen la ansiedad, fomentan la tranquilidad y mejoran el bienestar emocional.[26]

Dar y Servir a los Demás:

Ayudar a los demás, ya sea a través de actos de servicio o de generosidad, aumenta la sensación de satisfacción personal. El altruismo promueve el bienestar emocional y fortalece el sentido de comunidad.[27]

Cuidar la Salud Mental:

Dedicar tiempo a la reflexión, la autorregulación emocional y el autocuidado es clave para mantener la salud mental. Buscar ayuda profesional cuando es necesario también es un hábito que promueve el bienestar.[28]

Fijar Metas y Propósitos Claros:

Tener objetivos y metas significativas nos proporciona dirección y motivación en la vida. Las personas que viven con un propósito claro tienden a ser más felices y resilientes ante las dificultades.[29]

Practicar el Perdón:

Dejar de lado el resentimiento y aprender a perdonar libera el corazón de cargas emocionales innecesarias. El perdón, tanto

---

[26] Dallas Willard, *The Spirit of the Disciplines: Understanding How God Changes Lives* (San Francisco: HarperOne, 1988), 64.

[27] Stephen Post, *Why Good Things Happen to Good People* (New York: Broadway Books, 2007), 123-25.

[28] Seligman, *Flourish*, 45.

[29] Mihaly Csikszentmihalyi, *Flow: The Psychology of Optimal Experience* (New York: Harper Perennial, 1990), 14-16.

hacia los demás como hacia uno mismo, es un componente esencial para la paz interior y la felicidad duradera.[30]

El Descanso

En una cultura que valora la productividad constante, el descanso se ha convertido en un hábito descuidado.[31] Sin embargo, el descanso es esencial para el bienestar emocional, físico y espiritual. La práctica del Shabat y el concepto de descanso son fundamentales en la Biblia, como se observa en Éxodo 20:8-10, donde Dios establece el mandamiento de descansar.[32]

Cómo los Hábitos Pueden Perjudicar

Los hábitos, como cualquier herramienta poderosa, pueden beneficiar o perjudicar nuestra vida dependiendo de cuáles elegimos cultivar.[33] Lo que hacemos de manera repetida no solo moldea nuestra rutina diaria, sino que también afecta profundamente nuestra salud emocional, mental, física y espiritual.[34] Por tanto, entender cómo los hábitos pueden influirnos positiva o negativamente es clave para vivir una vida plena y feliz. Hábitos que perjudican:

Ciclos Negativos:

Los hábitos negativos, como la procrastinación, el abuso de sustancias, o la excesiva exposición a redes sociales, pueden atraparnos en ciclos destructivos que nos alejan del bienestar y el

---

30 Fred Luskin, *Forgive for Good: A Proven Prescription for Health and Happiness* (San Francisco: HarperOne, 2002), 30-32.

31 Adam Grant, *Give and Take: Why Helping Others Drives Our Success* (New York: Viking, 2013), 70.

32 Richard H. Lowery, *Sabbath and Jubilee* (St. Louis: Chalice Press, 2000), 50-52.

33 Duhigg, *The Power of Habit*, 16.

34 Dr. Rick Hanson, *Hardwiring Happiness: The New Brain Science of Contentment, Calm, and Confidence* (New York: Harmony Books, 2013), 54.

propósito.³⁵ Por ejemplo, el hábito de posponer tareas importantes genera ansiedad y estrés, lo que deteriora nuestra salud mental y nuestro rendimiento, llevándonos a una mayor frustración.³⁶

Desgaste Emocional:

Hábitos como rumiar pensamientos negativos, la autocrítica constante, o el enfocarse en lo que falta en lugar de lo que se tiene, pueden generar un estado emocional destructivo.³⁷ Este patrón de pensamiento refuerza la ansiedad y la depresión, creando una espiral descendente en la que es difícil ver lo positivo o avanzar en la vida.³⁸

Aislamiento Relacional:

Algunos hábitos negativos pueden dañar nuestras relaciones. Por ejemplo, la falta de comunicación efectiva, el resentimiento no resuelto o el enfoque en el egoísmo pueden alejarnos de los demás, creando barreras emocionales.³⁹ Estos hábitos no solo nos privan del apoyo relacional necesario, sino que también pueden conducir a la soledad y el aislamiento, lo que afecta gravemente nuestra salud emocional y mental.

Deterioro Físico y Mental:

Hábitos dañinos como una dieta poco saludable, el sedentarismo o la falta de sueño afectan directamente nuestra salud

---

35 Seligman, *Learned Optimism,* 98.
36 Timothy Pychyl, *Solving the Procrastination Puzzle: A Concise Guide to Strategies for Change* (New York: TarcherPerigee, 2013), 25-26.
37 Timothy Pychyl, *Solving the Procrastination Puzzle: A Concise Guide to Strategies for Change* (New York: TarcherPerigee, 2013), 25-26.
38 Susan Nolen-Hoeksema, *The Power of Women: How Negative Self-Talk Affects Us and What We Can Do About It* (New York: Times Books, 2001), 43.
39 John M. Gottman and Nan Silver, *The Seven Principles for Making Marriage Work* (New York: Crown Publishing, 1999), 23.

física y mental.[40] La falta de cuidado del cuerpo provoca enfermedades crónicas, fatiga y reduce nuestra capacidad de disfrutar de la vida. Además, el estrés crónico asociado con hábitos negativos afecta negativamente el cerebro, debilitando áreas relacionadas con la memoria, el aprendizaje y la regulación emocional.[41]

Desconexión Espiritual:

Hábitos como la desidia espiritual, la falta de oración o la negación de las prioridades de Dios pueden alejarnos de una vida plena en comunión con Él. Cuando descuidamos nuestra vida espiritual, sentimos una desconexión que puede generar vacío, pérdida de propósito y falta de dirección en la vida.[42] Mateo 6:33 nos recuerda que debemos buscar primero el Reino de Dios y Su justicia, porque cuando nuestras prioridades están acorde con lo espiritual, lo demás encuentra su lugar.[43]

Los Hábitos Y La Configuración Neuronal

Además de la creación de conexiones neuronales más fuertes, los hábitos también afectan la percepción del control que tenemos sobre nuestra vida.[44] Los hábitos positivos no solo generan automatismos saludables, sino que también nos otorgan un sentido de autonomía y empoderamiento.[45] Cada vez que tomamos la decisión de actuar de manera consciente para cambiar un hábito, estamos reforzando la capacidad del cerebro para crear

---

40 Matthew Walker, *Why We Sleep: Unlocking the Power of Sleep and Dreams* (New York: Scribner, 2017, 39-40.

41 John J. Ratey, *Spark: The Revolutionary New Science of Exercise and the Brain* (New York: Little, Brown and Company, 2008, 78.

42 Dallas Willard, *The Spirit of the Disciplines: Understanding How God Changes Lives* (San Francisco: HarperOne, 1988, 91.

43 Richard H. Lowery, *Sabbath and Jubilee* (St. Louis: Chalice Press, 2000, 18-19.

44 Charles Duhigg, *The Power of Habit: Why We Do What We Do in Life and Business* (New York: Random House, 2012, 37.

45 Albert Bandura, *Self-Efficacy: The Exercise of Control* (New York: W. H. Freeman, 1997, 20-21.

nuevas rutas neuronales, un proceso que aumenta nuestra sensación de control y nos permite afrontar situaciones difíciles con mayor resiliencia.[46]

Al formar hábitos positivos, como el ejercicio regular, la meditación o el pensamiento positivo, estamos activamente tomando el control de nuestra experiencia de vida, lo que nos hace sentir más capaces de manejar los desafíos que se nos presentan.[47] En otras palabras, el desarrollo de hábitos saludables fortalece nuestra autoeficacia, la creencia en nuestra capacidad de influir en los resultados de nuestra vida.[48]

Un aspecto fundamental del desarrollo de hábitos es la capacidad del cerebro para ajustar la respuesta emocional ante los desafíos.[49] Al repetir comportamientos positivos, el cerebro no solo refuerza la conexión neuronal, sino que también modifica la respuesta emocional asociada.[50] Por ejemplo, las personas que desarrollan el hábito de la meditación diaria o la práctica de gratitud experimentan una reducción en la actividad de la amígdala, la parte del cerebro que regula el miedo y la ansiedad.[51] Esto significa que, con el tiempo, nuestras respuestas emocionales a situaciones estresantes se vuelven más moderadas y equilibradas, permitiéndonos manejar el estrés de manera más efectiva. Este cambio en la respuesta emocional es clave para la construcción de una mentalidad resiliente que promueva la felicidad a largo plazo.[52]

---

46 Bandura, *Self-Efficacy*, 22.
47 Dweck, *Mindset*, 6.
48 Dweck, *Mindset*, 7.
49 Daniel J. Siegel, *The Developing Mind: How Relationships and the Brain Interact to Shape Who We Are* (New York: Guilford Press, 2012), 122.
50 Rick Hanson, *Hardwiring Happiness: The New Brain Science of Contentment, Calm, and Confidence* (New York: Harmony Books, 2013), 83.
51 Siegel, *The Developing Mind*, 123.
52 Hanson, *Hardwiring Happiness*, 85.

Además, los hábitos no solo modifican el cerebro en términos de neuroplasticidad, sino que también influyen en nuestra química cerebral.[53] Hábitos como el ejercicio físico, la meditación y el pensamiento positivo aumentan la producción de neurotransmisores asociados con el bienestar, como la dopamina, la serotonina y las endorfinas.[54] Estos neurotransmisores no solo mejoran nuestro estado de ánimo a corto plazo, sino que también ayudan a establecer un ciclo de retroalimentación positiva en el que los hábitos saludables generan recompensas emocionales que nos motivan a continuar con esos comportamientos. A medida que repetimos estos comportamientos, la química cerebral se adapta, haciéndonos más propensos a experimentar bienestar y satisfacción.

La naturaleza cíclica de los hábitos, descrita por Duhigg, también implica que debemos prestar atención a las señales que desencadenan nuestras rutinas.[55] Las señales son los estímulos que nos empujan a actuar de determinada manera, y pueden ser tanto internas (emociones, pensamientos) como externas (lugares, personas). Al ser conscientes de estas señales, podemos intervenir en el proceso y modificar conscientemente nuestras respuestas.[56] Por ejemplo, si una señal de estrés normalmente conduce a hábitos negativos como comer en exceso o procrastinar, podemos aprender a asociar esa misma señal con un hábito positivo, como salir a caminar o practicar la meditación. Esta capacidad de reentrenar nuestro cerebro para reaccionar de manera diferente ante las señales es un poderoso ejemplo de cómo podemos

---

53 Andrew Huberman, "How Exercise Affects the Brain & Enhances Mental Health," *The Huberman Lab Podcast*, accessed September 15, 2023, https://hubermanlab.com/.
54 Huberman, "How Exercise Affects the Brain & Enhances Mental Health,"
55 Charles Duhigg, *The Power of Habit*, 31.
56 Charles Duhigg, *The Power of Habit*, 32.

usar la ciencia de los hábitos para construir una vida más plena y equilibrada.[57]

Otro aspecto importante que se deriva de la creación de hábitos es la sostenibilidad.[58] Los hábitos que benefician nuestra vida a largo plazo son aquellos que pueden ser mantenidos de manera realista a lo largo del tiempo.[59] La creación de hábitos positivos no implica cambios drásticos e insostenibles, sino ajustes graduales y repetidos que se integran en nuestra rutina diaria.[60] Esta es una lección importante tanto desde la perspectiva bíblica como científica. En Eclesiastés 9:10, se nos enseña que lo que hagamos, lo hagamos con todas nuestras fuerzas, lo que implica que debemos actuar con intención y constancia, sabiendo que el fruto de nuestras acciones llega a través de la dedicación persistente. La misma ciencia nos dice que los cambios incrementales son los más efectivos para formar hábitos duraderos, y que los cambios radicales suelen ser insostenibles.[61]

La Paciencia Al Crear Hábitos

La paciencia al crear hábitos es esencial, ya que el proceso de cambiar comportamientos o introducir nuevos patrones en nuestra vida es largo y, a menudo, lleno de desafíos.[62] Formar un nuevo hábito no es un proceso lineal; habrá momentos de éxito, pero también de retroceso o fracaso.[63] Es fundamental entender que fallar en algún punto no significa que hemos perdido por completo

---

57 Kelly McGonigal, *The Willpower Instinct: How Self-Control Works, Why It Matters, and What You Can Do to Get More of It* (New York: Avery, 2012), 48-49.
58 McGonigal, *The Willpower Instinct*, 56.
59 James Clear, *Atomic Habits: An Easy & Proven Way to Build Good Habits & Break Bad Ones* (New York: Avery, 2018), 19.
60 James Clear, *Atomic Habits*, 25.
61 James Clear, *Atomic Habits*, 25.
62 McGonigal, *The Willpower Instinct*, 40
63 McGonigal, *The Willpower Instinct*, 42.

el progreso o que el cambio es imposible.[64] Al contrario, esos momentos de fracaso nos ofrecen la oportunidad de reiniciar, de aprender de los errores y de fortalecernos en nuestra determinación de seguir adelante.[65]

El fracaso es parte natural del proceso de cambio, y tener paciencia con uno mismo es crucial para no desanimarse.[66] A menudo, nos fijamos expectativas poco realistas, pensando que un hábito nuevo debe ser perfeccionado en cuestión de días o semanas, pero según la ciencia, formar un hábito puede tomar de 21 días hasta 66 días o más, dependiendo de la persona y del comportamiento que se esté intentando cambiar.[67] Es un proceso que requiere consistencia y, sobre todo, perseverancia. En Gálatas 6:9, Pablo nos recuerda: "No nos cansemos de hacer el bien, porque a su debido tiempo cosecharemos si no desmayamos". Este versículo subraya la importancia de la paciencia y la constancia, sabiendo que los resultados llegarán a su tiempo si continuamos en el camino correcto.

Cuando fallamos en mantener un hábito, lo importante es no rendirse ni caer en la autocrítica destructiva.[68] La clave es reconocer el error, entender qué factores contribuyeron a ese fallo, y hacer los ajustes necesarios para intentarlo de nuevo. Este enfoque permite que el fracaso se convierta en una herramienta de aprendizaje en lugar de un obstáculo definitivo. Al hacerlo, reforzamos la idea de que el cambio real y duradero es el resultado de

---

64 James Clear, *Atomic Habits*, 35.
65 James Clear, *Atomic Habits*, 37.
66 Albert Bandura, *Self-Efficacy: The Exercise of Control* (New York: W. H. Freeman, 1997), 29.
67 Philippa Lally et al., "How Are Habits Formed: Modelling Habit Formation in the Real World," *European Journal of Social Psychology* 40, no. 6 (2010): 998.
68 Kelly McGonigal, *The Willpower Instinct: How Self-Control Works, Why It Matters, and What You Can Do to Get More of It* (New York: Avery, 2012), 67.

un proceso de prueba y error, donde cada intento nos acerca más al éxito.[69]

Estudios muestran que cuando fallamos y luego volvemos a intentar realizar una tarea, estamos fortaleciendo las conexiones neuronales asociadas con la persistencia y la resiliencia.[70] Este proceso, conocido como resiliencia cognitiva, nos permite adaptarnos mejor a los desafíos y seguir adelante, a pesar de las dificultades. Cada vez que nos levantamos después de un fallo, nuestro cerebro refuerza las rutas neuronales que apoyan la persistencia y la capacidad de superar obstáculos.[71]

Además, la Biblia también nos ofrece un marco espiritual para lidiar con los fracasos. En Proverbios 24:16 se nos dice: "Porque siete veces cae el justo, y vuelve a levantarse". Este versículo nos enseña que, aunque caigamos repetidamente, lo importante es levantarnos una y otra vez, confiando en que Dios nos dará la fuerza para continuar. Al formar hábitos, ya sea espirituales o personales, esta verdad es fundamental. La paciencia no solo nos ayuda a aceptar los fallos, sino también a comprender que el proceso de levantarse una y otra vez es parte del crecimiento y la transformación.[72]

Un aspecto clave de tener paciencia al formar hábitos es también ser amable con uno mismo.[73] Es fácil caer en la tentación de la autocrítica cuando fallamos, pero el cambio real ocurre cuando,

---

69   Carol S. Dweck, *Mindset: The New Psychology of Success* (New York: Ballantine Books, 2006), 20.

70   Andrew Huberman, "How the Brain Learns New Behaviors & Breaks Bad Habits," *The Huberman Lab Podcast*, accessed October 10, 2023, https://hubermanlab.com/

71   Rick Hanson, *Hardwiring Happiness: The New Brain Science of Contentment, Calm, and Confidence* (New York: Harmony Books, 2013), 95.

72   Daniel J. Siegel, *The Developing Mind: How Relationships and the Brain Interact to Shape Who We Are* (New York: Guilford Press, 2012), 150.

73   Carol S. Dweck, *Mindset: The New Psychology of Success*, 22.

en lugar de castigarnos por los errores, nos permitimos aprender de ellos y ajustarnos. Adoptar una mentalidad de crecimiento, tal como lo describe la psicóloga Carol Dweck, significa creer que nuestras habilidades, comportamientos y hábitos pueden mejorar con el tiempo y el esfuerzo.[74] En lugar de ver el fracaso como una señal de incapacidad, lo vemos como una oportunidad para crecer.

La gracia divina juega un papel fundamental en este proceso. Dios nos da la oportunidad de comenzar de nuevo cada día, y Su misericordia es nueva cada mañana (Lamentaciones 3:22-23. Saber que Dios está con nosotros, guiándonos en nuestro proceso de cambio y crecimiento, nos permite avanzar con esperanza y confianza, incluso cuando enfrentamos desafíos.[75] La paciencia que cultivamos no solo está relacionada con la espera de los resultados, sino con el reconocimiento de que estamos en un camino de transformación continua, donde cada paso, incluso los tropiezos, nos acerca más a nuestra meta de ser más como Cristo y vivir vidas más en sintonía con Su propósito.[76]

Finalmente, tener paciencia al crear hábitos significa reconocer que el camino hacia el cambio es largo, con altibajos, y que los fallos son oportunidades para aprender y empezar de nuevo.[77] La resiliencia, la gracia y la perseverancia nos permiten continuar, sabiendo que cada pequeño paso cuenta y que, al final, los hábitos que cultivamos nos llevarán a una vida más plena y satisfactoria.[78]

---

74 Carol S. Dweck, *Mindset: The New Psychology of Success*, 25.
75 Rick Warren, *The Purpose Driven Life: What on Earth Am I Here For?* (Grand Rapids: Zondervan, 2002), 147.
76 Rick Warren, *The Purpose Driven Life*, 149.
77 Charles Duhigg, *The Power of Habit*, 50.
78 James Clear, *Atomic Habits*, 55.

Resumen del Capítulo

En este capítulo hemos explorado cómo la felicidad a largo plazo se construye mediante la creación intencional de hábitos positivos. Tanto la Biblia como la ciencia moderna coinciden en que las decisiones y acciones repetidas en la vida diaria son las que verdaderamente moldean nuestro carácter y bienestar. En lugar de esperar que la felicidad sea algo que "nos suceda", debemos ser proactivos al cultivar hábitos que fortalezcan nuestra relación con Dios, nuestro estado emocional y nuestra salud física.

Los hábitos como la gratitud diaria, el ejercicio físico y la meditación espiritual son fundamentales para generar un estado constante de bienestar. A medida que repetimos estas acciones, no solo reforzamos las conexiones neuronales que nos facilitan mantener estas prácticas, sino que también transformamos nuestra percepción de control sobre nuestra vida. La neurociencia nos enseña que el cerebro tiene una capacidad increíble de adaptarse, y al formar hábitos positivos, reconfiguramos nuestras respuestas emocionales y mentales, lo que lleva a una felicidad más estable.

Por último, hemos destacado la importancia de la paciencia y la perseverancia al formar nuevos hábitos. El proceso de cambio no es inmediato y, a menudo, viene acompañado de fracasos temporales. Sin embargo, es crucial comprender que estos tropiezos son oportunidades para reajustar y continuar. La gracia divina y la resiliencia personal juegan un papel importante en el éxito de este proceso, lo que nos permite persistir, sabiendo que los pequeños cambios constantes pueden generar grandes resultados a largo plazo.

Ejercicios Prácticos

1. Diario de Hábitos Positivos: Durante una semana, escribe un diario donde anotes los hábitos que practicas diariamente, tanto positivos como negativos. Reflexiona sobre cómo esos hábitos afectan tu bienestar emocional, espiritual y físico. Luego, elige un hábito positivo que quieras cultivar y otro negativo que quieras reemplazar. Desarrolla un plan para trabajar en ambos.

2. Visualización de Progreso: Cada noche, dedica 5 minutos a visualizarte practicando el hábito positivo que estás cultivando. Imagínate las emociones, sensaciones y resultados de haber mantenido ese hábito durante varios meses o años. Este ejercicio ayuda a fortalecer el compromiso mental y refuerza la intención de continuar.

3. Pequeños Pasos Consistentes: Identifica un hábito positivo que desees desarrollar y empieza por un cambio pequeño y manejable. Si es ejercicio, comienza con 10 minutos al día; si es gratitud, escribe solo una cosa por la que estés agradecido cada mañana. El objetivo es lograr consistencia, no perfección inmediata.

4. Reevaluación Semanal: Cada fin de semana, revisa tu progreso en la creación de hábitos. Pregúntate: ¿He sido constante? ¿Qué obstáculos he enfrentado? ¿Cómo puedo mejorar la próxima semana? Este proceso de revisión te ayuda a hacer ajustes y mantener el enfoque.

Recursos Adicionales

Apps

- HabitBull: Una app diseñada para ayudarte a seguir el progreso de tus hábitos, brindando recordatorios y seguimiento detallado para asegurar la consistencia.

- Fabulous: Una app que ayuda a desarrollar hábitos saludables a través de rutinas personalizadas y científicamente respaldadas, que promueven la felicidad y el bienestar.

- Strides: Una herramienta para el seguimiento de hábitos que te permite registrar tus objetivos y monitorear el progreso de forma visual, lo que facilita la creación de hábitos duraderos.

Libros

1. The Power of Habit por Charles Duhigg: Explora cómo se forman los hábitos, cómo podemos cambiarlos y cómo los hábitos afectan nuestras vidas y nuestras decisiones.

2. Atomic Habits por James Clear: Un libro práctico que desglosa la ciencia detrás de la creación de hábitos duraderos y cómo hacer pequeños cambios que lleven a grandes resultados a largo plazo.

3. Hardwiring Happiness por Rick Hanson: Este libro explica cómo las experiencias positivas y los hábitos pueden modificar la estructura del cerebro, promoviendo un bienestar duradero.

4. Mindset: The New Psychology of Success por Carol S. Dweck: Este libro aborda cómo una mentalidad de crecimiento,

basada en la creación de hábitos, puede influir en nuestra felicidad, éxito y bienestar.

5. Thanks! How Practicing Gratitude Can Make You Happier por Robert Emmons: Un libro que examina cómo la práctica de la gratitud puede convertirse en un hábito transformador que mejora la calidad de vida.

Capítulo 14
EJERCICIO Y ACTIVIDAD FÍSICA

"El ejercicio no solo cambia tu cuerpo, cambia tu mente, tu actitud y tu estado de ánimo."

Autor Desconocido

La actividad física no solo transforma el cuerpo, sino que también juega un papel esencial en el bienestar mental y espiritual. La Biblia y la ciencia moderna reconocen la profunda conexión entre el cuerpo, la mente y el espíritu, subrayando que el cuidado físico no es solo una cuestión de salud corporal, sino un componente crucial para el equilibrio total del ser humano. Desde una perspectiva bíblica, el cuerpo es el templo del Espíritu Santo (1 Corintios 6:19-20), lo que implica que debemos cuidarlo y mantenerlo en su mejor estado para honrar a Dios.

El Impacto de la Actividad Física en el Bienestar Mental y Espiritual

El ejercicio físico afecta positivamente el bienestar mental al liberar una serie de neurotransmisores como la dopamina, la serotonina y las endorfinas, conocidos como los "químicos de la felicidad".[1] Estas sustancias ayudan a mejorar el estado de ánimo, reducir el estrés y combatir los síntomas de la ansiedad y la depresión.[2] La actividad física regular no solo mejora la claridad mental, sino que también incrementa la resiliencia emocional, lo que nos permite enfrentar los desafíos diarios con una actitud más positiva y equilibrada.[3]

En cuanto al bienestar espiritual, el ejercicio nos ayuda a conectar con Dios de maneras únicas.[4] Al mover nuestro cuerpo, el ejercicio puede convertirse en un acto de meditación y adoración, donde la actividad física se alinea con la reflexión espiritual.[5] Por ejemplo, actividades como el senderismo o correr pueden ser momentos en los que estamos a solas con Dios, reflexionando sobre Su creación y Su propósito en nuestras vidas.[6] Este tipo de conexión no solo renueva el cuerpo, sino también el alma, promoviendo una mayor armonía interna.[7] La Biblia también enfatiza el valor del autocontrol y la disciplina, tanto en el plano espiritual como físico. 1 Timoteo 4:8 nos enseña que "el ejercicio físico es

---

1 Michael Otto y Jasper Smits, *Exercise for Mood and Anxiety: Proven Strategies for Overcoming Depression and Enhancing Well-Being* (New York: Oxford University Press, 2011), 23.

2 John Ratey y Eric Hagerman, *Spark: The Revolutionary New Science of Exercise and the Brain* (New York: Little, Brown and Company, 2008), 48.

3 Kelly McGonigal, *The Joy of Movement: How Exercise Helps Us Find Happiness, Hope, Connection, and Courage* (New York: Avery, 2019), 65.

4 Richard Foster, *Celebration of Discipline: The Path to Spiritual Growth* (San Francisco: HarperOne, 2018), 172.

5 Foster, *Celebration of Discipline*, 174.

6 Kelly McGonigal, *The Joy of Movement*, 115.

7 John Ratey, *Spark*, 92.

de algún provecho", lo que nos recuerda que, aunque el enfoque principal debe ser nuestro crecimiento espiritual, el cuidado del cuerpo también es importante. Al desarrollar hábitos de actividad física regular, no solo fortalecemos nuestro cuerpo, sino que cultivamos la disciplina, un principio clave tanto para el crecimiento espiritual como para el bienestar general.[8] La disciplina física que se desarrolla a través del ejercicio se traslada a otras áreas de la vida, ayudándonos a ser más constantes en la oración, el estudio de la Biblia y en nuestra vida diaria.[9]

Qué Dice la Ciencia Sobre la Conexión Entre Cuerpo y Mente

La ciencia moderna ha demostrado que el ejercicio físico tiene un impacto directo en el cerebro y en la manera en que experimentamos el bienestar emocional.[10] El ejercicio estimula el crecimiento de nuevas conexiones neuronales en el cerebro, un proceso conocido como neurogénesis, que mejora la memoria, la capacidad de aprendizaje y la concentración.[11] Un estudio de la Harvard Medical School reveló que el ejercicio aeróbico, en particular, ayuda a reducir los niveles de cortisol, la hormona del estrés, lo que mejora la capacidad del cerebro para gestionar situaciones de alta presión.[12]

Además de la neurogénesis y la reducción del cortisol, el ejercicio físico también tiene un impacto significativo en la plasticidad sináptica, que es la capacidad del cerebro para fortalecer o

---

[8] Dallas Willard, *The Spirit of the Disciplines: Understanding How God Changes Lives* (San Francisco: HarperOne, 1998), 124.

[9] Richard Foster, *Celebration of Discipline*, 176.

[10] John Ratey y Eric Hagerman, *Spark: The Revolutionary New Science of Exercise and the Brain* (New York: Little, Brown and Company, 2008), 34.

[11] Michael W. O'Hara, *The Impact of Exercise on Cognitive Function: Findings and Implications* (Boston: Harvard Medical School, 2015), 43.

[12] Michael W. O'Hara, *The Impact of Exercise*, 43.

debilitar las conexiones entre las neuronas en respuesta a las actividades repetidas.[13] Esta plasticidad no solo nos ayuda a mejorar nuestra capacidad de aprendizaje y memoria, sino que también nos permite adaptarnos mejor a los cambios, lo que contribuye a una mayor resiliencia emocional.[14] Al participar regularmente en actividad física, el cerebro se vuelve más eficiente en la creación de conexiones neuronales, lo que nos ayuda a procesar mejor la información y a manejar el estrés y los desafíos de manera más efectiva.[15]

El ejercicio también influye en el sistema límbico, la parte del cerebro que regula nuestras emociones y nuestro estado de ánimo.[16] Estudios han demostrado que el ejercicio regular aumenta la actividad en el hipocampo, una región clave del sistema límbico responsable de la regulación emocional y la memoria.[17] Las personas que realizan actividad física de manera constante experimentan mejoras en su capacidad para regular sus emociones, lo que lleva a una mayor estabilidad emocional y una reducción de los síntomas de ansiedad y depresión.[18] El aumento de la actividad en el hipocampo también está relacionado con la protección contra enfermedades neurodegenerativas, como el Alzheimer, lo que muestra que el ejercicio tiene beneficios tanto a corto como a largo plazo para la salud mental.[19]

---

13 John Ratey, *Spark*, 52.
14 Kelly McGonigal, *The Joy of Movement* (New York: Avery, 2019), 89.
15 John Ratey, *Spark*, 76.
16 Richard Davidson, *The Emotional Life of Your Brain* (New York: Hudson Street Press, 2012), 143.
17 Davidson, *The Emotional Life of Your Brain*, 143.
18 Michael W. O'Hara, *The Impact of Exercise*, 48.
19 Michael W. O'Hara, *The Impact of Exercise*, 48.

Un aspecto menos conocido es el impacto del ejercicio en la neuroquímica relacionada con la motivación y el bienestar.[20] Al realizar ejercicio físico, el cerebro aumenta la liberación de dopamina, un neurotransmisor que juega un papel crucial en los circuitos de recompensa y motivación.[21] La dopamina no solo está asociada con el placer, sino que también nos impulsa a repetir comportamientos que percibimos como beneficiosos, como el ejercicio.[22] Este proceso de retroalimentación positiva refuerza nuestra disposición a mantener una rutina de ejercicio, lo que facilita la creación de un hábito saludable.[23] Al cultivar este hábito, experimentamos un ciclo continuo de mejora del estado de ánimo y motivación, lo que a su vez nos lleva a sentirnos más capaces de enfrentar los retos de la vida cotidiana.[24]

Además, el ejercicio tiene un efecto significativo sobre la neuroinflamación, un proceso biológico que puede contribuir al deterioro cognitivo y a trastornos mentales como la depresión.[25] La actividad física regular reduce los marcadores inflamatorios en el cerebro, promoviendo un ambiente neurológico más saludable.[26] Esto es particularmente relevante en el contexto de la salud mental, ya que la neuro-inflamación ha sido implicada en la génesis de múltiples trastornos psiquiátricos.[27] Al reducir la inflamación, el ejercicio actúa como un protector natural del cerebro, previniendo el daño neuronal y mejorando nuestra capacidad para mantener un estado de bienestar a largo plazo.[28]

---

20 Kelly McGonigal, *The Joy of Movement*, 127.
21 Richard Davidson, *The Emotional Life of Your Brain*, 78.
22 Richard Davidson, *The Emotional Life of Your Brain*, 78.
23 John Ratey, *Spark*, 124.
24 Kelly McGonigal, *The Joy of Movement*, 152.
25 Michael W. O'Hara, *The Impact of Exercise*, 68.
26 Michael W. O'Hara, *The Impact of Exercise*, 68.
27 Kelly McGonigal, *The Joy of Movement*, 91.
28 Michael W. O'Hara, *The Impact of Exercise*, 75.

La actividad física también fomenta la producción de factores neurotróficos, como el factor neurotrófico derivado del cerebro (BDNF), una proteína que actúa como fertilizante para las neuronas.[29] El BDNF es esencial para el crecimiento y la supervivencia de las células cerebrales, y su producción aumenta significativamente con el ejercicio regular.[30] Este factor es clave para la plasticidad cerebral, permitiendo que el cerebro se adapte y aprenda de nuevas experiencias.[31] El aumento en los niveles de BDNF no solo promueve el bienestar mental, sino que también protege contra el deterioro cognitivo y las enfermedades relacionadas con la edad, lo que demuestra que el ejercicio físico tiene un impacto profundo en la longevidad cerebral.[32] El impacto del ejercicio en el cerebro va mucho más allá de la reducción del estrés o la mejora del estado de ánimo a corto plazo.[33] A nivel neurológico, la actividad física promueve la resiliencia emocional, el aprendizaje, la memoria y la protección contra enfermedades neurodegenerativas, mientras que a nivel bioquímico, refuerza los sistemas de recompensa y reduce la inflamación, creando un ciclo positivo de bienestar que impacta todos los aspectos de nuestra vida.[34]

¿Y Qué Si No Hago Ejercicio?

Las implicaciones de estos descubrimientos en cuanto a la búsqueda de la felicidad son profundas, ya que refuerzan la idea de que la felicidad no es un estado pasivo, sino algo que puede cultivarse activamente a través de acciones deliberadas como el

---

29 John Ratey, *Spark*, 162.
30 John Ratey, *Spark*, 162.
31 Michael W. O'Hara, *The Impact of Exercise*, 85.
32 Michael W. O'Hara, *The Impact of Exercise*, 85.
33 Kelly McGonigal, *The Joy of Movement*, 177.
34 John Ratey, *Spark*, 182.

ejercicio físico.[35] Cuando hablamos de felicidad, a menudo la asociamos con emociones pasajeras de alegría o satisfacción, pero lo que la ciencia nos muestra es que, a nivel cerebral, la felicidad está estrechamente vinculada a la neurobiología que puede ser moldeada y fortalecida mediante nuestras decisiones cotidianas.[36] El ejercicio físico no solo influye en nuestra salud física, sino que tiene un impacto directo en los mecanismos neuronales que sustentan la satisfacción duradera, la resiliencia emocional y el bienestar general.[37]

Primero, el ejercicio estimula la producción de neurotransmisores como la dopamina y la serotonina, los cuales están directamente relacionados con el placer, la motivación y el bienestar emocional.[38] Estas sustancias químicas no solo nos hacen sentir bien temporalmente, sino que ayudan a establecer una base neuroquímica saludable que facilita la repetición de comportamientos positivos.[39] Esto tiene implicaciones directas en la felicidad a largo plazo: cuando el cerebro está inundado de estos neurotransmisores, somos más propensos a experimentar emociones positivas, tener una visión más optimista de la vida y estar más motivados para seguir tomando decisiones que refuercen ese estado de bienestar.[40] En otras palabras, el ejercicio físico no solo mejora el estado de ánimo en el momento, sino que crea un entorno cerebral más propicio para la felicidad sostenida.[41]

---

35 John Ratey, *Spark* 34.
36 Kelly McGonigal, *The Joy of Movement* (New York: Avery, 2019), 15.
37 Michael W. O'Hara, *The Impact of Exercise on Cognitive Function: Findings and Implications* (Boston: Harvard Medical School, 2015), 56.
38 Michael W. O'Hara, *The Impact of Exercise on Cognitive Function*, 56.
39 Richard Davidson, *The Emotional Life of Your Brain* (New York: Hudson Street Press, 2012), 108.
40 Kelly McGonigal, *The Joy of Movement*, 27.
41 John Ratey, *Spark*, 52.

Al realizar ejercicio físico de manera regular, estamos literalmente reconfigurando nuestro cerebro para ser más resiliente frente al estrés, más eficiente en el procesamiento de emociones positivas y más capaz de aprender de nuevas experiencias.[42] Esto significa que el cerebro de una persona que se ejercita regularmente se vuelve más hábil para manejar situaciones desafiantes sin caer en un estado de angustia o desesperación.[43] En lugar de quedarse atrapado en patrones negativos de pensamiento o en respuestas emocionales poco saludables, el cerebro entrenado a través del ejercicio es más capaz de adaptarse y recuperarse ante las adversidades, lo cual es una característica clave para alcanzar una felicidad duradera.[44] La capacidad de ser resiliente y de sobreponerse al sufrimiento es crucial para una vida feliz, ya que permite que las personas no solo sobrevivan a los momentos difíciles, sino que prosperen y encuentren significado incluso en medio de las pruebas.[45]

Otra implicación clave está relacionada con la reducción del cortisol, la hormona del estrés.[46] El estrés crónico es uno de los principales saboteadores de la felicidad, y se ha demostrado que niveles elevados de cortisol están asociados con ansiedad, depresión y otros problemas de salud mental.[47] El ejercicio físico actúa como un amortiguador natural contra el estrés al reducir los niveles de cortisol en el cuerpo y mejorar la capacidad del cerebro para gestionar el estrés de manera efectiva.[48] Esto no solo mejora el bienestar emocional, sino que también protege contra el

---

42 John Ratey, *Spark*, 52.
43 Richard Davidson, *The Emotional Life of Your Brain*, 145.
44 Richard Davidson, *The Emotional Life of Your Brain*, 145.
45 Kelly McGonigal, *The Joy of Movement*, 98.
46 Michael W. O'Hara, *The Impact of Exercise*, 60.
47 Michael W. O'Hara, *The Impact of Exercise*, 60.
48 John Ratey, *Spark*, 78.

deterioro cognitivo, lo que a su vez contribuye a una vida más plena y feliz.[49] En términos prácticos, una persona que se ejercita con regularidad es más capaz de enfrentar el estrés diario sin sentirse abrumada, lo que le permite disfrutar más plenamente de la vida y de sus relaciones.[50]

El crecimiento del hipocampo, inducido por el ejercicio, también tiene una implicación directa en la felicidad a largo plazo.[51] El hipocampo no solo es responsable de la memoria y el aprendizaje, sino que también juega un papel crucial en la regulación emocional.[52] A medida que el ejercicio promueve el crecimiento de nuevas neuronas en el hipocampo, las personas experimentan una mayor estabilidad emocional y una mayor capacidad para regular las emociones negativas.[53] Esto significa que, con el tiempo, el ejercicio regular no solo mejora la capacidad cognitiva, sino que también contribuye a una mayor paz mental, una reducción de los síntomas de ansiedad y depresión, y una mayor capacidad para experimentar emociones positivas, todos factores esenciales para la felicidad. [54]

Además, el aumento de los factores neurotróficos, como el BDNF, implica que el ejercicio no solo tiene un efecto inmediato en el bienestar, sino que también actúa como una inversión a largo plazo en la salud cerebral.[55] A medida que envejecemos, la capacidad del cerebro para adaptarse y resistir el deterioro cognitivo es crucial para mantener una calidad de vida elevada.[56] El

---

49 Kelly McGonigal, *The Joy of Movement*, 122.
50 Richard Davidson, *The Emotional Life of Your Brain*, 102.
51 John Ratey, *Spark*, 93.
52 Michael W. O'Hara, *The Impact of Exercise*, 77.
53 Kelly McGonigal, *The Joy of Movement*, 66.
54 Richard Davidson, *The Emotional Life of Your Brain*, 180.
55 John Ratey, *Spark*, 141.
56 Michael W. O'Hara, *The Impact of Exercise*, 124.

ejercicio regular protege contra enfermedades neurodegenerativas como el Alzheimer, lo que significa que, a largo plazo, las personas que mantienen un régimen de actividad física son más propensas a mantener su bienestar y disfrutar de una vida más plena en su vejez.[57] Esta longevidad cognitiva está directamente relacionada con la felicidad sostenida, ya que la salud mental y emocional en la vejez es esencial para una vida satisfactoria y significativa.[58]

El ejercicio físico no solo tiene beneficios inmediatos en la regulación del estado de ánimo, sino que actúa como una herramienta poderosa para crear una base neurológica más sólida para la felicidad duradera.[59] Al fortalecer la resiliencia emocional, mejorar la química cerebral y proteger el cerebro contra el deterioro, el ejercicio se convierte en una parte integral de una vida feliz.[60] Cultivar este hábito no solo nos permite experimentar más alegría en el día a día, sino que nos prepara para enfrentar los desafíos con una mentalidad más fuerte, optimista y resiliente, lo que nos lleva a vivir una vida más plena y en sintonía con nuestro bienestar físico, emocional y espiritual.[61]

Impacto Físico y Mental del Sedentarismo

El sedentarismo, o la falta de actividad física regular, tiene un impacto negativo considerable en la felicidad y el bienestar general de una persona.[62] Desde una perspectiva física, mental y emocional, el sedentarismo crea un ciclo de deterioro que afecta

---

57 Kelly McGonigal, *The Joy of Movement*, 173.
58 Richard Davidson, *The Emotional Life of Your Brain*, 210.
59 John Ratey, *Spark*, 112.
60 Kelly McGonigal, *The Joy of Movement*, 152.
61 Michael W. O'Hara, *The Impact of Exercise*, 89.
62 World Health Organization. *Physical Activity and Adults*. Accessed October 25, 2023. https://www.who.int/news-room/fact-sheets/detail/physical-activity.

tanto la salud del cuerpo como la química del cerebro, lo que disminuye nuestra capacidad para experimentar felicidad y satisfacción a largo plazo.[63] A medida que la actividad física disminuye, los efectos adversos se acumulan y se hacen evidentes en varios aspectos de la vida.[64]

En primer lugar, el sedentarismo está directamente relacionado con una disminución en la salud física.[65] La falta de ejercicio regular conduce al aumento del riesgo de enfermedades crónicas, como enfermedades cardiovasculares, diabetes tipo 2, obesidad e hipertensión.[66] Estos problemas de salud no solo deterioran el bienestar físico, sino que también impactan negativamente el estado de ánimo y la energía de una persona, lo que crea un ciclo de cansancio y desmotivación.[67] Una persona con una condición física debilitada es menos capaz de participar en actividades que generen placer o satisfacción, lo que limita sus oportunidades de experimentar felicidad.[68]

A nivel mental, el sedentarismo también provoca una serie de efectos perjudiciales.[69] La falta de actividad física está vinculada a niveles más altos de ansiedad y depresión, y estudios han

---

63 National Institute on Aging. *Exercise and Physical Activity: Your Everyday Guide from the National Institute on Aging*. Accessed October 25, 2023. https://www.nia.nih.gov/health/exercise-physical-activity.

64 Hamer, Mark, and Yvonne L. Hill-McManus. "Physical Activity and Mental Wellbeing in a Diverse Cohort of Middle-Aged and Older Adults: The English Longitudinal Study of Ageing." *American Journal of Preventive Medicine* 49, no. 1 (2015): 12-20.

65 Harvard T.H. Chan School of Public Health. *Benefits of Physical Activity*. Accessed October 25, 2023. https://www.hsph.harvard.edu/nutritionsource/benefits-of-physical-activity.

66 U.S. Department of Health and Human Services. *Physical Activity Guidelines for Americans*. 2nd ed. Washington, DC: U.S. Department of Health and Human Services, 2018.

67 Harvard Medical School. "Exercising to Relax." *Harvard Health Publishing*. February 2011. Accessed October 25, 2023. https://www.health.harvard.edu/staying-healthy/exercising-to-relax.

68 Nieman, David C., and Laurel M. Wentz. "The Compelling Link between Physical Activity and the Body's Defense System." *Journal of Sport and Health Science* 8, no. 3 (2019): 201-217.

69 Department of Health and Human Services. "Physical Activity Guidelines for Americans." 2nd ed. Accessed October 25, 2023. https://health.gov/paguidelines.

demostrado que las personas que llevan una vida sedentaria tienen una mayor propensión a experimentar estrés crónico.[70] Esto ocurre en parte porque el sedentarismo eleva los niveles de cortisol, la hormona del estrés, que no solo genera tensión emocional sino que también inhibe la producción de serotonina y dopamina, dos neurotransmisores clave para la regulación del estado de ánimo y el bienestar emocional.[71] Con menos actividad física, el cerebro tiene menos oportunidades de liberar estas sustancias químicas esenciales, lo que contribuye a la apatía y la insatisfacción general. [72]

Uno de los impactos más dañinos del sedentarismo en la felicidad es su influencia en la neuroplasticidad.[73] Como hemos mencionado antes, la neuroplasticidad es la capacidad del cerebro para adaptarse y cambiar en respuesta a la experiencia, lo que incluye la formación de nuevas conexiones neuronales.[74] El sedentarismo, al reducir la estimulación física y mental, disminuye la neuroplasticidad, lo que puede afectar negativamente la memoria, el aprendizaje y la capacidad para adaptarse a nuevos desafíos.[75] Un cerebro menos adaptable es menos capaz de res-

---

70   Reiner, Miriam, Katharina Niermann, Dorothee Jekauc, and Alexander Woll. "Long-term Health Benefits of Physical Activity – A Systematic Review of Longitudinal Studies." *BMC Public Health* 13, no. 1 (2013): 813.

71   Mayo Clinic Staff. "Exercise and Stress: Get Moving to Manage Stress." *Mayo Clinic*. Accessed October 25, 2023. https://www.mayoclinic.org/healthy-lifestyle/stress-management/in-depth/exercise-and-stress/art-20044469.

72   Hamer, Mark, and Yvonne L. Hill-McManus. "Physical Activity and Mental Wellbeing in a Diverse Cohort of Middle-Aged and Older Adults: The English Longitudinal Study of Ageing." *American Journal of Preventive Medicine* 49, no. 1 (2015): 12-20.

73   Harvard Medical School. "Exercising to Relax." *Harvard Health Publishing*. February 2011. Accessed October 25, 2023. https://www.health.harvard.edu/staying-healthy/exercising-to-relax.

74   National Institute on Aging. *Exercise and Physical Activity: Your Everyday Guide from the National Institute on Aging*. Accessed October 25, 2023. https://www.nia.nih.gov/health/exercise-physical-activity.

75   Erickson, Kirk I., Michelle W. Voss, Ruchika Shaurya Prakash, et al. "Exercise Training Increases Size of Hippocampus and Improves Memory." *Proceedings of the National Academy of Sciences* 108, no. 7 (2011): 3017-3022.

ponder positivamente a las dificultades, lo que puede hacer que una persona se sienta atrapada en situaciones negativas, sin los recursos mentales necesarios para superarlas.[76] Esto limita la capacidad de una persona para encontrar satisfacción y significado en la vida, ya que se siente menos capaz de mejorar su situación o de encontrar soluciones a sus problemas.[77]

El sedentarismo también está estrechamente relacionado con un aumento de la pasividad y la falta de motivación.[78] Cuando una persona permanece inactiva durante largos períodos de tiempo, es más probable que experimente una falta de energía y una pérdida de interés en actividades que normalmente disfrutaría.[79] Este ciclo de inercia genera una mentalidad en la que se evita el esfuerzo y se busca el confort inmediato, lo que, irónicamente, reduce las oportunidades de experimentar satisfacción a largo plazo.[80] Cuanto más sedentaria es una persona, menos motivada se siente para participar en actividades físicas, sociales o creativas, lo que restringe sus fuentes de placer y significado.[81] Esto puede llevar a una sensación de vacío emocional y a una disminución de la autoestima, ya que la persona puede sentir que no está haciendo nada significativo con su tiempo.[82]

---

76 Cotman, Carl W., and Nicole C. Berchtold. "Exercise: A Behavioral Intervention to Enhance Brain Health and Plasticity." *Trends in Neurosciences* 25, no. 6 (2002): 295-301

77 Harvard Medical School. "Exercising to Relax." *Harvard Health Publishing*. February 2011. Accessed October 25, 2023. https://www.health.harvard.edu/staying-healthy/exercising-to-relax.

78 Biddle, Stuart J.H., Kenneth R. Fox, and Stephen H. Boutcher, eds. *Physical Activity and Psychological Well-being*. London: Routledge, 2000.

79 Harvard Medical School. "Exercising to Relax." *Harvard Health Publishing*. February 2011. Accessed October 25, 2023. https://www.health.harvard.edu/staying-healthy/exercising-to-relax.

80 Nieman, David C., and Laurel M. Wentz. "The Compelling Link between Physical Activity and the Body's Defense System." *Journal of Sport and Health Science* 8, no. 3 (2019): 201-217.

81 Harvard Medical School. "Exercising to Relax." *Harvard Health Publishing*. February 2011. Accessed October 25, 2023. https://www.health.harvard.edu/staying-healthy/exercising-to-relax.

82 Cotman, Carl W., and Nicole C. Berchtold. "Exercise: A Behavioral Intervention to Enhance Brain Health and Plasticity." *Trends in Neurosciences* 25, no. 6 (2002): 295-301.

Desde una perspectiva bíblica, este estado de inactividad contradice el llamado a ser mayordomos activos de nuestro cuerpo y de nuestras capacidades. 1 Corintios 6:19-20 nos recuerda que nuestros cuerpos son templos del Espíritu Santo, y el sedentarismo puede ser visto como una forma de negligencia de ese don. Al no cuidar el cuerpo, no solo se deteriora la salud física, sino que también se pierde la oportunidad de experimentar la plenitud de vida que Dios quiere para nosotros. La falta de ejercicio físico puede, por tanto, afectar nuestra capacidad para honrar a Dios en todas las áreas de nuestra vida, ya que un cuerpo enfermo o debilitado reduce nuestra capacidad para servir, trabajar, relacionarnos y disfrutar plenamente de la vida que se nos ha dado.[83]

El sedentarismo también tiene implicaciones en nuestras relaciones y en nuestra vida social.[84] Una persona sedentaria tiende a estar más aislada y menos propensa a participar en actividades sociales que promuevan la conexión con los demás.[85] Este aislamiento social puede contribuir a una sensación de soledad y desconexión, lo que afecta negativamente el bienestar emocional.[86] La interacción social es una fuente importante de felicidad para muchas personas, y el sedentarismo reduce las oportunidades de formar y mantener relaciones significativas.[87] Además,

---

83 Erickson, Kirk I., Michelle W. Voss, Ruchika Shaurya Prakash, et al. "Exercise Training Increases Size of Hippocampus and Improves Memory." *Proceedings of the National Academy of Sciences* 108, no. 7 (2011): 3017-3022.

84 Mayo Clinic Staff. "Exercise and Stress: Get Moving to Manage Stress." *Mayo Clinic*. Accessed October 25, 2023. https://www.mayoclinic.org/healthy-lifestyle/stress-management/in-depth/exercise-and-stress/art-20044469.

85 Patel, Alpa V., Susan M. Hildebrand, Charles E. Leach, et al. "Walking in Relation to Mortality in a Large Prospective Cohort of Older U.S. Adults." *American Journal of Preventive Medicine* 47, no. 5 (2014): 452-460.

86 Booth, Frank W., Christian K. Roberts, and Matthew J. Laye. "Lack of Exercise is a Major Cause of Chronic Diseases." *Comprehensive Physiology* 2, no. 2 (2012): 1143-1211.

87 Reiner, Miriam, Katharina Niermann, Dorothee Jekauc, and Alexander Woll. "Long-term Health Benefits of Physical Activity – A Systematic Review of Longitudinal Studies." *BMC Public Health* 13, no. 1 (2013): 813.

la inactividad física puede disminuir la confianza en uno mismo, lo que afecta la disposición de una persona a interactuar socialmente. [88]Aquellos que no se sienten bien físicamente pueden ser más propensos a evitar situaciones sociales por miedo al juicio o la vergüenza, lo que la aleja de experiencias que podrían mejorar su estado de ánimo y aumentar su felicidad.[89] La falta de movimiento afecta la autoimagen y puede hacer que las personas se sientan menos capaces y dispuestas a participar en la vida de manera plena.

Finalmente, el sedentarismo afecta la sensación de propósito.[90] Las personas que llevan una vida sedentaria a menudo experimentan una falta de dirección y un vacío emocional, ya que sus días pueden carecer de las experiencias de logro o progreso que son fundamentales para el sentido de propósito.[91] Proverbios 13:4 nos recuerda que "el alma del perezoso desea, y nada alcanza; mas el alma de los diligentes será prosperada". Esta verdad subraya que la inactividad y la falta de acción pueden llevar a una vida de deseos no cumplidos, lo que genera frustración y descontento.[92]

---

88 Vuillemin, Anne, Martine Boini, Jean-Michel Bertrais, et al. "Physical Activity and Quality of Life in Adults Aged 50–65: Results from the SU.VI.MAX Study." *Medicine & Science in Sports & Exercise* 37, no. 9 (2005): 1584-1590.

89 Harvard T.H. Chan School of Public Health. *The Benefits of Physical Activity*. Accessed October 25, 2023. https://www.hsph.harvard.edu/nutritionsource/benefits-of-physical-activity/.3022.

90 Teychenne, Megan, Kylie Ball, and Sarah Salmon. "Associations Between Sedentary Behavior and Depression in Females: A Meta-Analysis." *American Journal of Preventive Medicine* 39, no. 2 (2010): 267-275.

91 Hallgren, Mats, and Angela M. Nyberg. "Sedentary Behavior and Low Physical Activity are Associated with Anxiety, Depression, and Health-Related Quality of Life in Adults." *Journal of Affective Disorders* 249 (2019): 235-240.

92 Biddle, Stuart J. H., and Trish Gorely. "Physical Activity, Sedentary Behavior, and Mental Health in Young People: A Review of Reviews." *Health Psychology Review* 8, no. 1 (2014): 92-110.

Resumen del Capítulo

En este capítulo, hemos profundizado en el impacto del ejercicio físico en el bienestar mental y espiritual. El ejercicio no solo mejora la salud física, sino que también juega un papel crucial en el equilibrio emocional y espiritual. Al movernos regularmente, no solo cuidamos nuestro cuerpo, sino que también creamos un espacio para la meditación, la oración y la conexión con Dios. El ejercicio físico puede ser un acto de adoración, donde cuidamos del templo que es nuestro cuerpo y nos alineamos con el propósito divino.

Desde el punto de vista científico, el ejercicio ha demostrado ser esencial para la neurogénesis, la reducción de los niveles de cortisol y el aumento de los neurotransmisores que generan bienestar emocional. Al fortalecer la resiliencia mental y reducir el estrés, la actividad física regular permite a las personas gestionar mejor las presiones diarias, lo que resulta en una mente más clara y una mayor sensación de paz interior. Esto refuerza la conexión entre la ciencia moderna y los principios bíblicos que nos exhortan a cuidar el cuerpo como una manera de vivir en armonía con la creación y el propósito de Dios.

Además, se ha explorado cómo el sedentarismo tiene un impacto negativo directo en la felicidad, ya que contribuye al deterioro tanto físico como emocional. El ejercicio, por el contrario, nos ayuda a enfrentar el estrés, mejorar la memoria y fortalecer el cerebro, lo que no solo conduce a una vida más saludable, sino también a una vida más plena y feliz. Mantener un cuerpo activo es parte integral de la experiencia de vivir una vida conforme con los principios divinos y con un sentido profundo de bienestar.

Ejercicios Prácticos

1. Camina y Medita: Cada día, dedica 20 minutos a caminar al aire libre. Mientras lo haces, enfócate en la gratitud y la oración. Reflexiona sobre la belleza de la creación y agradece por las bendiciones diarias. Este ejercicio no solo beneficia tu cuerpo, sino que también refuerza tu conexión espiritual.

2. Establece una Rutina de Ejercicio: Crea un plan de ejercicio semanal que incluya al menos 30 minutos de actividad física cinco días a la semana. Incluye ejercicios aeróbicos como correr, nadar o andar en bicicleta, y dedica tiempo a actividades de bajo impacto como estiramientos para mejorar la flexibilidad.

3. Ejercicio de Resiliencia: Después de cada sesión de ejercicio, escribe en un diario cómo te sientes emocionalmente y cómo el ejercicio ha impactado tu estado de ánimo. Reflexiona sobre cómo el ejercicio mejora tu capacidad para manejar el estrés y las emociones difíciles.

4. Involucra a Otros: Organiza una actividad física en grupo (caminatas, ciclismo, deportes) con familiares o amigos al menos una vez a la semana. Combinar el ejercicio con la interacción social fortalece las relaciones y mejora el bienestar general.

Recursos Adicionales

Apps

- Strava: Una app de seguimiento de actividades físicas como correr y andar en bicicleta, que también incluye una función social para motivar a los usuarios a mantenerse activos.

- MyFitnessPal: Una app que permite rastrear el progreso físico, las calorías y las metas de ejercicio, fomentando la disciplina y la constancia en el ejercicio diario.

- Headspace (sección de ejercicio consciente): Aunque más conocida por la meditación, Headspace incluye secciones de ejercicio físico consciente que ayudan a mejorar la conexión mente-cuerpo durante la actividad física.

Libros

1. Spark: The Revolutionary New Science of Exercise and the Brain por John J. Ratey: Este libro explora la conexión entre el ejercicio físico y la salud mental, detallando cómo el movimiento afecta positivamente el cerebro y las emociones.

2. Healthy Brain, Happy Life por Wendy Suzuki: Explora cómo el ejercicio físico puede mejorar la salud del cerebro, incrementar la felicidad y promover el bienestar emocional a largo plazo.

3. The Joy of Movement por Kelly McGonigal: Este libro explica cómo la actividad física no solo transforma el cuerpo, sino también la mente, promoviendo la felicidad y el bienestar emocional.

4. The Body Keeps the Score por Bessel van der Kolk: Analiza cómo el trauma afecta el cuerpo y cómo el ejercicio físico puede ayudar a sanar emocionalmente al liberar el estrés acumulado en el cuerpo.

Capítulo 15
VIVE CON PROPÓSITO

"El propósito es la razón de nuestra existencia; sin él, incluso la vida más exitosa carece de verdadero sentido."

Rick Warren

Tener un propósito claro en la vida es uno de los pilares más importantes para experimentar una felicidad duradera. La Biblia y la psicología moderna coinciden en que vivir con un propósito mayor, que trascienda los deseos personales o las metas superficiales, proporciona un sentido profundo de significado y satisfacción. Un propósito no solo nos da dirección, sino que también influye en la manera en que percibimos los desafíos, la adversidad y nuestras propias capacidades para alcanzar una vida plena.

Cómo Tener un Propósito Mayor Contribuye a una Vida Feliz

El propósito actúa como una brújula que nos guía en la toma de decisiones, nos motiva a superar los obstáculos y nos permite ver el sentido de nuestra existencia más allá de las circunstancias actuales. Romanos 8:28 nos recuerda que "a los que aman a Dios, todas las cosas les ayudan a bien", lo que sugiere que vivir según el propósito divino no solo nos aporta un sentido de paz, sino que nos ayuda a ver cada experiencia como parte de un plan mayor. Esto nos permite interpretar incluso las dificultades y el sufrimiento desde una perspectiva de crecimiento y oportunidad, lo que a su vez nos otorga resiliencia y gozo en medio de las pruebas.

En la Biblia, vivir con propósito es fundamental para una vida plena. Desde el Génesis hasta el Apocalipsis, vemos cómo Dios llama a las personas a cumplir un propósito específico dentro de Su plan redentor. Dios creó a cada individuo con un propósito único y una misión divina. En Jeremías 29:11, Dios dice: "Porque yo sé los planes que tengo para vosotros, planes de bienestar y no de calamidad, para daros un futuro y una esperanza". Esto refuerza la idea de que el propósito no es algo que debamos descubrir por nuestra cuenta, sino algo que Dios ya ha diseñado para nosotros, dándonos seguridad y dirección en nuestras vidas.

Desde la perspectiva de la psicología positiva, estudios han demostrado que las personas que viven con un propósito experimentan niveles más altos de felicidad y satisfacción con la vida.[1] Un estudio publicado en la revista *Journal of Positive Psychology* encontró que aquellos que tienen un sentido claro de propósito

---

[1] Patrick E. McKnight y Todd B. Kashdan, "Purpose in Life as a System that Creates and Sustains Health and Well-Being: An Integrative, Testable Theory," *Review of General Psychology* 13, no. 3 (2009): 242-251.

reportan menores niveles de ansiedad y mayores niveles de bienestar emocional.[2] El propósito da estructura a nuestra vida, nos ayuda a establecer prioridades y nos otorga un sentido de logro que va más allá de los éxitos momentáneos o superficiales. En lugar de sentir que la felicidad es algo que se encuentra en circunstancias externas, quienes viven con propósito la encuentran en el proceso continuo de cumplir su misión personal y espiritual.[3]

La psicología positiva ha investigado profundamente cómo el sentido de propósito influye en el bienestar emocional y ha llegado a conclusiones que van más allá de la mera acumulación de experiencias positivas.[4] Uno de los enfoques destacados proviene de la investigación de Emily Esfahani Smith, autora de *The Power of Meaning*, quien argumenta que una vida significativa es más valiosa para la satisfacción personal que una vida basada únicamente en la búsqueda de la felicidad.[5] Smith señala que el propósito, entendido como la sensación de que nuestras acciones están alineadas con algo mayor que nosotros mismos, aporta una estabilidad emocional que va más allá de las fluctuaciones diarias de la vida.[6] Smith cita estudios en los que se ha demostrado que las personas que tienen un sentido claro de propósito son más resilientes y más capaces de manejar el estrés.[7] En lugar de enfocarse en emociones pasajeras, las personas que viven con propósito están conectadas con un sentido profundo de

---

[2] Michael F. Steger y Bryan J. Dik, "Work as Meaning: Individual and Organizational Benefits of Engaging in Meaningful Work," *Psychology of Well-Being* 2, no. 2 (2012): 1-15.

[3] Todd B. Kashdan et al., "Gratitude and Purpose in Life as Predictors of Subjective Well-Being in Emerging Adulthood," *Journal of Positive Psychology* 4, no. 6 (2009): 411-422.

[4] Seligman, *Flourish*, 80.

[5] Emily Esfahani Smith, *The Power of Meaning: Crafting a Life That Matters* (New York: Crown, 2017), 85.

[6] Smith, *The Power of Meaning*, 102.

[7] Carol D. Ryff y Burton H. Singer, "Know Thyself and Become What You Are: A Eudaimonic Approach to Psychological Well-Being," *Journal of Happiness Studies* 9, no. 1 (2008): 13-39.

significado que les permite interpretar las dificultades como parte de un viaje mayor, lo que mitiga los efectos negativos de los contratiempos.[8] Esto sugiere que las personas con un fuerte sentido de propósito no solo superan mejor los desafíos, sino que también son capaces de crecer a través de ellos, fortaleciendo su bienestar mental a largo plazo.[9]

Además, investigaciones dirigidas por Victor Strecher, profesor en la Universidad de Michigan y autor de *Life on Purpose*, refuerzan esta idea. Strecher ha demostrado, a través de estudios longitudinales, que las personas que viven con un propósito definido tienen mejor salud física y menor riesgo de desarrollar enfermedades crónicas.[10] Su investigación indica que el propósito de vida tiene un impacto directo en la salud fisiológica, afectando incluso el sistema inmunológico y la longevidad.[11] Las personas con propósito son más propensas a adoptar comportamientos saludables, como hacer ejercicio y evitar el consumo de sustancias nocivas, lo que reduce los factores de riesgo de enfermedades y mejora la calidad de vida en general.[12]

Desde la neurociencia, estudios realizados por Anthony Burrow, investigador en la Universidad de Cornell, han explorado cómo el propósito de vida influye en la percepción del tiempo y las emociones.[13] Según Burrow, las personas que sienten que

---

8 Smith, *The Power of Meaning*, 137.
9 Ryff y Singer, "Know Thyself and Become What You Are," 23.
10 Victor Strecher, *Life on Purpose: How Living for What Matters Most Changes Everything* (New York: HarperOne, 2016), 45.
11 Strecher, *Life on Purpose*, 62.
12 Victor Strecher, "Purpose in Life and Its Relationship to All-Cause Mortality and Cardiovascular Events: A Meta-Analysis of Cohort Studies," *Psychosomatic Medicine* 76, no. 2 (2014): 122-127.
13 Anthony L. Burrow, "Purpose in Life as a Resource for Increasing Comfort with Ethnic Diversity: Perceived Changes in Diversity Appraisals," *Personality and Social Psychology Bulletin* 39, no. 11 (2013): 1519-1533.

tienen un propósito claro en la vida tienden a percibir el tiempo de manera más fluida, lo que les permite vivir de manera más presente y consciente.[14] Este estado mental no solo mejora el bienestar emocional, sino que también permite a las personas sentirse menos abrumadas por las demandas diarias.[15] La investigación de Burrow muestra que aquellos que tienen un propósito experimentan menos síntomas de ansiedad y depresión, en parte porque están enfocados en metas a largo plazo que trascienden las tensiones cotidianas.[16]

El trabajo de Barbara Fredrickson, una de las principales investigadoras en el campo de las emociones positivas, también apoya la idea de que el propósito impulsa una mentalidad expansiva[17]. Según su "teoría del ensanchamiento y la construcción", las personas que viven con un propósito experimentan un aumento en las emociones positivas, lo que, a su vez, mejora su capacidad para construir recursos psicológicos que les ayudan a enfrentar desafíos futuros.[18] Estas personas desarrollan una mayor capacidad para formar relaciones sociales significativas, lo que contribuye a un círculo virtuoso de apoyo emocional y bienestar.[19] Fredrickson argumenta que, al vivir con propósito, las personas se vuelven más abiertas a nuevas experiencias y más dispuestas a enfrentar el cambio y la incertidumbre con una mentalidad de crecimiento.[20]

---

14 Burrow, *Purpose in Life*, 1524.
15 Burrow, *Purpose in Life*, 1526.
16 Burrow, "Purpose in Life and Its Influence on Perceived Stress and Mental Health," *Journal of Behavioral Medicine* 41, no. 4 (2018): 557-566.
17 Barbara Fredrickson, *Positivity: Top-Notch Research Reveals the 3-to-1 Ratio That Will Change Your Life* (New York: Crown, 2009), 89.
18 Fredrickson, *Positivity*, 92.
19 Fredrickson, "The Role of Positive Emotions in Positive Psychology, 218-226.
20 Fredrickson, *Positivity*, 121.

Otro investigador clave en este campo es Michael Steger, quien ha desarrollado el *Meaning in Life Questionnaire* para medir cómo el sentido de propósito afecta el bienestar.[21] Steger ha encontrado que aquellos que reportan tener un sentido claro de propósito tienden a experimentar menos pensamientos intrusivos y una menor rumiación sobre eventos negativos.[22] Esto indica que el propósito no solo es una fuente de motivación, sino también una estrategia protectora contra el pensamiento negativo y los patrones de preocupación que pueden erosionar la salud mental.[23]

En conjunto, estos estudios de diferentes áreas de la psicología y la neurociencia concluyen que el propósito es un factor esencial no solo para la felicidad momentánea, sino para la salud emocional, física y mental a largo plazo.[24] Las personas que sienten que sus vidas tienen un significado más profundo son capaces de enfrentar mejor el estrés, construir relaciones más sólidas, y mantener hábitos de vida más saludables, lo que contribuye a una vida más plena y equilibrada.[25] La psicología positiva reafirma lo que la Biblia enseña sobre el valor de vivir de acuerdo con un propósito mayor, una verdad que abarca tanto el bienestar humano como la dimensión espiritual de nuestra existencia.[26]

El Propósito como Llamado Divino

El concepto de vivir con propósito en la Biblia no es una idea periférica, sino una piedra angular de la existencia humana

---

21 Michael F. Steger, *Meaning in Life Questionnaire*, 2006, https://www.michaelfsteger.com.

22 Michael F. Steger et al., "The Meaning in Life Questionnaire: Assessing the Presence of and Search for Meaning in Life," *Journal of Counseling Psychology* 53, no. 1 (2006): 80-93.

23 Steger et al., *The Meaning in Life Questionnaire*, 87.

24 Fredrickson, *Positivity*, 153.

25 Burrow, *Purpose in Life*, 153.

26 Strecher, *Life on Purpose*, 217.

tal como Dios la ha diseñado. Desde los primeros capítulos del Génesis, observamos que Dios crea al ser humano no solo como un ser viviente, sino como una imagen portadora de Su carácter y gloria. Esta identidad, al ser creados a Su imagen y semejanza (Génesis 1:26-27), lleva implícita una misión: reflejar el carácter de Dios y cumplir Su propósito en la Tierra. El propósito de cada individuo, por lo tanto, no es algo arbitrario o desconectado del plan divino, sino que está intrínsecamente ligado a la intención de Dios de restaurar, redimir y transformar el mundo. [27]

A lo largo de la Biblia, vemos cómo Dios llama a personas específicas para cumplir roles únicos dentro de Su plan redentor.[28] Por ejemplo, Moisés fue llamado a liberar a Israel de la esclavitud en Egipto, una misión específica y claramente dirigida por Dios. Sin embargo, Moisés no eligió este propósito; fue algo que Dios preparó de antemano, moldeando su vida y experiencias para que encajaran en ese llamado.[29] Del mismo modo, David fue ungido como rey de Israel mucho antes de que comenzara su reinado, demostrando que su propósito estaba marcado por la soberanía divina mucho antes de que él lo comprendiera completamente.[30] Este patrón se repite con Jeremías, a quien Dios le dice en Jeremías 1:5: "Antes que te formase en el vientre te conocí, y antes que nacieses te santifiqué; te di por profeta a las naciones". Esta declaración subraya una verdad poderosa: el propósito divino precede nuestra existencia misma. Dios ya tiene un plan trazado

---

27 John H. Walton, *The Lost World of Genesis One: Ancient Cosmology and the Origins Debate* (Downers Grove, IL: IVP Academic, 2009), 45-47.

28 Walter C. Kaiser Jr., *Toward an Old Testament Theology* (Grand Rapids, MI: Zondervan, 1978), 78-81.

29 R. Alan Cole, *Exodus: An Introduction and Commentary* (Leicester, England: Inter-Varsity Press, 1973), 42.

30 Robert Alter, *The David Story: A Translation with Commentary of 1 and 2 Samuel* (New York: W.W. Norton, 1999), 59.

para cada persona, y nuestro desafío no es tanto descubrir ese propósito como alinearnos con él y caminar en obediencia.[31]

Propósito y Seguridad Espiritual

El versículo de Jeremías 29:11, donde Dios promete "planes de bienestar y no de calamidad", nos ofrece seguridad y dirección en un mundo donde a menudo nos sentimos perdidos o inseguros acerca de nuestro futuro. En un contexto cultural en el que las personas buscan constantemente su propósito personal, la Biblia nos ofrece una verdad liberadora: nuestro propósito no depende de nuestra habilidad para encontrarlo, sino de la fidelidad de Dios para revelarlo a nosotros.[32] Esto significa que, aunque enfrentemos incertidumbre o períodos de duda, podemos confiar en que Dios está trabajando activamente en nuestra vida, guiándonos hacia el cumplimiento de Su propósito. La seguridad en este plan divino es un ancla en momentos de dificultad, ya que nos recuerda que nuestra vida tiene un significado profundo dentro del diseño de Dios, incluso cuando no podemos ver el panorama completo.[33] Además, este concepto refuerza la idea de que nuestro valor y sentido de realización no dependen de los logros externos o del reconocimiento social, sino de nuestra obediencia a lo que Dios nos ha llamado a hacer.[34] En un mundo que mide el éxito por el dinero, la fama o el poder, la Biblia nos invita a evaluar nuestra vida desde una perspectiva completamente diferente: la verdadera plenitud se encuentra cuando estamos en armonia con el plan de Dios.[35] Esta seguridad no solo nos

---

31   C. Hassell Bullock, *An Introduction to the Old Testament Prophetic Books* (Chicago: Moody Publishers, 2007), 134.
32   Keller, *Every Good Endeavor*, 28.
33   John Piper, *Don't Waste Your Life* (Wheaton, IL: Crossway, 2003), 45.
34   Piper, *Don't Waste Your Life*, 58.
35   Keller, *Every Good Endeavor*, 40.

da paz interior, sino también una dirección clara para nuestras decisiones diarias.[36]

La Obediencia como Puerta al Propósito

En muchas ocasiones, cumplir el propósito de Dios no implica que tengamos todas las respuestas o que el camino sea claro desde el principio.[37] Al contrario, la obediencia a Dios suele ser el primer paso hacia el descubrimiento y la realización de ese propósito.[38] Tomemos el ejemplo de Abraham, quien fue llamado por Dios a dejar su tierra y su parentela sin saber exactamente hacia dónde iba.[39] Su propósito no se reveló completamente de inmediato, pero fue a través de la obediencia continua que Abraham pudo ser parte del plan redentor de Dios, convirtiéndose en el padre de muchas naciones.[40] Este patrón se repite en la vida de muchos otros personajes bíblicos, lo que subraya que el cumplimiento del propósito no siempre es inmediato, sino que es un camino progresivo de confianza en la soberanía divina.[41]

La obediencia es, por tanto, el vehículo a través del cual accedemos al plan de Dios para nuestras vidas.[42] Al someternos a Su voluntad y seguir Su dirección, incluso cuando no entendemos todos los detalles, nos posicionamos para experimentar la

---

36 Dallas Willard, *The Divine Conspiracy: Rediscovering Our Hidden Life in God* (San Francisco: HarperCollins, 1998), 22.

37 R. Alan Cole, *Exodus: An Introduction and Commentary* (Leicester, England: InterVarsity Press, 1973), 43.

38 Walter C. Kaiser Jr., *Toward an Old Testament Theology* (Grand Rapids, MI: Zondervan, 1978), 75.

39 Robert Alter, *The Five Books of Moses: A Translation with Commentary* (New York: W.W. Norton, 2004), 94.

40 C. Hassell Bullock, *An Introduction to the Old Testament Prophetic Books* (Chicago: Moody Publishers, 2007), 135.

41 John H. Walton, *Covenant: God's Purpose, God's Plan* (Grand Rapids, MI: Zondervan, 1994), 51.

42 Eugene H. Peterson, *A Long Obedience in the Same Direction* (Downers Grove, IL: IVP, 1980), 29.

plenitud que solo proviene de vivir de acuerdo con el diseño de Dios.[43] En este sentido, el propósito no es solo una meta final, sino también un proceso continuo en el que Dios nos moldea y nos transforma para ser instrumentos de Su obra en el mundo.[44]

Propósito y Comunidad

Otro aspecto clave del propósito bíblico es su dimensión comunitaria. En la Biblia, el propósito de un individuo rara vez es para su propio beneficio; más bien, está entrelazado con el bienestar y la redención de los demás.[45] Jesús mismo, el ejemplo supremo de vida con propósito, dijo: "El Hijo del Hombre no vino para ser servido, sino para servir" (Marcos 10:45).[46] Este principio nos enseña que el propósito divino no solo está dirigido hacia nuestra satisfacción personal, sino hacia la transformación del mundo que nos rodea.[47] Nuestra vida cobra mayor sentido cuando entendemos que somos parte de una obra redentora mayor y que nuestras acciones, aunque pequeñas, forman parte de un plan divino más amplio que tiene un impacto eterno.[48]

Vivir con propósito nos llama a servir a los demás, a usar nuestros dones y talentos para el beneficio de la comunidad y para reflejar el carácter de Cristo.[49] De esta manera, el propósito se convierte en una misión compartida que nos une a otros en una

---

43 Richard J. Foster, *Celebration of Discipline: The Path to Spiritual Growth* (San Francisco: HarperSanFrancisco, 1988), 16.

44 Piper, *Don't Waste Your Life*, 63.

45 Walter Brueggemann, *The Prophetic Imagination* (Minneapolis: Fortress Press, 1978), 96.

46 D. A. Carson, *The Gospel According to John* (Grand Rapids, MI: Eerdmans, 1991), 416.

47 Dallas Willard, *The Divine Conspiracy* (San Francisco: HarperCollins, 1998), 32.

48 Walter C. Kaiser Jr., *Mission in the Old Testament: Israel as a Light to the Nations* (Grand Rapids, MI: Baker Academic, 2000), 12.

49 Robert W. Jenson, *Systematic Theology, Volume 1: The Triune God* (New York: Oxford University Press, 1997), 195.

red de relaciones significativas, donde nuestras contribuciones, aunque diferentes, trabajan juntas para lograr un bien mayor.[50]

El propósito en la Biblia no es simplemente una idea abstracta, sino una realidad concreta que Dios ha establecido para cada uno de nosotros.[51] Está profundamente enraizado en Su plan redentor para la humanidad, y encontrarlo no es cuestión de esfuerzo humano, sino de descubrimiento y obediencia a la dirección de Dios.[52] Nuestra vida adquiere un significado más profundo cuando reconocemos que hemos sido creados con un propósito eterno, una misión que trasciende lo temporal y nos conecta con el plan redentor de Dios.[53] Al vivir conforme a ese propósito, experimentamos una plenitud que no puede ser alcanzada por medios meramente humanos.[54]

Resumen del Capítulo

En este capítulo, se ha abordado la importancia de vivir con un propósito mayor, que nos ayude a encontrar un sentido profundo en la vida más allá de la búsqueda de la felicidad momentánea. Se ha resaltado que, tanto desde el punto de vista bíblico como desde la psicología positiva, el propósito actúa como una brújula que guía nuestras decisiones y acciones, brindándonos dirección y estabilidad emocional en medio de las dificultades. Un propósito comforme a los principios divinos no solo nos acerca a

---

50 Keller, *Generous Justice*, 100.
51 John Stott, *The Cross of Christ* (Downers Grove, IL: IVP, 1986), 44.
52 N.T. Wright, *After You Believe: Why Christian Character Matters* (New York: HarperOne, 2010), 73.
53 R. Paul Stevens, *The Other Six Days: Vocation, Work, and Ministry in Biblical Perspective* (Grand Rapids, MI: Eerdmans, 1999), 56.
54 Piper, *Desiring God*, 39.

Dios, sino que también nos permite afrontar los desafíos con una mentalidad de crecimiento y resiliencia.

Desde la perspectiva bíblica, el propósito de vida es parte del diseño divino para cada individuo. Dios tiene un plan específico para cada persona, como se muestra en pasajes como Jeremías 29:11, y al vivir deacuerdo con ese plan nos aporta paz y confianza en medio de la incertidumbre. No estamos solos en la búsqueda de significado, sino que Dios ya ha trazado un camino para nosotros, y nuestro llamado es descubrirlo a través de la obediencia y la fe.

La psicología positiva también refuerza esta idea, mostrando que el sentido de propósito tiene un impacto directo en la salud emocional, la resiliencia y la longevidad. Las personas que viven con un propósito claro experimentan menos ansiedad y depresión, y son más capaces de afrontar los problemas con una perspectiva positiva. Este capítulo ha subrayado que vivir con propósito no solo mejora nuestro bienestar personal, sino que también nos impulsa a contribuir al bienestar de los demás y a encontrar satisfacción en servir y cumplir con una misión mayor.

Ejercicios Prácticos

1. Escritura de Propósito: Reflexiona sobre lo que consideras que es tu misión y propósito en la vida. Escribe una declaración clara de propósito personal que alinee tus valores, talentos y fe. Cada semana, revisa esta declaración para ver cómo estás viviendo en coherencia con ella y ajusta tu enfoque según sea necesario.

2. Evaluación de Actividades Diarias: Haz una lista de tus actividades cotidianas y evalúa cuánto contribuyen a tu propósito mayor. Elimina o reduce las actividades que no te acercan a tu propósito y busca integrar más acciones que sí lo hagan.

3. Encuentra tu Llamado a Servir: Dedica tiempo a identificar una causa o área en la que puedas servir a los demás de manera significativa. Este ejercicio no solo te ayudará a encontrar un propósito mayor, sino que también te conectará con la comunidad y fortalecerá tu sentido de misión.

Recursos Adicionales

Apps

- Fabulous – Daily Motivation & Habit Tracker: Ayuda a crear hábitos que refuercen el propósito de vida, ofreciendo motivación y organización diaria para vivir en coherencia con metas a largo plazo.

- Purposeful Living: Una app diseñada para ayudar a identificar y vivir según el propósito personal, proporcionando herramientas y reflexiones diarias.

- Headspace (Sección de Crecimiento Personal): Una app centrada en la meditación y el bienestar mental, que incluye herramientas para la reflexión y el descubrimiento personal.

Libros:

1. Una vida con propósito por Rick Warren: Este libro explora cómo descubrir y vivir el propósito de vida que Dios ha planeado para cada uno de nosotros.

2. The Power of Meaning: Crafting a Life That Matters por Emily Esfahani Smith: Este libro explora cómo las personas encuentran significado en sus vidas y cómo vivir con propósito conduce a una mayor satisfacción.

3. Life on Purpose: How Living for What Matters Most Changes Everything por Victor Strecher: Explora cómo el sentido de propósito impacta en la salud física y emocional, y cómo cultivar una vida orientada hacia un propósito mayor.

4. The Call: Finding and Fulfilling the Central Purpose of Your Life por Os Guinness: Un enfoque cristiano sobre cómo descubrir el llamado y vivir con propósito.

Capítulo 16
SUPERA LOS OBSTÁCULOS A LA FELICIDAD

"La verdadera felicidad no es la ausencia de problemas, sino la capacidad de enfrentarlos con fe y esperanza." — Desconocido

En el camino hacia la felicidad, a menudo nos encontramos con obstáculos que dificultan nuestro bienestar. Estos obstáculos pueden surgir en forma de barreras emocionales, como la ansiedad, el miedo o el resentimiento; barreras espirituales, como la falta de fe o el distanciamiento de Dios; y barreras mentales, como patrones de pensamiento negativos o autodestructivos. La clave para superar estos obstáculos no es ignorarlos o evitarlos, sino identificarlos, enfrentarlos y trabajar activamente para superarlos.

Autoconocimiento

El autoconocimiento es fundamental para el crecimiento personal y espiritual.[1] La Biblia nos invita a reflexionar profundamente sobre nuestro estado interior, no para juzgarnos o condenarnos, sino para que podamos crecer y acercarnos más a la plenitud que Dios tiene para nosotros.[2] Salmos 139:23-24 expresa esta invitación a una autoevaluación honesta en la presencia de Dios: "Examíname, oh Dios, y conoce mi corazón; pruébame y conoce mis pensamientos".[3] Este acto de autoconocimiento no es solo un ejercicio intelectual, sino una experiencia espiritual que involucra la participación activa de Dios en el proceso de revelación y transformación.[4]

El autoconocimiento en el contexto bíblico implica reconocer que no siempre somos conscientes de nuestras motivaciones profundas, emociones ocultas o pensamientos que nos dañan.[5] Muchas veces, las barreras emocionales, mentales y espirituales que nos impiden alcanzar la felicidad están tan profundamente arraigadas que operan de manera inconsciente.[6] Pedirle a Dios que examine nuestro corazón es un acto de humildad y apertura, reconociendo que necesitamos Su ayuda para ver lo que nosotros

---

1 John Calvin, *Institutes of the Christian Religion*, trans. Henry Beveridge (Peabody, MA: Hendrickson, 2008), 39.
2 Dallas Willard, *Renovation of the Heart* (Colorado Springs, CO: NavPress, 2002), 18.
3 Eugene H. Peterson, *A Long Obedience in the Same Direction* (Downers Grove, IL: InterVarsity Press, 1980), 22.
4 Richard J. Foster, *Celebration of Discipline* (San Francisco: HarperCollins, 1988), 15.
5 Thomas à Kempis, *The Imitation of Christ*, trans. William Creasy (Notre Dame, IN: Ave Maria Press, 1989), 49.
6 Dallas Willard, *The Spirit of the Disciplines* (San Francisco: HarperSanFrancisco, 1988), 41.

mismos no podemos ver.[7] Jeremías 17:9 dice: "Engañoso es el corazón más que todas las cosas, y perverso; ¿quién lo conocerá?".[8] Este pasaje refuerza la idea de que nuestro propio juicio puede estar nublado, y que solo a través de la intervención divina podemos identificar correctamente las áreas que necesitan sanación.[9] Al involucrar a Dios en este proceso, reconocemos que nuestra autoimagen y la manera en que procesamos nuestras emociones y pensamientos pueden estar distorsionadas.[10] Esto no significa que no tengamos la capacidad de comprendernos, sino que a menudo nuestras percepciones están influenciadas por el pecado, las experiencias pasadas y los patrones destructivos de pensamiento.[11] El autoconocimiento es, por lo tanto, una herramienta espiritual, donde Dios ilumina nuestra mente y nuestro corazón para que podamos ser conscientes de nuestras debilidades y limitaciones, y trabajar en ellas desde un lugar de amor y gracia.[12]

Autoconocimiento y Transformación

Una vez que somos conscientes de nuestras emociones y pensamientos disfuncionales, estamos en mejor posición para comenzar el proceso de sanación.[13] La Biblia nos enseña que la transformación es un trabajo conjunto entre nuestra obediencia y la obra de Dios en nosotros.[14] Romanos 12:2 dice: "No os confor-

---

7   Piper, *Desiring God,* 93.
8   N.T. Wright, *After You Believe* (New York: HarperOne, 2010), 115.
9   Keller, *Walking with God through Pain and Suffering,* 58.
10   Richard J. Foster, *Celebration of Discipline* (San Francisco: HarperCollins, 1988), 17.
11   John Calvin, *Institutes of the Christian Religion,* trans. Henry Beveridge (Peabody, MA: Hendrickson, 2008), 45.
12   Eugene H. Peterson, *A Long Obedience in the Same Direction* (Downers Grove, IL: InterVarsity Press, 1980), 23.
13   Richard J. Foster, *Celebration of Discipline* (San Francisco: HarperCollins, 1988), 19.
14   Piper, *Don't Waste Your Life,* 43.

méis a este siglo, sino transformaos por medio de la renovación de vuestro entendimiento, para que comprobéis cuál sea la buena voluntad de Dios, agradable y perfecta".[15] Este versículo subraya que el cambio comienza en la mente, y es precisamente en este proceso de autoconocimiento donde se inicia la renovación.[16]

Al reflexionar sobre nuestras propias emociones, actitudes y patrones de comportamiento, podemos comenzar a ver cómo estos afectan nuestra capacidad de experimentar felicidad.[17] Por ejemplo, las personas que tienen patrones de pensamiento negativos o creencias limitantes sobre sí mismas suelen enfrentarse a una barrera emocional y mental que les impide vivir con alegría.[18]

La neurociencia, por su parte, apoya esta idea, señalando que los patrones de pensamiento disfuncionales refuerzan ciertas vías neuronales, haciendo que estos pensamientos se conviertan en hábitos mentales que son difíciles de romper.[19] Sin embargo, al identificar estos patrones a través del autoconocimiento y la oración, podemos comenzar a crear nuevas vías neuronales que promuevan el bienestar y la paz mental.[20]

La psicología positiva también señala que las personas que practican el autoconocimiento tienen una mayor capacidad para ajustar su comportamiento y actitudes en respuesta a las emociones negativas.[21] En lugar de ser rehenes de sus emociones, quienes se conocen a sí mismos son más capaces de ver sus emociones

---

15 Dallas Willard, *The Divine Conspiracy* (San Francisco: HarperCollins, 1998), 33.
16 Keller, *Every Good Endeavor*, 38.
17 N.T. Wright, *After You Believe* (New York: HarperOne, 2010), 90.
18 Richard J. Foster, *Celebration of Discipline* (San Francisco: HarperCollins, 1988), 17.
19 Norman Doidge, *The Brain That Changes Itself* (New York: Viking, 2007), 78.
20 Jeffrey Schwartz and Sharon Begley, *The Mind and the Brain* (New York: HarperCollins, 2002), 114.
21 Seligman, *Flourish*, 89.

como señales en lugar de verdades absolutas.[22] Este enfoque permite un distanciamiento saludable de las emociones destructivas y nos da la libertad para elegir cómo responder a ellas.[23]

La Sanación a Través del Autoconocimiento

El autoconocimiento también nos lleva a enfrentar áreas de nuestra vida que necesitan sanación emocional y reconciliación espiritual.[24] Muchas personas cargan con heridas emocionales del pasado que impactan su felicidad presente.[25] Estas heridas pueden incluir resentimiento, culpa no resuelta o miedo.[26] Cuando pedimos a Dios que examine nuestro corazón, Él nos revela no solo nuestras fallas, sino también las heridas que han dado lugar a esas fallas.[27] Este proceso de revelación no es fácil, ya que puede traer a la luz dolorosos recuerdos o traumas que hemos intentado enterrar.[28] Sin embargo, es en este proceso donde Dios nos ofrece la oportunidad de sanación y restauración.[29]

Desde una perspectiva bíblica, el autoconocimiento debe llevarnos a la confesión y al arrepentimiento.[30] 1 Juan 1:9 nos recuerda que "si confesamos nuestros pecados, él es fiel y justo para perdonar nuestros pecados, y limpiarnos de toda maldad".[31] A través de la confesión, comenzamos el proceso de limpieza espiritual, y esto tiene un efecto directo en nuestro bienestar

---

22 Goleman, *Emotional Intelligence*, 57.
23 Richard J. Foster, *Celebration of Discipline* (San Francisco: HarperCollins, 1988), 41.
24 John Calvin, *Institutes of the Christian Religion*, trans. Henry Beveridge (Peabody, MA: Hendrickson, 2008), 98.
25 Dallas Willard, *Renovation of the Heart* (Colorado Springs, CO: NavPress, 2002), 45.
26 Richard J. Foster, *Celebration of Discipline* (San Francisco: HarperCollins, 1988), 31.
27 Eugene H. Peterson, *A Long Obedience in the Same Direction* (Downers Grove, IL: InterVarsity Press, 1980), 54.
28 Keller, *Walking with God through Pain and Suffering*, 77.
29 N.T. Wright, *After You Believe* (New York: HarperOne, 2010), 140.
30 Piper, *Desiring God*, 91.
31 Dallas Willard, *The Divine Conspiracy* (San Francisco: HarperCollins, 1998), 167.

emocional.[32] Al liberar las cargas que hemos llevado, comenzamos a experimentar la verdadera felicidad que proviene de una conciencia tranquila y una relación restaurada con Dios.[33] En el ámbito emocional, la práctica de la auto-reflexión también es vital. Esto implica tomar tiempo regularmente para evaluar nuestro estado emocional y ver cómo nuestras emociones afectan nuestras relaciones, nuestra toma de decisiones y nuestra conexión con Dios. Al identificar las emociones negativas, podemos trabajar en procesarlas y superarlas, en lugar de reprimirlas o negarlas.

Propósito y Autoconocimiento

El autoconocimiento no solo nos ayuda a identificar las barreras a la felicidad, sino que también nos permite vivir de acuerdo con nuestro propósito divino.[34] Cuando conocemos nuestras fortalezas, debilidades y limitaciones, podemos alinear nuestras acciones y decisiones con el propósito que Dios tiene para nuestras vidas.[35] Efesios 2:10 nos dice que "somos hechura suya, creados en Cristo Jesús para buenas obras, las cuales Dios preparó de antemano para que anduviésemos en ellas".[36] Al conocernos mejor a nosotros mismos, estamos más capacitados para cumplir con esas buenas obras y vivir de manera más intencional y plena.[37] En última instancia, el autoconocimiento no es un fin en sí mismo, sino un medio para acercarnos más a Dios y a la vida que Él nos llama a vivir.[38] Al permitir que Dios examine nuestro

---

32 Jeffrey Schwartz and Sharon Begley, *The Mind and the Brain* (New York: HarperCollins, 2002), 210.

33 Seligman, *Flourish*, 72.

34 Keller, *Every Good Endeavor*, 38.

35 Dallas Willard, *The Spirit of the Disciplines* (San Francisco: HarperSanFrancisco, 1988), 45.

36 Eugene H. Peterson, *A Long Obedience in the Same Direction* (Downers Grove, IL: InterVarsity Press, 1980), 36.

37 Richard J. Foster, *Celebration of Discipline* (San Francisco: HarperCollins, 1988), 64.

38 Goleman, *Emotional Intelligence*, 87.

corazón y nos revele las áreas en las que necesitamos crecer, nos abrimos a la transformación y al crecimiento espiritual.[39] Esto, a su vez, nos permite experimentar una felicidad más profunda y auténtica, una felicidad que no depende de las circunstancias externas, sino de la paz interna que proviene de vivir de acuerdo con la voluntad de Dios.[40]

Resentimiento: Un Obstáculo Emocional y Espiritual

El resentimiento es una emoción profundamente corrosiva.[41] En la Biblia, Efesios 4:31-32 nos exhorta a "quitar toda amargura, enojo, ira, gritería y maledicencia, y toda malicia".[42] El resentimiento suele nacer de un agravio, ya sea real o percibido, y es como un veneno emocional que consume nuestra energía y bienestar, separándonos tanto de las personas que nos rodean como de nuestra relación con Dios.[43] Albergamos resentimiento cuando nos aferramos a heridas pasadas y nos negamos a perdonar.[44] La falta de perdón crea una barrera no solo en nuestras relaciones interpersonales, sino también en nuestra vida espiritual.[45] Mateo 6:14-15 nos recuerda que si no perdonamos a los demás, tampoco recibiremos el perdón de Dios, lo que subraya la importancia del perdón como una puerta hacia la libertad y la paz.

---

39 Piper, *Don't Waste Your Life*, 54.
40 Norman Doidge, *The Brain That Changes Itself* (New York: Viking, 2007), 97.
41 Michael McCullough et al., *Forgiveness: Theory, Research, and Practice* (New York: Guilford Press, 2000), 112.
42 Goleman, *Emotional Intelligence,* 74.
43 Dallas Willard, *Renovation of the Heart* (Colorado Springs, CO: NavPress, 2002), 102.
44 John Calvin, *Institutes of the Christian Religion*, trans. Henry Beveridge (Peabody, MA: Hendrickson, 2008), 116.
45 Keller, *Walking with God through Pain and Suffering*, 81.

El resentimiento también tiene un costo físico y emocional.[46] Desde la perspectiva de la psicología, el resentimiento crónico se asocia con niveles elevados de estrés y ansiedad.[47] Al aferrarnos a estas emociones, nuestro cuerpo produce niveles más altos de cortisol, la hormona del estrés, lo que puede llevar a problemas de salud como presión arterial alta, insomnio, y enfermedades cardíacas.[48] Además, el rumiar constantemente sobre las heridas pasadas refuerza los circuitos neuronales negativos, lo que nos deja atrapados en un ciclo de dolor emocional.[49] Sin embargo, la ciencia también ha demostrado que practicar el perdón puede romper este ciclo.[50] El estudio de Michael McCullough, que muestra que las personas que perdonan experimentan menos ansiedad, depresión y enojo, confirma lo que la Biblia ha enseñado durante siglos: el perdón no solo es una acción espiritual, sino también una necesidad emocional y física para sanar y avanzar.[51]

La Culpa: Una Carga Espiritual y Emocional

La culpa es otra emoción que puede convertirse en una barrera paralizante para la felicidad.[52] Mientras que una culpa saludable puede llevarnos al arrepentimiento y al crecimiento espiritual, una culpa no resuelta o excesiva puede consumirnos y detener nuestro progreso emocional.[53] En la Biblia, 1 Juan 1:9 nos

---

46 Goleman, *Emotional Intelligence*, 88.
47 Davidson and Begley, *The Emotional Life of Your Brain*, 120.
48 Norman Doidge, *The Brain That Changes Itself* (New York: Viking, 2007), 105.
49 Michael McCullough, *Forgiveness: Theory, Research, and Practice* (New York: Guilford Press, 2000), 76.
50 Seligman, *Flourish*, 106.
51 McCullough, *Forgiveness*, 76.
52 Brown, *Daring Greatly*, 130.
53 Piper, *Don't Waste Your Life*, 83.

ofrece una solución clara para la culpa: "Si confesamos nuestros pecados, él es fiel y justo para perdonarnos y limpiarnos de toda maldad".[54] La culpa puede ser una herramienta poderosa cuando nos lleva a la confesión y a la restauración con Dios, pero cuando se convierte en una carga constante, nos priva de la paz interior y nos impide avanzar. [55]

Desde una perspectiva psicológica, rumiar constantemente sobre nuestras fallas o pecados pasados puede llevar a trastornos como la depresión y la autoestima baja.[56] Las personas que no logran liberarse de la culpa a menudo desarrollan una autoimagen negativa y se sienten indignas de la felicidad o del amor, lo que crea un ciclo de autodestrucción.[57] Esto no solo afecta la salud mental, sino que también erosiona la relación con Dios, ya que estas personas pueden sentir que no son dignas de Su perdón y gracia.[58]

El perdón de uno mismo es esencial para romper este ciclo de culpa destructiva.[59] Jesús mismo, en Juan 8:11, dijo a la mujer atrapada en adulterio: "Ni yo te condeno; vete y no peques más".[60] Esta es una invitación no solo al arrepentimiento, sino también a liberarse de la culpa una vez que hemos sido perdonados.[61] En términos psicológicos, practicar el autoperdón es un paso crucial hacia la salud mental y el bienestar.[62] La incapacidad de perdonarse a uno mismo puede perpetuar patrones de

---

54 Keller, *Walking with God through Pain and Suffering*, 74.
55 Brown, *Rising Strong*, 112.
56 Goleman, *Emotional Intelligence*, 84.
57 Keller, *Walking with God through Pain and Suffering*, 93.
58 Brown, *Daring Greatly*, 57.
59 McCullough, *Forgiveness: Theory*, 87.
60 Piper, *Don't Waste Your Life*, 29.
61 Davidson and Begley, *The Emotional Life of Your Brain*, 125.
62 Norman Doidge, *The Brain That Changes Itself* (New York: Viking, 2007), 111.

comportamiento negativo y aumentar la ansiedad y la depresión.[63] Por lo tanto, tanto la Biblia como la psicología subrayan la importancia de dejar ir la culpa para vivir una vida más plena y libre.[64]

El Temor: Un Enemigo de la Paz y la Felicidad

El temor es una emoción que a menudo se infiltra en nuestras vidas, bloqueando la felicidad y el crecimiento.[65] En la Biblia, 2 Timoteo 1:7 nos dice: "Porque no nos ha dado Dios espíritu de cobardía, sino de poder, de amor y de dominio propio".[66] Este versículo es un recordatorio poderoso de que el temor no proviene de Dios, y que la fe es la clave para superar esta barrera.[67] El temor, si no se controla, puede paralizarnos y mantenernos alejados de nuestras metas y propósito.[68] Desde el miedo al fracaso hasta el miedo a lo desconocido, el temor puede robar nuestra paz y evitar que vivamos plenamente.[69]

El impacto del temor en la salud mental es significativo.[70] El miedo constante puede llevar a trastornos de ansiedad y ataques de pánico, afectando la calidad de vida.[71] La neurociencia ha demostrado que la amígdala, la parte del cerebro que regula el miedo, se activa con mayor frecuencia en personas que experimentan

---

63 Seligman, *Flourish*, 56
64 McCullough, *Forgiveness,* 94.
65 Goleman, *Emotional Intelligence,* 77.
66 Keller, *Walking with God through Pain and Suffering,* 87.
67 Brown, *Rising Strong, 118.*
68 Seligman, *Flourish,* 109.
69 Norman Doidge, *The Brain That Changes Itself: Stories of Personal Triumph from the Frontiers of Brain Science* (New York: Viking, 2007), 67.
70 Davidson and Begley, *The Emotional Life of Your Brain,* 92.
71 Goleman, *Emotional Intelligence,* 70.

niveles elevados de ansiedad.[72] Esto puede resultar en un estado de hipervigilancia, en el que las personas están constantemente esperando que suceda algo malo.[73] Sin embargo, la ciencia también nos muestra que, al practicar la calma y la confianza a través de la oración y la meditación, es posible reentrenar el cerebro para reducir el impacto del temor.

En términos bíblicos, Dios nos llama a confiar en Su soberanía. Isaías 41:10 dice: "No temas, porque yo estoy contigo; no desmayes, porque yo soy tu Dios que te esfuerzo". Al depender de Dios y Su poder, somos capaces de enfrentar el miedo con valentía. El temor, al igual que el resentimiento y la culpa, solo puede superarse cuando dejamos de intentar controlarlo por nuestras propias fuerzas y lo rendimos a Dios. Este acto de fe no solo nos libera del miedo, sino que también nos llena de una paz que sobrepasa todo entendimiento (Filipenses 4:7).

El Poder de los Pensamientos Negativos

Las barreras mentales son una de las limitaciones más poderosas y sutiles que enfrentamos en nuestra búsqueda de felicidad y bienestar. Estas barreras a menudo toman la forma de patrones de pensamiento negativos y creencias limitantes que se instalan en nuestra mente, moldeando la manera en que nos vemos a nosotros mismos y al mundo que nos rodea.[74] Estas creencias pueden desarrollarse a lo largo del tiempo, producto de experiencias pasadas, críticas internas o externas, traumas, o simplemente malos hábitos mentales que han sido reforzados durante años.[75]

---

72 McCullough, *Forgiveness*, 112.
73 Doidge, *The Brain That Changes Itself*, 113.
74 Brown, *Daring Greatly*, 85.
75 Keller, *Walking with God through Pain and Suffering*, 93.

Frases como "no soy lo suficientemente bueno" o "no merezco ser feliz" son ejemplos de estas barreras mentales que nos mantienen atrapados en un ciclo de auto-sabotaje y nos impiden experimentar una vida plena.[76]

La Biblia también habla de la importancia de los pensamientos en nuestra vida diaria. En Proverbios 23:7, se nos dice: "Porque cual es su pensamiento en su corazón, tal es él". Esto subraya que nuestros pensamientos tienen un impacto directo en quiénes somos y en cómo vivimos nuestras vidas.[77] Cuando permitimos que los pensamientos negativos dominen nuestra mente, moldeamos nuestra identidad y nuestra perspectiva de manera errónea, limitando lo que creemos que podemos lograr y el gozo que podemos experimentar.[78]

Los pensamientos negativos no solo impactan nuestra autoestima, sino que también afectan profundamente nuestra salud mental y emocional. Estos pensamientos recurrentes pueden crear un ciclo destructivo que se refuerza a sí mismo, manteniéndonos en un estado de pesimismo y desesperanza.[79] La ciencia ha demostrado que los pensamientos negativos reiterados generan conexiones neuronales más fuertes, lo que hace que sean cada vez más automáticos y difíciles de desactivar.[80] La neurociencia llama a esto el principio de "lo que se activa junto, se conecta", lo que significa que cuanto más repetimos un pensamiento, más lo arraigamos en nuestra psique.[81]

---

76 McCullough, Kenneth I. Pargament, and Carl E. Thoresen, eds., *Forgiveness: Theory, Research, and Practice* (New York: Guilford Press, 2000), 87.
77 Goleman, *Emotional Intelligence*, 84.
78 Doidge, *The Brain That Changes Itself*, 111.
79 Seligman, *Flourish*, 56.
80 Davidson and Begley, *The Emotional Life of Your Brain*, 125.
81 Brown, *Rising Strong*, 136.

Esto no solo afecta nuestra mente, sino que también tiene consecuencias físicas. Cuando mantenemos pensamientos negativos durante mucho tiempo, nuestro cuerpo responde produciendo hormonas del estrés como el cortisol, lo que puede llevar a una variedad de problemas de salud, incluyendo ansiedad, depresión, trastornos del sueño y enfermedades cardíacas.[82] Los estudios han mostrado que las personas que luchan con creencias limitantes y patrones de pensamiento negativos son más propensas a experimentar estos problemas de salud, lo que refuerza la conexión entre nuestra salud mental y física.[83]

Controla tu Diálogo Interno

El diálogo interno, esa conversación constante y privada que mantenemos con nosotros mismos, tiene un poder increíble para determinar nuestra felicidad, bienestar general, y la manera en que enfrentamos el mundo.[84] Cada pensamiento que surge en nuestra mente afecta cómo interpretamos los eventos de nuestra vida diaria, cómo nos sentimos respecto a nosotros mismos, y cómo interactuamos con las personas a nuestro alrededor.[85] Este diálogo puede ser positivo y alentador, lo que nos impulsa hacia una mayor confianza y optimismo, o puede ser negativo y destructivo, erosionando nuestra autoestima y aumentando la ansiedad y el estrés.[86] La manera en que nos hablamos internamente es, por lo tanto, un factor clave que determina si vivimos con satisfacción y equilibrio o nos hundimos en la negatividad.[87]

---

82 Goleman, *Emotional Intelligence*, 77.
83 Piper, *Don't Waste Your Life*, 29.
84 Brown, *Rising Strong*, 118.
85 Michael E. McCullough et al., *Forgiveness*, 112.
86 Keller, *Walking with God*, 87.
87 Richard J. Davidson and Sharon Begley, *The Emotional Life*, 92.

El diálogo interno positivo puede ayudarnos a enfrentar los desafíos con una mentalidad resiliente.[88] Nos permite ver los problemas como oportunidades de crecimiento, en lugar de como barreras insuperables.[89] Cuando nos decimos a nosotros mismos frases como "puedo manejar esto" o "he superado situaciones difíciles antes", estamos entrenando nuestra mente para reaccionar de una manera que promueve la solución de problemas y la adaptación emocional.[90] Este tipo de diálogo interno nos permite enfocar nuestras energías en lo que está bajo nuestro control y mantener una actitud proactiva frente a la vida.

Por otro lado, un diálogo interno negativo tiene el efecto contrario. Frases como "nunca hago nada bien" o "nadie me entiende" pueden generar una espiral de pensamientos autodestructivos que afectan profundamente nuestro bienestar emocional. Este tipo de pensamientos no solo aumentan la ansiedad, sino que también nos hacen dudar de nuestras capacidades, generando inseguridad y parálisis emocional. El problema con el diálogo interno negativo es que, a menudo, se convierte en un ciclo repetitivo: cuanto más lo practicamos, más profundamente arraigado se vuelve en nuestra mente.[91]

El diálogo interno es uno de los aspectos más poderosos de nuestra vida emocional y espiritual. Controlar lo que nos decimos a nosotros mismos puede determinar si experimentamos una vida llena de paz, esperanza y gozo, o si estamos atrapados en un ciclo de negatividad y duda.[92] Tanto desde la perspectiva bíblica

---

88 Michael McCullough, Kenneth I. Pargament, and Carl E. Thoresen, *Forgiveness: Theory, Research, and Practice* (New York: Guilford Press, 2000).

89 Ver McCullough, Pargament, and Thoresen, *Forgiveness*.

90 Ver McCullough, Pargament, and Thoresen, *Forgiveness*.

91 American Psychological Association, "The Role of Forgiveness in Mental Health," APA Journal of Psychology 74, no. 3 (2018): 345-356.

92 Pargament, *Forgiveness: Theory, Research, and Practice*, 98-112.

como desde la psicológica, la manera en que elegimos hablar con nosotros mismos moldea nuestra realidad.[93] ¡Por eso comienza a hablarte bien!

La Importancia del Límite Emocional

Los límites emocionales son esenciales para mantener un equilibrio saludable en nuestras relaciones y en nuestro bienestar personal. Establecer límites no significa aislarse de los demás ni evitar el amor y la conexión, sino más bien proteger nuestra paz interior al definir hasta dónde permitimos que las emociones y acciones de los demás afecten nuestra salud mental y espiritual. La falta de límites emocionales claros puede llevarnos a la sobrecarga emocional, el resentimiento y la pérdida de identidad personal.[94]

¿Qué Son los Límites Emocionales?

Los límites emocionales son las líneas invisibles que trazamos para proteger nuestras emociones, necesidades y valores de las influencias externas.[95] Estos límites nos permiten mantener nuestra identidad mientras interactuamos con los demás, evitando que las demandas o comportamientos tóxicos de los demás nos abrumen.[96] Son herramientas que nos ayudan a conservar el equilibrio y evitar ser manipulados o explotados emocionalmente.[97] El apóstol Pablo, en Gálatas 6:5, nos recuerda la importancia de llevar nuestras propias cargas, lo que implica asumir la

---

93 Anthony D. Burrow and Patrick L. Hill, "Purpose as a Form of Identity Capital for Positive Youth Development," *Journal of Positive Psychology* 9, no. 6 (2014): 447-460.

94 Henry Cloud y John Townsend, *Boundaries: When to Say Yes, How to Say No to Take Control of Your Life* (Grand Rapids, MI: Zondervan, 1992), 27.

95 Cloud y Townsend, *Boundaries*, 31.

96 Brown, *Daring Greatly*, 58.

97 Brown, *Daring Greatly*, 61.

responsabilidad de nuestras emociones sin dejar que otros nos sobrecarguen con las suyas.[98]

Consecuencias de la Falta de Límites

La falta de límites emocionales puede tener un impacto negativo significativo en la felicidad y el bienestar.[99] Sin límites claros, es fácil caer en patrones de codependencia, donde nuestras emociones y decisiones están dominadas por las necesidades o expectativas de los demás.[100] Este patrón nos desgasta emocionalmente y genera un ciclo de insatisfacción y agotamiento.[101]

Además, la falta de límites puede llevarnos a relaciones tóxicas, donde permitimos el abuso emocional, la manipulación o el control.[102] Esto afecta no solo nuestra autoestima, sino también nuestra capacidad de experimentar alegría y paz interior.[103] La Biblia también advierte sobre las influencias negativas. En 1 Corintios 15:33, se nos dice: "Las malas compañías corrompen las buenas costumbres", lo que refuerza la idea de que nuestras relaciones y la falta de límites pueden alejarnos de nuestro bienestar espiritual y emocional.[104]

La Relación entre Límites y la Felicidad

Establecer límites emocionales claros está directamente relacionado con la felicidad.[105] Cuando somos capaces de establecer

---

98 Robert Jamieson, A. R. Fausset y David Brown, *A Commentary on the Old and New Testaments* (Grand Rapids, MI: Eerdmans, 1985), 223.

99 Henry Cloud, *Changes That Heal: How to Understand Your Past to Ensure a Healthier Future* (Grand Rapids, MI: Zondervan, 1992), 96.

100 Cloud, *Changes That Heal*, 98.

101 Melody Beattie, *Codependent No More: How to Stop Controlling Others and Start Caring for Yourself* (Center City, MN: Hazelden Publishing, 1986), 56.

102 Cloud y Townsend, *Boundaries*, 77.

103 Brown, *The Gifts of Imperfection*, 89.

104 Jamieson, Fausset y Brown, *A Commentary on the Old and New Testaments*, 391.

105 Cloud y Townsend, *Boundaries*, 103.

y mantener límites saludables, nos damos el espacio necesario para cuidarnos a nosotros mismos, priorizar nuestras necesidades y reducir el estrés.[106] Los límites también fomentan relaciones más sanas, ya que definen claramente nuestras expectativas y el respeto mutuo.[107]

La psicología moderna respalda esta perspectiva.[108] Investigaciones sobre el bienestar emocional demuestran que las personas con límites emocionales saludables son más resilientes, experimentan menos ansiedad y tienen relaciones más satisfactorias.[109] Los límites nos permiten decir "no" cuando es necesario, lo que protege nuestra energía emocional para invertir en actividades y relaciones que realmente nos traen paz y satisfacción.[110]

Cómo Establecer Límites Emocionales

Autoconocimiento: El primer paso para establecer límites es el autoconocimiento. Debemos identificar nuestras propias necesidades emocionales y valores.[111] Saber qué nos afecta negativamente y qué situaciones nos generan estrés es crucial para determinar dónde necesitamos establecer límites.[112]

Comunicación Clara: Una vez que entendemos nuestros límites, es importante comunicarlos de manera clara y asertiva.[113] No se trata de ser agresivo o impositivo, sino de expresar nuestras necesidades con respeto y firmeza.[114] Decir "no" cuando algo nos

---

106 Brown, *The Gifts of Imperfection*, 92.
107 Cloud y Townsend, *Boundaries*, 106.
108 John M. Gottman y Nan Silver, *The Seven Principles for Making Marriage Work* (New York: Crown Publishing, 1999), 132.
109 Gottman y Silver, *The Seven Principles for Making Marriage Work*, 136.
110 Brown, *Daring Greatly*, 115.
111 Brown, *The Gifts of Imperfection*, 43.
112 Cloud y Townsend, *Boundaries*, 54
113 Brown, *The Gifts of Imperfection*, 47
114 Gottman y Silver, *The Seven Principles for Making Marriage Work*, 74.

sobrepasa es una habilidad crucial para preservar nuestro bienestar emocional.[115]

Perdonar sin Permitirse Ser Lastimado: En el contexto cristiano, el perdón es un componente esencial de las relaciones saludables, pero no debe confundirse con la permisividad.[116] El perdón no implica que debamos tolerar el abuso emocional o las relaciones tóxicas.[117] Se nos llama a perdonar, pero también a protegernos de situaciones que comprometen nuestra paz.[118]

Límites y Relaciones Saludables

Los límites emocionales también son fundamentales para mantener relaciones saludables.[119] Cuando ambos lados en una relación respetan los límites del otro, se fomenta el respeto mutuo, la comprensión y el apoyo.[120] Esto crea un espacio seguro donde ambas personas pueden crecer y florecer emocionalmente.[121] En las relaciones tóxicas, los límites pueden ser el primer paso para la sanación o para poner fin a una relación dañina.[122] En Mateo 18:15-17, Jesús enseña sobre la corrección fraterna, lo que implica que es necesario confrontar con amor los comportamientos que nos afectan negativamente, pero si esa corrección no es aceptada, a veces la separación es inevitable por el bien de nuestra salud emocional y espiritual.[123]

---

115 Cloud y Townsend, *Boundaries*, 62.
116 Beattie, *Codependent No More*, 112.
117 Brown, *Daring Greatly*, 61.
118 Brown, *Daring Greatly*, 65.
119 Cloud y Townsend, *Boundaries*, 91.
120 John M. Gottman y Julie Schwartz Gottman, *Eight Dates: Essential Conversations for a Lifetime of Love* (New York: Workman Publishing, 2019), 124.
121 Gottman y Gottman, *Eight Dates*, 128.
122 Beattie, *Codependent No More*, 132.
123 Jamieson, Fausset y Brown, *A Commentary on the Old and New Testaments*, 374.

El Poder de Decir "No"

Decir "no" no es un acto egoísta, sino una herramienta clave para mantener el control sobre nuestras emociones y tiempo.[124] La Biblia misma nos enseña que hay un tiempo para todo (Eclesiastés 3:1), y reconocer cuándo es el momento de apartarnos o rechazar ciertas demandas es esencial para nuestra paz interior.[125] Aprender a decir "no" nos permite enfocarnos en lo que realmente importa: nuestras relaciones con Dios, con nosotros mismos y con aquellos que respetan y valoran nuestro bienestar.[126]

La Libertad de los Límites

Establecer límites emocionales no solo nos protege del agotamiento emocional, sino que también nos libera para experimentar una mayor felicidad y paz interior.[127] Cuando tenemos claridad sobre nuestras necesidades y nuestras expectativas, nos liberamos de las presiones externas y las expectativas irrazonables.[128] Esto nos permite concentrarnos en lo que realmente nos trae alegría y en las relaciones que nutren nuestro crecimiento personal y espiritual.[129]

Las Creencias Limitantes

Las creencias limitantes, como "no soy lo suficientemente bueno" o "no merezco ser feliz", son profundamente destructivas porque afectan nuestra identidad y nuestra capacidad de

---

124 Brown, *Daring Greatly*, 89.
125 Jamieson, Fausset y Brown, *A Commentary on the Old and New Testaments*, 432.
126 Gottman y Gottman, *Eight Dates*, 141.
127 Cloud y Townsend, *Boundaries*, 107.
128 Brown, *The Gifts of Imperfection*, 94.
129 Cloud y Townsend, *Boundaries*, 112.

acción.[130] Estas creencias tienden a formar un marco rígido en el cual nos vemos atrapados, restringiendo nuestras decisiones, nuestras metas y nuestras relaciones.[131] Estas creencias no solo dictan cómo interactuamos con el mundo, sino también cómo interpretamos nuestras experiencias.[132] Por ejemplo, si alguien cree que no es digno de amor, es probable que interprete cualquier crítica o rechazo como una confirmación de esa creencia, alimentando un ciclo negativo que refuerza el autodesprecio.[133]

Desde la perspectiva cristiana, estas creencias limitantes son contrarias a lo que Dios dice sobre nosotros.[134] Efesios 2:10 nos recuerda que somos "hechura suya, creados en Cristo Jesús para buenas obras", lo que significa que Dios nos creó con un propósito y valor inherentes.[135] Las creencias limitantes, por lo tanto, son mentiras que nos desconectan de la verdad de quiénes somos en Dios.[136] Cuando permitimos que estas mentiras controlen nuestra vida, caemos en la trampa de definirnos por nuestras fallas o limitaciones percibidas en lugar de por el valor y el propósito que Dios nos ha dado.[137]

---

130 Seligman, *Learned Optimism*, 56.
131 Seligman, *Learned Optimism*, 58.
132 Carol S. Dweck, *Mindset: The New Psychology of Success* (New York: Ballantine Books, 2006), 83.
133 Dweck, *Mindset*, 85.
134 John C. Maxwell, *How Successful People Think: Change Your Thinking, Change Your Life* (New York: Center Street, 2009), 103
135 Jamieson, Fausset y Brown, *A Commentary on the Old and New Testaments*, 893.
136 Maxwell, *How Successful People Think*, 108.
137 Dweck, *Mindset*, 112.

¿Qué es un Trauma?

El trauma es una respuesta emocional y psicológica a un evento profundamente perturbador o angustiante.[138] Puede ser causado por una amplia variedad de experiencias, como abuso, violencia, accidentes, desastres naturales o la pérdida repentina de un ser querido.[139] El trauma no solo afecta el bienestar emocional, sino también el funcionamiento mental y físico.[140] Las personas que han experimentado trauma a menudo sufren de ansiedad, depresión, trastorno de estrés postraumático (TEPT) y otros problemas de salud mental, lo que puede impedirles experimentar la felicidad y el bienestar en su vida diaria.[141]

Desde una perspectiva bíblica, el trauma puede verse como una consecuencia de vivir en un mundo caído.[142] Aunque el sufrimiento y el trauma no son parte del plan original de Dios, Él ofrece esperanza y restauración para quienes lo experimentan. Isaías 61:1 3 dice que Dios ha enviado a su Hijo para "vendar a los quebrantados de corazón" y "darles óleo de gozo en lugar de luto".[143] Este pasaje refleja que la sanación y la restauración son posibles, incluso en medio de las heridas más profundas.[144]

En el ámbito de la psicología, el trauma se describe como una herida emocional que puede llevar a una serie de síntomas que alteran el bienestar de una persona.[145] Las personas que han ex-

---

[138] Judith Herman, *Trauma and Recovery: The Aftermath of Violence—From Domestic Abuse to Political Terror* (New York: Basic Books, 1997), 33.

[139] Bessel van der Kolk, *The Body Keeps the Score: Brain, Mind, and Body in the Healing of Trauma* (New York: Viking, 2014), 45.

[140] Herman, *Trauma and Recovery*, 58.

[141] van der Kolk, *The Body Keeps the Score*, 68.

[142] Mark W. Baker, *Jesus, the Greatest Therapist Who Ever Lived* (New York: HarperCollins, 2007), 92.

[143] Baker, *Jesus, the Greatest Therapist Who Ever Lived*, 93

[144] Herman, *Trauma and Recovery*, 78.

[145] van der Kolk, *The Body Keeps the Score*, 89.

perimentado trauma a menudo luchan con flashbacks, hipervigilancia, sensación de desconexión o entumecimiento emocional, y en muchos casos, pueden tener dificultades para relacionarse con los demás o encontrar sentido en la vida.[146]

El trastorno de estrés postraumático (TEPT) es una de las respuestas más comunes al trauma.[147] Las personas con TEPT suelen revivir la experiencia traumática a través de recuerdos involuntarios o pesadillas, lo que les genera una sensación continua de peligro y desconfianza.[148] Esto crea una barrera significativa para la felicidad, ya que el trauma los mantiene atrapados en el pasado, sin poder disfrutar plenamente del presente ni proyectarse hacia el futuro.[149]

A nivel fisiológico, el trauma afecta el cerebro, particularmente la amígdala, que regula las respuestas emocionales, y el hipocampo, que se encarga de la memoria.[150] Las personas que han sufrido traumas severos suelen tener una amígdala hiperactiva, lo que significa que viven en un estado constante de hiperalerta o miedo, lo que agota el sistema nervioso y produce un ciclo de estrés crónico.[151]

Reestructuración Cognitiva

Un enfoque efectivo y probado para superar estas barreras mentales es la reestructuración cognitiva, una técnica central de

---

146   Herman, *Trauma and Recovery*, 101.
147   van der Kolk, *The Body Keeps the Score*, 115.
148   Herman, *Trauma and Recovery*, 123.
149   van der Kolk, *The Body Keeps the Score*, 144.
150   Joseph LeDoux, *The Emotional Brain: The Mysterious Underpinnings of Emotional Life* (New York: Simon & Schuster, 1996), 177.
151   LeDoux, *The Emotional Brain*, 189.

la terapia cognitivo-conductual (TCC).[152] Este enfoque se basa en la idea de que nuestros pensamientos, emociones y comportamientos están interconectados.[153] La reestructuración cognitiva implica identificar pensamientos disfuncionales o creencias limitantes y reemplazarlos por pensamientos más saludables, realistas y alineados con la verdad.[154] Este proceso no es simplemente positivo, sino que se basa en reestructurar el cerebro para cambiar los patrones de pensamiento y permitir nuevas conexiones neuronales que promuevan el bienestar.[155]

Desde una perspectiva científica, la neuroplasticidad es el fundamento detrás de esta técnica.[156] La neuroplasticidad se refiere a la capacidad del cerebro para cambiar y adaptarse a lo largo de la vida, formando nuevas conexiones neuronales en respuesta a las experiencias y pensamientos.[157] A través de la repetición de pensamientos saludables y la eliminación de patrones destructivos, el cerebro literalmente comienza a reformarse, creando nuevas vías neuronales que promueven un enfoque más positivo y equilibrado de la vida.[158]

La reestructuración cognitiva puede integrarse perfectamente con la enseñanza bíblica sobre renovar nuestra mente.[159] En Romanos 12:2, se nos exhorta a "no conformarnos a este siglo, sino a transformarnos por medio de la renovación de nuestro

---

152   Aaron T. Beck, *Cognitive Therapy and the Emotional Disorders* (New York: Penguin, 1979), 56.
153   Beck, *Cognitive Therapy and the Emotional Disorders*, 61.
154   Judith S. Beck, *Cognitive Behavior Therapy: Basics and Beyond* (New York: Guilford Press, 2011), 78.
155   Norman Doidge, *The Brain That Changes Itself: Stories of Personal Triumph from the Frontiers of Brain Science* (New York: Penguin Books, 2007), 98.
156   Doidge, *The Brain That Changes Itself*, 105.
157   Doidge, *The Brain That Changes Itself*, 112.
158   Beck, *Cognitive Behavior Therapy*, 123.
159   Baker, *Jesus, the Greatest Therapist Who Ever Lived*, 145.

entendimiento". Este versículo subraya que la transformación personal comienza en la mente.[160] Así como la reestructuración cognitiva se basa en identificar y reemplazar pensamientos negativos, el cristianismo nos llama a renovar nuestros pensamientos conforme a la Palabra de Dios, permitiendo que Su verdad remodele nuestra manera de pensar y vivir.[161]

El Impacto de Cambiar el Enfoque Mental

Al cambiar nuestro enfoque mental, podemos transformar no solo cómo vemos el mundo, sino también cómo interactuamos con él. Cuando comenzamos a reemplazar las creencias limitantes con verdades bíblicas y pensamientos positivos, empezamos a ver las oportunidades en lugar de los obstáculos, el crecimiento en lugar del fracaso, y la esperanza en lugar de la desesperación.[162] Esto nos lleva a una vida más plena y equilibrada, donde nuestras emociones y acciones se ajustan con una visión más saludable y verdadera de nosotros mismos.[163] El cambio de enfoque mental también afecta nuestra resiliencia. Cuando nuestros pensamientos están alineados con la verdad, somos más capaces de manejar el estrés y las dificultades, y menos propensos a caer en la desesperanza o la ansiedad.[164] Estudios han mostrado que las personas que practican reestructuración cognitiva no solo experimentan una mejora en su bienestar emocional, sino también en

---

160 Jamieson, Fausset y Brown, *A Commentary on the Whole Bible*, 1121.
161 Beck, *Cognitive Therapy and the Emotional Disorders*, 167.
162 Timothy R. Jennings, *The God-Shaped Brain: How Changing Your View of God Transforms Your Life* (Downers Grove, IL: IVP Books, 2013), 98.
163 Aaron T. Beck, *Cognitive Therapy and the Emotional Disorders* (New York: Penguin, 1979), 45.
164 Beck, *Cognitive Therapy and the Emotional Disorders*, 48.

su capacidad para enfrentar la adversidad.[165] Este cambio en la percepción y el enfoque nos permite ver el mundo con una mente renovada y un corazón abierto, preparados para recibir la plenitud de la vida que Dios ha prometido.[166]

Cómo Superar Los Obstáculos Hacia La Felicidad

Buscar ayuda profesional es un paso crucial para superar el trauma, el miedo, la angustia y la culpa, ya que estas emociones pueden ser profundamente debilitantes y difíciles de manejar por cuenta propia.[167] Los terapeutas capacitados en estos temas, tales como psicólogos, consejeros cristianos y terapeutas especializados en trauma, proporcionan un entorno seguro y de apoyo donde las personas pueden procesar sus experiencias de manera efectiva.[168] Este espacio es vital, ya que permite a los individuos explorar sus emociones sin juicio, comprender sus raíces y desarrollar herramientas para gestionar el dolor.[169]

La culpa, el miedo y la angustia no son estados que debamos soportar solos. La ayuda de profesionales capacitados no solo proporciona las herramientas necesarias para manejar estos sentimientos, sino que también ofrece un espacio seguro donde las personas pueden reconocer sus emociones y recibir el apoyo emocional que necesitan para sanar de manera integral.[170] Lamentablemente para muchas personas, especialmente los hombres, buscar ayuda profesional es visto como un signo de

---

165 Judith S. Beck, *Cognitive Behavior Therapy: Basics and Beyond* (New York: Guilford Press, 2011), 67.
166 Jennings, *The God-Shaped Brain*, 123.
167 Bessel van der Kolk, *The Body Keeps the Score: Brain, Mind, and Body in the Healing of Trauma* (New York: Viking, 2014), 85.
168 van der Kolk, *The Body Keeps the Score*, 93.
169 Judith Herman, *Trauma and Recovery: The Aftermath of Violence—From Domestic Abuse to Political Terror* (New York: Basic Books, 1997), 102.
170 Herman, *Trauma and Recovery*, 104.

debilidad o vulnerabilidad, pero en realidad, pedir ayuda es un acto de valentía y un paso esencial hacia la sanación.[171] La idea errónea de que ser fuerte significa enfrentar todo solo perpetúa el dolor y el sufrimiento no resuelto. Así como nadie dudaría en acudir a un médico si se fracturara una pierna, los problemas emocionales, como el miedo, la culpa, la angustia y el trauma, son fracturas invisibles que afectan la mente y el espíritu, y requieren atención especializada para sanar.

Al igual que una fractura en el cuerpo necesita tratamiento para evitar complicaciones a largo plazo, las heridas emocionales no atendidas pueden empeorar con el tiempo, afectando todas las áreas de la vida.[172] Ignorar el trauma o los asuntos emociones no resueltos no hace que desaparezcan; en lugar de eso, esas emociones pueden manifestarse de diferentes maneras, como en problemas de salud mental, conflictos en las relaciones, o incluso en síntomas físicos como insomnio o enfermedades relacionadas con el estrés.[173]

Buscar ayuda no es solo un acto de responsabilidad personal, sino también un paso hacia la recuperación y el bienestar integral. Es reconocer que nuestra salud mental es tan importante como nuestra salud física, y que no hay nada de malo en buscar apoyo profesional para manejar lo que no podemos superar por nosotros mismos.[174] La Biblia nos recuerda la importancia de pedir ayuda en tiempos de necesidad. En Eclesiastés 4:9-10, se nos dice: "Mejores son dos que uno; porque tienen mejor paga

---

171 Mark W. Baker, *Jesus, the Greatest Therapist Who Ever Lived* (New York: HarperCollins, 2007), 112.
172 van der Kolk, *The Body Keeps the Score*, 125.
173 van der Kolk, *The Body Keeps the Score*, 132.
174 Herman, *Trauma and Recovery*, 147.

de su trabajo. Porque si cayeren, el uno levantará a su compañero".[175] Esto refuerza la verdad de que no estamos destinados a enfrentar nuestras luchas solos, sino que podemos apoyarnos en otros, incluidos los profesionales, para sanar y crecer.[176] En última instancia, reconocer nuestras limitaciones y buscar ayuda es una muestra de madurez emocional y fuerza. Aceptar que necesitamos ayuda es el primer paso hacia la recuperación y hacia una vida más plena y saludable.

El Poder Transformador de la Oración

Desde el punto de vista cristiano, la oración es más que una actividad espiritual pasiva; es un acto de confianza activa en Dios.[177] Cuando oramos, estamos reconociendo nuestra dependencia de Él, entregando nuestras preocupaciones y admitiendo que no tenemos todo bajo control.[178] Esta entrega de nuestras ansiedades a Dios es un acto profundo de liberación emocional. Cuando llevamos nuestras preocupaciones a Dios, Él promete darnos paz, y no cualquier paz, sino una paz que supera nuestra comprensión, porque es una paz que no depende de las circunstancias externas, sino de una relación interior con el Creador.[179]

La oración intercesora también juega un papel importante en la forma en que enfrentamos nuestras luchas emocionales y espirituales.[180] Al orar por los demás o al permitir que otros oren por nosotros, fortalecemos nuestras relaciones comunitarias y

---

175   F. F. Bruce, *The Book of Ecclesiastes: An Introduction and Commentary* (Grand Rapids, MI: Eerdmans, 1984), 45.
176   Jennings, *The God-Shaped Brain*, 148.
177   Philip Yancey, *Prayer: Does It Make Any Difference?* (Grand Rapids, MI: Zondervan, 2006), 67.
178   Yancey, *Prayer*, 72.
179   Yancey, *Prayer*, 89.
180   Baker, *Jesus, the Greatest Therapist Who Ever Lived*, 134.

recibimos consuelo al saber que no estamos solos en nuestras luchas.[181] Esto alivia la sensación de aislamiento que muchas veces acompaña los problemas emocionales, lo que a su vez puede reducir la ansiedad y mejorar el bienestar emocional.[182]

Desde un punto de vista psicológico, la oración también tiene efectos positivos en la regulación emocional.[183] Estudios han demostrado que el acto de orar puede activar áreas del cerebro asociadas con el autocontrol, la autorregulación y la empatía.[184] En este sentido, la oración tiene el potencial de reducir el estrés y mejorar el bienestar general.[185] Al entregar nuestras preocupaciones a Dios, activamos un ciclo emocional positivo que incluye la reducción de la ansiedad y un aumento de la esperanza y la resiliencia.[186]

La Meditación en las Escrituras

Además de la oración, la meditación en las Escrituras es una práctica esencial en la vida cristiana que contribuye a enfrentar los obstáculos emocionales y mentales.[187] Mientras que la oración nos conecta directamente con Dios, la meditación en Su Palabra nos permite alinear nuestros pensamientos y emociones con Sus promesas.[188] Salmos 1:2-3 nos recuerda que meditar en la ley de Dios día y noche es fuente de fortaleza espiritual, comparando a la persona que lo hace con un "árbol plantado junto

---

181 Yancey, *Prayer*, 92.
182 Jennings, *The God-Shaped Brain*, 158.
183 David G. Benner, *Opening to God: Lectio Divina and Life as Prayer* (Downers Grove, IL: IVP Books, 2010), 56.
184 Benner, *Opening to God*, 61.
185 Benner, *Opening to God*, 78.
186 Jennings, *The God-Shaped Brain*, 174.
187 Richard J. Foster, *Celebration of Discipline: The Path to Spiritual Growth* (New York: HarperOne, 1988), 15.
188 Foster, *Celebration of Discipline*, 18.

a corrientes de agua", lo cual sugiere estabilidad, crecimiento y abundancia.[189] Esta imagen es poderosa, ya que resalta la importancia de arraigarnos en la Palabra para encontrar paz y claridad en medio de los desafíos.[190]

La meditación bíblica consiste en tomar un pasaje de la Escritura, reflexionarlo profundamente y permitir que transforme nuestro corazón y mente.[191] A medida que meditamos en las promesas de Dios, comenzamos a cambiar nuestro enfoque de las dificultades hacia Su poder y fidelidad.[192] Este cambio de enfoque es crucial para superar los patrones de pensamiento negativos y las barreras mentales que nos limitan.[193] La repetición consciente de las Escrituras y la reflexión sobre su significado nos ayuda a renovar nuestra mente. Esta enseñanza se encuentra en Romanos 12:2, donde se nos exhorta a ser transformados por medio de la renovación de nuestro entendimiento.[194]

Meditación Bíblica y la Atención Plena

En los últimos años, la psicología ha reconocido el valor de la meditación consciente o atención plena (*mindfulness*) como una herramienta poderosa para reducir la ansiedad, el estrés y mejorar la salud mental en general.[195] Aunque esta técnica tiene sus raíces en prácticas orientales, los principios subyacentes de enfoque y presencia consciente también son aplicables a la vida

---

189 Gordon J. Wenham, *Psalms as Torah: Reading Biblical Song Ethically* (Grand Rapids, MI: Baker Academic, 2012), 27.

190 Foster, *Celebration of Discipline*, 21.

191 James Bryan Smith, *The Good and Beautiful God: Falling in Love with the God Jesus Knows* (Downers Grove, IL: IVP Books, 2009), 45.

192 Piper, *Desiring God*, 89.

193 Piper, *Desiring God*, 92.

194 Foster, *Celebration of Discipline*, 33.

195 Jon Kabat-Zinn, *Wherever You Go, There You Are: Mindfulness Meditation in Everyday Life* (New York: Hachette Books, 1994), 24.

cristiana, especialmente en la meditación bíblica.[196] Mientras que la atención plena se enfoca en estar presentes en el momento, la meditación cristiana agrega una capa más profunda al conectar ese enfoque con la presencia de Dios y la verdad bíblica.[197]

Al combinar la meditación bíblica con técnicas de atención plena, las personas pueden lograr una mayor claridad mental y una reducción significativa de la ansiedad.[198] Por ejemplo, una práctica cristiana basada en la meditación puede implicar recitar y reflexionar sobre versículos como Isaías 26:3, que dice: "Tú guardarás en perfecta paz a aquel cuyo pensamiento en ti persevera, porque en ti ha confiado".[199] Al recitar esta promesa, no solo estamos enfocando nuestra mente en una verdad eterna, sino que también estamos anclando nuestras emociones en la fidelidad de Dios, lo que tiene un efecto calmante y restaurador.[200]

Estudios recientes en neurociencia han demostrado que la práctica regular de la meditación ya sea en forma de atención plena o meditación religiosa, puede cambiar la estructura del cerebro.[201] La neuroplasticidad permite que nuestro cerebro forme nuevas conexiones neuronales, lo que significa que podemos entrenar nuestra mente para enfocarse más en lo positivo y lo esperanzador.[202] Esto es especialmente relevante para los cristianos, ya que la meditación en las Escrituras no solo promueve un enfoque más saludable de la vida, sino que también sintoniza nuestros pensamientos con la verdad divina.[203]

---

196 Smith, *The Good and Beautiful God*, 57.
197 Foster, *Celebration of Discipline*, 37.
198 Kabat-Zinn, *Wherever You Go*, 28.
199 Piper, *Desiring God*, 120.
200 Smith, *The Good and Beautiful God*, 65.
201 Norman Doidge, *The Brain That Changes Itself: Stories of Personal Triumph from the Frontiers of Brain Science* (New York: Penguin Books, 2007), 43.
202 Doidge, *The Brain That Changes Itself*, 48.
203 Smith, *The Good and Beautiful God*, 83.

La Confianza en Dios y la Sanación Emocional

Por último, la confianza en Dios es un aspecto central para superar las barreras emocionales y mentales.[204] En lugar de depender exclusivamente de nuestras propias fuerzas para enfrentar el estrés y las dificultades, los cristianos están llamados a depositar su confianza en Dios.[205] Proverbios 3:5-6 nos recuerda: "Fíate de Jehová de todo tu corazón, y no te apoyes en tu propia prudencia. Reconócelo en todos tus caminos, y él enderezará tus veredas".[206] Este versículo es una invitación a descansar en el poder y la sabiduría de Dios, sabiendo que Él tiene el control de nuestras vidas, incluso cuando las circunstancias parecen abrumadoras.[207]

La confianza en Dios también nos permite enfrentar los obstáculos mentales con una perspectiva renovada.[208] Cuando confiamos en que Dios está obrando en nuestras vidas para nuestro bien, experimentamos una reducción de la ansiedad y el miedo, ya que sabemos que no estamos solos en nuestras luchas.[209] Esta confianza tiene un impacto directo en nuestra salud mental y emocional, permitiéndonos encontrar paz en medio de las tormentas.[210]

---

204 Foster, *Celebration of Discipline*, 111.
205 Foster, *Celebration of Discipline*, 118.
206 Bruce K. Waltke, *The Book of Proverbs: Chapters 1-15* (Grand Rapids, MI: Eerdmans, 2004), 247.
207 Waltke, *The Book of Proverbs*, 249.
208 Foster, *Celebration of Discipline*, 122.
209 Piper, *Desiring God*, 159.
210 Foster, *Celebration of Discipline*, 125.

Resumen del Capítulo

En este capítulo, hemos explorado cómo identificar y enfrentar las barreras emocionales, mentales y espirituales que obstaculizan nuestra felicidad. Hemos visto que, desde una perspectiva cristiana, el autoconocimiento y la honestidad con uno mismo son fundamentales para detectar los obstáculos que nos impiden avanzar. Salmos 139:23-24 nos invita a pedirle a Dios que examine nuestro corazón, revelando las áreas que necesitan transformación. A través de la oración y la reflexión, podemos descubrir patrones de pensamiento negativos, resentimientos no resueltos o emociones destructivas que, si no se abordan, continúan limitando nuestro bienestar y nuestra relación con Dios.

Hemos argumentado que las barreras como el resentimiento, la culpa y el temor tienen un impacto significativo en la salud emocional y espiritual. El resentimiento, si no se libera, puede consumir nuestra paz y bienestar, mientras que la culpa y el temor nos mantienen atrapados en el pasado, impidiendo nuestro crecimiento y disfrute de la vida. Superar estas barreras requiere perdón, tanto hacia los demás como hacia uno mismo, y una confianza profunda en que Dios tiene el poder para sanar nuestras heridas. También se ha demostrado que el enfoque psicológico de la reestructuración cognitiva y la terapia basada en el trauma ayudan a mitigar estos efectos, reforzando la idea de que la ciencia y la fe pueden trabajar juntas para promover la sanación. Finalmente, se ha destacado que enfrentar estos obstáculos requiere un enfoque integral que combine la oración, la meditación en las Escrituras y el apoyo profesional cuando sea necesario. La Biblia y la ciencia coinciden en que cambiar nuestra mentalidad y renovar nuestra mente es clave para superar las barreras a la felicidad. Al confiar en Dios y al mismo tiempo usar las herramientas que la psicología moderna ofrece, es posible desmantelar los obstáculos emocionales y mentales, permitiéndonos avanzar hacia una vida más plena y en paz, conforme al propósito de Dios.

Ejercicios Prácticos

1. Diario de Reflexión: Al final de cada día, escribe los obstáculos emocionales o mentales que enfrentaste. Reflexiona sobre cómo reaccionaste y qué podrías hacer de manera diferente con la ayuda de Dios.

2. Oración de Entrega: Dedica tiempo diario para orar y pedir a Dios que te revele las barreras emocionales que están limitando tu felicidad. Utiliza Salmos 139:23-24 como guía para pedirle a Dios que examine tu corazón.

3. Meditación en las Escrituras: Dedica tiempo a meditar en pasajes bíblicos que hablen sobre el perdón y la sanación emocional, como Colosenses 3:13 o Mateo 11:28-30, permitiendo que estas palabras renueven tu mente y corazón.

4. Práctica del Perdón: Escribe el nombre de las personas hacia las que sientes resentimiento y ora por ellas. Pide a Dios la fuerza para liberarte de esa carga emocional a través del perdón.

Recursos Adicionales

Apps

- Calm: Aplicación enfocada en la meditación y la relajación que puede ayudar a reducir el estrés y la ansiedad.

- Glorify: Una app cristiana que ofrece devocionales diarios y meditaciones basadas en la Biblia.

- Headspace: Una app que ofrece herramientas para la atención plena y la meditación, útil para superar barreras emocionales.

Libros

1. The Body Keeps the Score por Bessel van der Kolk: Un libro que explora cómo el trauma afecta al cuerpo y la mente, y ofrece estrategias de sanación.

2. Emotionally Healthy Spirituality por Peter Scazzero: Un libro que combina la espiritualidad cristiana con el bienestar emocional.

3. Forgive for Good por Fred Luskin: Este libro explora los beneficios del perdón desde una perspectiva científica y práctica.

Capítulo 17
LA COMPARACIÓN ES EL LADRÓN DE LA FELICIDAD

"Compararse con los demás es el ladrón de la alegría"
Theodore Roosevelt

Uno de los mayores obstáculos para experimentar una vida plena y feliz es la trampa de la comparación. En la sociedad actual, donde las redes sociales y los medios digitales han creado una ventana abierta a la vida de los demás, la comparación ha alcanzado un nivel más constante e invasivo. Compararse con los demás genera sentimientos de inadecuación, envidia, y descontento, y en última instancia, nos roba la paz y la felicidad que podríamos tener si nos enfocáramos en nuestro propio crecimiento y camino.

Cómo evitar la trampa de compararse con los demás

La comparación es una trampa común que nos aleja de la gratitud y del contentamiento.[1] Cuando medimos nuestro éxito, belleza, inteligencia o cualquier otro aspecto de nuestra vida en comparación con los demás, estamos utilizando una vara externa que nunca es justa ni equitativa.[2] Cada persona tiene una trayectoria única, con talentos y desafíos diferentes.[3] Compararnos no solo es injusto para nosotros mismos, sino que también desvaloriza el viaje personal que Dios ha planeado para cada uno.[4]

El problema con la comparación es que generalmente nos enfocamos en lo que nos falta en lugar de valorar lo que ya tenemos.[5] Enfocarnos en las fortalezas y logros de otros a menudo nos hace sentir que nunca estamos "a la altura", lo que puede causar frustración y baja autoestima.[6] Este ciclo de insatisfacción nos impide experimentar la felicidad genuina que se encuentra en agradecer lo que Dios nos ha dado y en aceptar nuestro propio camino con sus desafíos y bendiciones.[7]

Para evitar caer en esta trampa, es esencial desarrollar un sentido profundo de gratitud y autoaceptación.[8] Al enfocarnos en nuestras bendiciones y las oportunidades que Dios ha puesto en nuestra vida, desplazamos el enfoque de lo que carecemos

---

[1] Brown, *The Gifts of Imperfection*, 45.
[2] Brown, *The Gifts of Imperfection*, 48.
[3] Rick Warren, *The Purpose Driven Life: What on Earth Am I Here For?* (Zondervan, 2002), 87.
[4] Warren, *The Purpose Driven Life*, 91.
[5] Keller, *Counterfeit Gods,* 129.
[6] Keller, *Counterfeit Gods*, 133.
[7] Ann Voskamp, *One Thousand Gifts: A Dare to Live Fully Right Where You Are* (Zondervan, 2010), 67.
[8] Voskamp, *One Thousand Gifts*, 72.

hacia lo que poseemos.⁹ Practicar la gratitud diaria, ya sea a través de la oración o de un diario de gratitud, es una herramienta poderosa para evitar compararse con los demás.¹⁰ La gratitud cambia nuestra perspectiva, ayudándonos a ver la abundancia en nuestras vidas en lugar de la escasez.¹¹

Lo Que La Biblia Dice Sobre La Comparación Y Su Impacto

La Biblia es clara al advertir sobre los peligros de la comparación y cómo esta práctica puede robar nuestra paz y felicidad.¹² En Gálatas 6:4-5, se nos insta a examinarnos a nosotros mismos y a no compararnos con lo que otros hacen.¹³ Este pasaje refleja una verdad profunda: cada persona tiene un camino único y su propia carga que lle-var.¹⁴ Dios nos llama a trabajar diligentemente en nuestro pro-pio crecimiento y desarrollo, y a apreciar nuestros logros sin caer en la trampa de compararnos con los demás.¹⁵ La comparación es dañina porque nos hace perder de vista nuestra identidad y propósito. En lugar de ver nuestra vida como una oportunidad para cumplir con el plan divino, la comparación nos enfoca en lo que no tenemos o en lo que otros parecen estar haciendo mejor.¹⁶ Esto genera insatisfacción, celos y resentimiento, lo cual nos desconecta de la gratitud y el contentamiento que provienen de una vida ajustada con los propósitos de Dios.¹⁷ La Biblia nos

---

9 Keller, *Counterfeit Gods*, 141.
10 Brown, *The Gifts of Imperfection*, 53.
11 Voskamp, *One Thousand Gifts*, 85.
12 Brown, *The Gifts of Imperfection*, 62.
13 Gálatas 6:4-5.
14 Rick Warren, *The Purpose Driven Life*, 92.
15 Brown, *The Gifts of Imperfection*, 67.
16 Keller, *Counterfeit Gods*, 131.
17 Keller, *Counterfeit Gods*, 134.

recuerda que nuestro enfoque debe estar en obedecer a Dios, usando los talentos y dones que Él nos ha dado, en lugar de estar preocupados por lo que otros están haciendo con los suyos.[18] Este principio queda bellamente ilustrado en la parábola de los talentos (Mateo 25:14-30). Jesús relata la historia de tres siervos a los que su amo confía diferentes cantidades de talentos. Cada uno recibió una cantidad acorde a su capacidad, y su responsabilidad era administrar esos talentos de la mejor manera posible. Lo importante en esta parábola no es la cantidad de talentos que se les dio, sino lo que hicieron con ellos.[19] Uno de los siervos, por temor y falta de confianza, decidió enterrar su talento en lugar de usarlo y multiplicarlo. El resultado fue la desaprobación del amo, no porque hubiera recibido menos talentos, sino porque no hizo nada con lo que se le dio.

Este relato es profundamente significativo para nosotros hoy, ya que nos enseña que Dios no nos evalúa comparándonos con los demás, sino por lo que hacemos con lo que Él ha puesto en nuestras manos.[20] Cada persona tiene un conjunto de talentos y oportunidades diferentes, y Dios nos ha dado estos dones según nuestra capacidad.[21] Cuando nos comparamos con otros, corremos el riesgo de perder de vista nuestro propio propósito y nuestras propias bendiciones.[22] Nos desconectamos de la gratitud por lo que Dios nos ha dado y caemos en la trampa de sentirnos inferiores o inadecuados simplemente porque alguien más parece tener más o hacer más.[23]

---

18 Warren, *The Purpose Driven Life*, 95.
19 Keller, *The Prodigal God* (Dutton, 2008), 102.
20 Ver Mateo 25:18-19.
21 Keller, *The Prodigal God*, 107.
22 Voskamp, *One Thousand Gifts*, 82.
23 Warren, *The Purpose Driven Life*, 98.

La comparación es particularmente peligrosa porque distorsiona nuestra percepción de la vida.[24] Al enfocarnos en las apariencias externas o en lo que otros están logrando, perdemos de vista el trabajo interior que Dios está haciendo en nuestras vidas. Como se menciona en Proverbios 14:30, "el corazón apacible es vida de la carne, pero la envidia es carcoma de los huesos". Este versículo refleja cómo el comparar nuestra vida con la de los demás nos corroe desde adentro, generando insatisfacción constante y una falta de paz que solo puede remediarse al volver nuestra mirada hacia nuestro propio viaje espiritual.[25]

Desde una perspectiva bíblica, es esencial recordar que Dios nos creó con un propósito único. Efesios 2:10 nos dice que "somos hechura suya, creados en Cristo Jesús para buenas obras, las cuales Dios preparó de antemano para que anduviésemos en ellas". Este versículo nos da una clave para combatir la comparación: entender que Dios ha preparado obras específicas para cada uno de nosotros.[26] Al enfocarnos en caminar en el plan que Dios ha diseñado específicamente para nosotros, encontramos paz y contentamiento.[27]

Además, la comparación nos puede llevar a la ingratitud. Nos ciega a las bendiciones que Dios ha puesto en nuestras vidas, haciéndonos pensar que lo que tenemos no es suficiente.[28] En lugar de apreciar lo que Dios ha hecho y lo que nos ha dado, nos enfocamos en lo que otros tienen, y eso destruye nuestra capacidad de agradecimiento.[29] La Biblia nos llama repetidamente a

---

24 Brown, *The Gifts of Imperfection*, 72.
25 Keller, *The Prodigal God*, 120.
26 Warren, *The Purpose Driven Life*, 104.
27 Brown, *The Gifts of Imperfection*, 79.
28 oskamp, *One Thousand Gifts*, 89.
29 Keller, *Counterfeit Gods*, 144.

ser agradecidos en todo, como se menciona en 1 Tesalonicenses 5:18, donde se nos exhorta a dar gracias en todo momento.[30] Al desarrollar un corazón agradecido, somos capaces de ver nuestras bendiciones, sin importar cuán pequeñas o grandes sean, y evitar la trampa de la comparación.[31]

La Biblia nos enseña que la comparación es un ladrón de la felicidad porque nos distrae de nuestro propósito y nos aleja de la gratitud.[32] Dios no nos evalúa según lo que otros están haciendo, sino según lo que hacemos con las oportunidades y dones que Él nos ha dado.[33] Nos llama a trabajar fielmente en nuestra propia vida, sabiendo que el plan de Dios para nosotros es único y perfecto.[34] Al enfocarnos en nuestra relación con Dios y en usar nuestros talentos para Su gloria, encontramos paz, satisfacción y felicidad que no dependen de lo que otros estén haciendo o logrando.[35]

Lo que la Psicología dice sobre la comparación

La psicología también ha estudiado ampliamente los efectos negativos de la comparación en el bienestar emocional.[36] La teoría de la comparación social, propuesta por el psicólogo Leon Festinger en 1954, sostiene que los seres humanos tienen una tendencia innata a compararse con los demás para evaluarse a sí mismos.[37] Si bien esta comparación puede ser útil en algunos casos, como cuando se usa para motivarse o para obtener una

---

30 Ver 1 Tesalonicenses 5:18.
31 Brown, *The Gifts of Imperfection*, 85.
32 Keller, *Counterfeit Gods*, 148.
33 Voskamp, *One Thousand Gifts*, 93.
34 Ver Proverbios 3:5-6.
35 Warren, *The Purpose Driven Life*, 111.
36 Leon Festinger, *A Theory of Social Comparison Processes*, Human Relations 7, no. 2 (1954): 117-140.
37 Festinger, *A Theory of Social Comparison Processes,* 117-140

referencia realista, también puede volverse perjudicial cuando se convierte en una fuente constante de descontento.[38]

Estudios modernos han demostrado que la comparación social ascendente (compararnos con quienes consideramos que están en una mejor posición) genera sentimientos de inferioridad, estrés y baja autoestima, mientras que la comparación descendente (compararnos con quienes consideramos que están en una peor posición) puede llevarnos a sentirnos culpables o a desarrollar un falso sentido de superioridad.[39] En ambos casos, la comparación social tiene un impacto negativo en nuestra felicidad y bienestar emocional, ya que nos desconecta de la realidad de nuestra propia vida y nos aleja del contentamiento.[40]

Para superar esta tendencia destructiva, la psicología positiva sugiere enfocarse en la autoaceptación y en el crecimiento personal.[41] Aceptar que nuestra vida es única y que nuestro valor no se mide en función de los demás es clave para cultivar un sentido de bienestar duradero.[42] Además, la práctica de la gratitud y la atención plena (*mindfulness*) nos ayuda a apreciar el momento presente sin compararlo con lo que vemos en otros.[43] Al cambiar el enfoque hacia nuestras propias fortalezas y logros, promovemos una actitud de autocompasión y autoestima.[44]

---

38 Jessica Tracy and Richard W. Robins, "The Psychological Structure of Pride: A Tale of Two Facets," *Journal of Personality and Social Psychology* 92, no. 3 (2007): 506.

39 Thomas Mussweiler and Fritz Strack, "The 'Relative Self': Assimilation and Contrast Effects in Social Comparison," *Journal of Personality and Social Psychology* 79, no. 1 (2000): 23-38.

40 Larry D. Rosen, "Media and Technology Use Predicts Ill-Being Among Children, Preteens and Teenagers Independent of the Negative Health Impacts of Exercise and Eating Habits," *Computers in Human Behavior* 35 (2014): 365.

41 Christopher Peterson and Martin Seligman, *Character Strengths and Virtues: A Handbook and Classification* (Oxford University Press, 2004), 89.

42 Kristin Neff, *Self-Compassion: The Proven Power of Being Kind to Yourself* (HarperCollins, 2011), 113.

43 Ellen Langer, *Mindfulness* (Da Capo Lifelong Books, 2014), 98.

44 Neff, *Self-Compassion*, 130.

El Poder De La Individualidad Y El Propósito

El poder de la individualidad y el propósito es uno de los principios más liberadores cuando buscamos una vida de plenitud y felicidad. Tanto la Biblia como la psicología coinciden en que cada ser humano ha sido creado con un propósito único y un conjunto de dones y habilidades que no pueden ni deben compararse con los de los demás.[45] En lugar de medir nuestro valor basándonos en los logros, posesiones o habilidades de otros, se nos invita a abrazar nuestra singularidad y a descubrir el plan que Dios ha diseñado específicamente para nuestras vidas.[46] En Jeremías 1:5, Dios le dice al profeta: "Antes que te formase en el vientre te conocí, y antes que nacieses te santifiqué; te di por profeta a las naciones". Este versículo ilustra que desde el principio, Dios tiene un plan específico para cada persona. No se trata solo de hacer o lograr algo en particular, sino de cumplir con un propósito divino. Cuando comprendemos esto, nos liberamos de la presión de cumplir con los estándares del mundo o de ajustarnos a lo que la sociedad considera éxito. Nos damos cuenta de que nuestra misión en la vida no tiene que verse como la de los demás, sino que debe estar en sintonía con lo que Dios ha diseñado exclusivamente para nosotros.[47]

Dios, en Su sabiduría, nos creó de manera individual, con capacidades y talentos particulares que son perfectos para los propósitos que ha preparado para nosotros.[48] Efesios 2:10 nos recuerda que somos "hechura suya, creados en Cristo Jesús para

---

45 Rick Warren, *The Purpose Driven Life* (Grand Rapids: Zondervan, 2002), 25-30.

46 Keller, *Every Good Endeavor*, 40.

47 John C. Maxwell, *Intentional Living: Choosing a Life That Matters* (New York: Center Street, 2015), 15-18.

48 Henri J. M. Nouwen, *Life of the Beloved: Spiritual Living in a Secular World* (New York: Crossroad, 2002), 45.

buenas obras, las cuales Dios preparó de antemano para que anduviésemos en ellas". Este versículo subraya que cada uno de nosotros ha sido creado con un propósito que es exclusivo y personal.[49] Reconocer este hecho es fundamental para evitar la trampa de la comparación, ya que cuando nos damos cuenta de que nadie más puede cumplir nuestro rol único en el plan divino, dejamos de sentir la necesidad de competir o medirnos según los estándares ajenos.[50]

Cuando nos enfocamos en la individualidad que Dios nos ha dado, comenzamos a ver nuestras diferencias no como deficiencias, sino como oportunidades para vivir con propósito. 1 Corintios 12:12-27 compara el cuerpo de Cristo con un cuerpo físico, donde cada parte tiene una función esencial, aunque diferente. El ojo no es menos importante que la mano, y el pie no es menos valioso que la cabeza; todos tienen roles distintos, pero igualmente necesarios para el buen funcionamiento del cuerpo. De la misma manera, cada persona tiene un papel único en el reino de Dios, y la plenitud en la vida se encuentra cuando nos dedicamos a cumplir con ese papel, en lugar de tratar de imitar o competir con otros.

Desde una perspectiva psicológica, los estudios han demostrado que vivir una vida con propósito está intrínsecamente relacionado con el bienestar emocional.[51] Aquellas personas que descubren un sentido profundo en lo que hacen y en lo que son están mejor equipadas para enfrentar las adversidades y desafíos de la vida.[52] La psicología positiva enfatiza que tener un propósito

---

49 Warren, *The Purpose Driven Life*, 40.
50 Brown, *The Gifts of Imperfection*, 68.
51 Seligman, *Flourish*, 89-91.
52 Ed Diener et al., "The Satisfaction with Life Scale," *Journal of Personality Assessment* 49, no. 1 (1985): 71-75.

claro no solo aumenta la resiliencia, sino que también brinda una mayor sensación de satisfacción y significado en la vida cotidiana. Viktor Frankl, en su libro *El hombre en busca de sentido*, habla sobre cómo el sentido de propósito fue clave para la supervivencia de los prisioneros en los campos de concentración durante la Segunda Guerra Mundial.[53] Aquellos que encontraron un propósito más allá de las circunstancias difíciles lograron perseverar incluso en las condiciones más extremas. Esto demuestra que el propósito no solo protege contra el desánimo, sino que también impulsa una vida más feliz y equilibrada.[54]

El peligro de la comparación radica en que nos desenfoca de nuestra misión personal.[55] Cuando nos fijamos en lo que los demás están logrando o lo que poseen, dejamos de concentrarnos en lo que nosotros podemos lograr.[56] Nos distraemos de nuestra tarea y terminamos buscando cumplir con expectativas o estándares que no están alineados con el plan único de Dios para nuestra vida. La envidia y el resentimiento que surgen de la comparación destruyen la paz y nos impiden experimentar la alegría que proviene de vivir con propósito.[57] Aceptar que Dios tiene un camino especial para cada uno de nosotros nos permite liberarnos de la presión de tener que cumplir con lo que otros esperan o lo que otros están logrando.[58] Esta liberación nos da la paz interior que proviene de saber que estamos caminando en el plan que Dios ha diseñado específicamente para nosotros. Filipenses 4:6-7 nos anima a no estar afanados por nada, sino a llevar

---

53 Frankl, *Man's Search for Meaning*, 33-40.
54 Frankl, *Man's Search for Meaning*, 45.
55 Brown, *The Gifts of Imperfection*, 70.
56 Seligman, *Flourish*, 101.
57 Warren, *The Purpose Driven Life*, 60-65.
58 Gary Thomas, *Sacred Pathways: Discover Your Soul's Path to God* (Grand Rapids: Zondervan, 2010), 120-125.

nuestras peticiones a Dios con gratitud, y la paz que sobrepasa todo entendimiento guardará nuestros corazones y nuestras mentes en Cristo Jesús. Cuando confiamos en el propósito de Dios para nuestra vida, experimentamos esa paz y dejamos de preocuparnos por las comparaciones.

En la práctica, esto significa cultivar una mentalidad de gratitud y autoaceptación.[59] En lugar de centrar nuestra atención en lo que no tenemos o en lo que otros están logrando, podemos enfocarnos en lo que Dios nos ha dado y en cómo podemos usarlo para Su gloria y nuestro bienestar.[60] Practicar la gratitud diaria nos ayuda a cambiar el enfoque hacia lo que es positivo y verdadero en nuestra vida, en lugar de obsesionarnos con lo que otros tienen o hacen. Además, entender el poder de la individualidad nos lleva a desarrollar un mayor respeto por los demás.[61] Cuando dejamos de compararnos, también dejamos de juzgar a los demás según nuestras propias expectativas. Reconocemos que así como nosotros tenemos un camino único, los demás también están en su propio viaje, y eso nos permite relacionarnos con más compasión y empatía.

Resumen del Capítulo

En este capítulo se ha discutido cómo la comparación es una trampa que roba nuestra paz y felicidad, alejándonos de la gratitud y el contentamiento. La sociedad moderna, con su exposición constante a las vidas de los demás a través de las redes sociales, nos invita constantemente a medir nuestro éxito, belleza o logros

---

[59] Emmons R. A., *Thanks!: How Practicing Gratitude Can Make You Happier* (New York: Houghton Mifflin Harcourt, 2007), 88.
[60] Ann Voskamp, *One Thousand Gifts: A Dare to Live Fully Right Where You Are* (Grand Rapids: Zondervan, 2010), 95.
[61] Brown, *The Gifts of Imperfection*, 78.

en comparación con lo que otros muestran. Sin embargo, tanto desde el punto de vista bíblico como psicológico, la comparación nos impide experimentar la plenitud que proviene de enfocarnos en nuestras propias bendiciones y en el propósito único que Dios tiene para cada uno de nosotros.

La Biblia nos enseña a evitar la comparación y a enfocarnos en nuestras propias obras y talentos, como se ilustra en la parábola de los talentos. En lugar de medirnos por lo que los demás logran, Dios nos llama a trabajar y a administrar los dones que Él ha puesto en nuestras vidas. El enfoque en lo que otros tienen o hacen nos aleja de nuestro propósito y nos impide ver las bendiciones específicas que Dios nos ha otorgado. Además, Gálatas 6:4-5 refuerza la importancia de examinar nuestra propia vida y progreso, en lugar de preocuparnos por lo que hacen los demás.

Desde una perspectiva psicológica, la teoría de la comparación social nos muestra cómo la tendencia a compararnos genera ansiedad, insatisfacción y baja autoestima. Las investigaciones revelan que la gratitud y el enfoque en el propósito personal son claves para combatir los efectos negativos de la comparación. Al reconocer el poder de la individualidad y abrazar el propósito único que tenemos, podemos vivir con mayor paz, evitando las distracciones y las presiones externas que genera la comparación.

Ejercicios Prácticos

1. Autoevaluación: Una vez por semana, reflexiona sobre tus logros personales, metas y progresos. Hazlo sin compararte con otros, concentrándote en tu propio crecimiento y propósito.

2. Oración de Contentamiento: Ora diariamente pidiendo a Dios que te dé un corazón agradecido y que te ayude a aceptar tu propio camino y a liberarte del peso de la comparación.

3. Afirmaciones Positivas: Crea una lista de afirmaciones basadas en tus propios logros, dones y bendiciones. Repite estas afirmaciones en voz alta cada mañana para reforzar tu identidad y enfoque personal.

Recursos Adicionales

Apps

- Grateful: Una app diseñada para ayudarte a practicar la gratitud diaria y reflexionar sobre las cosas buenas en tu vida.

- ThinkUp: Aplicación que te permite grabar y reproducir tus propias afirmaciones positivas para mejorar tu autoestima y mantener una mentalidad positiva.

- Abide: Aplicación de meditación cristiana que ayuda a centrarte en la paz y la gratitud, alejándote de la comparación social.

Libros

1. The Gifts of Imperfection por Brené Brown: Este libro explora cómo aceptar la propia vulnerabilidad y abrazar la imperfección es esencial para vivir con autenticidad y evitar la comparación.

2. The Comparison Trap por Sandra Stanley: Este libro explora cómo la comparación puede afectar nuestro bienestar y nos ofrece herramientas prácticas para escapar de su trampa.

3. Emotionally Healthy Spirituality por Peter Scazzero: Aborda cómo el bienestar emocional y la espiritualidad cristiana están interconectados, enseñando a enfocarnos en nuestra propia relación con Dios en lugar de en lo que los demás están haciendo.

Capítulo 18

EL VALOR DE LA VULNERABILIDAD

"Ser vulnerable no es ganar o perder; es tener el coraje de presentarse y ser visto cuando no tenemos control sobre el resultado."

— Brené Brown

La vulnerabilidad es un concepto que, aunque a menudo se percibe como debilidad, en realidad es una de las claves más profundas para la conexión humana y el bienestar emocional. Según Brené Brown, investigadora sobre la vergüenza y la vulnerabilidad, abrirnos y mostrar nuestras imperfecciones nos permite vivir de manera auténtica y establecer relaciones más profundas y significativas. La vulnerabilidad es el núcleo de la autenticidad, el coraje y el amor. Este principio, cuando se aplica en nuestras relaciones con Dios y con los demás, puede llevar a una mayor felicidad y plenitud.

La Vulnerabilidad ante Dios

Desde una perspectiva cristiana, la vulnerabilidad ante Dios es esencial para una vida de fe profunda.[1] La Biblia nos muestra una y otra vez cómo los grandes personajes de la fe se acercaron a Dios en sus momentos más vulnerables, reconociendo sus debilidades, miedos y fracasos.[2] El rey David, por ejemplo, en muchos de los Salmos, expresa su desesperación, su miedo y su sufrimiento, pero siempre lo hace con la confianza de que Dios escucha y responde. En el Salmo 34:18, David declara: "Cercano está Jehová a los quebrantados de corazón; y salva a los contritos de espíritu". Esta imagen de Dios como cercano a aquellos que se muestran vulnerables ante Él refuerza la idea de que, cuando bajamos nuestras barreras y admitimos nuestras debilidades, encontramos consuelo, sanación y, en última instancia, felicidad en Su presencia.[3]

La vulnerabilidad ante Dios es un acto de profunda humildad, que nos libera de la presión constante de intentar ser autosuficientes o perfectos a nuestros propios ojos o ante los demás.[4] En un mundo que a menudo nos empuja hacia el ideal de la autosuficiencia, la fe cristiana nos enseña que es precisamente en nuestra debilidad donde la gracia de Dios encuentra su máxima expresión.[5] La vida cristiana no se trata de alcanzar un

---

1 Timothy Keller, *The Freedom of Self-Forgetfulness* (New York: 10Publishing, 2012), 14.
2 Charles Swindoll, *David: A Man of Passion and Destiny* (Nashville: Thomas Nelson, 1997), 85.
3 Keller, *The Freedom of Self-Forgetfulness*, 17.
4 Brown, *Daring Greatly*, 33.
5 Keller, *The Freedom of Self-Forgetfulness*, 22.

nivel de perfección por nuestra propia cuenta, sino de vivir en una dependencia activa y constante del poder transformador de Dios.[6] La dependencia en Dios no es una señal de debilidad, sino un reconocimiento de la realidad de nuestra fragilidad humana.[7] Es admitir que nuestras fuerzas son limitadas, nuestras capacidades finitas y nuestras soluciones a menudo incompletas.[8] En lugar de ser una fuente de vergüenza, esta admisión nos abre a la gracia divina.[9] En 2 Corintios 12:9, el apóstol Pablo comparte su experiencia personal al ser confrontado con una "espina en la carne," un desafío que no podía superar por sí mismo. Sin embargo, en lugar de eliminar esa dificultad, Dios le respondió con las palabras: "Bástate mi gracia; porque mi poder se perfecciona en la debilidad". Este pasaje nos recuerda que no es necesario ser fuertes en todo momento, porque Dios mismo se convierte en nuestra fortaleza cuando nos reconocemos débiles.[10]

Esta dependencia no es una excusa para la pasividad o la inacción; al contrario, es una invitación a confiar plenamente en que Dios obrará en nuestras vidas, incluso cuando nuestras propias fuerzas o habilidades no sean suficientes.[11] En nuestra vulnerabilidad, Dios actúa de manera poderosa, trayendo paz en medio de la tormenta, sanidad en medio de nuestras heridas y gozo en medio de las dificultades.[12] La entrega total a Dios, que incluye admitir nuestras debilidades y necesidades, nos permite experimentar la plenitud de Su presencia y el poder transformador de Su Espíritu.[13]

---

6   John Piper, *Future Grace* (Colorado Springs: Multnomah Books, 1995), 95.
7   Brown, *Daring Greatly*, 38.
8   Swindoll, *David*, 98.
9   Philip Yancey, *What's So Amazing About Grace?* (Grand Rapids: Zondervan, 1997), 112.
10 Piper, *Future Grace*, 103.
11 Yancey, *What's So Amazing About Grace?*, 120.
12 Brown, *Daring Greatly*, 46.
13 Keller, *The Freedom of Self-Forgetfulness*, 29.

Además, reconocer nuestra vulnerabilidad nos conecta con otros de manera más auténtica.[14] La vulnerabilidad crea espacio para la compasión, tanto de parte de Dios como de nuestros semejantes.[15] Nos permite ser honestos no solo con nuestras luchas, sino también con nuestras esperanzas y temores.[16] Este acto de apertura nos posiciona para recibir la gracia de Dios y la ayuda de la comunidad de creyentes, quienes también están llamados a depender de Dios.[17] De esta forma, la vulnerabilidad no solo fortalece nuestra relación con Dios, sino también nuestras relaciones interpersonales, promoviendo un ambiente de apoyo mutuo y crecimiento espiritual. [18]

Cuando nos permitimos ser vulnerables ante Dios y ante los demás, también abrimos la puerta a la sanidad emocional y espiritual.[19] Al compartir nuestras luchas, debilidades y temores, nos desprendemos del peso que implica mantener una fachada de perfección o invulnerabilidad.[20] Este acto de apertura permite que otros entren en nuestras vidas, ofreciendo apoyo, oración y compañía en nuestros momentos de mayor necesidad.[21] Al mismo tiempo, nos conectamos de manera más profunda con la comunidad de fe, donde todos son invitados a caminar juntos, compartiendo tanto las alegrías como los desafíos.

La vulnerabilidad fomenta un entorno de confianza y autenticidad, tanto en nuestra relación con Dios como en nuestras relaciones humanas. Cuando dejamos de intentar ocultar nuestras

---

14 Brown, *Daring Greatly*, 55.
15 Yancey, *What's So Amazing About Grace?*, 132.
16 Swindoll, *David*, 112.
17 Piper, *Future Grace*, 113.
18 Brown, *Daring Greatly*, 60.
19 Keller, *The Freedom of Self-Forgetfulness*, 34.
20 Swindoll, *David*, 120.
21 Brown, *Daring Greatly*, 75.

imperfecciones, podemos experimentar una verdadera intimidad con Dios, quien ya conoce cada aspecto de nuestro ser. Como señala el Salmo 139, Dios nos conoce profundamente, desde lo más íntimo de nuestros pensamientos hasta nuestros deseos más profundos. Ser vulnerables ante Él no es revelarle algo nuevo, sino más bien entregarle conscientemente aquellas áreas de nuestra vida que necesitan Su toque sanador. En ese espacio de vulnerabilidad, Dios obra de manera poderosa, liberándonos de la vergüenza, el miedo y la inseguridad. Además, ser vulnerables también nos permite experimentar una conexión más genuina con los demás. Brené Brown, en su investigación sobre la vulnerabilidad, ha demostrado que las personas que son capaces de mostrarse tal como son, con sus imperfecciones y debilidades, tienden a tener relaciones más saludables y satisfactorias. Esto se conecta con el principio bíblico de "llevar los unos las cargas de los otros" (Gálatas 6:2). Cuando compartimos nuestras luchas y permitimos que otros nos apoyen, no solo construimos relaciones más profundas, sino que también fortalecemos la comunidad de fe. La vulnerabilidad, lejos de ser una señal de debilidad, se convierte en un puente hacia la sanación, la fortaleza y el gozo que provienen de una vida compartida en la presencia de Dios y de los demás.

La Vulnerabilidad en las Relaciones Humanas

La vulnerabilidad también juega un papel fundamental en nuestras relaciones humanas.[22] La autenticidad que surge al mostrarnos tal como somos, con nuestras fortalezas y debilidades, crea un terreno fértil para la conexión genuina.[23] Cuando nos

---

22 Brown, *Daring Greatly*, 23.
23 Brown, *Daring Greatly*, 28.

permitimos ser vulnerables ante los demás, abrimos la puerta a la confianza, la empatía y el amor verdadero.[24] Las relaciones superficiales, donde tratamos de ocultar nuestras imperfecciones, pueden parecer más seguras, pero rara vez nos llevan a la intimidad y el bienestar emocional que buscamos.[25] Al ser vulnerables, permitimos que las personas nos conozcan realmente y, al hacerlo, se fortalecen los lazos que nos conectan.[26]

Brené Brown afirma que la vulnerabilidad es el camino hacia la conexión auténtica.[27] Sin embargo, para muchos, mostrarse vulnerable es aterrador, ya que implica la posibilidad de ser rechazados, criticados o heridos.[28] No obstante, la investigación de Brown demuestra que las personas que son capaces de abrazar su vulnerabilidad tienden a tener relaciones más profundas, son más resilientes frente a los desafíos y experimentan mayores niveles de felicidad y satisfacción personal.[29] Al aceptar nuestra vulnerabilidad, dejamos de lado las máscaras que usamos para protegernos y comenzamos a vivir con mayor libertad emocional.[30]

La vulnerabilidad en las relaciones humanas no es simplemente una cuestión de abrirse emocionalmente; es una invitación a la autenticidad y a la aceptación mutua.[31] Cuando somos vulnerables con los demás, no solo les damos la oportunidad de conocernos verdaderamente, sino que también les damos

---

24 John M. Gottman and Nan Silver, *The Seven Principles for Making Marriage Work* (New York: Three Rivers Press, 1999), 45.
25 Brown, *Daring Greatly*, 32.
26 John M. Gottman and Julie Schwartz Gottman, *Eight Dates: Essential Conversations for a Lifetime of Love* (New York: Workman Publishing, 2019), 67.
27 Brown, *Daring Greatly*, 38.
28 Brown, *Daring Greatly*, 39.
29 Gottman and Gottman, *Eight Dates*, 75.
30 Brown, *Daring Greatly*, 41.
31 Brown, *Daring Greatly*, 46.

permiso para hacer lo mismo.[32] Esta apertura crea un espacio donde las relaciones pueden florecer en un terreno de confianza y comprensión profunda. En lugar de relacionarnos desde una posición de perfección o autosuficiencia, mostramos nuestra humanidad compartida, lo que permite una conexión más profunda y significativa.[33] Las relaciones donde existe vulnerabilidad genuina se caracterizan por una comunicación sincera y una mayor disposición a apoyarse mutuamente en los momentos difíciles.[34]

La vulnerabilidad también nos enseña a ser receptivos y a aceptar el apoyo de los demás.[35] A menudo, en nuestro deseo de ser autosuficientes, nos negamos a pedir ayuda o a mostrar nuestras necesidades, lo que puede crear barreras emocionales.[36] Sin embargo, la verdadera fortaleza se encuentra en reconocer nuestras limitaciones y permitir que otros caminen junto a nosotros.[37] Este acto de humildad no solo fortalece nuestras relaciones, sino que también fomenta un ambiente de confianza mutua y apoyo.[38] Al dejar de lado el miedo al rechazo y la crítica, damos un paso hacia la libertad emocional y la posibilidad de experimentar relaciones más satisfactorias.[39]

Además, la vulnerabilidad es esencial para el crecimiento personal y relacional.[40] Sin ella, las relaciones se estancan, limitadas por una fachada de perfección que impide la conexión genuina.[41] Ser vulnerables significa estar dispuestos a enfrentar

---

32 Brown, *Daring Greatly*, 52.
33 Gottman and Silver, *The Seven Principles for Making Marriage Work*, 90.
34 Brown, *Daring Greatly*, 55.
35 Brown, *Daring Greatly*, 61.
36 Brown, *Daring Greatly*, 63.
37 Gottman and Gottman, *Eight Dates*, 120.
38 Brown, *Daring Greatly*, 65.
39 Gottman and Silver, *The Seven Principles for Making Marriage Work*, 112.
40 Brown, *Daring Greatly*, 72.
41 Gottman and Gottman, *Eight Dates*, 133.

nuestras propias inseguridades y permitir que otros vean nuestras imperfecciones, lo que no solo fortalece los lazos, sino que también nos ayuda a desarrollar una mayor autocompasión.[42] Este proceso, aunque incómodo, es transformador, ya que nos permite vivir de manera más auténtica y plena, disfrutando de relaciones que no están basadas en la apariencia, sino en una conexión real y profunda.[43]

La Vulnerabilidad y la Autoaceptación

Ser vulnerable no solo afecta nuestras relaciones con Dios y con los demás, sino también nuestra relación con nosotros mismos.[44] La autoaceptación es una pieza clave del bienestar emocional y la felicidad.[45] Al aceptar nuestra vulnerabilidad, también aceptamos nuestras imperfecciones y limitaciones.[46] Esta autoaceptación nos libera de la carga de la perfección y nos permite experimentar la gracia de Dios de una manera más profunda.[47] En lugar de luchar contra nuestras debilidades, podemos reconocerlas, aprender de ellas y crecer.[48]

La vulnerabilidad nos da la oportunidad de aprender a ser compasivos con nosotros mismos.[49] Tal como lo expresa el apóstol Pablo en Romanos 7:15-24, la lucha interna entre nuestras intenciones y nuestras acciones nos muestra que somos seres frágiles, pero que Dios nos da la victoria a través de Cristo. Ser vulnerables ante nosotros mismos significa abrazar esta verdad: que

---

42 Brown, *Daring Greatly*, 81.
43 Gottman and Silver, *The Seven Principles for Making Marriage Work*, 150.
44 Brown, *Daring Greatly*, 23.
45 Kristin Neff, *Self-Compassion: The Proven Power of Being Kind to Yourself* (New York: William Morrow, 2011), 40.
46 Brown, *Daring Greatly*, 28.
47 Neff, *Self-Compassion*, 42.
48 Brown, *Daring Greatly*, 31.
49 Neff, *Self-Compassion*, 45.

somos seres en proceso, que no siempre vamos a estar a la altura de nuestras propias expectativas, pero que la gracia de Dios es suficiente para cubrir nuestras faltas.[50]

Ser vulnerable con nosotros mismos implica dejar de lado las expectativas poco realistas que nos imponemos y aceptar que la imperfección es una parte intrínseca de la experiencia humana.[51] La autoaceptación no significa conformarse con nuestras debilidades, sino más bien reconocerlas como una oportunidad de crecimiento y transformación.[52] Al permitirnos ser vulnerables, rompemos con la necesidad de demostrar constantemente que somos capaces o perfectos, y abrimos el espacio para aprender de nuestras fallas y mejorar.[53] Este acto de sinceridad hacia nosotros mismos nos conecta más profundamente con nuestra humanidad y con la gracia divina que nos invita a seguir adelante a pesar de nuestros errores.[54]

Además, la vulnerabilidad es la base sobre la cual construimos una autoimagen más saludable.[55] Cuando negamos o reprimimos nuestras debilidades, generamos una autoexigencia tóxica que nos aleja de la paz interior.[56] En cambio, al aceptar nuestras limitaciones, aprendemos a ser compasivos con nosotros mismos.[57] Esta autocompasión, según estudios psicológicos, es un factor clave en la resiliencia emocional.[58] Nos ayuda a lidiar mejor con el fracaso, a ser más tolerantes con nuestras

---

50 Brown, *Daring Greatly*, 35.
51 Neff, *Self-Compassion*, 50.
52 Brown, *Daring Greatly*, 37.
53 Brown, *Daring Greatly*, 41.
54 Neff, *Self-Compassion*, 60.
55 Brown, *Daring Greatly*, 46.
56 Neff, *Self-Compassion*, 62.
57 Brown, *Daring Greatly*, 48.
58 Kristin Neff, *Self-Compassion*, 65.

imperfecciones, y a evitar la trampa de la autocrítica destructiva.[59] El diálogo interno se vuelve más amable, y esto impacta positivamente tanto nuestra salud mental como nuestra felicidad.

Aceptar nuestra vulnerabilidad también nos conecta más profundamente con la gracia de Dios.[60] Cuando dejamos de luchar contra nuestra propia humanidad, estamos mejor preparados para recibir el amor y el perdón divinos.[61] La vulnerabilidad nos permite experimentar la gracia no como un concepto abstracto, sino como una realidad vivida en lo cotidiano.[62] A través de la debilidad, como lo menciona Pablo, el poder de Dios se manifiesta más claramente (2 Corintios 12:9). La experiencia de ser vulnerables nos enseña a depender menos de nuestras propias fuerzas y más de la fortaleza que proviene de Dios, lo que, en última instancia, nos lleva a una paz y felicidad más profundas.[63]

Vulnerabilidad y Resiliencia

Otro aspecto importante de la vulnerabilidad es su conexión con la resiliencia.[64] Contrariamente a la creencia popular de que la vulnerabilidad nos hace más débiles, en realidad nos fortalece.[65] La investigación ha demostrado que las personas que se permiten ser vulnerables frente a la adversidad tienden a desarrollar una mayor capacidad de resiliencia.[66] En lugar de ocultar su dolor o sus miedos, enfrentan los desafíos de la vida de manera honesta

---

59 Brown, *The Gifts of Imperfection*, 72.
60 Brown, *Daring Greatly*, 51.
61 Ver 2 Corintios 12:9.
62 Brown, *The Gifts of Imperfection*, 75.
63 Neff, *Self-Compassion*, 72.
64 Brown, *Rising Strong*, 30.
65 Brown, *Rising Strong*, 33.
66 Sheryl Sandberg and Adam Grant, *Option B: Facing Adversity, Building Resilience, and Finding Joy* (New York: Knopf, 2017), 65.

y abierta, lo que les permite procesar sus emociones, aprender de las experiencias difíciles y salir fortalecidos.[67]

En el contexto cristiano, la vulnerabilidad es vista no como una debilidad, sino como una apertura al poder sanador de Dios. Jesús mismo mostró vulnerabilidad al llorar por la muerte de Lázaro (Juan 11:35) y al experimentar angustia en el Jardín de Getsemaní (Mateo 26:36-46). Estos momentos nos enseñan que la vulnerabilidad no es sinónimo de debilidad, sino una parte esencial de la experiencia humana que nos conecta con Dios y con los demás en un nivel más profundo.[68]

Vulnerabilidad y la Felicidad

La vulnerabilidad, lejos de ser una barrera para la felicidad, es una puerta hacia una vida más plena.[69] Al permitirnos ser vulnerables, nos damos la oportunidad de experimentar relaciones más significativas, una conexión más profunda con Dios y una mayor paz interior.[70] Aceptar nuestra vulnerabilidad nos libera del miedo al juicio y al fracaso, y nos permite vivir con mayor autenticidad y alegría.[71]

La felicidad, entonces, no se encuentra en la perfección ni en la autosuficiencia, sino en la capacidad de aceptar nuestras debilidades, ser auténticos con los demás y confiar en la gracia de Dios.[72] En lugar de esconder nuestras imperfecciones, podemos abrazarlas como parte del diseño divino para nuestra vida,

---

67 Brown, *Rising Strong*, 42.
68 Sandberg and Grant, *Option B*, 70.
69 Brown, *Daring Greatly*, 45.
70 Brown, *Daring Greatly*, 48.
71 Brown, *Daring Greatly*, 50.
72 Neff, *Self-Compassion*, 32.

sabiendo que en nuestra vulnerabilidad encontramos fortaleza, conexión y, finalmente, una felicidad duradera.[73]

Límites y el Cuidado en la Vulnerabilidad

La vulnerabilidad es una herramienta poderosa para crear relaciones genuinas, fortalecer nuestra conexión con Dios y fomentar la autoaceptación.[74] Sin embargo, es importante entender que la vulnerabilidad no debe practicarse sin discernimiento ni límites claros.[75] Ser vulnerable no significa exponer todas nuestras emociones, pensamientos y debilidades a cualquier persona o en cualquier contexto.[76] Los límites son esenciales para proteger nuestra salud emocional y espiritual, garantizando que la vulnerabilidad se practique de manera saludable y no nos exponga a riesgos innecesarios de daño emocional o abuso.[77]

La vulnerabilidad debe estar guiada por la sabiduría.[78] No todas las personas tienen la madurez emocional o la empatía necesarias para manejar con cuidado nuestras emociones más profundas.[79] Jesús mismo es un ejemplo de cómo establecer límites en la vulnerabilidad. Aunque era accesible y compasivo, no siempre compartía su corazón abiertamente con todos.[80] Tenía un círculo cercano de amigos y discípulos a quienes revelaba sus luchas más profundas, como lo vemos en el Jardín de Getsemaní cuando compartió su angustia con Pedro, Santiago y Juan (Mateo 26:36-38). Este ejemplo nos enseña que es importante ser selectivos

---

73 Brown, *Daring Greatly*, 52.
74 Brown, *The Gifts of Imperfection*, 67.
75 Neff, *Self-Compassion*, 40.
76 Brown, *Daring Greatly*, 55.
77 Brown, *The Gifts of Imperfection*, 70.
78 Brown, *Daring Greatly*, 57.
79 Neff, *Self-Compassion*, 45.
80 Brown, *Daring Greatly*, 60.

sobre con quiénes compartimos nuestras debilidades, y que incluso en la vulnerabilidad, debemos proteger nuestro corazón.[81]

La vulnerabilidad sin discernimiento puede llevar a situaciones donde somos malinterpretados, criticados o incluso rechazados.[82] Por lo tanto, es esencial encontrar un equilibrio entre la apertura y la prudencia.[83] Esto significa que no debemos ocultarnos detrás de máscaras emocionales por miedo al rechazo, pero tampoco debemos sobreexponer nuestras debilidades en entornos donde no haya una base de confianza y respeto mutuos.[84] Este equilibrio es fundamental para mantener nuestra integridad emocional y para evitar caer en dinámicas tóxicas en las relaciones.[85]

La vulnerabilidad debe ir acompañada de un profundo sentido de autocuidado.[86] Al compartir nuestras luchas y debilidades, es importante reconocer nuestras propias necesidades emocionales y espirituales.[87] Practicar la vulnerabilidad sin autocuidado puede llevarnos a sentirnos agotados o vacíos, especialmente si no recibimos el apoyo adecuado de los demás.[88] La psicología sugiere que, al ser vulnerables, debemos también ser conscientes de nuestra propia capacidad para manejar las emociones que surgen en el proceso, y asegurarnos de tener un sistema de apoyo que nos ayude a procesarlas.[89] Esto puede incluir hablar con personas de confianza, contar con la ayuda de un mentor espiritual

---

81 Neff, *Self-Compassion*, 50.
82 Brown, *The Gifts of Imperfection*, 75.
83 Neff, *Self-Compassion*, 55.
84 Brown, *Daring Greatly*, 63.
85 Neff, *Self-Compassion*, 57.
86 Brown, *The Gifts of Imperfection*, 80.
87 Brown, *Rising Strong*, 68.
88 Brown, *Daring Greatly*, 65.
89 Neff, *Self-Compassion*, 72.

o incluso recurrir a la terapia.[90] Es importante reconocer que la vulnerabilidad no debe llevarnos a mantener relaciones tóxicas o dañinas.[91] Aunque el perdón y la compasión son virtudes cristianas esenciales, también es sabio establecer límites claros cuando una relación no es saludable.[92] Las Escrituras nos advierten sobre la influencia negativa de ciertas relaciones: "No os dejéis engañar: las malas compañías corrompen las buenas costumbres" (1 Corintios 15:33). Si bien la vulnerabilidad nos invita a ser honestos y abiertos, también debemos proteger nuestra salud emocional y espiritual al evitar o limitar la exposición a personas que nos hagan daño o manipulen nuestras emociones.[93]

Practicar la vulnerabilidad también implica asumir la responsabilidad de nuestras propias emociones y respuestas.[94] Aunque compartir nuestras luchas puede ser liberador, no debemos esperar que otros resuelvan nuestras dificultades por nosotros.[95] La vulnerabilidad saludable requiere que seamos proactivos en nuestro proceso de sanación y crecimiento.[96] Esto significa que, aunque podemos buscar apoyo y comprensión en los demás, no debemos delegarles la responsabilidad de nuestra felicidad o bienestar emocional.[97]

La vulnerabilidad, cuando se practica con límites y discernimiento, es un camino hacia una vida más plena, auténtica y conectada.[98] Nos permite experimentar relaciones más profundas

---

[90] Brown, *Rising Strong*, 75.
[91] Brown, *The Gifts of Imperfection*, 85.
[92] Neff, *Self-Compassion*, 80.
[93] Brown, *Daring Greatly*, 77.
[94] Brown, *Rising Strong*, 82.
[95] Neff, *Self-Compassion*, 85.
[96] Brown, *The Gifts of Imperfection*, 90.
[97] Brown, *Daring Greatly*, 92.
[98] Brown, *Rising Strong*, 94.

y significativas, una mayor autocompasión, y una conexión más estrecha con Dios.[99] Sin embargo, la vulnerabilidad también debe estar acompañada de sabiduría, autocuidado y límites claros para garantizar que no nos expongamos al daño emocional o espiritual innecesario.[100] Ser vulnerables no significa ser débiles; es, en realidad, un signo de fortaleza, siempre que lo hagamos con propósito y protección.[101]

Resumen del capítulo

En este capítulo, se ha explorado el delicado equilibrio entre vulnerabilidad y límites emocionales, mostrando cómo ser vulnerables puede llevar a una mayor conexión con Dios, con los demás y con nosotros mismos. Sin embargo, la vulnerabilidad no significa exponernos indiscriminadamente a los demás, sino más bien aprender a establecer límites emocionales que nos protejan y nos permitan mantener relaciones saludables. A través de ejemplos bíblicos y estudios científicos, hemos visto cómo los límites son esenciales para evitar el agotamiento emocional y preservar nuestra paz interior.

Hemos profundizado en la importancia de la autoaceptación como una pieza clave para manejar nuestra vulnerabilidad. Al aceptar nuestras limitaciones y debilidades, abrimos la puerta al crecimiento personal y a la gracia de Dios. Al mismo tiempo, la necesidad de establecer límites claros en nuestras relaciones nos protege de las influencias negativas, ayudándonos a discernir con quién podemos compartir nuestras emociones de manera segura y saludable. Finalmente, se ha destacado la importancia

---
99 Neff, *Self-Compassion*, 88.
100 Brown, *The Gifts of Imperfection*, 100.
101 Brown, *Daring Greatly*, 105.

del perdón y la responsabilidad personal al gestionar nuestra vulnerabilidad. Ser vulnerables no significa aceptar el maltrato ni renunciar a nuestros límites. Al contrario, implica abrazar la verdad de nuestra humanidad, practicar la compasión hacia nosotros mismos, y confiar en que Dios nos guía en cada paso del camino hacia relaciones más plenas y auténticas.

Ejercicios Prácticos

1. Diario de Vulnerabilidad: Durante una semana, escribe en un diario momentos en los que hayas sido vulnerable con los demás o contigo mismo. Reflexiona sobre cómo te sentiste en esas situaciones y qué aprendiste de ellas. Este ejercicio te ayudará a identificar tus límites emocionales y a manejar mejor tus interacciones personales.

2. Práctica de Establecimiento de Límites: Piensa en una situación reciente donde sentiste que tus límites no fueron respetados o donde te costó decir "no". Escribe cómo te sentiste y, si tuvieras la oportunidad de enfrentarte a esa situación de nuevo, cómo podrías haber establecido un límite saludable.

3. Técnica de Visualización para el Perdón: Si hay una relación en tu vida donde los límites han sido un desafío, visualiza una conversación en la que te sientes en paz y logras expresar tus límites claramente. Imagina que la persona respeta esos límites y que la relación mejora como resultado.

4. Practicar la Comunicación Asertiva: Escoge una persona cercana y practica cómo expresar tus sentimientos y establecer límites de manera asertiva pero respetuosa. Refleja cómo te sientes después de haberlo hecho.

Recursos Adicionales

Apps

- Boundaries.Me: Una app que ofrece herramientas y enseñanzas para establecer límites emocionales saludables en las relaciones, basada en el trabajo de Dr. Henry Cloud.

- My Therapy: Una app de seguimiento emocional que permite llevar un registro de tus sentimientos y prácticas de vulnerabilidad, lo que ayuda a mejorar la autoaceptación y el establecimiento de límites.

- Jour: App de diario emocional que te permite registrar tus pensamientos y experiencias diarias relacionadas con la vulnerabilidad y la autoaceptación.

Libros

1. Emotionally Healthy Spirituality por Peter Scazzero: Conecta la salud emocional con la espiritualidad, y cómo una vida emocionalmente saludable conduce a relaciones más profundas y satisfactorias.

2. Boundaries: When to Say Yes, How to Say No to Take Control of Your Life por Henry Cloud y John Townsend: Este libro explora cómo establecer límites saludables en nuestras relaciones para proteger nuestro bienestar emocional y espiritual.

3. People Fuel: Fill Your Tank for Life, Love, and Leadership por John Townsend: Este libro enseña cómo nutrir nuestras relaciones y establecer límites claros para mantener un equilibrio emocional y mejorar nuestra calidad de vida.

Capítulo 19
CONCLUSIONES Y REFLEXIONES

La verdadera felicidad es una elección diaria, un camino que recorremos con fe, gratitud y propósito, viviendo conforme al plan único que Dios ha trazado para cada uno de nosotros.

Geifry Cordero

El viaje que hemos recorrido a lo largo de este libro nos ha permitido explorar las diversas facetas de la felicidad desde una perspectiva tanto cristiana como científica. Hemos analizado cómo el libre albedrío, las decisiones cotidianas, los hábitos, el manejo del estrés y la conexión con un propósito más profundo juegan un papel fundamental en la experiencia de la felicidad. Pero, más allá de las teorías y los principios, el verdadero desafío radica en llevar a la práctica diaria estos conceptos y vivir una vida plena, acorde a los valores de Dios y al bienestar emocional.

Un Resumen de los Conceptos Más Importantes

Uno de los puntos clave que ha permeado cada capítulo es la idea de que la felicidad no es un destino, sino una elección constante. A lo largo de nuestras vidas, Dios nos otorga la libertad de elegir cómo respondemos a las circunstancias. El libre albedrío nos da la capacidad de decidir, día a día, si optamos por el gozo, la gratitud y la paz que provienen de una relación profunda con Dios, o si dejamos que las circunstancias externas dicten nuestro bienestar emocional. Esto se refuerza con las enseñanzas bíblicas, como en Deuteronomio 30:19, donde Dios nos invita a "elegir la vida", mostrándonos que nuestras decisiones tienen el poder de impactar directamente nuestra felicidad.

Otro concepto central ha sido el poder de los hábitos y cómo éstos moldean nuestra mente y corazón a largo plazo. La repetición de acciones positivas, desde el pensamiento hasta las rutinas diarias, refuerza los caminos neuronales que promueven el bienestar emocional. A través de la ciencia de la neuroplasticidad, hemos aprendido que podemos reentrenar nuestro cerebro para responder con mayor optimismo y resiliencia ante las adversidades. Estos hábitos se alinean con los principios bíblicos, como lo enseña Proverbios 4:23, que nos exhorta a guardar nuestros pensamientos y corazón, ya que de ellos emana la vida.

Asimismo, hemos analizado cómo la conexión espiritual y la dependencia de Dios son fundamentales para experimentar la verdadera felicidad. Los momentos de sufrimiento, las barreras mentales y las comparaciones no deben definir nuestra vida; más bien, es en la obediencia a Dios, el cumplimiento de Su propósito y la búsqueda de Su paz donde encontramos un gozo duradero que va más allá de las circunstancias.

Cómo Llevar a la Práctica Diaria la Decisión de Ser Feliz

Ahora que hemos comprendido que la felicidad es una elección y no una emoción pasajera, el siguiente paso es llevar esta elección a la práctica diaria. Vivir una vida de gozo y plenitud implica intencionalidad en nuestras decisiones. Aquí hay algunas formas prácticas de aplicar lo aprendido:

Práctica de la Gratitud: Empieza cada día con una oración o reflexión que te permita agradecer a Dios por lo que tienes, en lugar de centrarte en lo que te falta. Mantén un diario de gratitud donde anotes al menos tres bendiciones diarias.

Cambia Tu Diálogo Interno: Sé consciente de cómo te hablas a ti mismo. Identifica los pensamientos negativos y reemplázalos con afirmaciones basadas en la verdad bíblica, como "Soy amado por Dios" o "Puedo hacer todas las cosas en Cristo que me fortalece" (Filipenses 4:13).

Medita en la Palabra de Dios: Dedica tiempo cada día a leer y meditar en las Escrituras. La meditación bíblica no solo renueva tu mente, sino que también te ancla en las promesas de Dios para tu vida.

Desarrolla Hábitos Saludables: El ejercicio físico, el autocuidado, la alimentación equilibrada y el descanso adecuado son esenciales para mantener un bienestar mental y espiritual. La conexión entre el cuerpo y la mente es profunda, y cuidar de tu cuerpo es también una forma de honrar a Dios.

Rodéate de Comunidad Positiva: Busca personas que te apoyen en tu viaje hacia la felicidad y te animen en momentos de debilidad. La comunidad cristiana es fundamental para crecer en fe y fortaleza emocional.

Elige la Esperanza y el Optimismo: Aunque no siempre podemos controlar lo que nos sucede, podemos controlar nuestra actitud. Elige mirar los problemas como oportunidades de crecimiento y mantén una actitud de esperanza en medio de las pruebas.

Reflexiones Finales desde la Fe y la Ciencia

La fe y la ciencia no son entidades en conflicto cuando se trata de la felicidad, sino más bien complementarias. La ciencia moderna ha respaldado muchos de los principios que la Biblia enseña sobre la felicidad, el bienestar emocional y la paz espiritual. La neurociencia, por ejemplo, confirma que la gratitud, la meditación y el pensamiento positivo tienen efectos poderosos sobre el cerebro, tal como la Biblia nos llama a enfocarnos en "todo lo que es verdadero, honesto, justo, puro y amable" (Filipenses 4:8).

Desde el punto de vista cristiano, la verdadera felicidad no proviene de las circunstancias externas ni de las posesiones materiales, sino de una relación íntima con Dios y la obediencia a Su plan. La paz de Dios, que trasciende el entendimiento humano, es la base de una felicidad duradera que no se ve afectada por los altibajos de la vida.

En conclusión, tanto la fe en Dios como la ciencia moderna nos muestran que la felicidad es una decisión que tomamos cada día. Al alinear nuestras vidas con el propósito divino y al adoptar hábitos saludables y una mentalidad positiva, podemos vivir en plenitud, sabiendo que estamos contribuyendo al plan redentor de Dios y que estamos en el camino hacia una vida de verdadera felicidad.

Último llamado

Un Llamado a Decidir Ser Feliz es una invitación a tomar el control de nuestras elecciones diarias y a abrazar la felicidad como un acto intencional, no como un sentimiento pasajero. La vida está llena de desafíos y momentos de incertidumbre, pero la verdadera felicidad no depende de las circunstancias externas, sino de nuestra capacidad para confiar en Dios, cultivar la gratitud y vivir con propósito. Decidir ser feliz es una decisión espiritual y práctica que nos llama a enfocarnos en lo que es bueno, justo y digno de alabanza, permitiendo que el gozo de Dios llene nuestros corazones, sin importar lo que enfrentemos. ¡Hoy, puedes elegir ser feliz!

BIBLIOGRAFÍA

Achor, Shawn. *The Happiness Advantage: How a Positive Brain Fuels Success in Work and Life.* Crown Business, 2010.

Amen, Daniel G. *Change Your Brain, Change Your Life.* Harmony Books, 1998.

Aristotle. *Nicomachean Ethics.* Translated by W.D. Ross. Oxford University Press, 2009.

Aspinwall, Lisa G. "The Psychology of Hope: You Can Get There from Here." *Psychological Inquiry* 13, no. 4 (2002): 276-280. https://doi.org/10.1207/S15327965PLI1304_01.

Atkinson, David. *The Message of Genesis 1-11: The Dawn of Creation.* InterVarsity Press, 1990.

Andersen, Francis I. *Job: An Introduction and Commentary.* Tyndale Old Testament Commentaries. IVP Academic, 1976.

Arnold, Clinton E. *Ephesians.* Zondervan Exegetical Commentary on the New Testament (ZECNT). Zondervan, 2010.

Baldwin, Joyce G. Daniel: An Introduction and Commentary. Tyndale Old Testament Commentaries. IVP Academic, 1978.

Bock, Darrell L. Jesus According to Scripture: Restoring the Portrait from the Gospels. Baker Academic, 2002.

Bruce, F. F. Paul: Apostle of the Heart Set Free. Eerdmans, 1977. Baumeister, Roy, and Kathleen Vohs. "Bad is Stronger Than Good." *Review of General Psychology*, 2001.

Beattie, Melody. *Codependent No More: How to Stop Controlling Others and Start Caring for Yourself*. Hazelden, 1986.

Berridge, Kent C., and Morten L. Kringelbach. "Neuroscience of Affect: Brain Mechanisms of Pleasure and Displeasure." *Neuron* 86, no. 3 (2015): 646-664. https://doi.org/10.1016/j.neuron.2015.02.018.

Berridge, Kent C., and Morten L. Kringelbach. "Pleasure Systems in the Brain." *Neuron* 86, no. 3 (2015): 646-664. https://doi.org/10.1016/j.neuron.2015.02.018.

Blumenthal, James A. "Effects of Exercise Training on Older Patients with Major Depression." *Archives of Internal Medicine*, 1999.

Bonanno, George A. *The Other Side of Sadness: What the New Science of Bereavement Tells Us About Life After Loss*. Basic Books, 2009.

Brickman, Philip, and Donald T. Campbell. "Hedonic Relativism and Planning the Good Society." In *Adaptation Level Theory*, 287-302. Academic Press, 1971.

Brown, Brené. *Daring Greatly: How the Courage to Be Vulnerable Transforms the Way We Live, Love, Parent, and Lead*. Gotham Books, 2012.

Brown, Brené. *The Gifts of Imperfection: Let Go of Who You Think You're Supposed to Be and Embrace Who You Are*. Hazelden Publishing, 2010.

Cirillo, Francesco. *The Pomodoro Technique: The Acclaimed Time-Management System That Has Transformed How We Work*. Currency, 2018.

Childs, Brevard S. The Book of Exodus: A Critical, Theological Commentary. Old Testament Library (OTL). Westminster John Knox Press, 1974.

Clines, David J. A. Job 1-20, 21-37, 38-42. Word Biblical Commentary, Vols. 17, 18A, 18B. Zondervan, 1989-2011.

Collins, John J. Daniel: A Commentary on the Book of Daniel. Hermeneia Commentary Series. Fortress Press, 1993.

Craig, William Lane. Reasonable Faith: Christian Truth and Apologetics. Crossway, 2008.Clear, James. *Atomic Habits: An Easy & Proven Way to Build Good Habits & Break Bad Ones*. Avery, 2018.

Cloud, Henry, and John Townsend. *Boundaries: When to Say Yes, How to Say No to Take Control of Your Life*. Zondervan, 1992.

Cohen, Sheldon. *Research on Stress and Immunity*. Carnegie Mellon University, 2012.

Crabb, Larry. *Shattered Dreams: God's Unexpected Path to Joy*. WaterBrook, 2001.

Csikszentmihalyi, Mihaly. *Flow: The Psychology of Optimal Experience*. Harper & Row, 1990.

Davidson, Richard J., and Sharon Begley. *The Emotional Life of Your Brain: How Its Unique Patterns Affect the Way You Think, Feel, and Live—and How You Can Change Them*. Hudson Street Press, 2012.

Davies, W. D., and Dale C. Allison. *Matthew: International Critical Commentary (ICC)*, Vols. 1-3. T&T Clark, 1988-1997.

Diener, Ed, and Robert Biswas-Diener. *Happiness: Unlocking the Mysteries of Psychological Wealth*. Blackwell Publishing, 2008.

Diener, Ed, Richard E. Lucas, and Christie N. Scollon. "Beyond the Hedonic Treadmill: Revising the Adaptation Theory of Well-Being." *American Psychologist* 61, no. 4 (2006): 305-314.

Diener, Ed, and Martin E.P. Seligman. "Very Happy People." *Psychological Science* 13, no. 1 (2002): 81-84. https://doi.org/10.1111/1467-9280.00415.

Duhigg, Charles. *The Power of Habit: Why We Do What We Do in Life and Business*. Random House, 2012.

Dunn, Elizabeth W., Lara B. Aknin, and Michael I. Norton. "Prosocial Spending and Well-Being: Cross-Cultural Evidence for a Psychological Universal." *Journal of Personality and Social Psychology* 104, no. 4 (2013): 635-652. https://doi.org/10.1037/a0031578.

Dunn, Elizabeth W., Lara B. Aknin, and Michael I. Norton. "Spending Money on Others Promotes Happiness." *Science* 319, no. 5870 (2008): 1687-1688. https://doi.org/10.1126/science.1150952.

Dunn, James D. G. The Theology of Paul the Apostle. Eerdmans, 1998.

Durham, John I. Exodus. Word Biblical Commentary, Vol. 3. Zondervan, 1987.Dweck, Carol S. *Mindset: The New Psychology of Success*. Ballantine Books, 2006.

Dweck, Carol S. *Mindset: The New Psychology of Success*. Random House, 2006.

Easterlin, Richard A. "Does Economic Growth Improve the Human Lot? Some Empirical Evidence." In *Nations and Households in Economic Growth*, edited by Paul A. David and Melvin W. Reder, 89-125. Academic Press, 1974.

Ellis, Albert. *Reason and Emotion in Psychotherapy*. Kensington Publishing, 1962.

Emmons, Robert A. *Thanks!: How the New Science of Gratitude Can Make You Happier*. Houghton Mifflin Harcourt, 2007.

Emmons, Robert A. *Thanks!: How Practicing Gratitude Can Make You Happier*. Mariner Books, 2007.

Emmons, Robert A. "Gratitude, Subjective Well-Being, and the Brain: Insights from Research and Biblical Wisdom." *Journal of Positive Psychology*, 2010, pp. 110-121.

Esfahani Smith, Emily. "There's More to Life Than Being Happy." *The Atlantic*, 2013. https://www.theatlantic.com/health/archive/2013/01/theres-more-to-life-than-being-happy/266805/.

Festinger, Leon. *A Theory of Social Comparison Processes*. Stanford University Press, 1954.

Fee, Gordon D. Paul's Letter to the Philippians. New International Commentary on the New Testament (NICNT). Eerdmans, 1995.

France, R. T. The Gospel of Matthew. New International Commentary on the New Testament (NICNT). Eerdmans, 2007.

Fredrickson, Barbara L. *Love 2.0: How Our Supreme Emotion Affects Everything We Feel, Think, Do, and Become*. Avery, 2013.

Fredrickson, Barbara L. *Positivity: Top-Notch Research Reveals the 3-to-1 Ratio That Will Change Your Life*. Crown Archetype, 2009.

Fredrickson, Barbara L. *Positivity: Top-Notch Research Reveals the 3-to-1 Ratio That Will Change Your Life*. Harmony, 2009.

Fredrickson, Barbara L., and Marcial F. Losada. "Positive Affect and the Complex Dynamics of Human Flourishing." *American Psychologist* 60, no. 7 (2005): 678-686. https://doi.org/10.1037/0003-066X.60.7.678.

Freud, Sigmund. *Civilization and Its Discontents*. W.W. Norton & Company, 1961.

Geisler, Norman L., and Frank Turek. I Don't Have Enough Faith to Be an Atheist. Crossway, 2004.

Goldingay, John E. Daniel. Word Biblical Commentary, Vol. 30. Zondervan, 1989.

Goleman, Daniel. *Emotional Intelligence: Why It Can Matter More Than IQ*. Bantam Books, 1995.

Gottman, John M., and Nan Silver. *The Seven Principles for Making Marriage Work*. Harmony Books, 1999.

Gross, James J., and Oliver P. John. "Individual Differences in Emotion Regulation Processes: Implications for the Development of Personality and Psychopathology." In *Developmental Psychopathology*, 1997, pp. 275-298. https://doi.org/10.1037/0022-3514.72.5.1301.

Guinness, Os. *The Call: Finding and Fulfilling the Central Purpose of Your Life*. Thomas Nelson, 2003.

Haidt, Jonathan. *The Righteous Mind: Why Good People Are Divided by Politics and Religion*. Pantheon Books, 2012.

Hariri, Ahmad R., and Avram Holmes. "The Neurobiology of Individual Differences in Complex Behavioral Traits." *Annual Review of Neuroscience* 38 (2015): 141-160. https://doi.org/10.1146/annurev-neuro-071714-033818.

Harvard Study of Adult Development. "The Study of Adult Development: Happiness and Longevity." https://news.harvard.edu/gazette/story/2017/04/over-nearly-80-years-harvard-study-has-been-showing-how-to-live-a-healthy-and-happy-life/.

Hatfield, Elaine, and Richard L. Rapson. *Love, Sex, and Intimacy: Their Psychology, Biology, and History*. HarperCollins, 1993.

Habel, Norman C. The Book of Job: A Commentary. Old Testament Library (OTL). Westminster John Knox Press, 1985.

Hamilton, Victor P. The Book of Genesis: Chapters 1-17, 18-50. New International Commentary on the Old Testament (NICOT). Eerdmans, 1990, 1995.

Hartley, John E. The Book of Job. New International Commentary on the Old Testament (NICOT). Eerdmans, 1988.Hoekema, Anthony A. *Created in God's Image*. Eerdmans, 1986.

House, James S. "Social Support and Health." *Annual Review of Sociology*, 1981.

Hunt, Melissa G., Rachel Marx, Courtney Lipson, and Jordan Young. "No More FOMO: Limiting Social Media Decreases Loneliness and Depression." *Journal of Social and Clinical Psychology* 37, no. 10 (2018): 751-768. https://doi.org/10.1521/jscp.2018.37.10.751.

Kahneman, Daniel, and Angus Deaton. "High Income Improves Evaluation of Life but Not Emotional Well-Being." *Proceedings of the National Academy of Sciences* 107, no. 38 (2010): 16489-16493. https://doi.org/10.1073/pnas.1011492107.

Kabat-Zinn, Jon. *Wherever You Go, There You Are: Mindfulness Meditation in Everyday Life*. Hyperion, 1994.

Keller, Timothy. *Walking with God through Pain and Suffering*. Dutton, 2013.

Keener, Craig S. *A Commentary on the Gospel of Matthew*. Eerdmans, 1999.

Kierkegaard, Søren. *The Sickness Unto Death*. Penguin Classics, 2008.

Layard, Richard. *Happiness: Lessons from a New Science*. Penguin Press, 2005.

Lazarus, Richard S., and Susan Folkman. *Stress, Appraisal, and Coping*. Springer, 1984.

Lewis, C.S. *Mere Christianity*. HarperOne, 2001.

Lewis, C.S. *The Problem of Pain*. HarperOne, 1940.

Lincoln, Andrew T. Ephesians. Word Biblical Commentary, Vol. 42. Zondervan, 1990.

Longman III, Tremper. Daniel. NIV Application Commentary. Zondervan, 1999.

Luz, Ulrich. Matthew: A Commentary. Hermeneia Commentary Series, 3 Vols. Fortress Press, 2001-2007.Locke, John. *An Essay Concerning Human Understanding*. Edited by Peter H. Nidditch. Oxford University Press, 1975.

Luskin, Fred. *Forgive for Good: A Proven Prescription for Health and Happiness*. HarperCollins, 2002.

Lyubomirsky, Sonja. *The How of Happiness: A Scientific Approach to Getting the Life You Want*. Penguin Books, 2007.

Lyubomirsky, Sonja, and Lee Ross. "Hedonic Consequences of Social Comparison: A Contrast of Happy and Unhappy People." *Journal of Personality and Social Psychology* 73, no. 6 (1997): 1141-1157. https://doi.org/10.1037/0022-3514.73.6.1141.

Maslach, Christina, and Michael P. Leiter. *The Truth About Burnout: How Organizations Cause Personal Stress and What to Do About It*. Jossey-Bass, 1997.

Maslow, Abraham H. *Motivation and Personality*. Harper & Row, 1954.

Marshall, I. Howard. The Origins of New Testament Christology. IVP Academic, 1976.

McGrath, Alister E. Intellectuals Don't Need God and Other Modern Myths. Zondervan, 1993.

McGonigal, Kelly. *The Joy of Movement: How Exercise Helps Us Find Happiness, Hope, Connection, and Courage.* Avery, 2019.

Morris, Leon. The Lord from Heaven: A Study of the New Testament Teaching on the Deity and Humanity of Jesus Christ. IVP, 1958.McCullough, Michael E., Steven D. Kilpatrick, Robert A. Emmons, and David B. Larson. "Is Gratitude a Moral Affect?" *Psychological Bulletin* 127, no. 2 (2001): 249-266. https://doi.org/10.1037/0033-2909.127.2.249.

Middleton, J. Richard. "The Imago Dei: Humanity Made in the Image of God." *Journal of Biblical Literature* 127, no. 1 (2008): 21-32.

Morgan, Robert J. *The Red Sea Rules: 10 God-Given Strategies for Difficult Times.* Thomas Nelson, 2001.

National Institute on Alcohol Abuse and Alcoholism (NIAAA). "Alcohol Facts and Statistics, 2020." https://www.niaaa.nih.gov/publications/brochures-and-fact-sheets/alcohol-facts-and-statistics.

Neff, Kristin. *Self-Compassion: The Proven Power of Being Kind to Yourself.* HarperCollins, 2011.

Newberg, Andrew, and Mark Robert Waldman. *How God Changes Your Brain: Breakthrough Findings from a Leading Neuroscientist.* Ballantine Books, 2009.

O'Brien, Peter T. *The Letter to the Ephesians*. Pillar New Testament Commentary (PNTC). Eerdmans, 1999.

Packer, J.I. *Knowing God*. IVP Books, 1973.

Patterson, Kerry, and Joseph Grenny. *Crucial Accountability: Tools for Resolving Violated Expectations, Broken Commitments, and Bad Behavior*. McGraw-Hill Education, 2013.

Piper, John. *Desiring God: Meditations of a Christian Hedonist*. Multnomah Books, 2003.

Ratey, John J. *Spark: The Revolutionary New Science of Exercise and the Brain*. Little, Brown and Company, 2008.

Rousseau, Jean-Jacques. *Discourse on the Origin and Basis of Inequality among Men*. Translated by Franklin Philip. Oxford University Press, 2009.

Rousseau, Jean-Jacques. *Emile, or On Education*. Translated by Allan Bloom. Basic Books, 1979.

Sailhamer, John H. *Genesis Unbound: A Provocative New Look at the Creation Account*. Multnomah Books, 1996.

Sarna, Nahum M. Exodus: JPS Torah Commentary. Jewish Publication Society, 1991.

Sarna, Nahum M. Genesis: JPS Torah Commentary. Jewish Publication Society, 1989.

Snodgrass, Klyne. Ephesians: NIV Application Commentary. Zondervan, 1996.

Sproul, R.C. Defending Your Faith: An Introduction to Apologetics. Crossway, 2003.

Stuart, Douglas K. Exodus. New American Commentary (NAC), Vol. 2. B&H Publishing, 2006.Schreiter, Robert J. *Constructing Local Theologies*. Orbis Books, 1985.

Schwartz, Barry. *The Paradox of Choice: Why More Is Less*. HarperCollins, 2004.

Schultz, Wolfram. "Behavioral Dopamine Signals." *Trends in Neurosciences* 29, no. 5 (2006): 203-210. https://doi.org/10.1016/j.tins.2006.03.007.

Segerstrom, Suzanne, and Gregory Miller. *Psychological Bulletin*, 2004.

Seligman, Martin E.P. *Authentic Happiness: Using the New Positive Psychology to Realize Your Potential for Lasting Fulfillment*. Free Press, 2004.

Seligman, Martin E.P. *Flourish: A Visionary New Understanding of Happiness and Well-Being*. Atria Books, 2012.

Seligman, Martin E.P. *Learned Optimism: How to Change Your Mind and Your Life*. Vintage, 1991.

Sharot, Tali. *The Optimism Bias: A Tour of the Irrationally Positive Brain*. Vintage Books, 2012.

Siddhartha Gautama (The Buddha). *The Dhammapada*. Translated by Thomas Byrom. Shambhala Publications, 2006.

Smith, Emily Esfahani. *The Power of Meaning: Crafting a Life That Matters*. Crown, 2017.

Snyder, C. R. "Hope Theory: Rainbows in the Mind." *Psychological Inquiry* 13, no. 4 (2002): 249-275. https://doi.org/10.1207/S15327965PLI1304_01.

Snyder, H. A. "Creation, Fall, and Redemption: A Biblical Perspective on Human Identity." *Evangelical Review of Theology* 33, no. 3 (2009): 215-232.

Southwick, Steven, and Dennis Charney. *Resilience: The Science of Mastering Life's Greatest Challenges*. Cambridge University Press, 2012.

Sproul, R.C. *The Holiness of God*. Tyndale, 1985.

Stott, John. *The Radical Disciple: Some Neglected Aspects of Our Calling*. InterVarsity Press, 2010.

Strüder, Heiko K., and Heinz Weicker. "Physiological Effects of Exercise on the Brain." *Sports Medicine*, 2001.

Tedeschi, Richard G., and Lawrence G. Calhoun. *Posttraumatic Growth: Positive Changes in the Aftermath of Crisis*. Routledge, 1995.

Tedeschi, Richard G., and Lawrence G. Calhoun. *Posttraumatic Growth: Theory, Research, and Applications*. Lawrence Erlbaum Associates, 2004.

Tedeschi, Richard G., and Lawrence G. Calhoun. "The Posttraumatic Growth Inventory: Measuring the Positive Legacy of Trauma." *Journal of Traumatic Stress* 9, no. 3 (1996): 455-471. https://doi.org/10.1002/jts.2490090305.

The Life Recovery Bible (New Living Translation). Tyndale House Publishers, 2012.

Thompson, Curt. *The Soul of Shame: Retelling the Stories We Believe About Ourselves*. InterVarsity Press, 2015.

Tolle, Eckhart. *The Power of Now: A Guide to Spiritual Enlightenment*. New World Library, 1997.

Twenge, Jean. *iGen: Why Today's Super-Connected Kids Are Growing Up Less Rebellious, More Tolerant, Less Happy—and Completely Unprepared for Adulthood*. Atria Books, 2017.

Vaillant, George E. *Triumphs of Experience: The Men of the Harvard Grant Study*. Harvard University Press, 2012.

Van der Kolk, Bessel. *The Body Keeps the Score: Brain, Mind, and Body in the Healing of Trauma*. Penguin Books, 2014.

Volkow, Nora D., George F. Koob, and A. Thomas McLellan. "Neurobiologic Advances from the Brain Disease Model of Addiction." *New England Journal of Medicine* 374, no. 4 (2016): 363-371. https://doi.org/10.1056/NEJMra1511480.

Waldinger, Robert. *The Good Life: Lessons from the World's Longest Scientific Study of Happiness*. Simon & Schuster, 2023.

Walton, John H. "Freedom and the Will of God: The Theology of Free Will in Genesis." *Journal of Biblical Literature*, 2010, pp. 15-35.

Walton, John H. *Genesis 1 as Ancient Cosmology*. Origins Today: Genesis through Ancient Eyes, 2010, pp. 15-35.

Waltke, Bruce K. *Genesis: A Commentary*. Zondervan, 2001.

Warren, Rick. *The Purpose Driven Life*. Zondervan, 2002.

Wenham, Gordon J. "Sanctuary Symbolism in the Garden of Eden Story." *Proceedings of the World Evangelical Fellowship Commission on Theology*, 1989, pp. 19-25.

Westermann, Claus. *Genesis 1-11: A Commentary and Genesis 12-36: A Commentary*. Continental Commentary Series. Fortress Press, 1984, 1985.

Wong, Paul T.P., and Prem S. Fry. *The Human Quest for Meaning: A Handbook of Psychological Research and Clinical Applications.* Routledge, 1998.

Wright, N.T. *The New Testament and the People of God.* Fortress Press, 1992.

Wright, N.T. *Simply Christian: Why Christianity Makes Sense.* HarperOne, 2010.

Wright, N.T. "Romans and the New Creation." *Journal for the Study of the New Testament* 12, no. 40 (1991): 25-45.

Wright, N. T. *Jesus and the Victory of God. Christian Origins and the Question of God,* Vol. 2. Fortress Press, 1996.

Wright, N. T. *Paul and the Faithfulness of God.* Christian Origins and the Question of God, Vol. 4. Fortress Press, 2013.Wrzesniewski, Amy, et al. "Jobs, Careers, and Callings: People's Relations to Their Work." *Journal of Research in Personality* 31, no. 1 (1997): 21-33. https://doi.org/10.1006/jrpe.1997.2162.

Zak, Paul J. *The Moral Molecule: The Source of Love and Prosperity.* Dutton, 2012.